Verbotenes Wissen der Handwerker

Verbotenes Wissen der Handwerker

500 RATSCHLÄGE VON PROFIS FÜR JEDE HEIMWERKERFRAGE

Reader's Digest

Inhalt

1 Arbeiten mit der Grundausstattung

2 Türen und Fenster

3 Böden, Wände und Treppen

4 Ein schönes Zuhause

5 Streichen und Tapezieren

1

Arbeiten mit der Grundausstattung

Handwerkzeuge

Mit ein paar einfachen Tricks und den richtigen Tipps zur Anschaffung und Benutzung der Werkzeuge machen Sie sich das Handwerkerleben leichter.

GUT ORGANISIERT

Werkzeuggürtel aus Jeanshose

Solche Gürtel werden von einigen belächelt, sie sind aber sehr praktisch, da sie Ihr Werkzeug halten und Kleinteile nicht in der Hosentasche drücken. Als Alternative können Sie auch eine alte Jeans aufschneiden und sich den oberen Teil mit Bund einfach umschnallen. So haben Sie einen ganz individuellen Gürtel, dessen Taschen einiges an Werkzeug und Kleinteilen aufnehmen.

Hammer mit Nagelhalterung

Wer bereits Bilder aufgehängt hat und dazu auf die Leiter musste, kennt sicher das Problem: Der Hammer ist in der einen Hand, aber wohin mit den Nägeln? Die Hosentasche ist kein guter Platz, denn bei jedem Schritt stechen sie ins Bein, was äußerst unangenehm ist. Hält man sie zusammen mit dem Hammer in einer Hand, fällt garantiert einer runter, den man hinterher suchen muss, oder man kommt oben auf der Leiter an und hat gar keinen Nagel mehr parat. Dagegen hilft ein kleiner Trick. Wickeln Sie einen Gummi mehrfach um den Hammerstiel, sodass er schön straff sitzt. Nun können Sie einige Nägel zwischen das Gummi und den Hammerstiel stecken und verlieren sie ganz sicher nicht.

Magnet zum Transportieren von Schrauben und Nägeln

Eine weitere Variante, mit der man Kleinteile transportieren kann, ohne dass sie schmerzhaft in der Hosentasche pieksen, funktioniert auch mit Schrauben. Stecken Sie hierzu einen kräftigen Magneten – eventuell von einem alten Lautsprecher – in die Hosentasche und heften Sie die Schrauben oder Nägel von außen an die Hose. So halten sie nicht nur gut, Sie brauchen auch nicht in der Hose herumzufingern, um sich einen Nagel oder eine Schraube zu greifen.

ACHTUNG

Akkuschrauber nicht in die Tasche stecken

Wer zum Schrauben oder Bohren auf die Leiter muss, ist geneigt, den Akkuschrauber mit dem Werkzeug voran in die Hosen- oder Jackentasche zu stecken. Davon wird dringend abgeraten! Wenn man Pech hat, schaltet sich der Akkuschrauber dabei versehentlich ein, und das eingespannte Werkzeug wickelt den Stoff in der Tasche auf. Das kann auch zu Schnittwunden und Quetschungen an der Haut führen.

EIN STARKER MAGNET IN DER TASCHE HÄLT SCHRAUBEN UND NÄGEL AUSSEN AN DER HOSE

Das Basis-Werkzeug

Entscheidend für das erfolgreiche Heimwerken ist gutes Werkzeug. Dabei muss es nicht immer das Beste vom Besten sein. Je nach Häufigkeit des Gebrauchs kann es durchaus auch mal das günstige Angebot vom Discounter sein.

Werkzeugkasten

Werkzeugkästen sind enorm praktisch, und es kann sinnvoll sein, je nach Arbeitsbereich mehrere zu haben. Achten Sie darauf, dass der Koffer leicht und stabil ist. Hilfreich sind Fächer für Kleinteile und eine herausnehmbare Ablage.

Schraubendreher

Nichts ist schneller zur Hand und kommt auch in Engstellen, in die der Bithalter nicht passt. Eine Grundausstattung muss nicht teuer sein, sollte aber verschiedene Größen an Schlitz-, Kreuzschlitz- und Torx-Schraubendrehern abdecken.

Spachtel

Wer Farbe abschaben oder Löcher zuspachteln möchte, braucht einen Spachtel. Man sollte jedoch darauf achten, wofür man ihn benutzt. Ist seine Metallkante erstmal beschädigt, werden gespachtelte Flächen nicht mehr glatt.

Holzsäge

Viele besitzen zwar eine Stichsäge, mit einem Fuchsschwanz kann aber auch mal dickeres Holz gesägt werden, und Bündigschnitte sind ebenso möglich.

Hammer

Für einfache Arbeiten reicht ein kleiner Schlosserhammer. Wer öfter mit Holz und Nägeln arbeitet, sollte zusätzlich einen Latthammer haben, mit dem sich Nägel auch herausziehen lassen.

Cutter

Gehört in jeden Werkzeugkasten. Achten Sie auf eine hochwertige Ausführung und eine Metallführung der Klinge. Ob Sie ein Cuttermesser mit Abbrechklinge oder kurzer austauschbarer Klinge bevorzugen, hängt vom Einsatz ab.

Kombizange

Zangen sind sehr spezifische Werkzeuge für spezielle Arbeiten. Daher sollte zumindest die Kombizange zur Grundausstattung gehören. Sie vereint mehrere Zangen und ist dadurch vielseitig einsetzbar.

Wasserwaage

Sie ermöglicht es, Schränke auszurichten oder Regale gerade aufzuhängen. Prüfen Sie die Wasserwaage vorher auf Umschlag: Sie muss auch um 180° gedreht dasselbe anzeigen.

Akku-Bohrschrauber

Mit einem Akku-Bohrschrauber haben Sie ein Kombiwerkzeug, mit dem Sie bohren und auch schrauben können. Gute Geräte der 12-Volt-Klasse sind absolut ausreichend.

Rollgabelschlüssel

Rollgabelschlüssel sind – wie Franzosen und Engländer – verstellbar, ersetzen nicht vorhandene Schlüssel und finden auch dann noch Halt, wenn der Gabelschlüssel bereits über die Schraube rutscht.

Wasserpumpenzange

Dieses Werkzeug ermöglicht es, runde Teile in unterschiedlicher Größe zu greifen. Dafür besitzt es einen Verstellmechanismus, der stufenförmig dem Durchmesser angepasst werden kann.

ENGLÄNDER & CO.

Welcher Maulschlüssel ist der richtige?

Gerade ältere Heimwerker reden gern von einem Franzosen oder Engländer – und die Enkel wissen dann nicht, welches Werkzeug damit gemeint ist. Viele, die die Bezeichnungen benutzen, liegen zudem häufig daneben, denn diese Werkzeuge sind nur noch sehr selten in heimischen Werkstätten zu finden. Heute hat sich der Rollgabelschlüssel (verstellbarer Maulschlüssel) eingebürgert, der deutliche Vorteile bietet.

Der Engländer

Franzosen und Engländer sind ebenfalls verstellbare Maulschlüssel, besitzen jedoch einen einfacheren Aufbau. Der Engländer hat Ähnlichkeit mit einem Messschieber oder einer Schieblehre. Er besitzt einseitig zwei Spannbacken, die durch eine Gewindespindel im Griffstück verstellt werden können. So lässt sich der Engländer auf jeden Sechskant einer Mutter oder Schraube anpassen. Das hat jedoch einen großen Nachteil. Wie bei einem Messschieber, auf den zu viel Kraft ausgeübt wird, können sich die Backen aufhebeln und über den Sechskant rutschen.

Der Franzose

Diese Problematik umgeht der Franzose, indem die Backen beidseitig ausgelegt sind. Wird auf einer Seite der Schlüssel an eine Schraubengröße angepasst, muss bei starker Belastung auf der anderen Seite ein identisches Distanzstück eingespannt werden. Das ist zwar etwas umständlich, dafür bleiben die Spannbacken des Werkzeugs immer parallel, können sich nicht aufhebeln, und es kann viel mehr Kraft aufgewendet werden. Übrigens zeigt das deutsche Verkehrszeichen für die Pannenhilfe seit vielen Jahren einen Franzosen.

FEILEN

Verklebte Feile einfach reinigen

Wer mit einer Feile einmal Aluminium, Kunststoff oder feuchtes Holz gefeilt hat, kennt sicher das Problem. Die kleinen Zwischenräume zwischen den Hieben verkleben, und die Feile rutscht nur noch über das Material. Jetzt keinesfalls zur einfachen Drahtbürste greifen. Die sehr harten Drahtstifte können die Feile beschädigen und abstumpfen.

Die Spannbacken eines Rollgabelschlüssels lassen sich stufenlos verstellen, indem man an der Rändelschraube dreht.

Die Feilenbürste hilft

Handelt es sich um leicht lösbare Materialien, wie Holz oder Kunststoff, liefert eine Feilenbürste gute Reinigungsergebnisse. Ihre Borsten sind aus einem weichen Metall, sodass sie die Feile nicht beschädigen können. Aufgrund der geringen Länge sind sie stabil genug, um Verschmutzungen zu lösen.

Ein Blechstreifen gegen stärkeren Schmutz

Gegen hartnäckigen Schmutz, Rost oder verklebtes Aluminium hilft ein kleiner Blechstreifen aus einem weichen Metall. Etwa 2 cm Breite und eine Stärke von 2 bis 3 mm sind dabei absolut ausreichend. Die Länge sollte so gewählt werden, dass man den Blechstreifen sicher halten kann. Nun wird dieser Streifen mit der 2 cm breiten Kante auf der Feile in Hiebrichtung (rund 30° zum Feilenblatt) mit etwas Druck hin und her geschoben. Nach ein paar Bewegungen passt sich der Blechstreifen dem Hieb an und wird automatisch richtig geführt. Da die Kante am Blechstreifen nun die Form des Feilenhiebs angenommen hat, können die Verunreinigungen ganz einfach aus dem Feilenprofil geschoben werden.

Den Blechstreifen mehrmals benutzen

Soll anschließend eine weitere Feile mit einem anderen Profil gereinigt werden, kann dieselbe Kante des Blechstreifens wieder genutzt werden – das eingearbeitete Profil passt sich an. Oder man dreht den Blechstreifen um und nutzt jede Kante für eine andere Feile.

GEGEN SCHMUTZ, ROST ODER VERKLEBTES ALUMINIUM HILFT EIN KLEINER BLECHSTREIFEN

Beim Feilen von Aluminium kann sich das Werkzeug schnell zusetzen. Reinigen lässt es sich mit einem Blechstreifen.

HANDSÄGEN

Sägezähne in Schubrichtung

Es gibt viele verschiedene Handsägen, doch haben sie alle eines gemeinsam – ein Sägeblatt mit Sägezähnen in Schubrichtung, da so die meiste Kraft zur Materialbearbeitung aufgebracht werden kann. Drücken ist leichter als ziehen.

Probleme mit der Führung

Das Arbeiten auf Schub hat jedoch einen enormen Nachteil, den jeder kennt, der bereits versucht hat, ein Kabel durch ein Rohr oder einen Schlauch zu schieben. Ist das Kabel stabil genug, geht alles gut, wird es allerdings dünner und damit weicher, wellert es sich unter der Schubkraft und lässt sich nicht mehr führen.
Gleiches passiert mit einem Sägeblatt, welches in den Sägeschnitt geschoben wird. Man sieht es zwar kaum, und ein gut gespanntes Sägeblatt kann dem entgegenwirken, aber das Sägeblatt wellert sich leicht hinter der Schnittkante und lässt sich nur schwer exakt führen.

Wenn das Sägeblatt wegknickt

Muss mit der Säge bündig gearbeitet werden und besitzt sie keinen Bügel zum Spannen des Sägeblatts (Fuchsschwanz), wird es noch schwie-

Mit Japansägen können sehr exakte Bündigschnitte ausgeführt werden.

riger, und schnell knickt das ganze Sägeblatt zur Seite. Versucht man, damit einen überstehenden Holzdübel bündig abzusägen, gerät man leicht in das anliegende Holz oder der Dübel steht nach dem Schnitt noch immer etwas über.

Holzdübel bündig absägen

Die Alternative heißt Japansäge. Bei ihr arbeiten die Sägezähne nicht in Schub-, sondern in Zugrichtung. Dadurch lässt es sich zwar nicht so kraftvoll, dafür aber sehr genau arbeiten. Wird das Sägeblatt gezogen, spannt es sich automatisch bei jedem Schnitt und muss nicht in einem Bügel gehalten werden. Dadurch kann es selbst ohne Spannbügel sehr schmal ausfallen, wodurch weniger Schnittkraft benötigt und die Schnittkante sehr sauber wird.
Überstehende Dübel können exakt und ohne viel Nacharbeit abgelängt werden.

EXPERTENTIPP

» Schraubstock gleichmäßig belasten

Schraubstöcke sind für eine große Kraftübertragung gedacht. Sie mögen es jedoch nicht, ungleichmäßig beansprucht zu werden. Daher dürfen sie niemals einseitig belastet werden. Müssen kleine Teile mit viel Kraft gehalten werden, sollten sie mittig eingespannt werden. Geht das nicht, hilft ein gleich großes Stück als Ausgleich am anderen Ende der Spannbacken.

SCHRAUBZWINGEN

Wenn die Zwinge rutscht

Wer kennt es nicht: Man dreht und dreht an der Schraubzwinge, doch sie will einfach nicht greifen. Häufig liegt das an einer fettigen, verschmutzten oder abgenutzten Schiene, an der der Spannarm eigentlich verkanten und halten sollte. Wer sich diese Schiene einmal genauer angesehen hat, hat sicherlich bemerkt, dass sie auf der Rückseite geriffelt ist bzw. viele kleine Kerben besitzt. Genau an diesen soll sich der Spannarm verklemmen und durch den erzeugten Druck sicher halten.

Einseitig eingespannte Werkstücke können den Schraubstock brechen lassen.

Die Schiene reinigen

Das funktioniert jedoch nicht, wenn die Oberfläche fettig ist oder die Kerben fehlen, weil sich darin fester Schmutz angesammelt hat. Der erste Schritt sollte daher immer die Reinigung der Schiene sein. Hierbei aber nicht zaghaft sein und ruhig zur Drahtbürste greifen. Eine glatte oder gar polierte Oberfläche ist an der hinteren Fläche nämlich nicht hilfreich.

Neue Kerben mit Hammer oder Säge

Sind die Kerben in einem viel genutzten Bereich gänzlich weg, gibt es ebenfalls Abhilfe. Nehmen Sie einen Hammer mit spitzer Finne oder eine Eisensäge und verpassen Sie der Schraubzwinge einfach neue Kerben. Die müssen weder einheitlich noch schön sein, Hauptsache, die Oberfläche wird griffig und bietet dem Spannarm Halt. Hat er diesen einmal gefunden, zieht er sich beim Spannen selbstständig fest und hält wieder absolut sicher.

KOMPRESSOREN

Schlagschrauber

Die technischen Daten eines Kompressors sind recht überschaubar, und meist werden nur der Kesselinhalt und der maximal erreichbare Betriebsdruck angegeben. Die Angaben reichen jedoch nicht aus, wenn es um die Verwendung spezieller Werkzeuge geht. Sehr beliebt ist der Druckluft-Schlagschrauber, da die elektrische Variante zumeist recht teuer ist. Doch ausgerechnet Schlagschrauber haben einen enorm hohen Luftverbrauch und erreichen ihr angegebenes Drehmoment nur, wenn der benötigte Betriebsdruck anliegt und die geforderte Luftmenge zur Verfügung steht.

Ansaugleistung ist nicht Abgabeleistung

Leider wird bei Kompressoren häufig lediglich die maximale Ansaugleistung angegeben, da diese viel höher als die Abgabemenge ist. Die Ansaugleistung gibt jedoch nur an, wie viel Luft der Kompressor im Idealfall ansaugen kann. Ein Wert, der recht uninteressant ist, da sich daraus die maximale Abgabemenge lediglich schätzen lässt.

Schlagschrauber benötigen eine hohe Luftleistung, damit sie einwandfrei funktionieren.

Die Werte können je nach Gerät abweichen

Grob kann man sagen, dass die Ansaugleistung etwa doppelt so groß ist wie die Abgabeleistung bei 4 bar. Bei einem benötigten Betriebsdruck von 8 bar kann man noch rund ein Drittel der Ansaugleistung als Abgabeleistung annehmen. Ein Kompressor mit einer maximalen Ansaugleistung von 300 l/min erreicht daher etwa eine Abgabeleistung von 150 l/min bei 4 bar und rund 100 l/min bei 8 bar. Je nach Qualität und Arbeitsweise des Kompressors können die Werte jedoch stark variieren.

DER WICHTIGE WERT EINES KOMPRESSORS IST DIE MAXIMALE ABGABEMENGE

Akkuschrauber

Der Begriff Akkuschrauber hat sich als Oberbegriff für Bohr- und Schraubwerkzeuge mit einem Akku eingebürgert. Doch so ganz richtig ist das nicht.

VIER WERKZEUGE

Der Akkuschrauber

Wie der Name bereits sagt, ist ein Akkuschrauber zum Schrauben und nicht zum Bohren gedacht. Daher besitzt er auch kein Bohrfutter, sondern lediglich eine Sechskantaufnahme für Bits. Das macht ihn zwar weniger flexibel, dafür aber deutlich kompakter. Neben dem Bohrfutter kann auch auf ein Getriebe verzichtet werden, welches auf hohe Drehzahlen zum Bohren ausgelegt ist. Der Akkuschrauber benötigt dagegen ein hohes Drehmoment, welches er sicher und ohne benötigte Spannkraft überträgt.

Der Akku-Bohrschrauber

Der Akku-Bohrschrauber ist ein Kombigerät zum Bohren und Schrauben. In seinem Bohrfutter können Bohrer, aber auch Bits oder Bitaufnahmen eingespannt werden. Um beide Aufgaben gut meistern zu können, benötigt er ein Getriebe, welches zwischen hoher Drehzahl und geringer Drehzahl mit einem höheren Drehmoment umgeschalten werden kann. Der Akku-Bohrschrauber ist aufgrund seiner Vielseitigkeit das beliebteste Akku-Werkzeug in den heimischen Werkstätten.

Der Akku-Schlagbohrschrauber

Der Akku-Schlagbohrschrauber ist eine Erweiterung des Akku-Bohrschraubers. Er besitzt dieselben Funktionen und ist auf den ersten Blick mitunter kaum vom Akku-Bohrschrauber zu unterscheiden. Aufgrund seiner zusätzlichen Schlagfunktion, die häufig mit der Drehmomenteinstellung aktiviert wird, ist er zumeist jedoch etwas größer und schwerer.
Die zusätzliche Schlagfunktion wird wie bei einer Schlagbohrmaschine durch einen Zahnkranz erzeugt und ist sehr stark vom Anpressdruck beim Bohren abhängig. Das begrenzt den Einsatz beim Bohren in Wänden auf Ziegelsteine und leichte Betonwände.

Der Akku-Schlagschrauber

Völlig aus der Reihe fällt der Akku-Schlagschrauber. Dennoch wird er gern mit dem Akku-Schlagbohrschrauber verwechselt. Der Akku-Schlagschrauber ist zum Bohren gänzlich ungeeignet und erzeugt seine Schlagfunktion auch nicht wie der Schlagbohrschrauber in axialer Richtung. Eine Art Rutschkupplung unterbricht kurzzeitig

GEWUSST WIE

Welches Werkzeug wofür?
Akku-Schrauber: zum Schrauben
Akku-Bohrschrauber: zum Schrauben und Bohren in Holz, Metall und Kunststoffe
Akku-Schlagbohrschrauber: zum Schrauben und Bohren in Holz, Metall, Kunststoffe, Ziegel und leichte Betone
Akku-Schlagschrauber: zum Schrauben mit einem sehr hohen Drehmoment

die Drehbewegung, bis sie schlagartig wieder einsetzt. Vergleichbar ist das mit einem Maulschlüssel, der mit Hammerschlägen in Drehrichtung bewegt wird. Das erzeugt ein sehr hohes Drehmoment, sodass auch sehr fest sitzende oder verrostete Schrauben gelöst werden können. Zu finden ist der Schlagschrauber zumeist im industriellen Bereich und Kfz-Werkstätten. Mit Druckluft betrieben, werden damit Radbolzen gelöst und angezogen.

DIE AKKUS

Werkzeugakku richtig lagern

Nickel-Cadmium-Akkus sind seit einigen Jahren in Werkzeugen nicht mehr gestattet, und Nickel-Metallhydrid-Akkus reagieren sehr empfindlich auf niedrige Temperaturen. In Werkzeugen kommen daher heutzutage fast nur noch Lithium-Ionen-Akkus zum Einsatz. Sie bieten eine sehr hohe Energiedichte, haben keinen Memory-Effekt und vor allem eine sehr geringe Selbstentladung. Dennoch sollte man sich nicht darauf verlassen und nicht benötigte Lithium-Ionen-Akkus vor dem Winter überprüfen sowie bei Bedarf nachladen. Entlädt sich der Akku unter seine „Schmerzgrenze", kann er dauerhaft Schaden nehmen und bei der nächsten Ladung anfangen zu brennen.

Lithium-Ionen-Akkus nur teilgeladen lagern

Vollständig laden sollten Sie Ihren Lithium-Ionen-Akku zur Einlagerung aber auch nicht. Das ist zum einen aufgrund der geringen Selbstentladung nicht nötig, und zum anderen belastet es die Zellen unnötig, was die Lebenserwartung senkt. Die optimale Ladung bei der Einlagerung liegt bei 50 bis 75 %, was sich allerdings nur bedingt prüfen lässt. Viele Akkus oder die Werkzeuge, in die sie eingesetzt werden, besitzen jedoch eine dreistufige LED-Anzeige, und sofern zwei der drei LEDs leuchten, können Sie von einer Ladung zwischen 50 und 75 % ausgehen. So kann der Akku an einem kühlen Platz in die Winterpause gehen.

Bei der Einlagerung von Li-Ionen-Akkus sollten möglichst zwei der drei Dioden leuchten.

Vorsicht vor Frost und Nässe

Ein weiterer wichtiger Aspekt sind Temperatur und Luftfeuchtigkeit. Lassen Sie Ihre Werkzeugakkus niemals im Winter in einer schnell abkühlenden Garage oder Werkstatt liegen. Hier kann es zu frostigen Temperaturen und aufgrund der wechselnden Temperaturen zu Kondenswasser an den Werkzeugen kommen. Besser ist ein trockener Keller oder die Abstellkammer, in denen die Raumtemperatur kühl ist und einigermaßen konstant bleibt. So eingelagert, verlieren Ihre Lithium-Ionen-Akkus im Monat maximal 3 % ihrer Ladung, und sie kommen sicher über den Winter.

Ladegerät finden

Wer viele Akkuwerkzeuge nutzt, der besitzt meist auch viele unterschiedliche Ladegeräte. Um dabei den Überblick nicht zu verlieren, sollten die Ladegeräte stets passend zum Akkuwerkzeug aufbewahrt werden. Zusätzlich helfen Markierungen mit farbigem Klebeband schnell dabei, das passende Ladegerät zum Akku zu finden.

Schrauben und Bohren

Welcher Bit ist der richtige? Wie verschraube ich eine rechtwinklige Verbindung? Was tun ohne Tiefenanschlag? Hier kommen Tipps rund ums Schrauben und Bohren.

DIE BITS

Der richtige Bit für die richtige Schraube

Um den richtigen Bit zu wählen, ist es als Erstes wichtig, den Schraubfall zu definieren. Unterschieden wird zwischen einem harten Schraubfall und einem weichen Schraubfall.

Der harte Schraubfall

Von einem harten Schraubfall spricht man, wenn harte Materialien wie Metall oder harte Kunststoffe verschraubt werden. Anwendung finden hier hauptsächlich metrische Schrauben („Maschinenschrauben") und Muttern.
„Hart" bezieht sich in diesem Fall aber nicht unbedingt auf die Materialien, sondern auf das Drehmoment, welches „hart" ansteigt. Wurde die Schraube bis zum Ende eingeschraubt, gibt es einen kurzen Ruck, und das Drehmoment steigt von Null auf das Maximum an. Das passiert auch, wenn ein Stahlwinkel oder Blech auf Holz geschraubt wird. Entscheidend ist, auf welches Material der Schraubenkopf trifft.

Der weiche Schraubfall

Bei einem weichen Schraubfall werden weiche Materialien meist mit Holzschrauben verbunden. Trifft dabei der Schraubenkopf auf die Oberfläche, gibt diese etwas nach, und das Drehmoment steigt weich an.

Welcher Bit für welchen Schraubfall?

Steigt das Drehmoment hart an, besteht die Gefahr, dass ein harter Bit bricht. Man verwendet also einen weicheren Bit. Steigt dagegen das Drehmoment weich an, kann ein harter Bit genutzt werden, der eine höhere Standzeit besitzt.

Bit mit Torsionszone für harte und weiche Schraubfälle

Damit nicht jeder harte und weiche Bits einlagern muss, um für jeden Schraubfall gewappnet zu sein, gibt es Bits mit Torsionszone. Diese besitzen für eine gute Standfestigkeit einen harten Kopf, im Schaft jedoch einen weicheren Teil, der etwas nachgibt und das Drehmoment im harten Schraubfall abfedert. Dieses Verdrehen des Schaftes unter großer Belastung nennt sich Torsion.

**Harter Schraubfall – weicher Bit.
Weicher Schraubfall – harter Bit.**

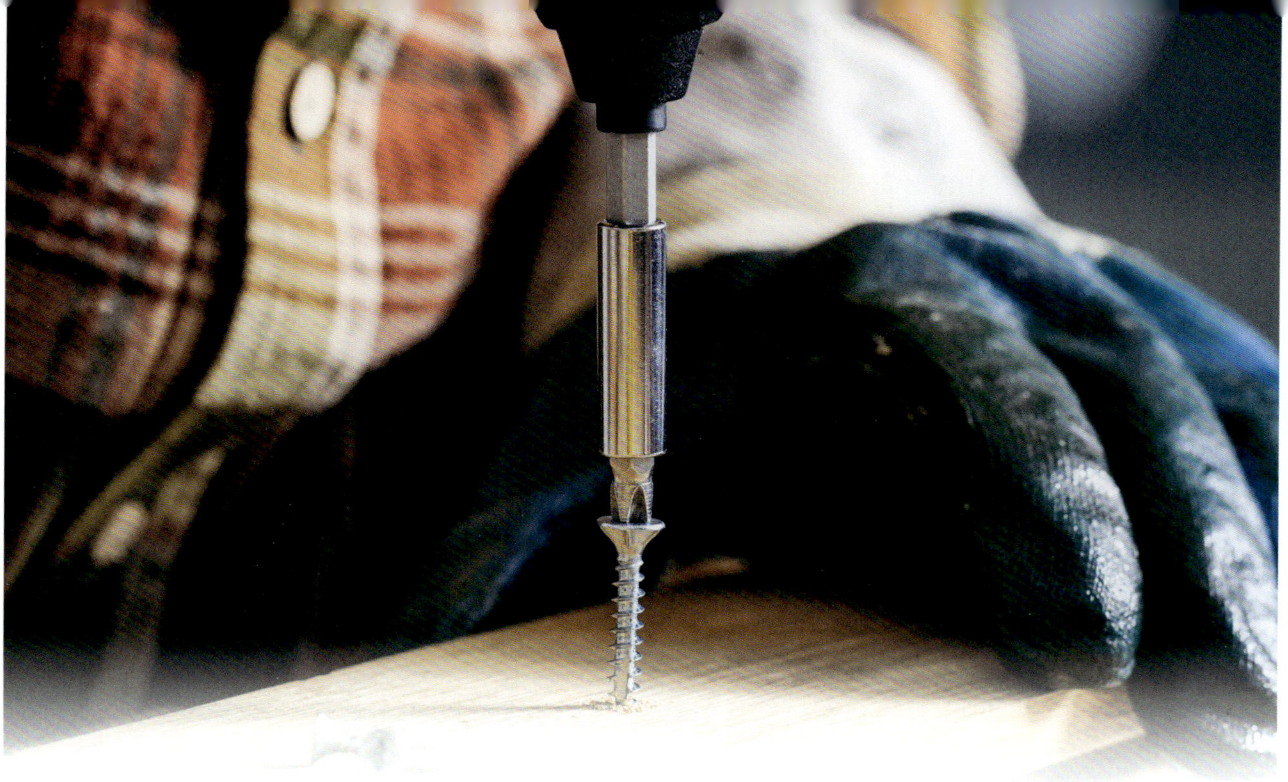

Achten Sie darauf, ob die Schraube einen PH- oder einen PZ-Antrieb besitzt, wenn Sie Kreuz-Bits verwenden.

Gute Sache: der Torx-Bit

Damit ein Bit richtig greift und die Schraube nicht beschädigt wird, ist es wichtig, dass der Bit perfekt zur Schraube passt. Bei einem Innensechskant- oder Torx-Bit ist das sicher kein Problem, da es hier deutliche Größenunterschiede gibt und ein zu großer Bit gar nicht in den Schraubenantrieb passt.

PH- und PZ-Bits

Bei Kreuzschlitzschrauben ist es jedoch etwas anders, denn selbst wenn die Größe stimmt, muss der Bit noch lange nicht richtig passen. Der feine Unterschied liegt in der Bezeichnung PH und PZ (Phillips und Pozidriv). Beide sind Kreuz-Bits, und beide besitzen ähnliche Größen – identisch sind sie dennoch nicht.

Während die Flanken eines Phillips-Recess-Bits (so der richtige Name) keilförmig zulaufen, damit sie sich im maschinellen Betrieb besser zentrieren, sind die Flanken des Pozidriv-Bits gerade, wodurch sie sicherer im Schraubenkopf sitzen und beim Schrauben weniger in den Schraubenkopf gedrückt werden müssen. Zusätzlich besitzen Pozidriv-Bits eine kleine Erhebung zwischen den Flanken, um sie besser von Phillips-Bits zu unterscheiden. Die passenden Schrauben besitzen ebenfalls eine Markierung, die um 45° versetzt zum Kreuz angebracht ist.

GEWUSST WIE

Mit Essig schrauben

Der beste Bit nützt nichts, wenn die Schraube fest im Holz sitzt und sich nicht lösen lassen will. Gehen Sie nicht das Risiko ein, den Bit abzubrechen oder den Antrieb der Schraube zu überdrehen. Dann lässt sich die Schraube gar nicht mehr lösen. Träufeln Sie ein paar Tropfen Essig auf das Holz und die Schraube. Nach etwa zwei Minuten weicht der Essig das Holz ein wenig auf, die Schraube lässt sich leichter ausdrehen.

TIPPS UND TRICKS FÜRS BOHREN

Der Tiefenanschlag der Bohrmaschine

Nicht jede Bohrmaschine besitzt einen Tiefenanschlag. Man kann sich jedoch selbst behelfen, indem man die gewünschte Bohrtiefe am Bohrer mit einem Marker oder Klebeband markiert.

Saubere Löcher in Holz bohren

Wird Holz komplett durchbohrt, platzt es auf der Rückseite schnell aus. Um das zu vermeiden, sollte ein sogenanntes Opferholz verwendet werden. Dieses Opferholz wird als Unterlage genutzt oder mit Schraubzwingen hinter dem zu durchbohrenden Holz befestigt. Beim Austreten des Bohrers kann das Holz jetzt nicht ausplatzen, da die Holzfasern keinen Platz haben, sich abzuheben.

Eine einfache Bohrhilfe ist schnell selbst gebaut. Mit ihrer Hilfe lassen sich rechtwinklige Löcher bohren.

DIE RECHT(WINKLIG)E VERBINDUNG

Werkzeug & Material

- Bohrmaschine
- Holzbohrer
- Schrauben

1. Gerade anfangen
Nehmen Sie die Länge der Schraube als Maß. Zunächst als Ausgangspunkt für das Vorbohren eine kleine Vertiefung gerade (!) ins Holz bohren.

2. Schräg fertigstellen
Anschließend, wenn der Bohrer greift, die Bohrmaschine im gewünschten Winkel schräg ansetzen und das Loch vorbohren. Die Schraube eindrehen.

Bohrhilfe anfertigen

Ohne Tischbohrmaschine ist es gar nicht so einfach, exakt rechtwinklige Löcher zu bohren. Abhilfe schafft eine kleine Bohrhilfe aus Holzstücken. Verschrauben oder verleimen Sie dazu zwei stärkere Holzleisten so, dass sie einen rechten Winkel bilden. Wird die kleine Bohrhilfe nun auf das zu bohrende Material gestellt und der Bohrer in den Winkel anliegend platziert, steht er nach allen Richtungen rechtwinklig zum Untergrund und kann sehr exakt gerade bohren.

Ölbohrinsel

Beim Bohren von Metall entstehen viel Reibung und Wärme. Daher ist es wichtig, den Bohrer zu schmieren und zu kühlen. Ziemlich einfach funktioniert das, wenn man sich einen Ring um das Bohrloch legt und diesen mit Schmiermittel oder Wasser füllt. Der Ring kann aus einer großen Unterlegscheibe, einer Dichtung oder auch aus Fett bestehen.

Löcher in Holz vorbohren

Damit Holz beim Verschrauben nicht platzt, kann es hilfreich sein, das Schraubloch vorzubohren. Hierbei muss unterschieden werden, welches der zu verbindenden Hölzer vorgebohrt wird. Das obere, in dem der Schaft der Schraube sitzt, kann im kompletten Durchmesser der Schraube vorgebohrt werden. Das untere Holz, in das das Gewinde der Schraube greift, wird nur so groß wie der Kern der Schraube (ohne Gewindegänge) vorgebohrt.

Wachsen hilft

Lassen sich Schrauben nur schwer ins Holz drehen, hilft etwas Bienenwachs. Seife, Öl oder Fett funktionieren zwar ebenso, hinterlassen aber unschöne Flecken.

Wenn das Bohrfutter auf den Untergrund schlägt

Gerade bei Durchgangsbohrungen passiert es häufig, dass beim Durchbruch der Bohrung das Bohrfutter auf den Untergrund schlägt. Bei Holz sieht der Rand dann unschön aus, und Fliesen könnten dadurch brechen. Um das zu verhindern, schieben Sie einfach einen passenden 0-Ring (auch Nullring genannt) aus Gummi auf den Bohrer, der den Aufschlag abfängt.

Schrauben an unzugänglichen Stellen

Erreichen Schraube und Schraubendreher nur schwer ihr Ziel, kann die Schraube leicht am Schraubendreher fixiert werden. Stecken Sie die Schraube dazu durch ein Stück Kreppband, setzen Sie die Schraube auf den Schraubendreher und schlagen Sie anschließend das Kreppband am Schraubendreher um. Jetzt hält die Schraube sicher am Schraubendreher und kann auch an unzugängliche Stellen eingefädelt werden.

EXPERTENTIPP

» **Magnetischer Bit:** Wird der Bit oder auch der Schraubendreher vorher ein wenig an einem Magneten gerieben, wird er ebenfalls magnetisch und hält Schrauben sicher fest.

» **Sicherer Bitsitz:** Mit etwas Scheuerpulver erhält der Bit einen besseren Grip und rutscht nicht so schnell aus der Schraube.

» **Durchdrehender Bit:** Greift der Kreuzbit nicht mehr sicher im Schraubenkopf, ist Gummi eine gute Hilfe. Legen Sie dazu einen Einweckgummi oder einen ähnlichen breiteren Gummi über den Bit und drücken Sie ihn anschließend fest in den Schraubenkopf. Jetzt lassen sich auch abgenutzte Schrauben lösen.

Bohrmaschinen

Eine Bohrmaschine ist ein vielseitig einsetzbares Werkzeug. Man muss jedoch wissen, welche Maschine was kann und wie man effektiv mit ihr arbeitet.

WELCHE BOHRMASCHINE?

Schlagbohrmaschine oder Bohrhammer?

Um die Schlagbohrmaschine und den Bohrhammer richtig einzusetzen, ist es wichtig, die Funktionsweise zu kennen, denn auch wenn es für die Schlagbohrmaschine Steinbohrer gibt, kann damit noch lange nicht in jeden Stein gebohrt werden.

Die Schlagbohrmaschine

Wie bei einer einfachen Bohrmaschine wird bei einer Schlagbohrmaschine die Arbeitsspindel über eine Getriebe von einem Motor angetrieben. Zusätzlich kann die Spindel jedoch leicht in axialer Richtung bewegt werden. Hinter der Arbeitsspindel befindet sich ein fest verbauter Zahnkranz, dessen Zähne in Bohrrichtung zeigen. An der Arbeitsspindel befindet sich ebenfalls ein solcher Zahnkranz, der sich über den festen Zahnkranz dreht und somit für die axiale Schlagbewegung sorgt.

Faktor Kraft

Der Aufbau ist recht einfach und auch auf kleinstem Raum umsetzbar, hat jedoch einen entscheidenden Nachteil – die Schlagenergie ist von der Kraft abhängig, mit der die Schlagbohrmaschine gegen die Wand gedrückt wird. Das ist nicht nur anstrengend, sondern schränkt auch den Arbeitsbereich ein. Während Poroton und Ziegelsteine noch gebohrt werden können (Poroton ohne Schlag!), ist die Schlagbohrmaschine bei Beton und harten Steinen überfordert.

Der Bohrhammer

Der Aufbau des Bohrhammers ist etwas komplizierter. Entscheidend ist jedoch, dass die Schlagenergie von der Maschine selbst erzeugt und in sich von allein verstärkt wird. Für eine hohe Schlagkraft muss man also nicht mit aller Kraft den Bohrhammer gegen die Wand pressen. Ganz im Gegenteil, man braucht den Bohrhammer nur führen und seine Arbeit machen lassen. Dadurch ist der Bohrhammer auch in der Lage, Steine und Betonwände zu bohren.

Die SDS-Aufnahme

Ein weiterer Unterschied in der Schlagfunktion ist, dass nicht die ganze Arbeitswelle der Schlagfunktion ausgesetzt ist, sondern lediglich das Werkzeug. Daher besitzen Bohrhämmer kein übliches Bohrfutter, sondern eine SDS-Aufnahme, in der sich das Werkzeug axial bewegen kann.

Mit einem Bohrhammer lässt es sich ohne große Mühe bohren, stemmen und meißeln.

Ein Schritt auf die Leiter macht es leichter, wenn man weiter oben bohren muss.

ERGONOMISCH BOHREN

Die Bohrmaschine richtig halten

Gutes Werkzeug erleichtert die Arbeit, und damit es gut bleibt, sollte einiges beachtet werden. Das fängt bereits damit an, wie die Bohrmaschine gehalten wird. Schlagbohrmaschinen besitzen einen Griffteil und zusätzlich einen verstellbaren Haltegriff. Weitere Gehäuseteile sind nicht zum Halten der Maschine geeignet, denn das verringert die Wärmeabgabe, und es könnten Lüftungsschlitze verdeckt werden, was zum Überhitzen der Bohrmaschine führt.

So bohrt es sich leichter in die Wand

Wichtig beim Bohren ist bereits der sichere Stand, der geneigt zur Wand sein sollte. So kann das eigene Körpergewicht unterstützend eingesetzt werden. Das gilt erst recht, wenn man dabei auf einer Leiter steht, da man dabei nicht nur die Bohrmaschine gegen die Wand drückt, sondern sich selbst auch samt der Leiter von der Wand weg. Mit etwas mehr Distanz und einer leichten Schräglage kann die Kraft besser übertragen werden.

Nicht über Körperhöhe bohren

Entscheidend bei der Kraftübertragung ist auch der Haltewinkel. Jeder weiß, dass sich ein Gewicht leichter vor der Brust trägt als mit ausgestreckten Armen. Der eigene Körper sollte sich daher immer auf Höhe der Bohrmaschine befinden. Liegt das Bohrloch höher als der eigene Kopf, ist es kaum noch möglich, das eigene Gewicht als Unterstützung zu nutzen. Selbst die erste Stufe einer Leiter oder ein kleiner Antritt kann da schon hilfreich sein.

DAS BOHRFUTTER

Dreibackenfutter für exaktes Spannen

Bohrfutter unterscheiden sich in ihrem Aufbau und damit auch in ihrem Einsatzzweck. Sie können das Bohrwerkzeug durch sogenannten Kraft- oder durch Formschluss halten.
Das Dreibackenfutter ist eher von Drehbänken bekannt, bei denen es das Werkstück zwischen den Backen zentriert und spannt. Dasselbe Prinzip arbeitet aber auch in einem Zahnkranz- oder Schnellspann-Bohrfutter. Mittels eines Gewindes und einer Drehbewegung werden drei Spannbacken in einem Kegel nach vorn geschoben und dabei gegeneinandergepresst. Befindet sich ein rundes Werkzeug zwischen den Backen, zentriert es sich und wird sicher gehalten.

Schnelligkeit oder Spannkraft

Bei einem Schnellspannfutter wird für die Drehbewegung kein zusätzliches Werkzeug benötigt, was das Spannen schneller macht – daher die Bezeichnung Schnellspannfutter. Dafür erreicht das Zahnkranzfutter mehr Spannkraft, was gerade bei der maschinellen Produktion wichtig ist.

Nicht für jedes Bohren geeignet

Das Dreibackenfutter hat seine Vor- und Nachteile. Einerseits wird das eingespannte Werkzeug sehr gut zentriert, was für einen exakten Rundlauf sorgt, andererseits ist der Aufbau teilweise sehr filigran, sodass Dreibackenfutter nicht für einen Bohrhammer geeignet sind. Teilweise

Schlüsselloses Schnellspannfutter einer Bohrmaschine

dürfen Schnellspannfutter nicht mal mit der Schlagfunktion der Schlagbohrmaschine genutzt werden. Hier muss auf die Bezeichnung „schlagfest" geachtet werden.

SDS-Futter für Bohrhämmer

Anders als das Dreibackenfutter hält das SDS-Futter das Werkzeug mittels Form- und nicht mit Kraftschluss. Das ist wichtig, damit der Bohrer oder Meißel weiterhin in axialer Richtung bewegt werden kann. Zur Übertragung der Drehbewegung besitzt das SDS-Werkzeug am Schaft zwei Nuten, die formschlüssig in das Futter gleiten. Damit das Werkzeug bei der Arbeit nicht einfach wieder aus dem Futter fällt, gibt es zusätzlich noch eine oder zwei geschlossene Nuten, in die eine Kugel in der SDS-Aufnahme gleitet.

SDS-Plus

Typische Bohrhämmer besitzen ein SDS-Plus-Futter, welches von Bosch entwickelt wurde. Damit aber auch größere und kleinere Werkzeuge genutzt werden können, gibt es zusätzlich noch das SDS-Max- und das SDS-Quick-Futter. Die Arbeitsweise ist ähnlich, wobei SDS-Qick-Werkzeuge keine Nuten, sondern „Fahnen" (längliche Erhebungen) besitzen und das SDS-Quick-Futter auch Seckskantwerkzeuge, wie lange Bits oder Bithalter, aufnehmen kann. Dass sich die Werkzeuge axial bewegen lassen, ist der Vorteil des SDS-Futters – und gleichzeitig auch ein Nachteil. Denn je mehr sich das Werkzeug bewegen kann, und hier spielt auch die Abnutzung eine große Rolle, desto mehr Spiel hat es und desto ungenauer ist der Rundlauf.

EXPERTENTIPP

» Praktische Ablage für Akkuschrauber und Bohrmaschinen

Aus einem Rest Abflussrohr lässt sich leicht eine Halterung für Akkuschrauber und Bohrmaschinen bauen. Schneiden Sie sich ein etwa 30 cm langes Stück eines Abflussrohrs (10 cm Durchmesser) ab und sägen Sie an einem Ende einen Ausschnitt von etwa 5 × 5 cm aus. Das Rohr kann anschließend an der Werkbank, Leiter oder einer Wand in der Werkstatt angebracht und die Bohrmaschine darin abgelegt werden.

ARBEITEN MIT DER TISCHBOHRMASCHINE

Werkstücke richtig einspannen

Einige Tischbohrmaschinen bietet einen Niederhalter oder Spannpratzen zum Fixieren der Werkstücke. Das ist superpraktisch, aber nur bei leichten Bohrarbeiten zu empfehlen. Beim Bohren überträgt sich die Kraft des Bohrers auf das Werkstück und versucht, dieses mitzureißen. Da Niederhalter von oben nach unten drücken, können sie nur bedingt die seitliche Bewegung oder Drehung des Werkstücks verhindern.

Die Drehbewegung verhindern

Sinnvoll ist es, mit Anschlägen oder einem Maschinenschraubstock zu arbeiten. Diese halten das Werkstück seitlich und verhindern so die Drehbewegung. Das funktioniert so gut, dass das Werkstück sogar lose zwischen zwei gegenüberliegende Anschläge gelegt werden könnte und sich nicht mitdreht.

Schleifwerkzeuge

So verschieden, wie elektrische Schleifwerkzeuge aufgebaut sind, so verschieden ist auch ihr Einsatzzweck – und so unterschiedlich kann das Schleifergebnis sein.

DIE VIER KANDIDATEN

Der Bandschleifer

Der Bandschleifer besitzt eine sehr große und schnell arbeitende Schleiffläche. Daher eignet er sich besonders für Schrupparbeiten auf großen Flächen oder an Balken. Auf großen Flächen sollte man jedoch aufpassen, dass keine Absätze in das Material geschliffen werden. Gleichfalls kann es durch die gleichbleibende Schleifrichtung passieren, dass tiefe Schleifspuren im Material hinterlassen werden. Der Bandschleifer ist daher das Schleifgerät fürs Grobe.

Der Schwingschleifer

Durch eine Kombination aus einer rotierenden und schwingenden Bewegung arbeitet auch der Schwingschleifer sehr effektiv und sorgt ebenfalls für ein gleichmäßiges Schleifbild ohne Riefen. Je nach Wahl des Schleifpapiers kann er daher zum Schruppschleifen, aber auch zum Schlichten bis hin zum Polieren verwendet werden.
Allerdings ist der Schwingschleifer nicht immer leicht zu führen, was zu Dellen auf großen Fächen führen kann. Ungeeignet ist er für Flächen, die kleiner als die Schleiffläche sind.

Der Exzenterschleifer

Mit seiner sich exzentrisch bewegenden Grundfläche erzeugt der Exzenterschleifer ein sehr gutes Schleifbild, ist mit einer relativ kleinen Schwingbewegung jedoch nicht so effektiv wie Band- oder Schwingschleifer. Die nur recht geringen Schleifbewegungen ermöglichen es dafür, dass der Exzenterschleifer auch für schmale Leisten und Flächen genutzt wird. Selbst Kleinstteile können auf der Grundfläche des Exzenterschleifers geschliffen und poliert werden.

Der Deltaschleifer

Der Großbuchstabe Delta aus dem griechischen Alphabet sieht aus wie ein Dreieck, woher auch der Deltaschleifer (Dreieckschleifer) seinen Namen hat. Er arbeitet wie ein Schwingschleifer, gelangt aufgrund seiner spitzen Grundfläche aber auch gut in Ecken und kann enge Zwischenräume ausarbeiten. Der Deltaschleifer ergänzt daher andere Schleifwerkzeuge. Je nach Wahl des Schleifmittels kann er zum Schruppen oder Schlichten verwendet werden, ist in seiner Arbeitsleistung aufgrund der geringen Grundfläche und sehr kleinen Exzenterbewegung aber deutlich eingeschränkt.

ACHTUNG

Keinen Druck

Mit einem elektrischen Schleifwerkzeug sollte niemals unter Druck gearbeitet werden. Einerseits schränkt man damit die Schwingbewegung ein, andererseits entsteht dadurch viel Wärme, die die Klettfläche des Schleifers zerstört.

Elektrowerkzeug: Unfälle vermeiden

Elektrowerkzeuge erleichtern die Arbeit ungemein. Zur unfallfreien Anwendung sollte man jedoch einige Sicherheitsregeln beachten.

Gebrauchsanleitung lesen

Viele Werkzeuge lassen sich intuitiv bedienen, und schnell ist man der Meinung, keine Bedienungsanleitung zu benötigen. Viele enthalten jedoch auch Tipps zum sicheren Umgang und zur Arbeitsweise der Maschine. Diese sind hilfreich und können das Unfallrisiko verringern.

Ordnung am Arbeitsplatz

Chaos erschwert nicht nur die Arbeit, herumliegende Werkzeuge sind auch Unfallquellen. Ist man unachtsam oder muss schnell mal reagieren, können Werkzeuge zum Hindernis werden – man kann stolpern oder sich an scharfen Kanten verletzen.

Nur intakte Geräte verwenden

Strom ist hilfreich, aber auch gefährlich. Prüfen Sie daher vor jeder Verwendung eines Elektrowerkzeugs, ob das Gerät und die Zuleitung intakt sind.

Elektrogeräte immer ausschalten

Einige ältere Elektrowerkzeuge besitzen einen Schalter mit Arretierung für den Dauerbetrieb. Prüfen Sie daher immer, ob die Maschine tatsächlich ausgeschaltet ist, bevor Sie den Stecker in die Steckdose stecken.

Kabeltrommel abwickeln

Sind Steckdosen weiter entfernt und wird eine Kabeltrommel verwendet, muss diese immer komplett abgewickelt werden. Wo Strom fließt, entsteht Wärme, die das Stromkabel an das Umfeld abgibt. Bleibt es aber auf der Trommel aufgewickelt, kann die Wärme nicht abgegeben werden – es kommt zum Hitzestau und, verschmort die Isolierung, zum Kurzschluss.

Elektrowerkzeuge und Handschuhe

Handschuhe sollten die Hände schützen. An rotierenden Werkzeugen können sie jedoch zur Falle werden. Bleibt der Handschuh am Bohrer hängen und wird aufgewickelt, stellt das eine größere Gefahr dar, als ohne Handschuhe zu arbeiten.

Ruhig und konzentriert arbeiten

Die größte Gefahr beim Arbeiten mit Elektrowerkzeugen geht vom Bediener selbst aus. Die meisten Unfälle passieren, weil man unachtsam ist und unüberlegt handelt. Bleiben Sie daher konzentriert, überlegen Sie genau, wie Sie vorgehen möchten, und schließen Sie mögliche Unfallquellen aus.

Kinder schützen

Kinder sind neugierig, und das ist auch gut so. Werkzeuge können dabei jedoch schnell zur Unfallquelle werden. Lässt es sich nicht vermeiden, dass Kinder in die Werkstatt gelangen, oder arbeiten Sie außerhalb der Werkstatt, dann trennen Sie stets alle Werkzeuge vom Strom.

Stichsägen

Professionelle Handwerker besitzen viele verschiedene Sägen. Der Heimwerker hat mit einer Stichsäge die meisten Funktionen in einer Maschine vereint.

GRIFF ODER KNAUF

Die Bauformen der Stichsäge

Bei der Bauform der Stichsäge scheiden sich die Geister. Es gibt die Variante mit einem großen Bügelgriff und – meist im Profibereich zu finden – die Stichsäge mit Knauf. Beide bieten ihre Vorteile und haben ihre Anhänger.

Maschinen mit Bügelgriff

Stichsägen mit Bügelgriff bieten einen guten Halt und der im Griff integrierte Schalter lässt sich direkt bedienen. So ist es möglich, die Stichsäge langsam zu starten und die Hubgeschwindigkeit während der Sägearbeit anzupassen.

Maschinen mit Knauf

Ohne Bügelgriff wird die Säge am Motorteil gehalten, wodurch sie sich leichter ausbalancieren lässt. Zusätzlich ist es möglich, die Stichsäge von unten gegen das Werkstück zu führen, was den Blick auf den Schnitt deutlich verbessert.

KNAUF ODER BÜGELGRIFF? AN DIESER FRAGE SCHEIDEN SICH DIE GEISTER

EXPERTENTIPP

» Auf Qualität achten

Die Stichsäge ist ein günstiges Multitalent und daher in fast jeder Werkstatt zu finden. Vom niedrigen Preis sollte man sich jedoch nicht verleiten lassen. Gerade bei einer Stichsäge hängt das Arbeitsergebnis stark von der Qualität der Säge und der Sägeblätter ab. Ist das Sägeblatt nicht gerade oder hat es eingespannt Spiel, kann man sich noch so viel Mühe geben, der Schnitt wird weder gerade, noch kann er exakt entlang einer Kontur geführt werden.

DIE PENDELSTICHSÄGE

Was ist ein Pendelhub?

Ob Bügelgriff oder nicht, einen Pendelhub sollte jede Stichsäge haben. Aber wie funktioniert der wirklich? Als Hub wird die Auf- und Abbewegung des Sägeblatts bezeichnet – diese benötigt jede Stichsäge, um überhaupt arbeiten zu können. Eine zusätzliche Pendelbewegung drückt das Sägeblatt bei der Schnittbewegung nach vorn und beim Rückhub wieder nach hinten.

Regulierbare Pendelfunktion

Einerseits verringert der Rückhub den Kraftaufwand beim Schieben der Säge, andererseits schleifen die Zähne des Sägeblatts bei der Rückwärtsbewegung nicht über das Material. Je größer die Pendelbewegung ist, desto effektiver arbeitet die Säge. Für exakte Konturenschnitte sollte sich die Pendelfunktion jedoch regulieren lassen.

ZUG ODER STOSS?

Ausrissfreie Schnitte mit der Stichsäge

Stichsägen arbeiten auf Zug. Das heißt, die Zähne der Sägeblätter zeigen zur Grundplatte der Stichsäge, und die Säge zieht sich automatisch auf das zu sägende Material. So lässt sie sich leicht führen und springt nicht über die Oberfläche. Das hat aber den Nachteil, dass der Schnitt nur von unten sauber aussieht und oberhalb das Holz ausreißt. Daher sägt man stets auf der hinteren und später nicht sichtbaren Fläche des Holzes.

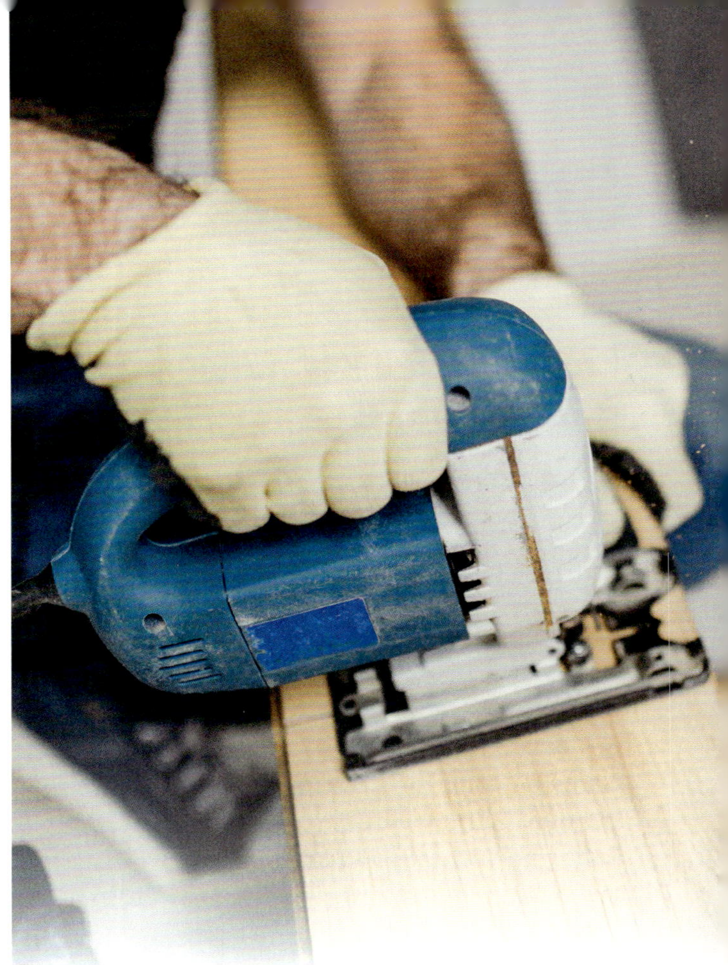

Die Zähne der Stichsäge zeigen nach oben. Deshalb wird der Schnitt nur auf der unteren Seite sauber.

EXPERTENTIPP

» Das Konturensägeblatt

Stichsägeblätter besitzen keinen Gegenhalt, daher müssen sie ausreichend stabil sein. Das bezieht sich einerseits auf die Stärke, andererseits aber auch die Sägeblattbreite. Je stärker und breiter ein Sägeblatt ist, desto stabiler ist es und umso gerader sägt es. Mitunter möchte man aber nicht gerade, sondern kurvig und bestimmte Konturen sägen. Dann wird das Konturensägeblatt benötigt. Dieses ist besonders dünn und schmal, sodass es gut um Kurven kommt. Aufgrund der mangelnden Stabilität sind Konturensägeblätter aber nicht für große Materialstärken geeignet und kürzer als übliche Stichsägeblätter.

Arbeiten auf Stoß

Mitunter ist es jedoch besser, auf der später sichtbaren Seite zu sägen. Damit die Ausrisse im Holz dennoch nicht sichtbar sind, gibt es Spezial-Sägeblätter mit umgedrehten Zähnen. Diese zeigen dann nach unten, und die Stichsäge arbeitet damit auf Stoß. Der Vorteil des leichten Führens geht damit jedoch verloren, und die Säge muss während des gesamten Schnittes auf das Holz gedrückt werden. Auch der Pendelhub muss deaktiviert werden, was die Vorwärtsbewegung erschwert.

Tischkreissäge

Eine Tischkreissäge ist ein Werkzeug für den ambitionierten Heimwerker. Mit ihr lässt es sich sehr exakt arbeiten. Sicherheit ist aber das A und O.

SICHER SÄGEN

Parallelanschlag

Mit einem Parallelanschlag können, wie der Name bereits sagt, parallele Schnitte ausgeführt werden. Das setzt jedoch voraus, dass der Anschlag auch wirklich parallel zum Sägeblatt verläuft. Liegt der Anschlag im hinteren Teil näher am Sägeblatt als vorn, verklemmt sich das gesägte Teil zwischen Sägeblatt und Parallelanschlag. Um das auch bei einem schlecht ausgerichteten Parallelanschlag zu verhindern, darf der Parallelanschlag nur bis zur Mitte des Sägeblatts gehen. Dahinter muss ausreichend Platz für das geschnittene Material sein.

Schiebestock

Beim Führen des Materials über die Tischkreissäge muss auf einen sicheren Abstand zwischen Sägeblatt und Hände geachtet werden. Lässt sich das aufgrund der Größe des Schnittguts nicht einhalten, muss ein Schiebestock verwendet werden. Mit diesem kann das Holz langsam gegen das Sägeblatt geschoben werden, während die Hand in sicherer Entfernung bleibt.

Nullspannungsschalter

Tischkreissägen arbeiten im Dauerbetrieb. Es gibt keinen Griff mit integriertem Schalter, der die Säge beim Loslassen automatisch ausschaltet. Dennoch darf sie sich nach einer Stromunterbrechung nicht selbstständig wieder einschalten. Dafür sorgt der Nullspannungsschalter, mit dem jede Tischkreissäge ausgestattet sein muss.

Mit dem Schiebestock kann das Werkstück sicher geschoben werden.

ACHTUNG

Sicherheitsregeln

Die Tischkreissäge ist ein ausgezeichnetes Werkzeug, die sehr gerade und winklige Sägeschnitte mit einer hohen Wiederholgenauigkeit ermöglicht. Werden jedoch einige Sicherheitsregeln nicht beachtet, kann die Tischkreissäge zu einem sehr gefährlichen Werkzeug werden. Wichtig sind Parallelanschlag, Schiebestock, Nullspannungsschalter und Spaltkeil.

Spaltkeil

Beim Anschnitt zeigen die Zähne des Sägeblatts nach unten und pressen das Holz auf den Sägetisch. Im hinteren Bereich des Sägeblatts kommen die Zähne jedoch von unten und können das gesägte Holz nach oben wegschleudern. Damit das nicht passiert, besitzen Kreissägen einen Spaltkeil, der so breit wie das Sägeblatt ist. Dieser drückt den Sägeschnitt auseinander und verhindert, dass sich das Holz am Sägeblatt verklemmt. Der Spaltkeil sollte niemals entfernt werden.

DAS SÄGEBLATT

Saubere und sichere Schnitte mit der richtigen Schnitttiefe

Mit der Schnitttiefenverstellung der Tischkreissäge kann das Sägeblatt dem zu sägenden Material angepasst werden. Dabei sollte das Sägeblatt nicht mehr als eine Zahnhöhe über das Holz ragen. Das minimiert den Kontakt zwischen Holz und Sägeblatt und sorgt für eine bessere Schnittqualität.

Die richtige Zähnezahl

Die Anzahl der Zähne, die ein Sägeblatt besitzt, ist entscheidend für die Qualität des Schnittes. Wichtig ist aber auch, in welche Richtung zur Holzfaser geschnitten wird.
Besitzt das Sägeblatt sehr wenig Zähne (bis zu 36), bietet es dazwischen auch langen Holzfasern Platz. Hölzer können daher quer und längs zur Faser gesägt werden. Die Schnittqualität ist allerdings nicht so gut.

Mehr Zähne für saubere Schnitte

Bei bis zu 48 Zähnen – man spricht von einer hohen Zähnezahl – lässt sich das Holz gut und sauber quer zur Faser sägen. In Längsrichtung verstopfen die Fasern dagegen oft die kleineren Zwischenräume, und die Schnittkante sieht nicht ganz so gut aus.
Mit sehr vielen Zähnen (60 Zähne und mehr) bietet das Sägeblatt kaum noch Platz für Späne in den Zwischenräumen, und man sollte sich auf dünneres Material beschränken. Die Schnittkante wird dafür sehr sauber.

Der Spaltkeil hinter dem Sägeblatt ist ein wichtiger Schutz. Er sorgt dafür, dass sich das Werkstück nicht verklemmt.

Sägeblatt wechseln

Heutzutage bietet jede Säge einen Arretierknopf, der die Spindel fixiert, damit die Schraube gelockert werden kann, mit der das Sägeblatt gespannt wird. Problematisch wird es jedoch, wenn man sich nicht merkt, in welche Richtung die Schraube gelockert werden muss. Je nach Aufbau der Säge kann sie ein Links- oder Rechtsgewinde besitzen.

Der Merksatz fürs Gewinde

Praktisch ist der kleine Merksatz: „So wie ich lauf, so geh ich auf." Das bedeutet, die Schraube muss zum Lösen immer in dieselbe Richtung gedreht werden, in die sich das Sägeblatt beim Schnitt dreht. Der Grund: Wird das Sägeblatt nicht richtig angezogen und bleibt im Schnitt stehen, darf sich die Schraube nicht lösen. Daher ist das Gewinde der Schraube immer der Drehrichtung des Sägeblatts angepasst.

Richtig eingestellt, kann man mit der Tischkreissäge schneller eine Nut herstellen als mit der Oberfräse.

SPEZIELLE SCHNITTE

Nuten auf der Tischkreissäge

Wird das Sägeblatt der Tischkreissäge so niedrig eingestellt, dass es das Holz nicht trennt, kann die Tischkreissäge sehr gut zum Herstellen einer Nut genutzt werden.
Dazu muss der Parallelanschlag entsprechend der Position der Nut eingestellt und nach jedem Schnitt etwas versetzt werden. Entscheidend ist hierbei die Breite des Sägeblatts. Für einen sauberen Grund der Nut sollte der Versatz nur zwei Drittel der Sägeblattbreite betragen.

45°-Winkeleinstellung prüfen

Werden für einen rechtwinkligen Rahmen Gehrungsschnitte in einem Winkel von 45° benötigt, müssen diese sehr genau sein. Denn beim Zusammenbau der vier Schenkel treffen später acht Schnittflächen aufeinander, und der Fehler summiert sich auf.
Dieser Effekt lässt sich aber ebenso zum Einrichten der Säge nutzen. Wird eine Holzleiste im Winkel von 45° gesägt und werden die beiden Schnittflächen anschließend um 180° verdreht aneinandergelegt, sollte sich ein Winkel von 90° ergeben. Stimmt der eingestellte Winkel von 45° nicht, verdoppelt sich der Fehler beim Anlegen der Schnittflächen und wird klar sichtbar.

ACHTUNG

Kleine Holzstücke sicher sägen

Gleichgültig, ob große oder kleine Holzteile gesägt werden, eine besondere Gefahr stellt immer der hintere Teil des Sägeblatts dar, weil sich hier die Zähne mit hoher Geschwindigkeit nach oben bewegen und Teile mitreißen können. Gerade kleine Teile können so schnell zum Geschoss werden und sollten sicher vom Sägeblatt weggeführt werden.
Hilfreich ist ein kleiner Holzkeil, der neben dem Sägeblatt auf dem Tisch befestigt wird. Daran gleitet das Schnittgut ab, wird nicht am Sägeblatt beschädigt und kann auch nicht weggeschleudert werden.

Oft unterschätzte Werkzeuge und Hilfsmittel

Jede Werkstatt benötigt eine Grundausstattung an Werkzeugen, ohne die einfach nichts geht. Dann gibt es aber auch Werkzeuge, die man nicht so oft benötigt – aber bei denen sich jeder Heimwerker glücklich schätzen kann, sie zu besitzen.

Das Rührwerk

Das elektrische Rührwerk ist der kleine Bruder des Betonmischers und häufig auf Baustellen zu sehen. Nur sehr wenige Heimwerker besitzen dieses Werkzeug, da es doch relativ selten benötigt wird. Wer jedoch auch nur hin und wieder einen Sack Estrich, Putz oder Fliesenkleber anrühren muss, sollte sich ein elektrisches Rührwerk gönnen. Mit einer relativ geringen Investition erleichtert es die Arbeit erheblich und rührt Putz oder Fliesenkleber deutlich gleichmäßiger auf, als es von Hand möglich ist.

Die Heißklebepistole

So mancher denkt, eine Heißklebepistole ist nur etwas für Bastler und nicht für Heimwerker. Doch weit gefehlt. Sie kann viel mehr, als nur Dekorationen ankleben. Eine Heißklebepistole füllt Löcher, stabilisiert deformierte Plastikteile oder fixiert Muttern und Schrauben, die sich nicht selbstständig lösen sollen.

Der Kreuzlinienlaser

Mit Wasserwaage und Bleistift auf die Leiter ist umständlich. Ist die Wasserwaage zu kurz, muss man nachsetzen, möchte man mehrere Bilder oder Regale ausrichten, wird es kompliziert. Das war einmal. Die Wasserwaage hat zwar sicher nicht ausgedient, aber der Kreuzlinienlaser macht vieles einfacher und ist ein kleiner Wunderwürfel. Einfach irgendwo abstellen, und er richtet sich selbstständig aus. Mit der Aktivierung „zeichnet" er ein waagerechtes und lotrechtes Kreuz an die Wand, nach dem Bilder, Regale oder auch Fliesen ausgerichtet werden können.

Die Akku-Stichsäge

Warum mit Akku? Die Stichsäge gehört zu den am meisten genutzten Elektrowerkzeugen. Für schnelle kurze Schnitte ist sie einfach praktisch. Noch schneller im Einsatz ist sie jedoch, wenn nicht erst noch ein Stromanschluss gesucht werden muss. Ohne Kabel geht es auch leichter um Kurven und sogar im Kreis – Aufgaben, für die gerade die Stichsäge die beste Wahl ist. Wer dieses Werkzeug hauptsächlich für viele kleine Arbeiten nutzt, arbeitet mit der Akku-Variante deutlich effektiver.

Die Linksausdreher

Keine Vorstellung, was das ist? Linksausdreher sehen aus wie Schrauben, jedoch besitzen sie ein kegeliges Linksgewinde und einen Vierkantantrieb. Reißt ein Schraubenkopf ab, bohrt man ein Loch in den Schraubenschaft und dreht den Linksausdreher so weit hinein, bis er durch sein kegeliges Gewinde im Loch verklemmt. Mit jeder weiteren Drehung wird jetzt die abgerissene Schraube aus ihrem Loch gedreht.

Messmittel

Wer exakt arbeiten will, muss exakt messen. Maßband, Zollstock und Schieblehre sind dabei unverzichtbar. Und diese Werkzeuge können mehr leisten als gedacht.

MASSBAND

Warum der Haken locker ist

Wer hat sich nicht schon gewundert, warum der kleine Metallhaken am Ende Spiel hat?
Was auf den ersten Blick wie mindere Qualität wirkt, hat einen ganz bestimmten Grund, denn das Spiel des Hakens ist genauso groß, wie das Blech des Hakens dick ist. Das ermöglicht es, das Maßband an einer Kante einzuhaken oder es gegen eine Wand zu schieben und exakt zu messen. Würde sich dabei der Haken nicht um die Blechstärke verschieben, hätte zumindest eine Messvariante einen Messfehler, der der Blechstärke entspricht. So verschiebt sich aber der kleine Blechhaken und gleicht seine Materialstärke beim Messen selbstständig aus.

Das kleine Loch kann gut am Nagel oder nur am Nagelkopf eingehakt werden.

Der Sinn des kleinen Loches

Auch das kleine Loch, das der Haken besitzt, ist nicht etwa grundlos da oder soll die Produktion vereinfachen. Damit lässt sich das Maßband leicht an einem Nagel fixieren. Das funktioniert, wenn der Nagel durch das Loch hindurchgeht ebenso, als wenn das Maßband nur am Nagelkopf eingehakt wird.

ZOLLSTOCK

Ein Zollstock kann mehr, als man denkt

Der Gliedermaßstab (fachlich korrekte Bezeichnung) hat viele Namen und heißt Zollstock, Meter, Schmiege, Metermaß oder Gelenkmaßstab. Doch keiner dieser Namen sagt etwas über die Genauigkeit oder die Funktionen aus. Hier muss man selbst ein genaues Auge haben – und vor allem wissen, worauf es ankommt.

Messungenauigkeiten

Wie jedes Messmittel unterliegt auch der Zollstock einer Ungenauigkeit, welche in Genauigkeitsklassen angegeben wird. Hierzu befindet sich auf dem ersten Teilstück eine römische Zahl, mit der sich etwas umständlich die mögliche Abweichung errechnen lässt. Die II steht für eine maximale Abweichung von 0,7 mm auf 2 m,

Standardgelenke des Zollstocks aus Stahlblech hinterlassen eine unebene Auflagefläche, was bei sehr exakten Messungen problematisch wird.

bei einer III sind bis zu 1,4 mm auf 2 m möglich. Zollstöcke aus Holz und Kunststoff kommen jedoch selten über die III hinaus. Wer es genauer braucht, sollte sich einen aus Metall zulegen. Aufgrund der Länge und Ausdehnungen bei Temperaturschwankungen kommen aber auch diese nur auf Stufe II.

Eine Frage des Gelenks

Ein nicht zu vernachlässigender Aspekt ist das Gelenk, welches verschiedene Vor- und Nachteile haben kann. Nicht ganz so gut schneiden häufig die Gelenke aus Stahlblech an Holz-Zollstöcken ab. Zwar bieten die meisten eine Einrastfunktion an, die auch im Winkel von 90° einrastet, diese haben bauartbedingt aber ein gewisses Spiel. Gefräste Gelenke aus Kunststoff rasten meist deutlich exakter ein.

Ein weiterer Nachteil der Standardgelenke aus Stahlblech ist ihre Befestigung. Meist wird das Blech um die Holzleiste umgeschlagen und verursacht hier eine unebene Fläche. Das lässt sich mit Aussparungen im Holz etwas korrigieren, eine gerade Kante, die auch zum Anzeichnen genutzt werden kann, ergibt es aber dennoch nicht.

Winkelangaben

Es lohnt sich, einen genaueren Blick auf das Gelenk zu werfen. Mitunter sind dort nämlich Winkel angezeichnet, wonach sich der Zollstock entsprechend aufklappen lässt. Nicht wirklich genau, aber hin und wieder durchaus hilfreich. Etwas genauer ist die Winkeleinstellung, wenn die Gradzahlen auf dem dritten Glied des Zollstocks stehen. Um diese zu verwenden, müssen zwei Glieder aufgeklappt und die Spitze des Zollstocks an der entsprechenden Winkelangabe angelegt werden. So ergibt sich ein gleichschenkliges Dreieck mit dem eingestellten Spitzenwinkel.

GEWUSST WIE

Mit Murmeln messen

Steht keine Wasserwaage zum Prüfen waagerechter Flächen zur Verfügung, können alternativ Murmeln genutzt werden. Bleiben sie auf der Stelle stehen, ist die Fläche absolut waagerecht. Rollen sie in eine Richtung, besteht in diese Richtung ein Gefälle. Das funktioniert ebenso mit Flaschen und Gläsern. Allerdings nur in eine Richtung, und durch eine größere Auflagefläche rollen sie auch nicht ganz so leicht. Man muss sie zudem mehrmals drehen, um alle Richtungen zu prüfen.

EIN ZOLLSTOCK AUS METALL MISST GENAUER ALS EINER AUS HOLZ ODER KUNSTSTOFF

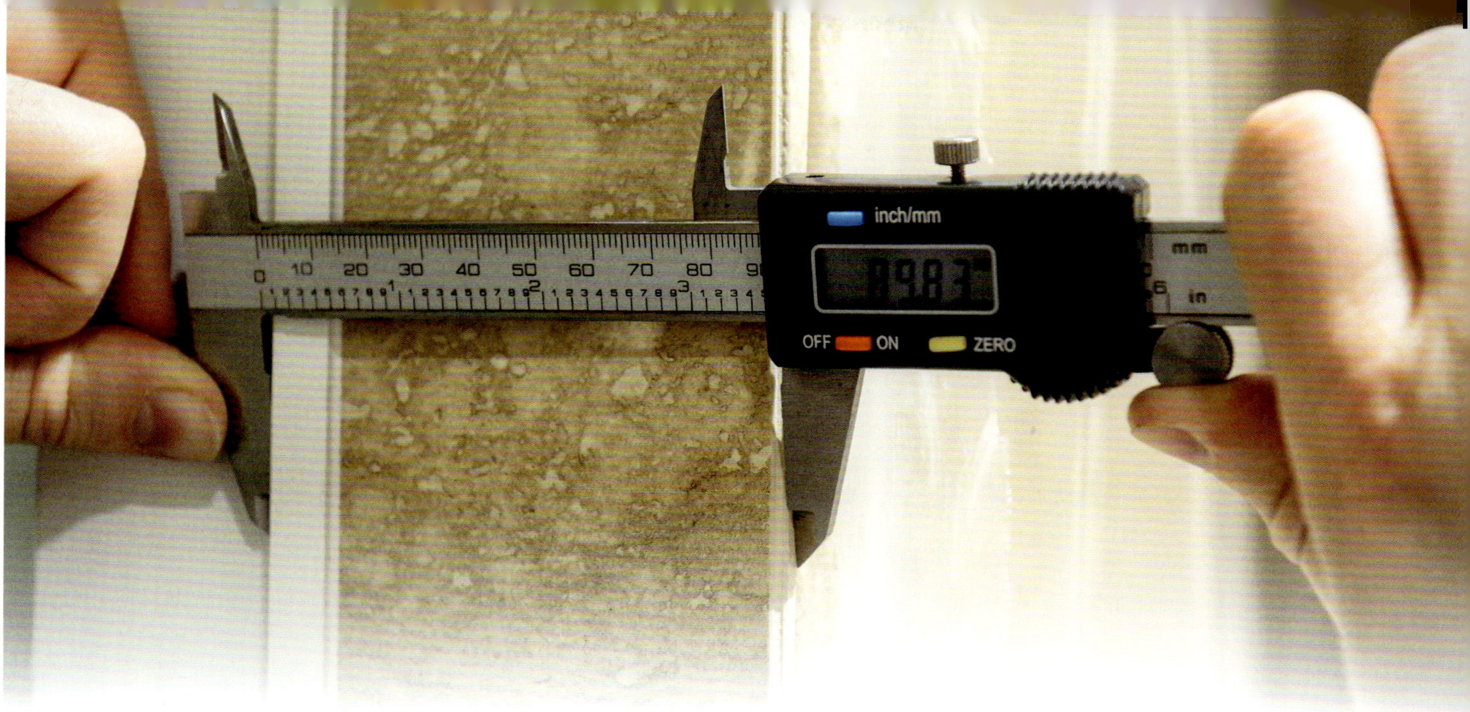

Digitale Messschieber machen das Ablesen leicht. Analoge brauchen keine Batterie und sind nahezu unverwüstlich.

SCHIEBLEHRE

Digitaler Messschieber

Messschieber bzw. Schieblehren sind für viele ein Buch mit sieben Siegeln, da das korrekte Ablesen nicht so einfach ist. Zum Glück gibt es digitale Messschieber, die einem die Arbeit abnehmen. Doch Vorsicht: Auch wenn bis auf 0,01 mm genau abgelesen werden kann, womit häufig auch geworben wird, besitzen viele günstige Geräte eine Genauigkeit von gerade mal 0,2 mm. Beim Kauf sollte man daher gut auf die Angaben und die Formulierungen achten.

Analog messen: Teil 1

Wer sich auf die digitale Anzeige nicht verlassen möchte, greift zu einem analogen Gerät. Doch wie liest man hier das korrekte Messergebnis ab? Auf der Hauptskale (dem festen Mittelteil) ist eine Millimetereinteilung zu sehen, wie man sie vom Lineal oder Stahlmaß kennt. Zusätzlich gibt es den Nonius (beweglicher Teil), der ebenfalls eine Skale von 1 bis 10 besitzt. Wird nun das Werkstück gemessen, achtet man als Erstes darauf, wo sich der Nullstrich der beweglichen Skale befindet. Damit lassen sich auf der Hauptskale die ganzen Millimeter ablesen. Befindet sich der Nullstrich zwischen zwei Teilstrichen der Hauptskale, wird der kleinere Wert genommen. Ähnlich einer Uhr: Befindet sich der kleine Zeiger zwischen der 8 und der 9, heißt die Uhrzeit 8:xx Uhr. Landet der Nullstrich der beweglichen Skale zwischen 8 und 9, ist der Ablesewert 8,xx Millimeter.

Analog messen: Teil 2

Der zweite Blick gilt nun den weiteren Teilstrichen der beweglichen Skale. Diese besitzen einen minimal kleineren Abstand als die Teilstriche der Hauptskale, sodass immer nur ein Teilstrich exakt auf einen Teilstrich der Hauptskale treffen kann. Ist das der siebte Teilstrich der beweglichen Skale, ist der Messwert 8,7 Millimeter.
Liegt kein Teilstrich exakt an einem der Hauptskale, gibt es keinen glatten Kommawert. Hier kann die zweite Kommastelle grob geschätzt werden. Liegt beispielsweise der siebte Teilstrich kurz hinter einem Teilstrich der Hauptskale und der achte kurz vor einem Teilstrich, wäre der Ablesewert 8,75 Millimeter.
Viele Messschieber besitzen auf dem beweglichen Teil eine größere Teilung, sodass halbe Zehntelmillimeter gut abgelesen werden können und nicht geschätzt werden müssen.

2

Türen und Fenster

Tür und Türzarge

Selber eine komplett neue Tür einbauen oder einstellen? Dafür braucht man nicht unbedingt einen Fachmann. Wenn man etwas handwerkliches Geschick hat, geht das auch in Eigenregie.

TÜRZARGE EINBAUEN

Türgröße bestimmen

Sollen eine neue Tür und Türzarge eingebaut werden, geht es als Erstes an die Größenbestimmung. Welchen Platz habe ich? Sollte ich schon an später denken, wenn vielleicht ein Rollstuhl benötigt wird?

Größe anhand der Verwendung

Prinzipiell kann man sich danach richten, wie häufig die Tür verwendet wird. Je seltener eine Tür genutzt wird, desto kleiner kann sie ausfallen. Daraus ergeben sich auch die üblichen und standardisierten Türbreiten. Zimmertüren sollten 73,5 cm oder 86 cm breit sein. Wer die Möglichkeit hat, wählt wegen der Barrierefreiheit die größere Variante. Die vor vielen Jahren noch übliche Türbreite von 61 cm sollte nur in selten genutzten Räumen und Abstellkammern Verwendung finden. Eingangstüren und auch die Tür zum Wohnzimmer dürfen dagegen gern 98,5 cm oder breiter sein.

DIE ÄUSSERE BLENDE DER ZARGE DARF ERST NACH DEM EINSCHÄUMEN ANGEBRACHT WERDEN

Türanschlag bestimmen

Viele haben Probleme damit, den richtigen Türanschlag zu bestimmen. Dabei ist das gar nicht so schwer. Man stellt sich auf die Seite der Tür, in deren Richtung sie später aufgehen soll – üblicherweise in den Raum hinein, weil dadurch vermieden wird, dass im Flur jemand gegen die Tür läuft, wenn sie von innen geöffnet wird.
Steht man auf der richtigen Seite der Tür, überlegt man, in welche Richtung sie sich öffnen soll und auf welcher Seite die Türangeln angebracht sein müssen. Befinden sie sich links, handelt es sich um eine „links angeschlagene Tür". Sind die Türangeln rechts und soll sich die Tür nach rechts öffnen, ist es eine „rechts angeschlagene".

Türen werden so eingebaut, dass sie sich in den Raum öffnen.

Lichtes Einbaumaß bestimmen

Wird die Tür komplett neu geplant, ist das sogenannte Maueröffnungsmaß wichtig. Das ist die lichte Weite des Mauerdurchbruchs, in den später die Türzarge eingesetzt wird. Diese sollte etwa 2,5 cm breiter als die geplante Tür sein. Bei einem 86er-Türblatt beträgt das Maueröffnungsmaß demnach 88,5 cm.

Auch in der Höhe werden etwa 2,5 cm aufgeschlagen. Man sollte aber auch hier die richtigen Maße beachten. Eine 2-m-Standardtür ist nur 198,5 cm hoch, das Maueröffnungsmaß ist demnach 201 cm hoch.

Türzarge einbauen

Der Einbau der Türzarge („Türrahmen") muss sehr sorgfältig ausgeführt werden. Wichtig sind vor allem der lotrechte Einbau und die winklige Ausrichtung. Dazu wird zunächst die Zarge zusammengebaut und in die Maueröffnung gestellt. Zum Verspannen werden Keile zwischen Türzarge und Mauerwerk gesetzt. Dabei jedoch darauf achten, dass die Zarge nicht verzogen wird. Die Keile daher so anbringen, dass sie immer stirnseitig auf ein Brett drücken – also oben und unten an den senkrechten Zargenbrettern sowie links und rechts am oberen quer liegenden Brett. Die äußere Blende darf erst nach dem Einschäumen angebracht werden.

Der richtige Schaum

Ist die Zarge einseitig eingesetzt, ausgerichtet und verkeilt, kann der Zwischenraum zum Mauerwerk ausgeschäumt werden. Hierbei muss man auf den richtigen PU-Schaum und das korrekte Vorgehen achten. Damit sich die seitlichen Zargenteile nicht verziehen oder ausbeulen, werden zusätzlich Türspreizen (Zargenspanner) eingesetzt.

Grundsätzlich ist ein Ein-Komponenten-Schaum (1K) absolut ausreichend. Man feuchtet das Mauerwerk etwas an, klebt die Kanten ab und verwendet speziellen Zargenschaum. Er besitzt meist schalldämmende Eigenschaften und quillt bereits nach kurzer Zeit nicht mehr weiter auf.

Zargenschaum aus der Pistole lässt sich gut dosieren.

EXPERTENTIPP

» Schaumflasche mit Sprührohr oder Pistolenschaum?

1K-Bauschaum gibt es in zwei Varianten – mit aufschraubbarem Sprührohr und als Pistolenschaum. Für welche Variante man sich entscheidet, hängt maßgeblich von der Häufigkeit der Verwendung ab. Bauschaum mit aufschraubbarem Sprührohr ist deutlich günstiger, lässt sich jedoch nur schwer dosieren, und angebrochene Flaschen sollten möglichst schnell aufgebraucht werden. Da die Verarbeitung damit nicht einfach ist, stellt sich die Kosten-Nutzen-Frage: Etwas mehr investieren und die Nerven schonen? Pistolenschaum benötigt eine separate Schaumpistole, die zwischen 10 und 20 Euro kostet. Die Arbeit geht damit aber wesentlich leichter von der Hand. Und bei mehrfacher Anwendung rechnet sich der Kauf einer Schaumpistole auf jeden Fall.

TÜRSCHLOSS

Türschnapper ausrichten

Zimmertüren haben meist ausreichend Spielraum, sodass der Türschnapper auch bei Temperaturschwankungen gut ins Schloss fällt. Anders sieht es bei Eingangs- und Nebeneingangstüren aus, hier muss im Winter nicht selten nachjustiert werden. Doch wie richtet man die Schlossblende korrekt aus? Schließlich kann man nicht in den Türspalt sehen. Hilfreich ist ein alter Lippenstift mit kräftiger Farbe. Schmiert man damit den Schnapper ein und schließt anschließend die Tür, verrät der Abdruck an der Schlossblende genau, wo der Schnapper diese berührt hat. Die Schlossblende kann nun leicht gelöst und etwas verschoben werden. Gibt es dazu keine Möglichkeit, hebt oder senkt man die gesamte Tür. Bei Bedarf kann auch der Ausschnitt der Schlossblende etwas aufgefeilt werden.

Abgebrochenen Schlüssel mit Sägeblatt entfernen

Wenn ein Schlüssel abbricht, hat man meistens ein Problem – er bricht immer bündig mit dem Schloss ab und lässt sich nur selten mit der Zange noch greifen. Abhilfe kann ein dünnes Sägeblatt der Laubsäge schaffen. Dieses wird unterhalb des Schlüsselbarts in das Schloss geschoben, und der abgebrochene Schlüssel kann damit herausgezogen werden. Vorteilhaft ist es, wenn das Sägeblatt am unteren Ende noch scharfe und nicht zu kleine Zähne hat. Am Schleifbock lässt sich das Sägeblatt bei Bedarf etwas anpassen.

EIN TÜRSCHLOSS ERNEUERN

Werkzeug & Material

- neues Zylinderschloss
- Schraubendreher

Vorbereitung

Der alte Schließzylinder muss exakt ausgemessen werden, denn die vorgefertigten Zylinder, die im Fachhandel erhältlich sind, sind auf unterschiedliche Standardmaße ausgelegt.

1. Schraube lösen

Das Schloss ist im Türfalz mit Schrauben befestigt. Wenn man den Zylinder wechseln möchte, steckt man den Schlüssel in den Zylinder und löst die Schraube unterhalb des Türschnappers.

2. Zylinder abziehen

Mithilfe des Schlüssels, den man ein wenig zur Seite dreht, lässt sich der Zylinder meist ohne Problemle aus dem Schloss ziehen.

Abgebrochenen Schlüssel mit Klebestick entfernen

Bietet das Schloss keinen Platz, um zusätzlich noch ein Sägeblatt einzuführen, kann auch ein Klebestick der Heißklebepistole helfen. Diesen am vorderen Ende mit dem Feuerzeug erhitzen, gegen das Schloss und den abgebrochenen Schlüssel drücken und nach kurzer Wartezeit damit den Schlüssel aus dem Schloss ziehen.

Wenn die Tür zugefallen ist

Ist die Tür zugefallen und hat man keinen Schlüssel, muss nicht gleich der Schlüsseldienst gerufen werden. Denn die Experten versuchen in erster Linie auch nur, die Tür mit kleinen Hilfsmitteln zu öffnen. Und das ist kein Hexenwerk!

Der Trick mit der Plastikkarte

In Krimis sieht man häufig, wie die Tür mit einer Plastikkarte geöffnet wird – und das funktioniert tatsächlich. Die Karte wird zwischen Tür und Türrahmen geschoben. Es benötigt etwas Kraft, damit sie sich um die Ecke biegt, aber wenn man damit den Schnapper trifft, lässt er sich zurück ins Schloss schieben, und die Tür geht auf. Aber Vorsicht, die Karte ist danach meist nicht mehr brauchbar, daher eine alte verwenden.

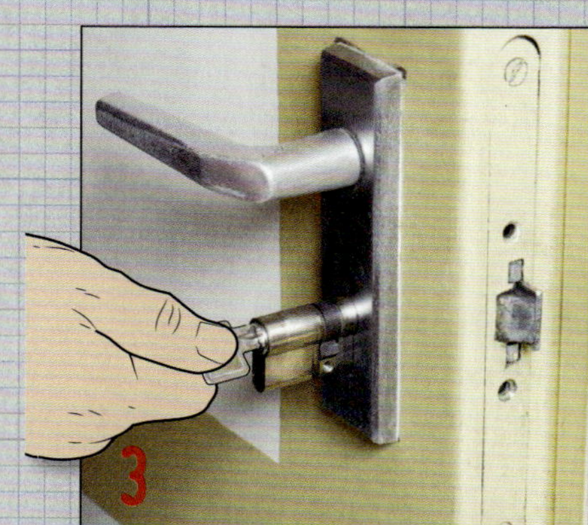

3. Neuen Zylinder einsetzen
Nun wird der neue Zylinder ins Schloss geschoben und festgeschraubt. Auch einbruchsichere Profilzylinder setzt man auf diese Weise ein.

Die Alternative: eine Plastikflasche

Steht keine alte Plastikkarte zur Verfügung, funktioniert der Trick auch mit einer Plastikflasche. Man schneidet einfach den oberen und unteren Teil ab und teilt das entstandene Rohr. So bekommt man eine Plastikkarte im Großformat. Da die Wandstärke dünner als etwa bei einer Kreditkarte ist, funktioniert die Methode sogar meist besser.

ZIMMERTÜR EINSTELLEN

Tür mit Unterlegscheiben anheben

Der einfachste Weg, die Tür anzuheben, ist es, Unterlegscheiben auf die Türangeln zu stecken. Problematisch ist dabei jedoch, passende Unterlegscheiben zu finden. Sie müssen eine ziemlich große Bohrung besitzen, dürfen jedoch keine zu große Wandung haben, sonst klemmen sie an der Zarge. Übrigens gibt es diese Distanzringe zu kaufen; sie nennen sich Fitschenringe.

Tür mit Kugeln anheben

Sind keine passenden Scheiben zu finden, kann die Tür auch in den Angeln angehoben werden. Dazu muss man nur kleine Distanzstücke finden, die nicht größer als die Bolzen der Türangel sind. Kugeln sind optimal, da sie eine geringe Kontaktfläche haben und die Tür dadurch weiterhin leichtgängig geht.
Die Kugeln werden auf den Bolzen etwas fixiert, z. B. mit einem Tropfen Sekundenkleber. Dennoch kann das Einhängen der Tür etwas knifflig sein. Eine zweite Person ist daher sehr hilfreich. Auch passend kleine Muttern können hierfür genutzt werden und ermöglichen eine genauere Anpassung der Höhe.

Spaltmaß der Tür einstellen

Steht die Tür schief zur Zarge und hat nicht überall dasselbe Spaltmaß, lässt sich das leichter als gedacht ausrichten. Man öffnet die Tür und sieht sich die Zarge in Höhe der Türangeln an. Meist befindet sich dort eine kleine Abdeckung und darunter eine Innensechskantschraube (Inbus®). Lockert man diese, lässt sich die Türangel aus der Zarge ziehen und damit der Abstand der Tür zur Zarge einstellen.
Hängt man dabei die Tür nicht aus, kann sie mit einem passend großen Schraubendreher zwischen Tür und Zarge leicht weggedrückt und die Angel dabei herausgezogen werden. Das funktioniert jedoch nur bei der unteren Türangel. Die obere würde durch das Gewicht der Tür herausgezogen werden.

GEWUSST WIE

Das Türband nachstellen

Öffnet oder schließt eine Tür selbstständig, kann das an einer nicht lotrecht eingebauten Zarge liegen. Mit dem Nachstellen des Türbands lässt sich der Fehler jedoch korrigieren. Schließt die Tür selbstständig, muss die obere Angel am Türblatt 1–2 Umdrehungen weiter eingedreht werden. Öffnet sie sich dagegen von allein, dreht man die Türangel etwas aus dem Blatt heraus.

Neigung und seitlichen Abstand einstellen

Klemmt die Tür auf einer Seite, kann ihre Position seitlich korrigiert werden. Dazu muss sie jedoch ausgehängt und zum Testen der Korrektur wieder eingehängt werden. Man kontrolliert daher vorher, wo die Tür schleift und wo sie noch Spielraum in der Zarge hat. Ist das Türblatt ausgehangen, können die Angeln am Blatt wie eine Schraube ein- und ausgedreht werden. Wird die obere Angel weiter eingedreht, hebt sich das Türblatt an der Schlossseite und neigt sich weiter zur Türangel. Das Türblatt entfernt sich dabei etwas vom Schloss. Denselben Effekt erzielt das Rausdrehen der unteren Türangel, nur verschiebt sich dabei das Türblatt weiter zum Schloss.

Die Tür aus den Angeln heben

Bei einem zweiteiligen Türband ist das Bandoberteil lediglich auf den Drehbolzen des Unterteils aufgesteckt und lässt sich ebenso leicht wieder ausheben. Dazu nutzt man die eigene Körperkraft, Keile unter dem Türblatt oder ein Montagekissen, welches aufgeblasen wird und das Türblatt langsam anhebt. Bevor die Tür aus den Angeln gehoben wird, sollte man überlegen, wo man sie hinstellt. Vor allem Vollholztüren sind sehr schwer und können Verletzungen oder Schäden verursachen, wenn sie abrutschen.

Unter der Abdeckung seitlich der Angel befindet sich eine Inbusschraube®, die gelockert werden muss, um das Spaltmaß einzustellen.

Türen mit dreiteiligem Türband

Dreiteilige Türbänder sind mit einem Bolzen gesichert, der von oben eingesteckt wird. Dieser kann geschraubt oder nur eingeschlagen sein. Zu erkennen ist der Unterschied an der Unterseite. Besitzt der Bolzen dort keinen Kopf, kann er nach oben ausgeschlagen werden. Hat er jedoch oben und unten einen Kopf, so besteht er aus zwei Teilen, die miteinander verschraubt sind. Wurde der Bolzen entfernt, braucht die Tür nur seitlich aus der Angel gezogen zu werden.

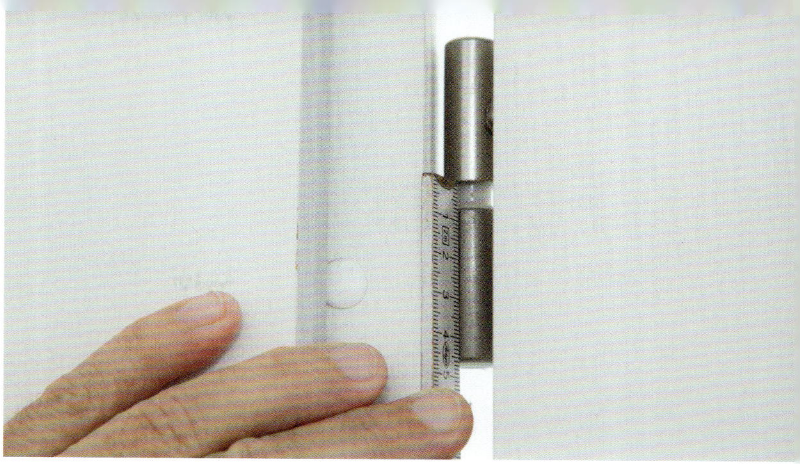

An der Türangel kann man abmessen, wie weit das Türblatt gekürzt werden muss.

TÜR UND TÜRZARGE KÜRZEN

Türblatt kürzen

Hilft all das Ausrichten nicht und schleift die Tür noch immer auf dem Boden oder wurde ein höherer Bodenbelag eingebracht, bleibt als Alternative nur noch das Kürzen des Türblatts. Doch wie viel muss tatsächlich abgenommen werden, damit die Tür nicht mehr schleift, aber auch kein zu großer Spalt entsteht? Dazu wird das Türblatt etwas angehoben und eine etwa 2 mm starke Unterlage unter die Tür gelegt. Je nach gewünschtem Abstand kann es auch mehr oder weniger sein. Dann senkt man die Tür wieder so ab, dass sie auf der Unterlage steht. Anhand des Abstands an der Türangel, lässt sich jetzt genau abmessen, um wie viele Millimeter die Tür gekürzt werden muss.

Türzarge kürzen

Die optisch schönere Variante ist, die Türzarge zu kürzen. Gerade Laminat kann so unter der Türzarge verlegt werden. Das sorgt für Bewegungsspielraum und einen schönen Abschluss. Um die richtige Höhe leicht zu bestimmen, werden genau die Materialien davorgelegt, die später auch die Höhe des Bodens vorgeben. Im Fall von Laminat die Trittschalldämmung und das zu verlegende Laminat. So kann die Höhe angerissen oder die Türzarge mit einem Oszillationswerkzeug gleich gekürzt werden. Die Stärke des Sägeblatts schafft dabei einen kleinen Luftspalt, sodass das Laminat Spielraum zum Bewegen hat.

Die exakte Bodenhöhe vor der Zarge aufbauen und bündig darüber mit einer Oszillationssäge (Vibrationssäge) absägen.

Laminat der Türzarge anpassen

Alternativ kann das Laminat unter Beachtung einer Dehnfuge passend zugesägt werden. Hierfür stehen diverse Konturenschablonen zur Verfügung. Wenn man eine solche nicht zur Hand hat, geht auch ein kariertes Blatt Papier. Dieses wird in Kästchengröße etwa 10 cm tief eingeschnitten, sodass lauter Streifen entstehen, die jedoch nicht ganz abgeschnitten werden. Man legt das Blatt mit den eingeschnittenen Enden nun vor die Kontur und schneidet jeden einzelnen Streifen so ab, dass er 5 mm vor der Zarge endet. So lässt sich die Kontur wie mit einer Konturenschablone – nur etwas grober – abnehmen. Die Dehnfuge wird nach der Verlegung des Laminats mit passendem Laminat-Silikon verschlossen.

Fenster

Fenster sind auch die Visitenkarte für ein Haus oder das jeweilige Zimmer. Daher sollten sie blitzen und den richtigen „Rahmen" haben.

FENSTER PUTZEN

Kaltes Wasser, Spüli, Essig

Ein paar Spritzer Spüli und Essig machen streifenfreien Glanz. Kein heißes Wasser nehmen, sonst verlieren viele Reinigungsmittel ihre Wirkung.

Zeitungspapier ist eher ungeeignet

Häufig liest man von Zeitungspapier zum Nachpolieren. Das funktioniert auf den Scheiben auch ganz gut. Doch die Druckerschwärze kann Spuren am Rahmen oder der Fensterbank hinterlassen. Die zu entfernen ist meist recht aufwendig.

VORHANGSTANGE ANBRINGEN

Werkzeug & Material

- Maßband oder Meterstab
- Bleistift
- evtl. Säge
- Wasserwaage
- Bohrmaschine
- Bohrer (Ziegel, Beton, Gipskarton)
- Dübel und Schrauben
- Schraubendreher
- Vorhangstange und Befestigungen

Vorbereitung

Beim Ausmessen sollte man sich genügend Zeit lassen. Denn je besser die Stange sitzt, desto schöner fällt der Vorhang.

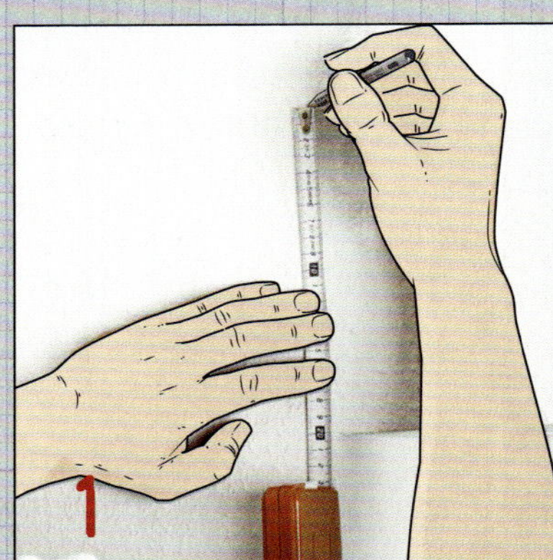

1. Ausmessen

Zuerst ausmessen, auf welcher Höhe die Stange angebracht werden soll. Dann die Fensterbreite messen und rechts und links 15–45 cm Zugabe einrechnen. Möglichst eine Stange in der benötigten Länge kaufen oder mit der Säge kürzen.

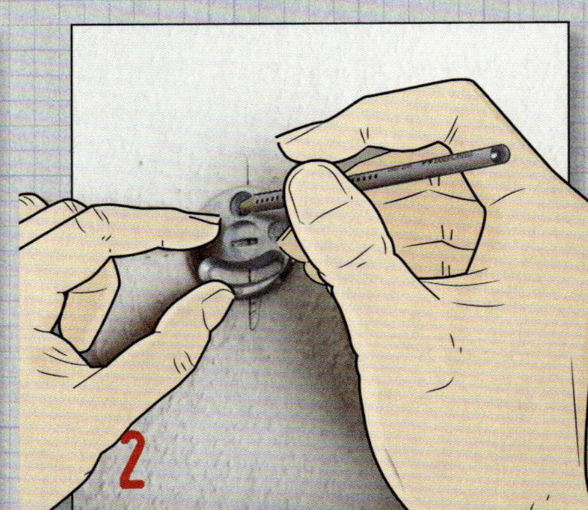

2. Anzeichnen

Auf beiden Seiten im richtigen Abstand vom Boden (Höhe) und zur Fenstermitte eine Markierung anzeichnen, wo die Halterungen angebracht werden sollen. Die Scheibe der Halterung mittig auf die Markierung legen und die Position der Bohrlöcher durch die Scheibe anzeichnen.

Fensterleder ist die bessere Wahl

Fensterleder eignen sich deutlich besser, um die Glasscheiben streifenfrei zu polieren. Vor dem Trocknen sollte man den Lederlappen aber mit warmem Salzwasser auswaschen, damit er nicht hart wird.

Leinöl und Nylonstrümpfe für echten Glanz

Sind die Glasscheiben bereits etwas matt, können sie mit Leinöl aufgefrischt werden. Mit einem weichen Tuch einreiben, etwas wirken lassen und anschließend nachpolieren. Dazu kann man ausrangierte Nylonstrümpfe verwenden. Sie sorgen für streifenfreien Glanz.

Niemals bei Sonnenschein Fenster putzen

Fast schon obligatorisch der Hinweis: Bei Sonnenschein bzw. sehr warmen Fensterscheiben trocknet das Wasser zu schnell weg, und das Reinigungsmittel bleibt als Schlieren zurück. Polieren ist dann nur noch schwer möglich.

EXPERTENTIPP

» Gummipflegestift selbst herstellen

Damit Fenster dauerhaft dicht schließen, müssen die Dichtungsgummis regelmäßig gereinigt und gepflegt werden. Wer hierbei auf ein Hausmittel zurückgreifen möchte, erhitzt 15 g Bienenwachs und 30 ml Olivenöl im Wasserbad und lässt die verflüssigte Masse in einem leeren Lippenstift abkühlen. Fertig ist der rein biologische Gummipflegestift. Dieser kann übrigens im Winter auch die Gummidichtungen am Fahrzeug pflegen und verhindert ein Anfrieren.

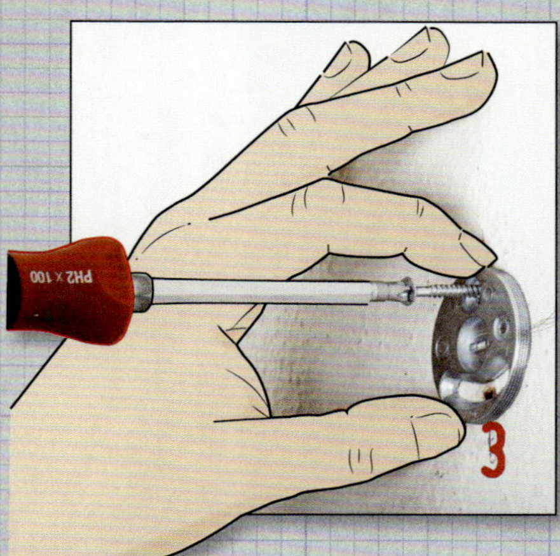

3. Halterung anbringen

Löcher bohren und Dübel (Auswahl je nach Untergrund) einsetzen. Anschließend die Scheibe der Halterung auflegen und einschrauben. Wenn die Vorhangstange länger als 1,5 m ist, sollte an der Fenstermitte eine dritte Halterung angebracht werden.

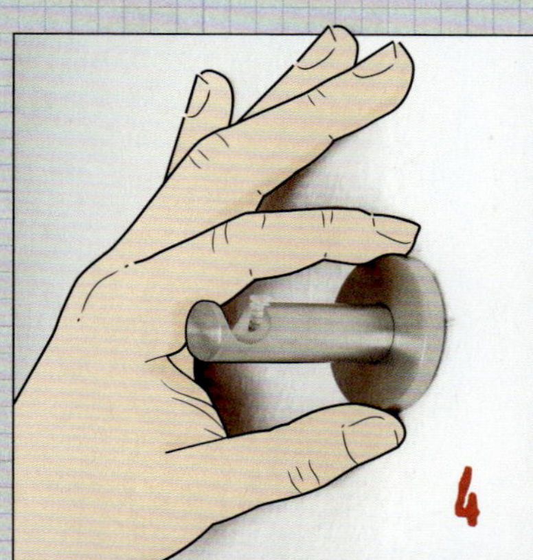

4. Halterungen festschrauben

Träger und Zierscheiben auf die Halterungsscheiben schrauben, die an der Wand befestigt wurden. Wenn alle Halterungen angebracht sind, legt man die Stange zur Probe auf und misst mit der Wasserwaage nach, ob sie gerade liegt.

5. Vorhang aufhängen

Liegt die Stange gerade, wird der Vorhang aufgefädelt. Je eine Schlaufe sollte rechts bzw. links der Halterung hängen, damit der Vorhang nicht verrutscht. Sollte der Vorhang in der Länge oder in der Breite nicht passen, muss man ihn oder die Stange anpassen.

VORHÄNGE UND FLIEGENGITTER

Metallfliegengitter reparieren

Wer in ein stabiles Fliegengitter aus Metall investiert hat, möchte dieses auch lange nutzen. Passiert dennoch ein Malheur und ein Loch ist im Gitter, kann es einfach repariert werden. Dazu wird ein Viereck aus demselben Gittermaterial ausgeschnitten, und rundherum werden einige Fasern entfernt. Die nun einzeln abstehenden Fasern biegt man im rechten Winkel in eine Richtung, sodass das Viereck über das Loch und in das defekte Gitter gesteckt werden kann. Anschließend die Fasern nach außen oder innen biegen, und der Flicken hält ohne Kleber oder andere Hilfsmittel. Wurde exakt gearbeitet, ist der Flicken kaum zu sehen.

Gardinenstange und schiefe Decken

Die Wasserwaage ist ein gutes Hilfsmittel, um die Gardinenstange waagerecht auszurichten. Aber gerade in älteren Häusern sind die Decken oft nicht gerade, und eine waagerecht ausgerichtete Gardinenstange würde schief wirken oder die Decke noch schiefer aussehen lassen. Hier muss man einen Kompromiss zwischen Wasserwaage und Optik finden. Sitzt die Gardinenstange näher an der Decke als am Fenstersturz, messen Sie die Befestigungspunkte von der Decke aus. Sitzt sie eher mittig dazwischen, messen Sie links und rechts den Abstand zwischen Decke und Fenstersturz und vermitteln Sie das Maß. Wird die Gardinenstange kurz über dem Fenstersturz angebracht, sollte die Gardinenstange parallel zum Sturz verlaufen.

FLIEGENGITTER AUSTAUSCHEN

Werkzeug & Material

- Rollwerkzeug (Baumarkt)
- Fliegengitter (Metall oder Fiberglas)
- Befestigungsstreifen
- kleine Klammern
- Cutter

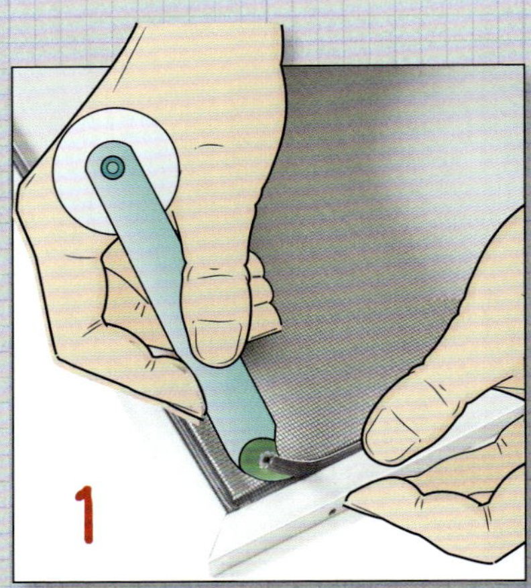

1. Altes Gitter entfernen
Zunächst wird der alte Befestigungsstreifen mit dem Haken am Ende des Rollwerkzeugs gelockert und entfernt. Das alte Gitter herausnehmen und im Wertstoffhof entsorgen.

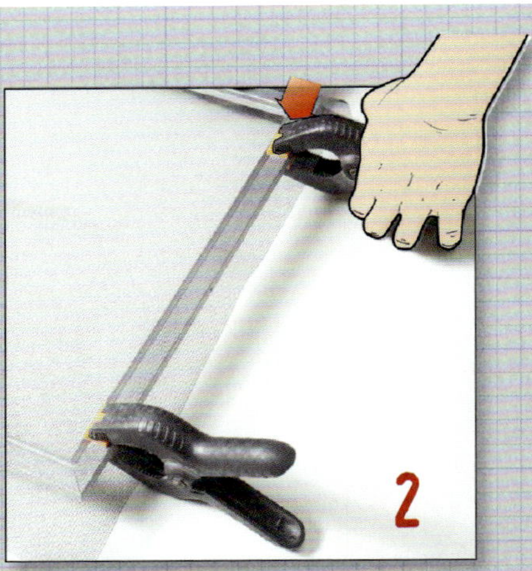

2. Neues Gitter anpassen
Das neue Gitter wird so auf den Rahmen gelegt, dass es 20–25 mm übersteht. An einer der kurzen Rahmenseiten hält man das Gewebe mit zwei Klammern fest.

BEI LANGEN VORHANGSTANGEN SOLLTE AN DER FENSTERMITTE EINE DRITTE HALTERUNG ANGEBRACHT WERDEN

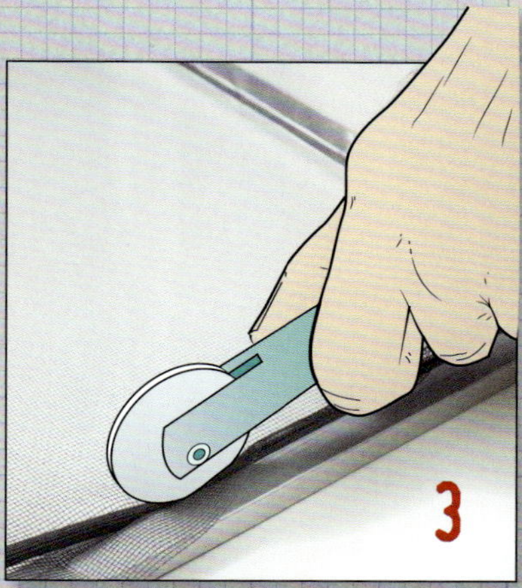

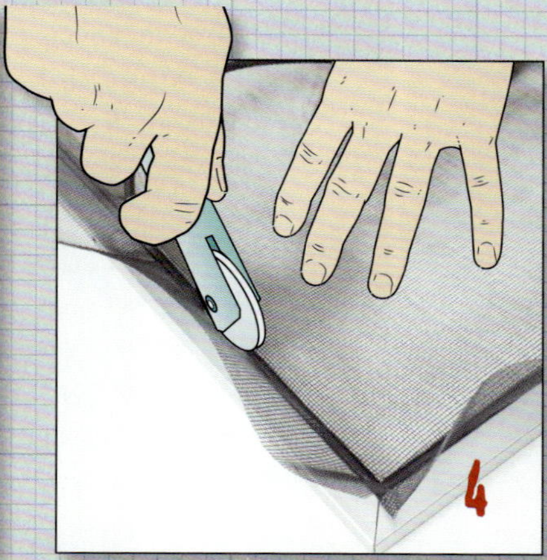

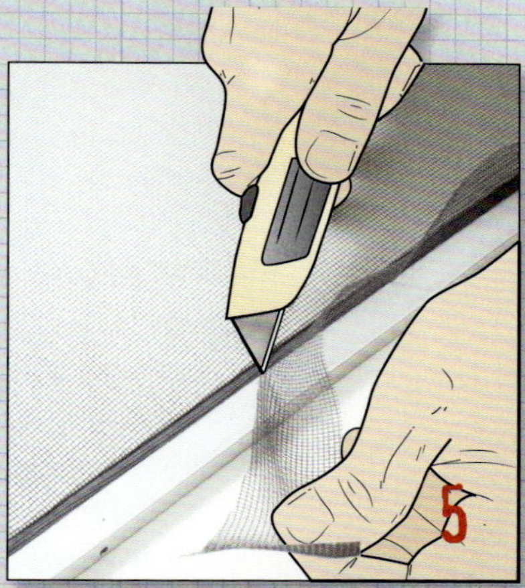

3. Gitter befestigen

An der den Klammern gegenüberliegenden Seite beginnt man, das Gitter und den Befestigungsstreifen mit dem Rollwerkzeug in die Nut zu drücken.

4. In den Ecken

Nach und nach alle Seiten des Rahmens bearbeiten. Wenn sich das Gitter verzieht, muss man das Befestigungsmaterial abziehen und neu ansetzen. Kleinere Falten glätten sich üblicherweise von selbst, wenn man sich dem Ausgangspunkt nähert. An den Ecken den Befestigungsstreifen im 90°-Winkel abschneiden.

5. Überstehendes Gewebe

Zum Schluss wird das überstehende Gewebe einfach mit einem scharfen Cutter gekürzt. Dabei sollte die Klinge oben auf dem Befestigungsmaterial liegen und nach außen zeigen.

Stange oder Schiene?

So mancher findet sie altmodisch, doch Gardinenstangen und Gardinenschienen habe noch lange nicht ausgedient. Gerade wenn es um eine dekorative Gestaltung oder um schwere Vorhänge geht, sind sie unverzichtbar. Aber welche Variante ist besser?

STANGE

Gut sichtbar und dekorativ

Gardinenstangen sind nach der Montage immer zu sehen, und das ist auch gewünscht. Sie können farblich angepasst sein, Designelemente enthalten und aus verschiedenen Materialien bestehen. Wem nach Jahren das Design nicht mehr gefällt, der kann sogar die vorhandenen Löcher nutzen und einfach neue Gardinenstangen befestigen.

Die Befestigung ist variabel

Bei der Befestigung bietet die Gardinenstange einen entscheidenden Vorteil – man kann sie an der Wand, aber auch an der Decke befestigen. Gleichfalls kann sie der Höhe des Raumes und des Fensters angepasst werden. Hier bietet sie sich sehr gut als Lückenfüller bei hohen Räumen und niedrigen Fenstern an.

Prädestiniert für einzelne Fenster

Gegenüber Gardinenschienen haben Gardinenstangen den Nachteil, dass die Bewegung der Gardine eingeschränkt ist – sie bietet nur Platz zwischen den beiden Halterungen. Ganze Fensterfronten können somit zwar mit einer Gardinenstange ausgestattet sein, die Gardine oder der Vorhang kann aber nur zwischen den Halterungen bewegt werden.

SCHIENE

Dezent und flexibel

Gardinenschienen können farbige Blenden besitzen, diese dienen zumeist dazu, sie passend zur Decke zu gestalten und damit unsichtbar erscheinen zu lassen. Bei exakt geraden Decken können farbige Gardinenschienen aber auch als Dekorstreifen genutzt werden.

Befestigung der Belastung anpassen

Wer schwere Vorhänge aufhängen möchte, ist mit Gardinenstangen stark eingeschränkt. Müssen diese mehrfach abgesichert werden, wird die Bewegungsfreiheit des Vorhangs deutlich verringert. Nicht so bei Schienen. Diese sind in der Befestigung variabel und können je nach Belastung mehrfach angedübelt werden, ohne die Bewegungsmöglichkeiten zu beeinflussen.

Die bessere Wahl für Fensterfronten

Wer eine Fensterfront oder eine ganze Wand mit Vorhängen versehen möchte, sollte zu einem Schienensystem greifen. Dieses lässt sich der Wand anpassen, mehrfach befestigen und ist weder in der Belastung noch in der Bewegungsfreiheit eingeschränkt.

Tipp für hohe Räume

Über ein Kordelsystem können Gardinen und Vorhänge direkt an der Schiene auf- und zugezogen werden. Gerade bei hohen Räumen ist das eine deutliche Erleichterung.

Fenster und Türen reparieren

Undichte Fenster und Türen sorgen für ein unangenehmes Raumklima. Viele Mängel kann man leicht selbst beheben.

RUND UMS FENSTER

Rollladengurt reparieren

Ist ein Rollladengurt gerissen, lässt sich dieser reparieren. Hierfür sind Reparatur-Kits erhältlich, die nur wenige Euro kosten. Sie beinhalten einen dünnen Blechstreifen aus Federstahl und meist vier Nietensätze. Der Blechstreifen wird über die beiden Enden des gerissenen Gurtes gelegt und mit den Enden vernietet. Anschließend sorgt ein Spezialklebestreifen dafür, dass alle scharfen Kanten abgedeckt werden. Der Rollladengurt ist wieder voll belastbar.

Rollladengurt erneuern

Auch wenn eine Reparatur des Gurtes relativ einfach ist, sollte man den Austausch vorziehen. Der Gurt ist schließlich nicht grundlos gerissen und vermutlich auch an anderen Stellen bereits porös. Aber auch vor dem Austausch braucht man keine Angst zu haben, vorausgesetzt, der Rollladenkasten lässt sich einfach öffnen und man erreicht den Gurtaufwickler an der Sechskantwelle. Im ersten Schritt wird der Rollladen vollständig hochgezogen und gesichert. Man stellt dazu eine passende Holzlatte unter die aufgewickelten Lamellen, damit sich diese nicht abwickeln, oder verkeilt den aufgewickelten Rollladen am Fenstersturz.

Beim Einsetzen des Gurtaufwicklers ist etwas Kraft nötig, um den Rollladen oben zu halten.

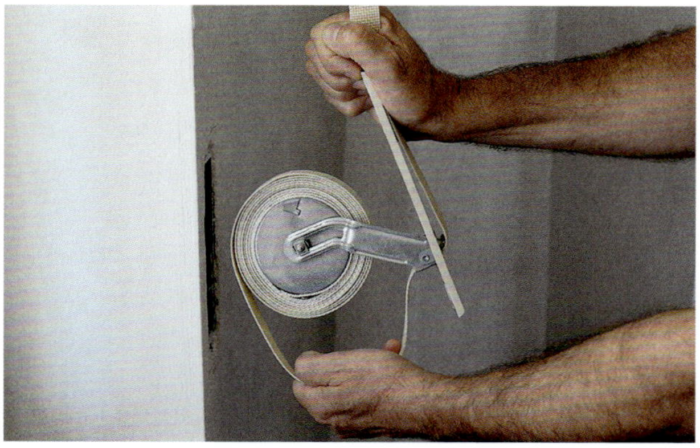

Gurtband austauschen

Nun kann das alte Band von der Rolle gelöst werden. Entweder ist dieses verschraubt oder durch die Welle gesteckt und klemmt durch die Aufwicklung. Meist muss dazu das Band noch ein, zwei Umdrehungen von Hand abgewickelt werden. So, wie das alte Band befestigt war, wird nun auch das neue wieder angebracht und manuell zwei Umdrehungen aufgewickelt – das

GEWUSST WIE

Gurtinspektion

Wer seinen Rollladengurt regelmäßig begutachtet, kann größere Schäden vermeiden. Sind erste ausgefranste Stellen zu sehen, weil der Gurt an irgendeiner Stelle schleift, können diese mit etwas Klebeband umwickelt und so geschützt werden.

verhindert ein Lösen der Befestigung. Anschließend kann der Rollladen wieder abgelassen und der neue Rollladengurt passend gekürzt werden.

Die richtige Dichtung finden

Hin und wieder kommt es vor, dass Dichtungen an Fenster oder Tür erneuert werden müssen. Jetzt kommt es darauf an, genau das richtige Gummiprofil zu kaufen. Stimmen die Maße nicht, kann es passieren, dass das Fenster nicht abdichtet, sich nicht schließen lässt oder das Gummiprofil nicht eingesetzt werden kann. Einige Profile sind sicher im Fachhandel zu finden, die große Auswahl gibt es jedoch nur online. Doch wie findet man das richtige? Viele Händler bieten an, dass man ihnen ein Bild des Profils schickt. Das geht einfacher als gedacht.

Form der Dichtung kopieren

Man schneidet ganz einfach ein Stück vom alten Profilgummi ab oder nimmt ein vorhandenes Ende, drückt es auf ein Stempelkissen und stempelt damit auf ein Blatt Papier. Das wird anschließend abfotografiert oder eingescannt und verschickt. Oder man nimmt es mit zum Fachhändler.

Werkzeug & Material

- Abdeckfolie
- Eimer, Schwamm und Spülmittel
- Schleifklotz, feines Sandpapier
- Schraubendreher
- Grundierung, wenn nötig
- Sperrgrund (bei Flecken)
- Malerkrepp oder Fensteranstrich-Klebeband
- Farblack, -roller und -pinsel

EIN FENSTER STREICHEN

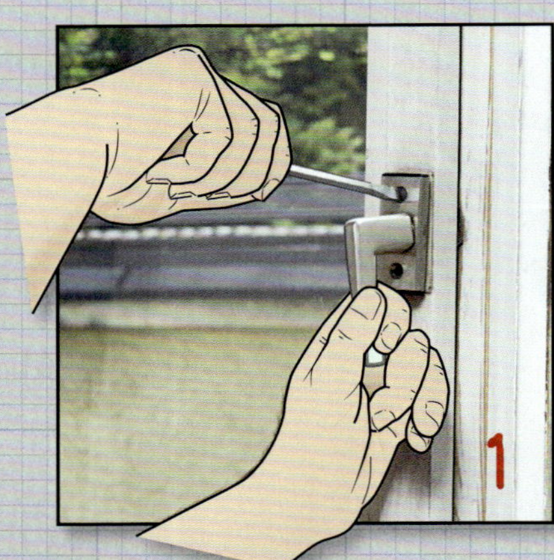

1. Gründlich vorreinigen

Das Fensterbrett freiräumen und die Abdeckfolie auslegen. Die Scheibe, den Rahmen und den Fensterstock putzen, damit keine Schmutzpartikel in die Farbe gelangen. Die Fenstergriffe abschrauben, reinigen und zur Seite legen.

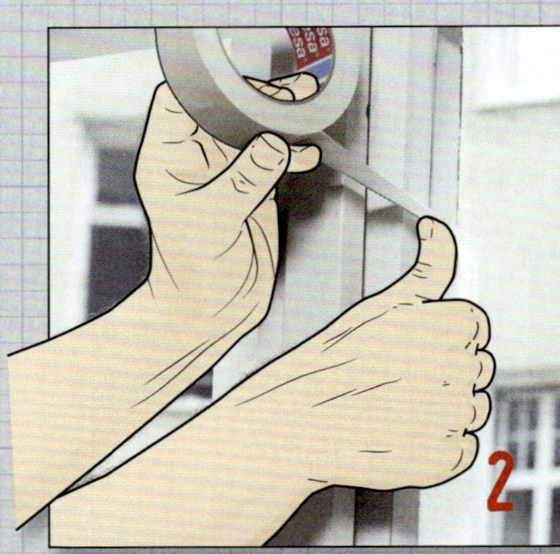

2. Schleifen und abkleben

Alle Teile des Rahmens müssen gründlich und gleichmäßig abgeschliffen werden – systematisch von oben nach unten. Glas und Mauerwerk neben dem Fenster abkleben, mit Malerkrepp oder speziell die Scheiben mit Fensteranstrich-Klebeband.

3. Streichen mit dem Roller

Vor dem Streichen muss grundiert werden, falls die Oberfläche des Holzes uneben ist. Bei starken Flecken Sperrgrund auftragen. Anschließend die ebenen Flächen mit dem Farbroller gleichmäßig lackieren.

Für die richtige Dichtung kann man einen Abdruck vom Profilgummi stempeln.

TÜR REPARIEREN

Klebefolie gerade anbringen

Statt eine alte Türe zu streichen, kann man sie auch mit Folie „erneuern“. Das ist vorteilhaft, wenn man eine Holzmaserung oder andere Muster wünscht. Um die Folie exakt gerade aufzubringen, geht man so vor: Sie wird genau auf der liegenden Tür ausgerichtet, indem rundherum der Überstand gemessen wird. Die Schutzfolie auf der Rückseite dabei noch nicht entfernen. Jetzt fixiert man eine Hälfte mit einem Gewicht, damit die Folie nicht mehr verrutschen kann.

Klebefolie aufkleben

Die andere Hälfte klappt man hoch, zieht die Schutzfolie etwa 20 cm ab und faltet diese scharfkantig ab. Jetzt kann die Folie an den Ecken gehalten, wieder umgeschlagen und gerade auf der Tür abgelegt werden. Wichtig ist, dass sie nicht verrutscht. Der obere Teil, an dem die Schutzfolie bereits abgezogen wurde, wird nun blasenfrei angedrückt – und die Klebefolie ist fixiert. Das Gewicht wird entfernt, und während eine Hand unter die Folie greift, um die Schutzfolie weiter abzuziehen, kann sie mit der anderen und einem Handtuch von oben nach unten angedrückt werden. Wurde der Anfang gerade aufgeklebt, richtet sich auch die restliche Klebefolie selbstständig aus.

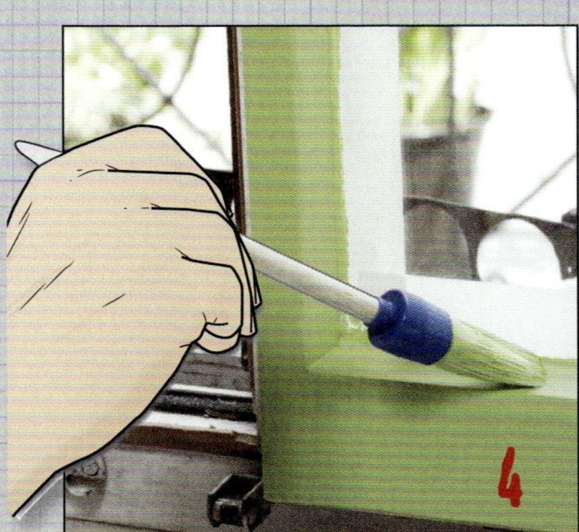

4. Kanten und Details

Mit einem Rundpinsel werden die schrägen Kanten und Details sauber gestrichen – wenn man nur ein Fenster renoviert. Bei mehreren lohnt es sich, in einen Schrägstrichzieher zu investieren. Er passt sich Kanten sehr gut an und kostet kein Vermögen.

EXPERTENTIPP

» Türblatt von unten lackieren

Das Türblatt beim Lackieren nicht aus den Angeln zu heben hat den Vorteil, dass es gleichzeitig von beiden Seiten gestrichen werden kann und beim Trocknen keinen zusätzlichen Platz beansprucht. Problematisch ist im eingebauten Zustand jedoch das Streichen der Unterkante. Man kann jedoch etwas Farbe auf einen kleinen Streifen alten Teppich auftragen und diesen unter dem Türblatt hin und her schieben. So lässt sich übrigens auch die Stirnseite an den Türangeln „streichen“.

Luftblasen entfernen

Passiert es beim Aufbringen der Klebefolie, dass kleine Blasen entstehen, so ist das nicht weiter dramatisch. Mit einer Nadel oder der Spitze vom Cuttermesser werden sie mittig aufgestochen. Dann drückt man von außen her die Luft rundherum zum Loch in der Mitte. Sind viele kleine Blasen vorhanden, versucht man vorher, diese zu einer großen zusammenzuschieben. So benötigt man weniger „Luftlöcher".

Glanzfolie nicht aufstechen

Der Trick mit dem Aufstechen funktioniert sehr gut, wenn die Oberfläche der Folie etwas rau und matt ist. Bei Hochglanzfolien sollte das Aufstechen vermieden werden, da die kleinen Punkte später sichtbar sind. Hier lieber langsamer und genauer arbeiten. Sollten dabei doch Blasen entstehen, die Folie noch mal leicht anheben. Dabei jedoch langsam und vorsichtig arbeiten und nicht zu sehr an der Folie ziehen. Wird sie zu sehr gedehnt, entstehen hinterher auch auf einer geraden Fläche schnell Falten.

Werkzeug & Material

- Maßband
- Cutter
- Dichtstreifen (Schaumstoff)
- Bürstendichtung
- Schrauben
- Metallsäge
- Schraubendreher und Ahle

EINE TÜR ABDICHTEN

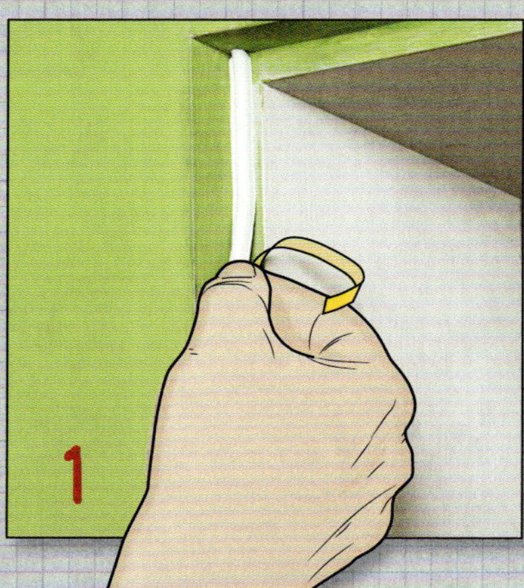

1. Streifen ankleben

Voraussetzung dafür, dass ein neuer Dichtstreifen optimal hält: Der Türholm muss absolut sauber sein. Der Streifen wird auf die richtige Länge ausgemessen, abgeschnitten und im Türfalz von oben nach unten gerade aufgeklebt.

2. Ecken abdichten

In den Ecken muss sehr sauber gearbeitet werden. Dafür wird der eine Streifen direkt an den anderen geführt und festgeklebt. Anschließend wird der Überstand so mit dem Cutter abgeschnitten, dass die Streifen dicht an dicht liegen.

3. Bürstendichtung

Der Spalt unter der Tür wird am besten mit einer federgelagerten Bürstendichtung abgedichtet. Man sägt sie auf die erforderliche Breite zu, markiert die Schraublöcher mit einer Ahle und schraubt die Dichtung an.

Eine klemmende Tür korrigieren

Wenn eine Zimmertür klemmt, ist das zwar nervig, aber noch lange kein Beinbruch. Schauen Sie als Erstes nach, wo sie klemmt, und korrigieren Sie anschließend den Sitz der Tür. Mitunter ist dafür nicht einmal Werkzeug nötig.

Die Tür schleift auf der Schlossseite am Boden

Schleift die Tür nicht komplett am Boden, muss sie auch nicht komplett angehoben, sondern nur leicht geneigt werden. Heben Sie dazu das Türblatt aus den Angeln und drehen Sie die obere Angel eine Umdrehung im Uhrzeigersinn weiter in das Türblatt hinein.

Die Tür klemmt an der Oberseite auf der Schlossseite

Der umgekehrte Fall, und demnach muss die obere Türangel eine Umdrehung herausgedreht werden. Doch Vorsicht: Damit neigt sich die Tür weiter zum Schloss und könnte nun seitlich am oberen Ende der Türzarge schleifen. Ist dem so, muss nicht die obere Türangel herausgedreht, sondern die untere Angel eine Umdrehung eingedreht werden.

Die Tür klemmt seitlich an der Zarge (Schlossseite)

Je nachdem, wo die Tür klemmt, muss die entsprechende Türangel weiter in das Türblatt gedreht werden. Klemmt sie oberhalb, muss die obere Türangel nachgestellt werden. Schleift die Tür unterhalb an der Zarge, drehen Sie die untere Angel etwas ein, und bei großflächigem Kontakt müssen beide Türangeln nachgestellt werden.

Die Tür klemmt seitlich an der Zarge (Angelseite)

Ein Zeichen dafür, dass das Türblatt zu nah an den Türbändern sitzt. Diese müssen daher etwas aus dem Türblatt gedreht werden. Jeweils dort (oben oder unten), wo das Türblatt klemmt.

Die Tür klemmt an der Oberseite

Klemmt die Tür oberhalb mit der gesamten Fläche oder mit der Seite, auf der sich die Türbänder befinden, ist sie vermutlich verquollen oder sitzt nicht richtig in den Türangeln. Man muss dann kontrollieren, ob die Türbänder richtig ineinandersitzen und das Oberteil bündig auf dem Unterteil aufliegt. Eventuell bedarf es nur einer kleinen Reinigung.

3

Böden, Wände und Treppen

Böden

Holz oder Fliesen, PVC oder Teppich:
Der Fußboden ist die Basis einer schönen Wohnung.

LAMINAT

Laminat richtig verlegen

Laminat erobert schon lange die Heimwerkerwelt. Schließlich ist es pflegeleicht, lässt sich selbst von Laien schnell verlegen und passt sich dank verschiedenster Oberflächen jeder Raumgestaltung an.
Ehe es jedoch an das Verlegen des neuen Bodenbelags geht, gibt es einiges zu beachten. Wichtig ist bereits die Verlegerichtung, die den Raum stark beeinflussen kann.

Optische Wirkung

Ist der Raum lang und schmal, sollte das Laminat quer zur langen Seite verlegt werden. Das streckt den Raum in dieser Richtung optisch und lässt ihn breiter wirken.

Licht und Schatten

Licht verursacht Schatten. Daher das Laminat möglichst im rechten Winkel zu großen Fensterfronten verlegen. Kleine Höhenunterschiede an den Längsfugen werfen so weniger Schatten.

Laufrichtung beachten

Viele Menschen laufen gern „mit dem Muster" und fühlen sich gebremst, wenn der Bodenbelag quer zur Eingangstür liegt.
Mitunter können verschiedene Konstellationen aufeinandertreffen, dann sollte immer die optische Wirkung des Raumes Vorrang haben.

Die richtige Trittschalldämmung

Unter Laminat sollte stets eine Trittschalldämmung verlegt werden, um Laufgeräusche zu minimieren. Trittschalldämmung gleicht auch leichte Unebenheiten im Untergrund aus. Doch

ACHTUNG

Wichtig bei Fußbodenheizung
Trittschalldämmung kann nicht nur den Schall, sondern auch Wärme dämmen. Hat man jedoch eine Fußbodenheizung, wäre das nicht hilfreich. Für Fußbodenheizung geeignete Trittschalldämmung ist daher immer besonders gekennzeichnet. Wenn keine Fußbodenheizung vorhanden ist, sollte natürlich auch keine Trittschalldämmung für Fußbodenheizungen verwendet werden, weil diese nicht so effektiv dämmt.

DIE VERLEGERICHTUNG DES LAMINATS KANN DEN RAUM OPTISCH STARK BEEINFLUSSEN

viel hilft nicht automatisch viel und kann sich sogar ungünstig auswirken. Wird der Untergrund durch zu viel Trittschalldämmung zu weich, gibt das Laminat unter jeder Belastung nach, was die Verbindungsstellen enorm strapaziert. Daher Trittschalldämmung niemals mehrlagig verlegen. Wird gleich dickere Trittschalldämmung gekauft, ist diese darauf ausgelegt und nicht so weich.

Nicht den alten Teppich liegen lassen

So mancher glaubt, er könne seine alte Auslegware oder Teppiche gleich liegen lassen und als Trittschalldämmung nutzen. Schließlich spart das Zeit, Arbeit und sogar Geld.
Aber das ist keine gute Idee: Auslegware ist keine Trittschalldämmung und darf auch nicht als solche genutzt werden.

Eingeklemmte Fasern

Vor allem die Fasern der Auslegware sind das Problem: Laminat besitzt auf den ersten Blick eine ebene und glatte Oberfläche. Die einzelnen Paneele sind jedoch beweglich miteinander verbunden, und unter Belastung öffnen sich die Fugen auf der Unterseite. Lässt die Belastung nach, wollen sich die Fugen wieder schließen, klemmen dabei jedoch die Fasern der Auslegware ein. Der ursprünglich korrekte Sitz der Fuge wird so nicht wieder erreicht, was zu einer besonderen Belastung und damit einem schnellen Verschleiß führt.

Laminat ist heute kaum noch von Parkett zu unterscheiden. Zudem ist es, je nach Qualität, teilweise deutlich günstiger.

Noch ein Problem mit alter Auslegware

In älteren Teppichen sind, trotz noch so guter Pflege, oftmals Milben und andere kleine „Haustiere" zu finden, die sich gern darin einnisten und dann mit jedem Tritt unterm Laminat „hervorgeblasen" werden. Dasselbe gilt auch für feine Staubpartikel.

GEWUSST WIE

Nagellack fürs Laminat

Laminat reagiert sehr empfindlich auf Feuchtigkeit – dagegen geschützt ist es nur auf der versiegelten Oberfläche. Daher ist es wichtig, diese nicht zu beschädigen. Passiert es dennoch, lässt sich eine kleine Macke mit etwas Nagellack versiegeln.

Laminat wird schwimmend verlegt: Der Boden ist nirgendwo verschraubt oder verklebt. Das macht es einfach.

Dehnfuge mit Keilen

Jeder Stoff dehnt sich unter Wärme aus und zieht sich beim Abkühlen wieder zusammen, so auch Laminat. Hinzu kommt das Quell- und Schwindverhalten von Holz.

Damit das Laminat im gut geheizten Wohnzimmer keine Wellen schlägt, benötigt es Platz zum Ausdehnen und genügend Spielraum, um sich wieder zusammenziehen zu können. Dafür wird rundherum an der Wand eine Dehnfuge von mindestens der Laminatstärke oder optimal etwa 12 mm benötigt.

Professionell werden bei der Verlegung von Laminat Abstandskeile verwendet, die in den meisten Fällen hinterher nicht mehr benötigt werden.

Dehnfuge ohne Keile

Diese Investition kann man sich sparen. Um den Mindestabstand der Laminatstärke zur Wand einzuhalten, kann man auch gleich das Laminat bzw. Reste des Laminats verwenden und senkrecht gegen die Wand stellen. Das zu verlegende Laminat braucht dann nur noch dagegengeschoben zu werden. Bei längeren Stücken hat das sogar den Vorteil, dass gleich mehrere Reihen mit einer einheitlichen Dehnfuge verlegt werden können.

Verwendet man links und rechts ein Stück Laminat als Abstandshalter, lässt sich die Länge des letzten Zuschnitts viel einfacher ausmessen, da man nur bis an das Abstandsstück messen und die Dehnfuge nicht abziehen muss.

Das zugeschnittene Stück davor- und danebenlegen und die Maße mit Winkel übertragen.

Ausschnitte auf Laminat übertragen

Werden im Laminat Ausschnitte benötigt, so sollten diese – unter Beachtung der Dehnungsfuge – möglich exakt sein. Das setzt voraus, dass sie exakt ausgemessen und ebenso exakt übertragen werden. Am einfachsten funktioniert das, wenn vorher rundherum provisorisch Laminat verlegt wird, sodass nur das Stück frei bleibt, welches bearbeitet werden soll.

Nun kann es einmal davor- und einmal danebengelegt und jeweils exakt ausgerichtet werden. Die Maße lassen sich so leicht erst in der einen und danach in der anderen Richtung übertragen.

Beim sogenannten Klick-Laminat werden die Dielen nach dem Anlegen mit Hammer und Schlagklotz verriegelt.

Einfache Pflegemittel zur Laminatreinigung

Laminat ist nicht sehr anspruchsvoll und leicht zu reinigen. Hilfreich sind dabei milde Haushaltsmittel, wie Shampoo, Weichspüler oder Neutralseife. Auch spezielle Laminatreiniger haben einen guten Ruf. Man darf jedoch nicht mehr Pflegemittel verwenden als angegeben, sonst entstehen Schlieren und Flecke.

Der Dampfreiniger ist nicht für Laminat geeignet

Niemals verwenden sollte man einen Dampfreiniger. Auch dann nicht, wenn er für die Laminatpflege angepriesen wird. Zwar besitzt das Dekor eine Oberfläche, der das nichts ausmachen würde, der Dampf dringt jedoch auch in die Fugen, und hier ist das Holz unbeschichtet. Das Laminat quillt daher von innen heraus auf.

Ebenso gefährlich ist die hohe Temperatur des Dampfreinigers. Laminat wird bei der Herstellung unter Wärme gepresst und kann ebenso mit hohen Temperaturen wieder aufgelöst werden.

Fliesen sind ein ziemlich unempfindliches Material, das einfach mit Wasser und Putzmittel gereinigt werden kann.

FLIESEN

Fugenbild von Wand und Boden beachten

Werden Boden und Wände gefliest, ist es optisch am besten, wenn sich die Fugen „treffen". Ist das nicht möglich, weil die Fliesen eine unterschiedliche Größe haben, kann es auch jede zweite oder dritte Fuge sein.

Fugenbild an Türschwellen

Gleiches gilt, wenn zwei geflieste Räume mit einer Tür verbunden sind. Wird ein übergreifendes Fugenbild genutzt, wirken selbst optisch unterschiedliche Fliesen harmonisch und bieten ein besseres Gesamtbild.

Den Raum in die richtige Richtung strecken

Das Format der Fliesen kann die Optik des Raumes stark beeinflussen. So lassen quer verlegte Fliesen den Raum breiter und längs verlegte Fliesen den Raum tiefer wirken. Gleiches gilt für Wände, die mit waagerecht verlegten Fliesen breiter und mit hochkant ausgerichteten Fliesen höher wirken.

Gleiche Fliesen für Wand und Boden

Ist ein Raum sehr verwinkelt und klein, bieten identische Fliesen an Wand und Boden eine gute Möglichkeit. Boden und Wand werden eine Einheit und „schlucken" Konturen. Mit diesem Trick kann man beispielsweise ein kleines Badezimmer optisch größer wirken lassen.

Große oder kleine Fliesen?

Große Fliesen lassen sich zwar schneller verlegen, benötigen aber ein sehr gewissenhaftes Arbeiten, damit sie auf leicht unebenen Untergründen nicht brechen. Auch die optische Wirkung spielt eine besondere Rolle. Der Glaube, dass große Fliesen besser in große Räume passen und kleine eher in kleine Räume, ist falsch. Kleine Fliesen erfordern viele Fugen, was gerade kleine Räume extrem „chaotisch" wirken lassen kann. Mosaikfliesen sollten daher nur für kleine Bereiche und zur Dekoration genutzt werden.

Die Fugenfarbe beachten

Generell strecken große Fliesen den Raum und sollten bevorzugt werden.
Verfugt man jedoch kleine Fliesen in Fliesenfarbe, verschwindet das Fugenbild, und die Wirkung wird aufgehoben. In großen Räumen mit großen Fliesen können die Fugen dagegen mit viel Kontrast hervorgehoben werden.

Große Fußbodenfliesen sicher verlegen

Fliesen besitzen eine sehr harte Oberfläche und sind im täglichen Gebrauch extrem robust. Was sie aufgrund ihrer Härte aber gar nicht mögen, sind Biegespannungen. Liegt eine Bodenfliese nicht vollflächig auf und wird belastet, bricht sie. Darauf sollte bereits beim Verlegen der Fliesen geachtet werden.

Hohlräume vermeiden

Damit es auch bei leicht unebenen Untergründen keine Hohlräume unter den Fliesen gibt, werden sie im sogenannten Buttering-Floating-Verfahren verlegt. Das heißt, der Fliesenkleber wird mit der Zahnkelle nicht nur auf den Untergrund, sondern zusätzlich auch auf der Fliese aufgetragen.

Feinsteinzeug: ein Sonderfall

Wer bereits Keramikfliesen geschnitten hat, weiß, dass die Verwendung des Fliesenschneiders zwar etwas Übung benötigt, aber grundlegend gut funktioniert. Bei Feinsteinzeug ist dieser jedoch überfordert, da nicht nur die eingeritzte Oberfläche, sondern die gesamte Fliese eine extreme Härte aufweist.

Feinsteinzeug schneiden

Wer plant, Feinsteinzeug selbst zu verlegen, sollte sich eine Fliesenschneidmaschine besorgen – optimal ist ein Nassschneider. Alternativ können kleine Schneidarbeiten auch mit einem Winkelschleifer mit Diamanttrennscheibe durchgeführt werden. Das verursacht jedoch enorm viel Staub und ist nicht ganz ungefährlich.

UM FEINSTEINZEUG ZU VERLEGEN, IST EIN NASSSCHNEIDER DAS OPTIMALE WERKZEUG

Beim Buttering-Floating-Verfahren wird der Fliesenkleber auf dem Boden und auf den Fliesen aufgetragen.

Der Nassschneider schneidet Fliesen und Feinsteinzeug, ohne dass sich Staub bildet.

GEWUSST WIE

Von der Mitte aus verlegen

Werden große Fliegen verlegt, beginnt man in der Mitte des Raumes. Dann müssen am Rand zwar alle Fliesen geschnitten werden, der Gesamteindruck ist aber harmonischer. Sind an einer Wand große Schränke geplant oder müssen dort wegen der Dusche oder der Badewanne sowieso alle Fliesen geschnitten werden, kann man an der gegenüberliegenden Seite auch mit einer ganzen Fliese beginnen.

Kleines Loch mit der Knabberzange ausarbeiten

Werden Löcher für Steckdosen oder Wasserhähne benötigt, können diese auf unterschiedliche Weise ausgearbeitet werden. Eine Variante ist das Vergrößern eines gebohrten Loches mittels Knabberzange.
Hierzu wird das erforderliche Loch angezeichnet und mit einem möglichst großen Bohrer vorgebohrt. Zur leichteren Ausarbeitung kann auch der Rand des Loches mit vielen kleinen Bohrungen vorgearbeitet werden.

Vorsichtig abknabbern

Das vorgebohrte Loch muss so groß sein, dass der abgewinkelte Kopf der Knabberzange hineinpasst. Nun kann Stück für Stück abgeknabbert werden, bis das Loch die gewünschte Größe und Form erreicht hat.
Die Knabberstücke sollten dabei nicht zu groß angesetzt werden, da sonst schnell mehr als gewünscht ausbricht.

Größere Löcher erst abkleben und anzeichnen

Größere Ausschnitte würden mit der Knabberzange viel zu lange dauern. Aber auch dafür gibt es eine Lösung.
Da hierbei mit dem Winkelschleifer die sichtbare Oberfläche bearbeitet wird, muss diese im ersten Schritt mit Klebeband geschützt werden. Das erleichtert auch das Anzeichnen des Ausschnitts.

Mit dem Winkelschleifer einschneiden

Kreisrunde Ausschnitte werden nun wie ein Kuchen in mehrere Stücke aufgeteilt und mit dem Winkelschleifer eingeschnitten. Ein komplettes Durchtrennen erleichtert hinterher zwar das Ausbrechen, ist aber nicht unbedingt nötig. Derselbe Anschnitt erfolgt anschließend am äußeren Ring. Aufgrund der runden Form ist hier kaum mehr als ein Anschnitt möglich.
Wenn die äußere Umrandung durchgehend angeschnitten und der mittlere Bereich so angeritzt ist, dass er in mehrere Teile brechen kann, dann

Mit der Knabberzange immer nur kleine Stücke abknabbern, sonst kann die Fliese brechen.

Den Ausschnitt in kleine Stücke aufteilen, die sich leicht ausbrechen lassen. Es empfiehlt sich eine Diamanttrennscheibe.

können die einzelnen Stücke schließlich vorsichtig mit dem Fliesenhammer ausgebrochen werden.

Schablone für einen Zuschnitt

Werden an der Dusche oder Badewanne große Rundungen benötigt, empfiehlt es sich, eine Schablone anzufertigen. Legen Sie hierzu vorher alle Fliesen aus, die nicht geschnitten werden müssen. Fertigen Sie anschließend die zu schneidende Fliese aus Pappe an. Tipp: Nutzen Sie möglichst den Karton der Fliesen. Ober- und Unterseite sind nur minimal größer als die Fliese selbst und können leicht angepasst werden.

Fliesenrand rund zuschneiden

Anschließend kann die Kontur der Schablone auf die Oberseite der Fliese übertragen werden. Verwenden Sie einen Winkelschleifer, kleben Sie die gesamte Oberfläche ab. Arbeiten Sie mit einem Nassschneider (empfohlen), ist das nicht nötig und die Kontur kann mit einem Permanentmarker angezeichnet werden.
Nun wird das auszuschneidende Stück in lauter dünne Streifen geschnitten – immer von der gegenüberliegenden Seite bis an den Anriss. Sind die Streifen dünn genug, brechen sie von allein am Anriss ab, andernfalls helfen Sie hinterher mit einem Fliesenhammer oder seitlichem Schnitt auf der Fliesenschneidmaschine nach.

Neben den Keramik- und Feinsteinzeugfliesen gibt es natürlich auch Fliesen aus Naturstein, die sehr langlebig und schön, aber auch deutlich teurer sind.

EXPERTENTIPP

» Holzböden fliesen

Wer einen Holzboden fliesen möchte, steht vor einem großen Problem. Holz arbeitet und „bewegt" sich. Das mögen die sehr harten und spröden Fliesen nicht. Bereits leichte Verschiebungen im Untergrund reichen aus, und es entstehen Risse. Dennoch ist es durchaus möglich, auch einen Holzboden zu fliesen – mit einer Entkopplungsmatte, die bis zu einem vorgegebenen Limit seitliche Bewegungen der Unterkonstruktion ausgleicht. Auf die grundierte Holzoberfläche wird Fliesenkleber aufgetragen und dann die Entkopplungsmatte ausgerollt. Auf diese Matte können dann die gewünschten Fliesen verlegt werden. Ein Wundermittel sind Entkopplungsmatten aber nicht. Die Bewegungsfreiheit hat Grenzen.

Fliesen verfugen

Dank Zahnspachtel und Fugenkreuze ist es gar nicht so schwer, Fliesen gerade und mit einem einheitlichen Abstand zu verlegen. Nur an das Verfugen trauen sich viele nicht heran. Mit den folgenden Tipps ist aber auch das zu meistern.

Richtige Vorbereitung

Der erste wichtige Punkt ist das vollständige Trocknen des Fliesenklebers. Als Nächstes müssen alle Kanten der Fliesen restlos vom ausgetretenen Fliesenkleber befreit werden. Auch Fliesenkleber, der sich zwischen den Fliesen befindet, sollte mit einem Holzschaber oder ähnlichem Hilfsmittel abgeschabt werden. Bei der nachfolgenden Reinigung hilft ein Staubsauger, der auch lose Partikel aus den Fugen entfernt.

Fugenmörtel immer diagonal in die Fugen einarbeiten.

KERAMIKFLIESEN AUSTAUSCHEN

Werkzeug & Material

- Klingen-Fugenauskratzer oder ein Stück Metallsägeblatt
- Bohrmaschine und Steinbohrer
- Hammer und Flachmeißel
- Kehrblech und Handfeger oder Staubsauger
- Ersatzfliese
- Fliesenkleber und Zahnspachtel
- evtl. Fugenkreuze
- Gummihammer und Wasserwaage
- Fugenmörtel
- Schwammbrett
- großer Schwamm

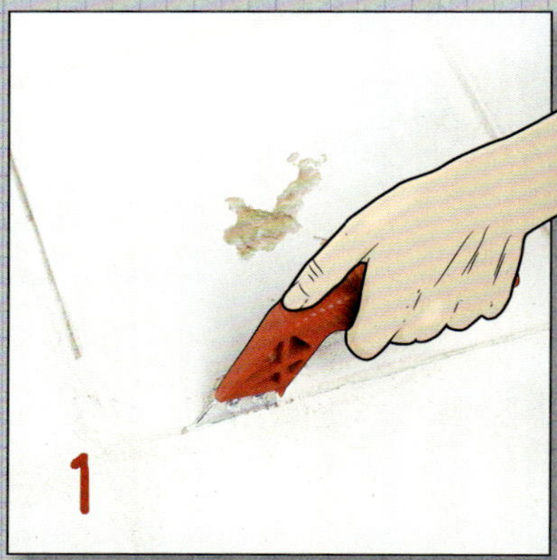

1. Fugenmaterial ausschaben

Kratzen Sie die Fugen rings um die kaputte Fliese mit einem Fugenkratzer oder anderen Hilfsmitteln aus. Bei Bodenfliesen zwei Klingen, bei Wandfliesen eine Klinge oder ein Stück Metallsägeblatt benutzen. Vorsicht: Nicht die benachbarten Fliesen beschädigen.

2. Alte Fliese entfernen

Bohren Sie die kaputte Fliese mehrfach an, sodass ein Kreuz entsteht. Die Fliesenteile anschließend mit Hammer und Meißel wegschlagen. Nicht über die angrenzenden Fliesen abhebeln! Den Untergrund sorgfältig abkratzen, gründlich ausfegen oder -saugen und mit Haftgrund streichen.

Dem Mörtel Zeit geben

Nun wird der Fugenmörtel nach Herstellerangaben angerührt. Wichtig ist hierbei, die sogenannte Reifezeit zu beachten, da sich die Konsistenz des Fugenmörtels nochmals verändert.

Verfugen an Wand und Boden

Dann kann auch schon mit dem Verfugen begonnen werden. Bei Wandfliesen wird der Fugenmörtel wie Putz mit einem Moosgummibrett aufgezogen und diagonal in die Fugen eingearbeitet. Auf Bodenfliesen kann der Fugenmörtel ausgeschüttet und mit dem Fugenspachtel verteilt werden. Für große Flächen ist auch ein Wasserschieber zu empfehlen.

Wann auswaschen?

Enorm wichtig ist der Zeitpunkt des Auswaschens der Fugen. Beginnen Sie zu früh, werden die Fugen zu tief ausgewaschen. Warten Sie zu lange, wird es enorm schwer, überschüssiges Material zu entfernen. Ein guter Anhaltspunkt ist die Oberfläche des Fugenmörtels. Sobald diese matt wird und sichtbar trocknet, kann mit dem Auswaschen der Fugen begonnen werden.

ACHTUNG

Nicht zu viel Mörtel verteilen

Achten Sie immer darauf, wie viel Fugenmörtel Sie in einem Arbeitsschritt verarbeiten können. Auf den Fliesen trocknet er sehr schnell und lässt sich dann schwerer in die Fugen drücken.

3. Kleber auftragen

Zunächst ausprobieren, ob die neue Fliese passt. Bei Bodenfliesen dann den Fliesenkleber gleichmäßig auf den Untergrund auftragen. Falls Sie eine Wandfliese austauschen, kann der Kleber direkt auf die Rückseite der neuen Fliese aufgestrichen werden.

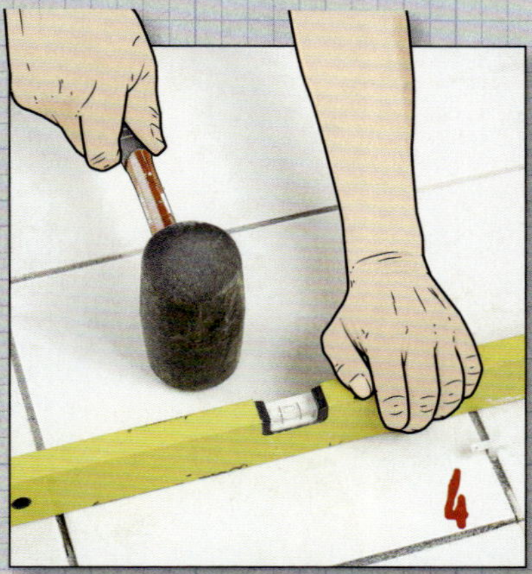

4. Neue Fliese einsetzen

Setzen Sie die neue Fliese ein und drücken Sie sie z. B. mit der Wasserwaage an. Fugenkreuze brauchen Sie nicht unbedingt – ein gutes Auge reicht meist. Wenn die neue Fliese an den Seiten nicht eben abschließt, korrigieren Sie den Sitz mit leichten Schlägen des Gummihammers.

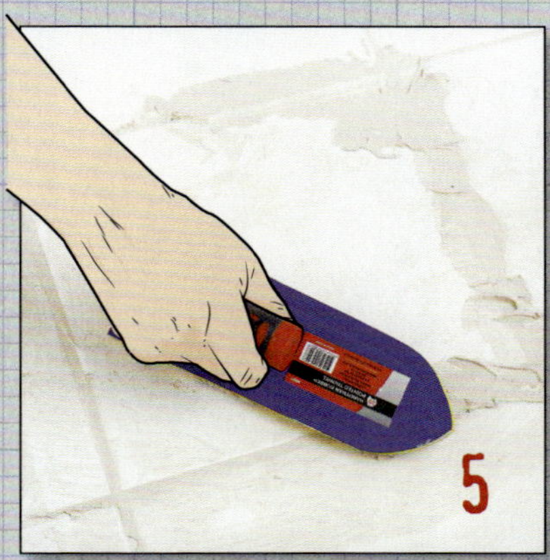

5. Fliese neu verfugen

Den Kleber einen Tag trocknen lassen. Dann den Fugenmörtel anrühren und mit dem Schwammbrett gut verteilen. Nach dem Antrocknen mit Schwamm und Wasser reinigen (siehe auch oben: Wann auswaschen?).

Das richtige Auswaschen

Zum Auswaschen nutzen Sie möglichst ein Schwammbrett oder Fugenschwamm. Dieser wird nass diagonal über die Fugen gerieben, bis die gewünschte Fugenform erreicht ist. Den Fugenschwamm dabei regelmäßig auswaschen, um überschüssigen Fugenmörtel zu entfernen. Abschließend kann erneut die gesamte Fläche mit einem feuchten Schwamm „sanft" abgewischt werden. Das dient der ersten Reinigung und glättet die Oberfläche der Fugen.

Zementschleier entfernen

Ehe Sie damit beginnen, den Zementschleier nach dem Verfugen zu entfernen, muss der Fugenmörtel gut durchgetrocknet sein. Ist der Fugenmörtel relativ frisch, aber wenigstens

Werkzeug & Material

- Fugenkratzer oder Dremel-Multifunktionsgerät
- Putzmittel für Fliesen
- Handschuhe
- Fugenmörtel
- Schwamm
- Schwammbrett
- sauberes, trockenes Tuch
- Fugenversiegler
- (bei Bedarf) Applikationsflasche mit Dosierschwamm

FUGEN ERNEUERN

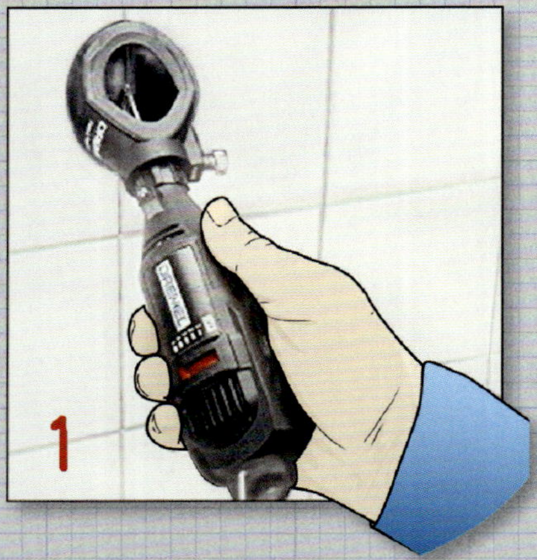

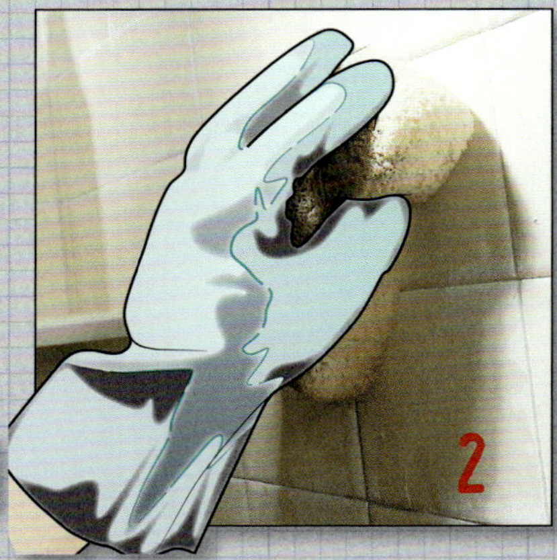

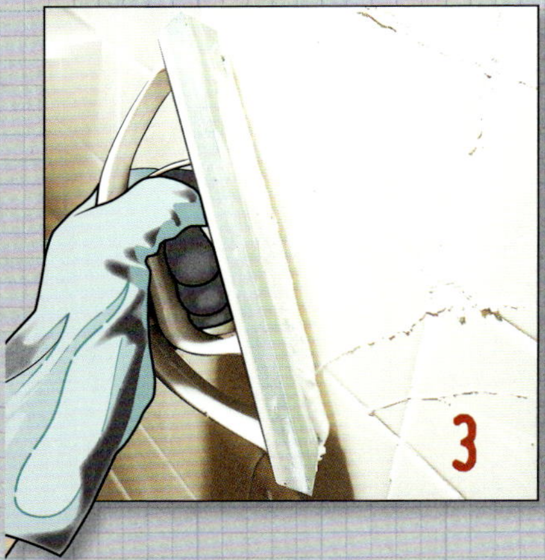

1. Fugenmörtel entfernen
Um den alten Mörtel zu entfernen, reicht ein Fugenkratzer, schneller geht es mit einem Elektrogerät. Man muss damit jedoch äußerst vorsichtig arbeiten, um nicht die Fliesen zu beschädigen. Möglichst flach gegen die Fliesen halten und mit etwas Druck nach unten ziehen.

2. Fliesen reinigen
Ist der alte Fugenmörtel entfernt und sind auch die Fliesenkanten von jeglichen Resten befreit, werden die Fliesen gründlich mit einem säurehaltigen Reiniger abgewaschen. Handschuhe tragen und sparsam mit dem Reiniger umgehen.

3. Fliesen neu verfugen
Den Fugenmörtel anrühren, quellen lassen, erneut aufrühren und dann mit einem Moosgummibrett auftragen. Arbeiten Sie den Mörtel diagonal über die Fliesen in die Fugen ein. Nach dem Antrocknen mit einem Schwamm und nach der Durchtrocknung mit einem Tuch abwischen.

24 Stunden getrocknet, reicht meist ein trockenes Duschtuch aus Baumwolle aus, um den angetrockneten Fugenmörtel abzureiben.
Wurde dieses versäumt oder stammt der feste Zementschleier auf Fliesen von Putzarbeiten, kann es nötig sein, zu weiteren Hilfsmitteln zu greifen.

Echte Handarbeit: Mit einer harten Bürste und einem Reinigungsmittel kann man Zementschleier zu Leibe rücken.

EIN DAMPFREINIGER LÖST VERKRUSTUNGEN OHNE IRGENDWELCHE MITTELCHEN

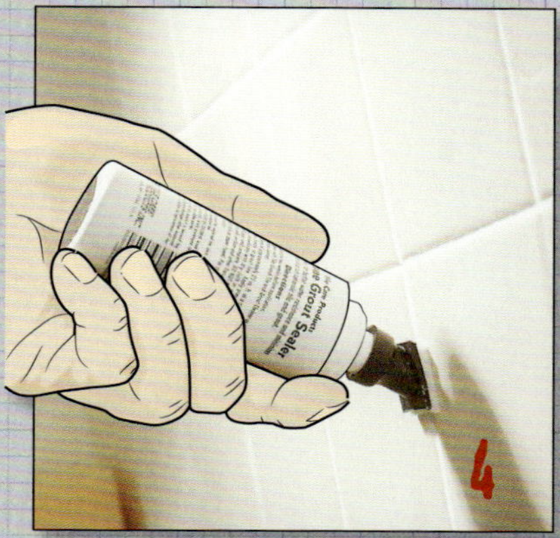

4. Fugen versiegeln
Eine Fugenversiegelung hält Schmutz und Wasser von dem neuen Fugenmörtel ab. Hilfreich und einfach zu verwenden sind Applikationsflaschen mit Dosierschwamm. Wischen Sie die Fliesen während des Versiegelns immer wieder mit einem sauberen Tuch ab.

Haushaltsmittel helfen

Als natürliche Mittel stehen Zitronensaft oder eine Gemisch aus ¼ Liter Essig und 5 Liter Wasser zur Verfügung. Als weiteres Hausmittel gilt aufgelöstes Waschpulver in Kombination mit einer harten Bürste. Wer ganz auf irgendwelche Mittelchen verzichten möchte, greift zum Dampfreiniger, um Verkrustungen zu lösen.

Professionelle Mittel

Hilft alles nichts, bleibt nur noch der säurehaltige Zementschleierentferner. Hierbei sollte jedoch beachtet werden, dass die Fugen mindestens eine Woche Zeit hatten auszuhärten. Andernfalls kann es leicht passieren, dass auch sie davon angegriffen werden.

Frisches Aussehen für alte Fliesen

Das Verlegen von Fliesen ist nicht nur aufwendig, sondern auch mit enormen Kosten verbunden. Wer dennoch sein Badezimmer in einem neuen Glanz erstrahlen lassen will, kann Fliesen auch überstreichen. Damit das gelingt, hier ein paar wichtige Tipps:

Vor dem Streichen alle Fugen und Fliesen auf Mängel überprüfen. Risse in Fliesen bleiben auch nach dem Streichen sichtbar.

Die gesamte Oberfläche muss sauber und fettfrei sein. Als Hilfsmittel dienen Fliesen-, Seifen- und Essigreiniger, Entfetter oder Alkoholreiniger.

Nach der richtigen Vorbereitung können Fliesen mit einer Rolle lackiert werden.

Fliesen grundieren oder anrauen

Je nach Herstellerangaben müssen die Fliesen vor dem Lackauftrag grundiert werden. Die

VERFUGEN MIT SILIKON

Werkzeug & Material

- Silikon und Kartuschenpistole
- Sprühflasche mit einer Mischung aus Wasser und Spülmittel
- Holzstäbchen oder -löffel
- altes Küchenhandtuch
- Cuttermesser

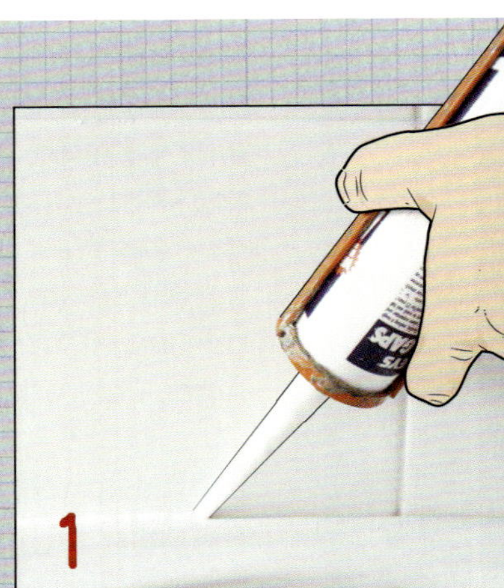

1. Silikon auftragen

Schneiden Sie die Spitze der Kartusche mit dem Cutter schräg an, um sie an die Fugenbreite anzupassen. Dann die Kartusche in die Pistole spannen und das Silikon gleichmäßig in die Fuge pressen.

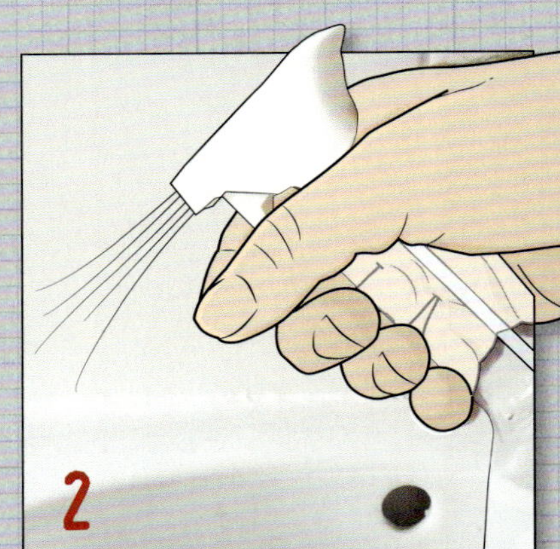

2. Silikon befeuchten

Anschließend die Oberfläche mit einer Mischung aus Wasser und Spülmittel einsprühen. Keine Stelle befeuchten, auf die Sie noch Silikon auftragen wollen – es haftet dort nicht mehr.

angegebene Trocknungszeit ist unbedingt einzuhalten. Wird keine Grundierung verwendet, muss die Oberfläche mit Schmirgelleinen oder Schleifvlies angeraut werden.
Fliesenlack sollte aus zwei Komponenten bestehen (2K-Lack). Nach dem Anmischen nach Herstellerangaben wird er zügig mit einer Rolle gleichmäßig aufgetragen. Ist die gewünschte Deckung nicht erreicht, kann nach der Trocknungszeit ein zweites oder drittes Mal gestrichen bzw. gerollt werden.

Bodenbelag auf Fliesen verlegen

Fliesen bieten eine feste und saubere Grundlage für weitere Bodenbeläge. Wird jedoch ein weicher Bodenbelag, wie Linoleum oder dünne Auslegware, auf Fliesen verlegt, zeichnen sich mit der Zeit die Konturen der Fliesen auf dem neuen Bodenbelag ab. Schuld daran ist die unebene Oberfläche zwischen Fliesen und Fliesenfugen.

3. Fuge verspachteln
Silikon mit dem Stäbchen oder einem Holzlöffel in die Fuge streichen. Rundungen und Ecken kann man auch gut mit dem Finger formen. Überschüssiges Silikon auf das alte Handtuch streichen. Die Fuge dann 72 Stunden trocknen lassen.

Damit sich die Fugen später nicht abzeichnen, müssen sie geglättet werden.

Erst die Fugen einebnen

Ehe ein neuer Belag auf Fliesen verlegt wird, müssen die Fugen daher eingeebnet werden. Mit einer Fugenspachtelmasse ist das schnell erledigt.
Die Fugen reinigen, eventuell etwas anschleifen, Spachteln und nach der Trocknung plan schleifen. Mitunter reicht es sogar, die aufgetragene Spachtelmasse bereits beim Auftragen bündig abzuziehen. Kleine „Pickel" müssen jedoch unbedingt abgeschliffen oder abgeschabt werden. Sie würden sich deutlich unter dem neuen Belag abzeichnen.

Fliesen bohren – in drei Schritten zum Erfolg

Fliesen zu bohren beinhaltet drei wichtige Grundlagen – das Anbohren, das Durchbohren der Fliese und das Bohren in die Wand. Das Schwierige daran ist, dass die Oberfläche von Fliesen sehr hart und dadurch spröde ist. Zu viel Kraft oder gar Schläge können dazu führen, dass sie platzt.
Damit der Bohrer beim Anbohren auf der Fliese nicht verrutscht, muss zuerst eine rutschfeste Oberfläche geschaffen werden, wofür Klebeband eine gute Grundlage bietet. Das gibt gleichfalls die Möglichkeit, die Bohrungen an-

zuzeichnen, was auf der glatten Oberfläche der Fliesen sonst nur schwer möglich ist.

Das Durchbohren der Fliese

Der zweite Schritt ist das Durchbohren der harten Fliese. Aufgrund der Härte ist hierfür ein Steinbohrer oder auch Glasbohrer nötig. Zwar darf jetzt schon eine Schlagbohrmaschine oder ein Bohrhammer verwendet werden, jedoch muss für den Bohrvorgang unbedingt das Schlagwerk deaktiviert werden.

Das Loch in der Wand bohren

Wurde die Fliese durchbohrt, richtet sich der weitere Bohrvorgang nach der Wand dahinter. Bei einer Leichtbauweise kann einfach weitergebohrt werden, bei Ziegel ist jetzt das Schlagwerk nötig und bei Beton ein Bohrhammer erforderlich. Der Steinbohrer darf nicht stärker sein als das Bohrloch in der Fliese!

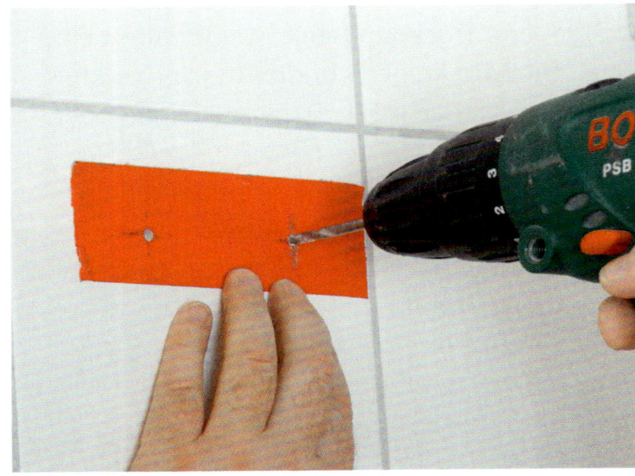

Fliesen müssen aufgrund ihrer Härte mit einem Steinbohrer, aber ohne Schlagwerk, gebohrt werden.

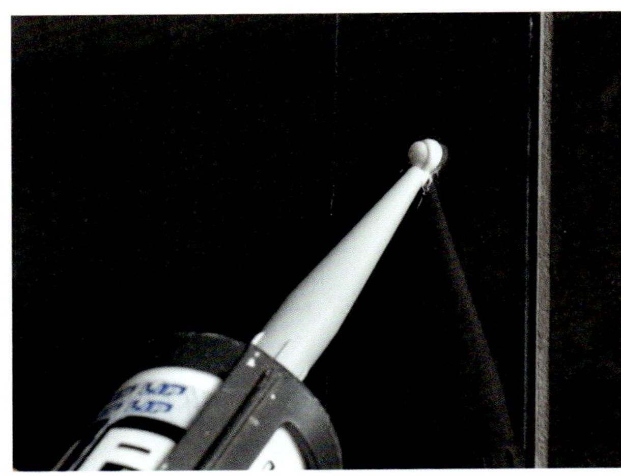

Nicht schlimm, wenn Silikon aus dem Bohrloch quillt. So wird der Dübel schon am Ansatz abgedichtet.

EXPERTENTIPP

» Dübellöcher in Fliesen reparieren

Ist eine Fliese erst einmal gebohrt, wird es schwer, sie „unsichtbar" zu reparieren. Leben muss man mit diesem Makel aber auch nicht. Die einfachste Variante ist, das Loch in der Fliese mit Silikon oder Acryl zu verschließen. Handelt es sich um weiße Fliesen, kann weißes Silikon verwendet werden. Passt es farblich nicht, bietet Acryl die bessere Basis, da es sich überstreichen lässt. Alternativ kann eine Zwei-Komponenten-Spachtelmasse genutzt werden, die sich mit etwas Abrieb einer Buntstiftmine passend einfärben lässt. Die Oberfläche kann anschließend sogar geschliffen und der Fliese angepasst werden.

Dübellöcher in der Dusche abdichten

Fliesen besitzen eine wasserdichte Oberfläche. Daher werden sie häufig in Bäder und vor allem in Duschen genutzt. Bohrt man jedoch ein Loch in die Fliese, wird die wasserdichte Oberfläche zerstört, und Wasser kann in die Wand dringen. Vermeiden lässt sich das Risiko, indem vor dem Einsetzen des Dübels reichlich Silikon in das Bohrloch gedrückt wird. Der Dübel wird dabei direkt in das noch weiche Silikon gesteckt. Quillt etwas Silikon heraus, kann damit zusätzlich der Bund des Dübels abgedichtet werden.

PARKETT

Wer beim finalen Feinschliff des Parketts parallel zum Lichteinfall arbeitet, macht es richtig.

Parkett nachschleifen

Parkett wird gern verbaut, weil es natürlich ist und bei Bedarf aufgearbeitet werden kann. Leider ist die Aufarbeitung recht aufwendig und daher teuer. Nicht immer muss dafür aber ein Fachmann ran. Mit dem richtigen Wissen und einer ausgeliehenen Schleifmaschine lässt sich das durchaus selbst bewerkstelligen. Wichtig sind in erster Linie gewissenhaftes Arbeiten und der richtige Umgang mit der Technik.

Den Boden vorbereiten

Bevor es jedoch losgeht, müssen der gesamte Raum ausgeräumt und sämtliche Sockelleisten oder ähnliche Hindernisse entfernt werden. Anschließend wird das Parkett auf Beschädigungen kontrolliert, die man gegebenenfalls mit Spachtelmasse repariert.
Nun erfolgt der Grobschliff mit einer Parkettschleifmaschine und Schleifpapier mit einer Körnung von 24 oder 36. Gibt es viele Unebenheiten, sollte immer zum groberen Schleifpapier gegriffen werden.

Tipp: Je kleiner der angegebene Wert, desto grober ist das Schleifpapier.

Vom Rand in die Mitte arbeiten

Arbeiten Sie vom Rand des Raumes zur Mitte und möglichst diagonal zur Verlegerichtung, um Absätze im Holz zu vermeiden. Stellen, die Sie mit der Schleifmaschine nicht erreichen, können mit Schwing-, Exzenter- oder Bandschleifer nachgearbeitet werden.
Lassen Sie die Schleifmaschine im Betrieb niemals auf der Stelle stehen, sondern senken Sie sie erst in der Bewegung ab. Das vermeidet Unebenheiten im Parkett.

Zwischenschliff in Verlegerichtung

Ist der Grobschliff erfolgt, wird der Raum gereinigt und gründlich gesaugt. Jetzt werden schadhafte Stellen und Dellen sichtbar, die das Schleifgerät nicht erreicht hat. Anschließend ist nun der Zwischenschliff mit einer 60er-Körnung an der Reihe. Der Arbeitsablauf selbst unterscheidet sich nicht vom Grobschliff. Sie sollten jedoch die Schleifrichtung dem Holzboden und dem Verlegemuster anpassen. Schleifen Sie jetzt möglichst mit der Verlegerichtung. Bei Stabparkett oder Dielen im leichten Winkel zur Maserung schleifen, um Absätze zwischen den Holzstücken zu vermeiden.

Achten Sie darauf, dass alle vorherigen Schleifspuren entfernt werden, und wiederholen Sie den Vorgang bei Bedarf. Dabei niemals auf der Stelle schleifen, um gezielt gegen Kratzer vorzugehen, sondern großflächig Kratzer ausarbeiten.

Beim Feinschliff auf das Licht achten

Nach der erneuten Reinigung erfolgt der Feinschliff mit 100er- oder 120er-Schleifpapier. Arbeiten Sie jetzt mit dem Lichteinfall der Fenster im Raum, so werfen feine Schleifspuren keine Schatten und sind nicht so deutlich sichtbar. Nach einer letzten gründlichen Reinigung ist das Parkett bereit für den nächsten Arbeitsschritt.

Parkett ölen und schützen

Nach dem Schleifen muss das Parkett neu vor Nässe geschützt werden. Öl hat hierbei den Vorteil, dass es die Holzoberfläche nicht versiegelt und das Holz weiter „atmen" kann. Davon abgesehen, ist Öl leicht zu verarbeiten, und die Arbeit kann von jedem Heimwerker durchgeführt werden. Im Laufe der Jahre muss jedoch nachgeölt werden. Wie vor jedem Arbeitsschritt, sollte das Parkett gründlich gereinigt und abgesaugt werden. Sorgen Sie für frische Luft.

Mit einer fusselfreien Rolle wird das Öl auf dem Holzboden verteilt. Es bildet einen offenporigen Schutzfilm.

Achtung: Mit Öl getränkte Lappen können sich selbst entzünden. Entsorgen Sie diese daher in Metalleimer oder in mit Wasser gefüllte Gefäße. Vermeiden Sie direkte Sonneneinstrahlung und aufgeheiztes Parkett.

Nicht eingezogenes Öl verreiben

Beim Ölen können Sie recht großzügig arbeiten. Gießen Sie es in kleineren Portionen auf das Parkett und verteilen Sie es mit einer Rolle oder einem Gummiabzieher. Tragen Sie es satt auf, aber vermeiden Sie dabei Pfützen. Nach einer Trocknungszeit von etwa 15 Minuten wird nicht eingezogenes Öl verrieben und mit einem fusselfreien Lappen aufgenommen. Bleiben dennoch matte Stellen, muss der Vorgang mehrmals wiederholt werden. Nach etwa 24 Stunden ist das Öl getrocknet und der Boden wieder begehbar.

KORKBODEN UND PVC

Kork kann mehr, als man denkt

Spricht man von Kork, denken viele an den Korken in der Weinflasche oder an eine Pinnwand aus Kork. Betrachtet man beide Produkte genauer, zeigen sich dabei die guten Eigenschaften des Naturmaterials. Kork ist wasserdicht, wärmedämmend, leicht, elastisch und dennoch sehr strapazierfähig. Daher eignet er sich auch als Bodenbelag.

Vielfalt der Korkbeläge

Wer meint, dass ein Korkboden wie eine Pinnwand oder in Scheiben geschnittene Flaschenkorken aussehen muss, der täuscht sich. Kork kann zwar naturbelassen verlegt werden, man kann ihn aber ebenso färben oder bedrucken. Dann hat man zwar die Vorteile eines Korkbodens, er sieht dann aber aus wie Holz, Laminat oder gar Fliesen.

Korkboden verlegen

Kork kann in verschiedenen Varianten verlegt werden. Korkfliesen sind massive Korkplatten, die untereinander und auf dem Boden verklebt und anschließend versiegelt werden. Korkparkett wird wie Holzparkett als Dielen mit Nut und Feder verlegt. Diese können verleimt und der Korkboden damit schwimmend verlegt werden. Korkfertigparkett lässt sich wie Laminat verlegen und muss nur ineinandergeklickt werden. Zusätzliches Verkleben ist nicht notwendig.

Kork ist ein beliebter Bodenbelag. In Parkettform ist er zudem schnell verlegt.

ACHTUNG

Augen auf beim Versiegeln!
Dünstet Korkboden nach dem Verlegen stark aus, wurden vermutlich lösemittelhaltige Versiegelungen verwendet. Das muss nicht sein – es gibt auch natürliche Harze und Lacke auf Wasserbasis, die die Oberfläche gleichsam schützen. Alternativ können auch natürliche Öle und Wachse verwendet werden. Das hat den Vorteil, dass der Korkboden leichter und in Eigenregie nachbehandelt werden kann.

EXPERTENTIPP

» PVC-Untergrund gut vorbereiten

Bodenbelag aus PVC ist weich und sehr dünn. Daher zeichnen sich unebene Untergründe, wie Fliesenfugen, Löcher im Boden oder kleine Steinchen sehr deutlich ab. Die wichtigste Arbeit bei der Verlegung von PVC-Boden ist somit die Kontrolle des Untergrunds. Sämtliche Löcher müssen verschlossen, Unebenheiten beseitigt und der Boden akribisch gereinigt werden. Soll der neue PVC-Boden alte Fliesen abdecken, müssen die Fugen vorher gespachtelt und glatt geschliffen werden.

Korkboden pflegen

Wie der Korkboden geputzt und gepflegt wird, hängt von der Art der Verlegung und der Beschichtung ab. Grundsätzlich kann er wie Holz oder Laminat gereinigt werden. Fegen oder saugen und hin und wieder feucht durchwischen ist also völlig ausreichend. Ein massiv verlegter Korkboden kann sogar abgeschliffen und neu versiegelt werden.

PVC-Boden ist besser als sein Ruf

PVC-Bodenbeläge besitzen einen sehr zwiespältigen Ruf. Einerseits werden sie zu 100 % chemisch hergestellt, andererseits gibt es keinen anderen Bodenbelag mit ähnlichen Vorzügen.
PVC ist schalldämmend, Wasser abweisend, günstig, leicht und dünn zu verlegen und erzeugt

PVC-BÖDEN REPARIEREN

Werkzeug & Material
- Cutter
- Ersatzstück für PVC
- Klebeband
- Teppichlineal
- Spachtel, kleiner Zahnspachtel
- Fußbodenkleber
- Teigroller
- Brett und Gewichte zum Beschweren

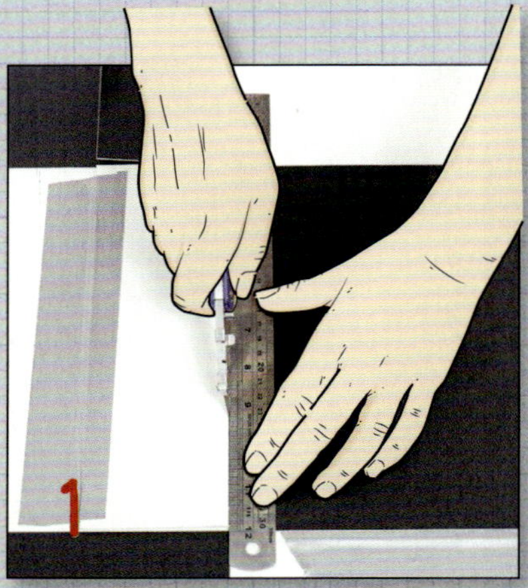

1. Ersatz zuschneiden
Das Ersatzstück (zur Not ein Stück unter einem Schrank ausschneiden), das größer ist als die defekte Stelle, mit Klebeband über dem Schaden fixieren. Mit dem Cutter (gerade halten!) und dem Teppichlineal durch den neuen und den alten Belag hindurch ein Viereck sauber ausschneiden.

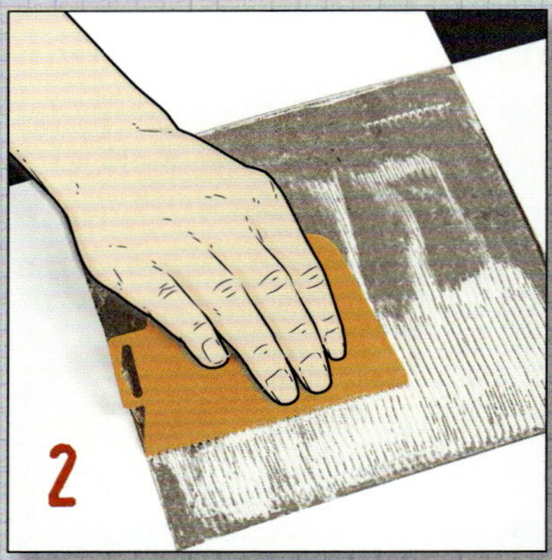

2. Boden vorbereiten
Ist das Ersatzstück zugeschnitten, kann das defekte Stück entnommen und der Boden von alten Kleberesten befreit werden. Gründlich absaugen und mit dem Zahnspachtel eine frische Schicht Kleber gleichmäßig auf den Boden auftragen.

Wer sich nicht an die Verlegung von Rollenware traut, kann auch auf einen Klick-PVC-Boden zurückgreifen.

3. Ersatzstück einsetzen

Das Ersatzstück einpassen und festdrücken – nicht mit den Fingern, sonst gibt es Dellen. Besser mit dem Teigroller über die Stelle gehen. Ein Brett auslegen, mit Gewichten beschweren und einen Tag trocknen lassen.

kaum Laufgeräusche. Dazu ist es sehr lange haltbar und kann mehrfach recycelt werden.

PVC verlegen

Bodenbelag aus PVC kann, muss aber nicht verklebt werden. Tatsächlich notwendig ist das nur bei besonderer Beanspruchung, oder wenn die Rollenbreite unzureichend ist und der Boden aus mehreren Stücken verlegt werden muss.
Ist der Belag größer als der Raum, sollte er mit 10 cm Überstand zugeschnitten einen Tag Zeit zum Ausliegen haben, ehe er mit einer Dehnfuge von 1–2 mm zugeschnitten wird.

PVC verkleben

Soll der Belag zusätzlich verklebt werden, wird er anschließend von einer Seite bis zur Mitte wieder aufgerollt, der Kleber Streifen für Streifen mit dem Zahnspachtel aufgetragen und der PVC-Boden Stück für Stück wieder ausgerollt und angedrückt. Ist eine Seite fertig, wird die zweite auf die gleiche Weise aufgerollt und im selben Verfahren geklebt.

Mit dem Beschneidelineal wird der Teppich an den Rand gedrückt und kann bündig abgeschnitten werden.

TEPPICHBODEN

Teppichboden – das Staubwunder

Laminat bindet keinen Staub, kann leicht gewischt werden, ist hygienischer und damit bestens für Allergiker? Falsch! Da Laminat den Staub nicht bindet, wird er bei jedem Schritt aufgewirbelt. Teppichboden ist für Hausstauballergiker die deutlich bessere Wahl. Die kleinen Fasern binden den Staub und halten ihn fest. Regelmäßiges Saugen sollte allerdings selbstverständlich sein.

Warum Teppichboden noch immer „in" ist

Bei Teppichen denken viele an wilde Muster, und gerade junge Menschen verdrehen schnell die Augen. Das muss heute nicht mehr sein. Teppichböden gibt es in den unterschiedlichsten Materialen, kurz oder lang, mit und ohne Muster und vor allem auch in einem modernen Design. Doch nach wie vor strahlen Teppichböden vor allem viel Wärme aus, sind angenehm weich und schlucken sämtliche Laufgeräusche. Teppichboden ist der leiseste Bodenbelag.

Teppichboden verlegen

Kein Bodenbelag lässt sich so schnell und einfach verlegen wie Teppichboden und verzeiht dabei sogar Fehler. Den Bodenbelag ausrollen, liegen lassen, bis sich eventuelle Falten legen, und abschließend bündig am Rand zuschneiden. Hilfreich ist dabei ein Beschneidelinieal, mit dem der Teppich passgenau zugeschnitten werden kann. Je nach Beanspruchung des Raumes muss der Teppich vollflächig verklebt oder an den Rändern fixiert werden. Im privaten Wohnbereich ist das jedoch selten nötig. Wer dennoch eine Verklebung möchte, gibt die Arbeit besser in professionelle Hände.

Teppichboden gut saugen

Tipps und Tricks, wie man spezielle Flecke entfernt, gibt es viele. Doch wie reinigt man Teppich und Auslegware im Alltag und entfernt leichte Verunreinigungen? Als Erstes sollten Teppiche mindestens einmal wöchentlich intensiv gesaugt werden. Bürstensauger sind dabei eine gute Hilfe, denn die Bürste lockert den Schmutz.

Mineralwasser statt Bürste

Sind leichte Flecken zu sehen, reicht mitunter etwas Mineralwasser mit Kohlensäure. Die Kohlensäure lockert den Schmutz, welcher anschließend nur abgetupft werden sollte. Auf keinen Fall intensiv reiben oder bürsten. Das würde die Fasern an dieser Stelle schneller verschleißen lassen und den Bereich deutlich vom Umfeld abheben.

Neuer Teppichboden – die Vorbereitung

Das Verlegen von Teppichböden ist kein Hexenwerk, und mit dem richtigen Werkzeug sowie ein wenig Erfahrung kann das ein geschickter Heimwerker durchführen. Bevor es jedoch losgeht, sollten der Raum und vor allem der Untergrund gut vorbereitet werden. Wird hierbei gepfuscht, erschwert das nicht nur das Verlegen des Teppichs, sondern kann auch das Gesamtbild dauerhaft negativ beeinflussen.

1. Ordnung muss sein

Muss alter Belag entfernt werden, lässt es sich kaum vermeiden, alle Möbel aus dem Raum zu herauszubringen. Ist keine Vorarbeit nötig, sollten Sie dennoch den gesamten Raum ausräumen und jegliches Hindernis beseitigen. Der neue Teppich muss sich akklimatisieren und auslegen. Dafür ist es wichtig, dass er sich über die gesamte Größe des Raumes ausbreiten lässt.

2. Den alten Bodenbelag entfernen

Liegt bereits ein Teppichboden, muss dieser zuvor entfernt werden. Wurde er verklebt, kann das zu einer anstrengenden und zeitintensiven Arbeit werden. Untersuchen Sie zunächst die Art der Verklebung. Einzelne Klebestreifen sind schnell abgeschabt, und handelt es sich um wasserlöslichen Leim, scheuen Sie sich nicht, den gesamten alten Belag mit einer Gießkanne zu befeuchten. Nach etwa einer Stunde kann der Belag abgezogen werden. Wurde jedoch wasserfester Leim verwendet, hilft nur noch die mechanische Bearbeitung mit einem Schaber oder Stripper, den Sie im Baumarkt ausleihen können.

3. Boden gründlich reinigen

Gerade bei verklebten Bodenbelägen können die Reinigungsarbeiten immens ausarten. Dennoch ist es sehr wichtig, dass wirklich alle Klebereste komplett entfernt werden. Im Notfall muss ein Holzboden abgeschliffen oder ein Betonboden mit der Betonfräse bearbeitet werden. Nur so wird gewährleistet, dass sämtliche Unebenheiten beseitigt sind. Abschließend und gern auch zwischendurch sollte nicht nur gefegt, sondern der Boden abgesaugt werden.

4. Letzte Unebenheiten beseitigen

Wurde der Fußboden gründlich gereinigt, zeigen sich auch kleine Löcher. Diese müssen verspachtelt und geglättet werden. Zwar sind solche Unebenheiten unter dickerem Teppich nicht zu sehen, belastet man jedoch zufällig genau diese kleine Stelle, kann der Teppich nachgeben, und es entstehen sichtbare Risse. Daher sollten Sie sicherheitshalber auch kleine Löcher verschließen.

5. Auch die Wände kontrollieren

Bei einer Renovierung ist die Verlegung des Bodenbelags der letzte Arbeitsschritt. Das heißt, an der Decke und den Wänden müssen alle Arbeiten abgeschlossen sein. Gab es zuvor keine großen Renovierungsarbeiten, kontrollieren Sie dennoch die Wände, ob eventuell alte Dübellöcher nicht mehr benötigt und verschlossen werden können. Nutzen Sie die Gelegenheit, zu einem späteren Zeitpunkt könnten Sie dabei die neue Auslegware verschmutzen.

Wände

Mit Wandfliesen und Zwischenwänden lassen sich Räume verändern, und Schäden sind schnell beseitigt. Sind die Wände feucht, muss die Ursache gefunden werden.

FLIESEN

Fugen zwischen Wand und Boden beachten

Werden Boden und Wände gefliest, sollte man darauf achten, dass sich die Fugen treffen. Ist das nicht möglich, weil die Fliesen eine unterschiedliche Größe haben, kann es auch jede zweite oder dritte Fuge sein. Gleiches gilt, wenn zwei geflieste Räume durch eine Tür verbunden sind. Wird ein übergreifendes Fugenbild genutzt, wirken selbst optisch unterschiedliche Fliesen harmonisch und bieten ein besseres Gesamtbild.

GIPSKARTON AUSBESSERN

Werkzeug & Material

- Stichsäge mit schmalem Blatt
- Reste einer Gips- oder MDF-Platte
- Holzschraube
- Spachtel
- Fugenkleber für Gipskartonplatten
- Spachtelmasse (Gipsbauwand)
- Schleifbrett und Schleifpapier
- Wandfarbe

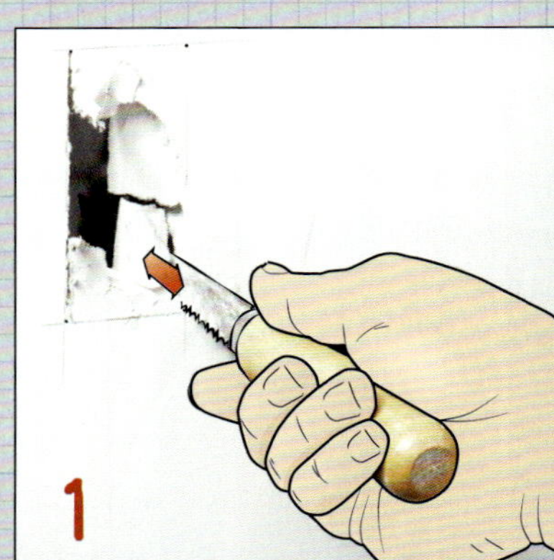

1. Ersatzstück anfertigen
Vergrößern Sie das Loch mit der Säge so weit, dass ein Holzstück oder auch ein Streifen aus Gipskarton zwar dieselbe Breite hat, aber etwa 50 mm länger ist. Drehen Sie eine Holzschraube als Griff ins Ersatzstück.

2. Ersatzstück einsetzen
Oben und unten mit dem Spachtel ausreichend Kleber auftragen, das Ersatzstück einfädeln und von hinten gegen die Innenseite der Wand kleben. Die Schraube wieder herausdrehen, wenn es fest sitzt.

Den Raum in die richtige Richtung strecken

Das Format der Fliesen kann die Optik des Raumes stark beeinflussen. So lassen quer verlegte Fliesen den Raum breiter und längs verlegte Fliesen den Raum tiefer wirken. Gleiches gilt für Wände, die mit waagerecht verlegten Fliesen breiter und mit hochkant ausgerichteten Fliesen höher wirken.

GIPSKARTON

Gipskarton einfach schneiden

Gipskarton ist günstig, leicht und nicht zuletzt schnell verbaut. Eine große Arbeitserleichterung bietet hierbei vor allem der einfache Zuschnitt. Für gerade Schnitte benötigen Sie lediglich eine Wasserwaage (o. Ä. als Führung), einen Zollstock oder ein Bandmaß und ein Cuttermesser.

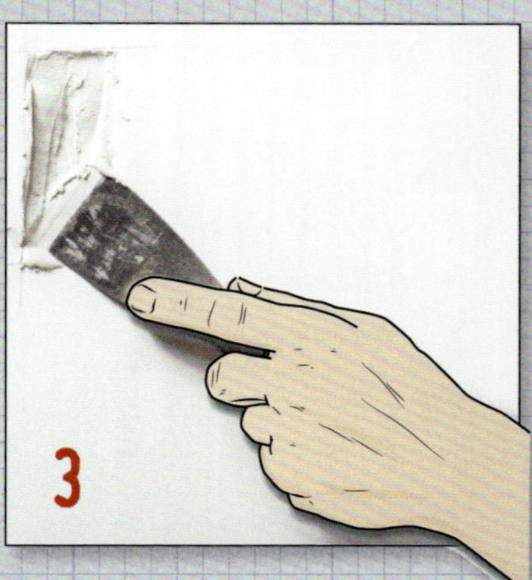

3. Verputzen
Anschließend kann das Loch zugespachtelt oder ein neues Stück Gipskarton eingesetzt werden. Wenn die Stelle vollständig ausgehärtet ist, können Sie sie abschleifen und streichen.

Führung auf der Oberseite ausrichten

Um einen exakten Schnitt durchzuführen, legen Sie die Wasserwaage etwa rechtwinklig auf die Oberseite der Gipskartonplatte.
Richten Sie eine Seite mithilfe des Zollstocks auf das gewünschte Maß aus und halten Sie dann die Wasserwaage auf dieser Seite fest. Wenn Sie anschließend das andere Ende der Wasserwaage ausrichten, sollte diese sich nur drehen, an der ersten Kante jedoch am eingestellten Maß positioniert bleiben. Vorsichtshalber kontrollieren Sie die erste Seite noch mal.

Platte entlang der Führung einschneiden

Ist die Wasserwaage exakt ausgerichtet, halten Sie diese gut fest. Liegt die Gipskartonplatte auf dem Boden, kann dazu auch das Knie genutzt werden.
Mit dem Cuttermesser wird anschließend das Papier auf der Oberfläche entlang der Wasserwaage eingeschnitten. Mehr ist im Grunde nicht nötig. Je tiefer Sie die Platte aber einritzen, desto sauberer wird hinterher die Bruchstelle.

Platte nach hinten brechen

Stellen Sie die Platte nun mit senkrecht verlaufender Schnittkante und der Rückseite vor sich auf und drücken Sie mit dem Knie von hinten gegen die Platte, bis sie an der Schnittkante bricht. Je nach Größe kann die Gipskartonplatte auch über eine Tischkante o. Ä. gebrochen werden. Wichtig ist jedoch, dass dabei entgegen dem Anriss, also nach hinten, gedrückt wird.
Ist die Platte gebrochen, knicken Sie sie so weit nach hinten, dass das Cuttermesser eine gute Führung im Knick hat und auch das dickere Papier auf der Rückseite geschnitten werden kann.

Gipskartonbohrer selber bauen

Wer Gipskarton verbaut, wird früher oder später in die Verlegenheit kommen, Hohlwanddosen für Lichtschalter oder Steckdosen setzen zu müssen. Dafür wird eine Lochsäge für Hohlwanddosen mit einem Durchmesser von 68 mm benötigt. Diese gibt es zu kaufen, man kann sie sich jedoch auch recht leicht selber bauen. Benötigt werden hierfür ein ausreichend stabiler Blechstreifen, zwei Schrauben M8, etwa 40 mm lang, eine Schraube etwa 100 mm lang und vier Muttern M8.

Blechstreifen vorbereiten

Als Erstes braucht der Blechstreifen drei Bohrlöcher mit einem Durchmesser von 8 mm: eines mittig für die Aufnahme in eine Bohrmaschine oder einen Akkuschrauber und je eines im Abstand von 30 mm zur Mitte. Die 30 mm ergeben sich aus dem benötigten Durchmesser von 68 mm bzw. einem Radius von 34 mm. Da die Schrauben, die später das Loch ausschaben, selbst einen Durchmesser von 8 mm haben, werden vom Radius 4 mm abgezogen.

Schrauben bearbeiten und montieren

Sind die Löcher gebohrt, werden die Schrauben am Schleifbock angespitzt, damit sie sich leichter in den Gipskarton schneiden, und am Blechstreifen befestigt. Bei der mittleren und längeren Schraube wird zusätzlich der Kopf abgesägt. Alternativ kann hierfür auch gleich ein Stück Gewindestange verwendet werden. Beim Befestigen der Schrauben darauf achten, dass die

GIPSKARTON REPARIEREN

Werkzeug & Material

- Stichsäge mit schmalem Blatt
- Bleistift und Lineal
- Maßstab und Winkel
- Holzlattenreste
- Schnellbauschrauben
- Bohrmaschine/Akkuschrauber
- Cuttermesser
- passender Rest einer Gipskartonplatte
- Spachtel
- Spachtelmasse (Gipsbauwand)
- Schleifbrett und Schleifpapier

1. Schaden ausschneiden

Mit einer Handsäge den Schaden bis zum Ständerwerk (Holz oder Trägerprofile) aussägen. Vorab die Fläche mit Bleistift und Winkel anzeichnen und darauf achten, dass die Ecken rechtwinklig sind.

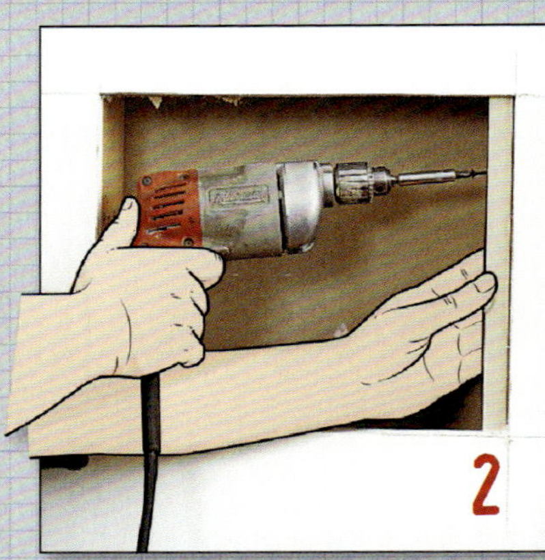

2. Ersatzstück vorbereiten

Den Rest einer Gipskartonplatte passend zuschneiden. Zwei Holzstücke links und rechts in der entstandenen Öffnung als Hilfskonstruktion mit Schnellbauschrauben befestigen. So weit nach „hinten", dass nachher Ersatzstück und etwas Kleber bündig zur Wandfläche eingepasst werden können.

mittlere Schraube etwas hervorsteht, da sie die Führung durch den Gipskarton bildet.

Gipskartonwand schallisolieren

Wer eine Trennwand setzt, möchte nicht jedes Geräusch aus dem neuen Raum hören. Die beste Schallisolierung bieten schwere, massive Stoffe, doch genau damit kann eine Trockenbauwand nicht dienen – im Gegenteil. Ihre leichte Bauweise mit großen Platten und einem Hohlraum fördert eher die Schallübertragung. Dem kann jedoch entgegengewirkt werden.

Dämmstreifen verkleben

Der erste Schritt ist, die neue Wand vom restlichen Raum zu entkoppeln, damit Schwingungen nicht übertragen werden können. Dieses geschieht durch Dämmstreifen, die bereits vor der Montage auf alle Profile geklebt werden, die Kontakt zu Wand, Decke oder Boden haben.

Dämmstreifen auf den Profilen trennen die Wand akustisch vom restlichen Raum.

3. Wand verschließen

Tragen Sie an den Hilfslatten etwas Kleber auf und passen Sie das Ersatzstück in die Öffnung. Die Fugen mit Spachtelmasse füllen. Wenn die Konstruktion trocken ist, alle Fugen noch ein weiteres Mal 15 cm breit zuspachteln. Trocknen lassen und abschleifen.

Hohlräume verfüllen

Schritt zwei besteht darin, den Hohlraum zwischen den Trockenbauwänden aufzufüllen, da die Luft ein perfekter Leiter von Schallwellen wäre. Hierfür kann Mineralwolle verwendet werden. Eine bessere Wirkung erzielen aber schwere Dämmstoffe wie Steinwolle oder spezielle Akustik-Trennplatten. Sie füllen zum einen den Hohlraum und nehmen zum anderen Schwingungen auf, die sie jedoch nicht weitergeben.

Schallbrücken vermeiden

Im letzten Schritt muss beim Verfugen der Gipskartonplatten darauf geachtet werden, nicht neue Schallbrücken zu schaffen. Die Randfugen dürfen daher niemals mit Gips gespachtelt werden. Verwendet man stattdessen Acryl, bleibt die neue Wand flexibel, womit Risse in der Wand vermieden und die Wand akustisch vom Raum getrennt wird.

Feuchte Wände – die Ursachen finden

Sind Wände nass, müssen Sie der Ursache auf den Grund gehen. Denn nur wenn die Ursache bekannt ist, kann effektiv dagegen vorgegangen werden. Und das ist unbedingt notwendig, denn Nässe schädigt das Mauerwerk, mindert die Dämmwirkung, und bildet sich erst Schimmel, ist dieser sogar gesundheitsschädlich.

1. Lecks in Leitungen

Recht einfach herauszufinden bzw. auszuschließen sind defekte Rohrleitungen. Wo liegt das Badezimmer oder die Küche? Wo sind Wasser- und Abwasserleitungen verlegt? Handelt es sich um eine Außen- oder Innenwand? Ist auszuschließen, dass sich an der nassen Stelle Rohrleitungen befinden, kann der Punkt abgehakt werden. Könnten sich dort Rohre befinden, und handelt es sich um eine Innenwand, ist eine defekte Rohrleitung höchstwahrscheinlich die Ursache. Handelt es sich jedoch um eine Außenwand, sollten erst alle anderen Ursachen ausgeschlossen werden, ehe mit Stemmarbeiten zur Freilegung des Rohres begonnen wird.

2. Eindringende Feuchtigkeit

Auch dieser Punkt lässt sich relativ leicht überprüfen, da davon hauptsächlich nur Außenwände betroffen sind. Bei einer Innenwand kann eindringende Feuchtigkeit nur von oben durch das Dach kommen, was sich leicht prüfen lässt. Bei einer Außenwand sollten Sie sich diese bei Regen genauer ansehen. Ist die Dachrinne oder das Fallrohr undicht, und läuft das Wasser die Wand hinunter? Ist dann auch noch der Putz beschädigt, kann hier leicht Wasser ins Mauerwerk eindringen. Bei langer Trockenheit sollten die feuchten Flecken allerdings nach einigen Tagen verschwinden.

3. Aufsteigende Feuchtigkeit

Nicht ganz so leicht zu bestimmen ist aufsteigende Feuchtigkeit. Diese betrifft meist nur das Erdgeschoss, kann aber an Innen- und Außenwänden auftreten. Grund dafür ist eine fehlende oder defekte Horizontalsperre. Die Nässe kann bereits im Fundament aufgenommen werden und steigt durch Kapillarwirkung in der Wand nach oben auf. Hier sollte der Rat eines Fachmanns eingeholt werden.

4. Kondenswasser

Kondenswasser bildet sich immer da, wo es warme und kalte Bereiche gibt und eine entsprechend hohe Luftfeuchtigkeit herrscht. Optimalerweise sollten daher die Scheiben der Fenster die kälteste Fläche der Außenhülle bilden. Herrscht eine hohe Luftfeuchtigkeit, bildet sich das Kondenswasser an diesen Scheiben, die leicht abgewischt werden können. Gibt es dagegen Wandflächen, die kälter als die Fensterscheiben sind, setzt sich dort die Feuchtigkeit ab, und es kann zu Schimmel kommen. Ursache dafür können neue Fenster sein, die besser dämmen als die Wand, eine fehlerhaft ausgeführte Wärmedämmung, aber auch Risse oder Löcher in der Wand. Zieht dort dauerhaft kalte Luft herein, kühlt die Stelle aus, und es bildet sich Kondenswasser. Mit einem Infrarotthermometer können Sie die Oberflächentemperaturen messen und vergleichen.

DÜBEL

Ausgeleierte Dübellöcher wieder nutzen

„Loch aufbohren und einen größeren Dübel nutzen" ist sicher die einfachste Variante. Man sollte hierbei jedoch sehr vorsichtig bohren und lieber zur Schlagbohrmaschine als zum Bohrhammer greifen. Hat der Bohrer beim Aufbohren weniger zu tun, wird er schlechter geführt, und schnell ist das Loch wieder zu groß. Eine Schlagbohrmaschine arbeitet deutlich „sanfter", und ein ins Bohrfutter gespannter Bohrer läuft genauer als ein Bohrer mit SDS-Aufnahme.

Dübel in Dübel oder Streichhölzer

Ist ein größerer Dübel wenig hilfreich, da nur eine kleine Schraube benötigt wird, kann anschließend ein kleinerer Dübel in den größeren gesteckt werden.
Streichhölzer im Bohrloch sind eine schnelle Lösung für kleine Löcher. Damit lässt sich gut variieren, wie fest der Dübel sitzen soll. Für große Belastungen sollte diese Variante jedoch nicht genutzt werden.

EXPERTENTIPP

» Exakte Löcher in weichen Putz bohren

Gerade in vielen Altbauten ist es schwer, exakte Löcher in die Wände zu bohren. Ist der Putz deutlich weicher als das Mauerwerk darunter, rutscht der Bohrer schnell mal über die Ziegelsteine, und das Loch im Putz wird immer größer. Nehmen Sie sich deshalb ein altes Holzbrett und bohren Sie mit einem Holzbohrer ein Loch in derselben Größe des später verwendeten Steinbohres hinein. Wechseln Sie jetzt den Bohrer, halten Sie das Brett an die gewünschte Position und bohren Sie durch das vorgebohrte Loch in die Wand. Das perfekte Bohrloch ist garantiert.

Ein mit Zementmörtel gefülltes altes Bohrloch hält auch wieder große Dübel, an denen schwere Gegenstände aufgehängt werden.

Das alte Bohrloch verfüllen

Das Bohrloch zuspachteln ist die aufwendigste Variante, aber auch die ordentlichste. Bohren Sie dazu das Loch deutlich größer auf und versuchen Sie, es leicht kegelig aufzuweiten, um die Spachtelmasse möglichst tief in das Loch zu pressen. Ist die Spachtelmasse getrocknet, kann neu gebohrt werden. Hierbei jedoch auf jegliche Schlagfunktion verzichten, da die Spachtelmasse weicher ist als das Mauerwerk.
Auch diese Variante ist nur für kleinere Dübel und leichte Befestigungen gedacht. Sollen schwere Dinge, wie Regale oder große Spiegel, daran aufgehängt werden, muss das alte Bohrloch großflächig aufgestemmt und mit Zementmörtel gefüllt werden.

U-Profile zum Aufhängen von Bildern sinnvoll nutzen

Einfache U-Profile als Kabelkanäle sind praktisch, um Kabel zu verstecken. Gleichfalls bilden sie einen ordentlichen Abschluss zwischen Wand und Decke. Doch nicht jeder mag diese U-Profile an der Wand. Warum sie nicht sinnvoll nutzen?

Gut befestigte U-Profile lassen sich zum Aufhängen von Bildern an kleinen Haken nutzen.

Bilder ins rechte Licht setzen

Mit kleinen Haken und durchsichtiger Polyamidschnur lassen sich stabil montierte U-Profile auch zum Aufhängen von Bildern nutzen. Praktisch ist, dass aus dieser Art Kabelkanal auch gleich Strom für die Beleuchtung der Bilder gezapft werden kann. Auf diese Weise kann man Bilder oder andere Dekorationsgegenstände flexibel aufhängen und schnell wieder austauschen.

ACHTUNG

Wände aus Poroton nie mit Schlag bohren!
Poroton-Ziegel bestehen aus vielen kleinen Hohlräumen und Stegen, die sehr leicht platzen. Daher dürfen sie nicht mit Schlag- oder Hammerwerk gebohrt werden. Durch das Schlagen würden die Innenstege ausplatzen und das Bohrloch größer als gewünscht werden. Zum Bohren sollte auch kein Steinbohrer verwendet werden. Stattdessen lieber zu einem scharf geschliffenen Hartmetallbohrer greifen.

STREICHHÖLZER IM BOHRLOCH SIND EINE SCHNELLE LÖSUNG FÜR KLEINE LÖCHER

Schrauben und Dübel

Loch in die Wand bohren, Dübel rein, Schraube rein – fertig! Ganz so einfach ist das nicht, denn nicht jeder Dübel ist für jede Wand geeignet, und die genutzte Schraube muss zum Dübel passen. Daher sollte als Erstes geprüft werden, um welche Wand es sich handelt.

1. Wände aus Ziegelsteinen und Beton

Wände aus Beton sind nicht einfach zu bohren, und der Bohrhammer sollte die erste Wahl sein. Bei der Frage der Dübel haben Sie es dagegen einfacher. Universaldübel aus Nylon gibt es in jedem Baumarkt und werden meist auch vom Hersteller beigelegt. Ebenso wichtig sind jedoch das richtige Bohrloch und die passende Schraube.

Ein 8er-Dübel benötigt einen 8er-Bohrer bzw. ein 8er-Bohrloch. Dieses sollte etwa 10 mm tiefer als der Dübel lang sein. Um die Schraubengröße zu bestimmen, ziehen Sie vom Dübel 1–2 mm ab. Für einen 8er-Dübel wäre demnach ein Schraubendurchmesser von 6 mm optimal. Bei der Bestimmung der Schraubenlänge müssen Sie etwas rechnen, damit die Schraube später etwas länger als der Dübel ist. Addieren Sie hierzu die Dübellänge mit dem Schraubendurchmesser und der Stärke des zu befestigenden Materials.

2. Wände aus Porenbeton

Porenbeton ist recht weich, und Universaldübel würden kaum Halt finden. Hierfür gibt es spezielle Porenbetondübel, die meist einfach eingeschlagen werden. Durch breite Flügel und die verfestigte Oberfläche bildet sich eine gute Verbindung. Dennoch eignen sie sich nur für leichtere Gegenstände.

3. Wände aus Gipskarton

Für Gipskartonwände gibt es verschiedene Dübel. Zur einfachen Befestigung leichter Gegenstände können Gipskartondübel genutzt werden, die man mit ihrem groben Gewinde in das vorgebohrte Loch schraubt. Gibt es einen Hohlraum hinter der Gipskartonwand und sollen schwerere Dinge befestigt werden, sind Hohlraum- oder Kippdübel die bessere Wahl. Sie klappen im Hohlraum Flügel auf oder verknoten sich und sind damit größer als das Bohrloch selbst.

4. Wände aus Poroton

Zur besseren Wärmedämmung bestehen Poroton-Ziegel aus vielen kleinen Hohlräumen. In den dazwischenliegenden Stegen würden auch Universaldübel Halt finden, besser sind jedoch Poroton-Dübel, die einen längeren Spreizbereich besitzen und somit die Kraft auf mehrere Stege verteilen können. Für starke Belastungen sollte jedoch unbedingt zu Injektionsdübeln gegriffen werden, die sich in den Luftkammern ausbreiten und so einen festen Sitz garantieren.

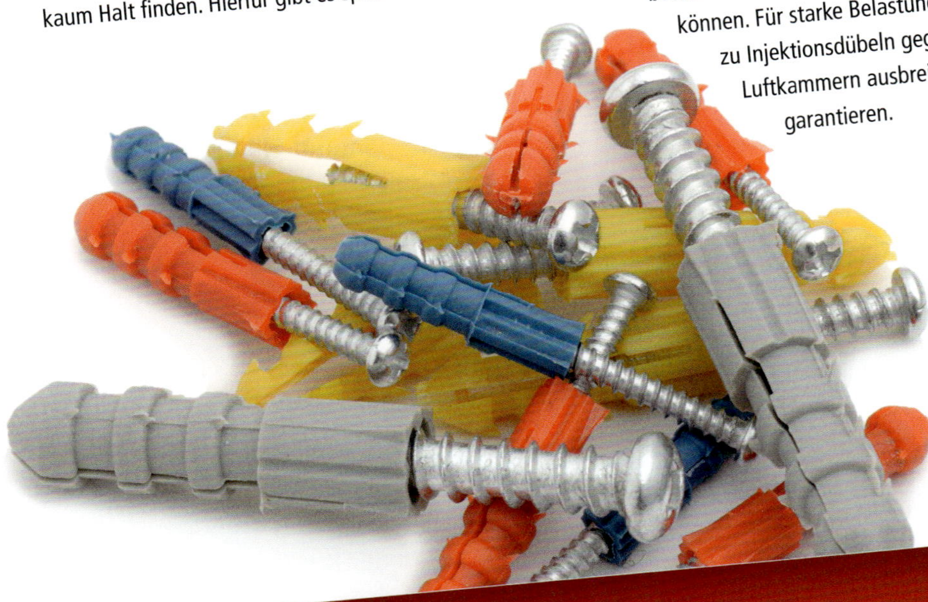

Treppen

Die tägliche Beanspruchung lässt jede Treppe irgendwann alt aussehen. Aber eine Sanierung ist kein Hexenwerk!

Treppe mit Laminat sanieren

Treppen zu sanieren ist zumeist eine enorm aufwendige Angelegenheit. Man muss Holz auch in verwinkelten Ecken abschleifen oder Klebereste von Teppichen aufwendig entfernen, und anschließend darf die frisch lackierte Treppe nicht betreten werden. Doch es geht auch einfacher und schneller – mit Laminat.

Laminat besser nicht verkleben

Hierzu muss lediglich vorhandener Belag entfernt, die Treppe aber nicht abgeschliffen werden. Ideal ist das Belegen mit Laminat auch für Betontreppen. Hier setzen verputzte oder farbige Setzstufen tolle Akzente.
Zum Verkleiden der Treppe werden lediglich Treppenkantenprofile, Laminat und etwas Trittschalldämmung benötigt. Alternativ kann das Laminat auch verklebt werden, was zwar die Trittschalldämmung erspart, eine spätere erneute Sanierung aber erschwert.

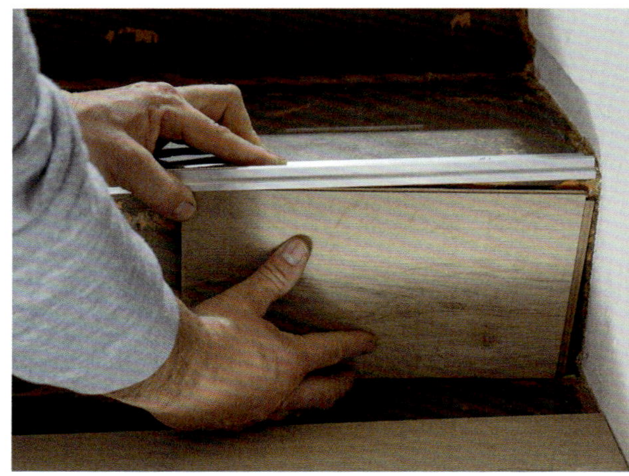

Mit Treppenkantenprofilen kann Laminat zur Verkleidung der Setzstufen und Trittflächen genutzt werden.

Laminat in die Profile schieben bzw. mit der Schiene befestigen

Die Treppenkantenprofile werden an den Trittkanten verschraubt, was eine exakt gerade Kante ergibt und einen rutschfesten Antritt garantiert. Die Schienen besitzen kleine U-Profile, in die das Laminat geschoben und anschließend nur umgelegt wird. Vorher wird die Trittschalldämmung aufgelegt oder Kleber aufgebracht. Sollen auch die Setzstufen (vordere sichtbare Fläche) verkleidet werden, müssen die entsprechenden Laminatstücke vorher zugesägt und mit der Schiene befestigt werden. Gehalten werden sie oberhalb durch die Schiene, unterhalb durch das später eingesetzte Laminat auf der darunterliegenden Stufe. Das Laminat auf der Stufe wird nach dem Zuschnitt in das Treppenkantenprofil geschoben und lediglich abgelegt. So bleibt es sicher liegen, kann durch ein erneutes Anheben aber auch ausgetauscht werden.

Bei Betontreppen zur Not mit Montagekleber arbeiten

Soll eine Betontreppe mit Laminat verkleidet werden, empfiehlt es sich, die Profile zu verkleben. Zwar können sie auch angedübelt werden, jedoch ist der Beton sehr hart und ein Bohrhammer kann nicht genutzt werden, da bei Bohrungen an der Kante der Beton ausplatzen kann.

Holztreppen haben Charme. Eine Renovierung kostet ein wenig Zeit, aber es lohnt sich.

Die Arbeit mit einer Schlagbohrmaschine in Beton wird dagegen enorm mühsam. Probieren Sie es aus und greifen Sie notfalls dann doch zu Montagekleber.

Tipps gegen knarrende Stufen

Alte Treppen haben häufig ein Problem: knarrende Stufen. Ursache hierfür ist einerseits das austrocknende Holz, welches dafür sorgt, dass sich die Holzverbindungen lockern und bewegen. Andererseits lockern sich Verschraubungen, weil das Holz schrumpft oder falsche Schrauben verwendet wurden.
Teilgewindeschrauben haben den Vorteil, dass sie das obere Holzbrett sehr fest auf das untere Brett ziehen. Zumindest im ersten Moment. Trocknet das Holz oder wird die Verbindung regelmäßig belastet, entsteht ein Spiel, und das Holz kann sich bewegen, was zu knarrenden Stufen führt. Abhilfe schaffen Vollgewindeschrauben oder Dielenschrauben (Terrassenschrauben).

Vorteile von Vollgewinde- und Dielenschrauben

Bei Vollgewindeschrauben muss das obere Brett beim Verschrauben zwar fest aufgepresst werden, da es sich nicht selbst anzieht, dafür kann es sich nicht lockern, weil das Schraubengewinde fest mit beiden Holzteilen verbunden ist.
Dielen- oder Terrassenschrauben umgehen das Problem, indem sie zwei Gewinde mit unterschiedlichen Steigungen nutzen. Wird die Schraube eingedreht und fast versenkt, greift im oberen Teil der Schraube ein groberes Gewinde, welches das Brett bei gleich bleibender Drehung schneller nach unten bewegt, als sich die Schraube eindreht. Es entsteht eine Pressung zwischen beiden Holzteilen.

EXPERTENTIPP

» Holzleim gegen lockere Verbindungen
Ist die Treppe verzapft und nicht verschraubt, trocknen und lockern sich diese Verbindungen mit der Zeit. Hier helfen Streichhölzer und Holzkeile, die mit Holzleim in die Verbindungen getrieben werden. Ist die Holzverbindung nur schwer erreichbar oder besteht kein Spalt, in den Holzleim gebracht werden kann, hilft mitunter eine Querbohrung, in die der Holzleim mithilfe einer kleinen Spritze gepresst wird. Hohlräume füllen sich dann automatisch mit Holzleim. Nach dem Trocknen entsteht wieder eine feste Verbindung.

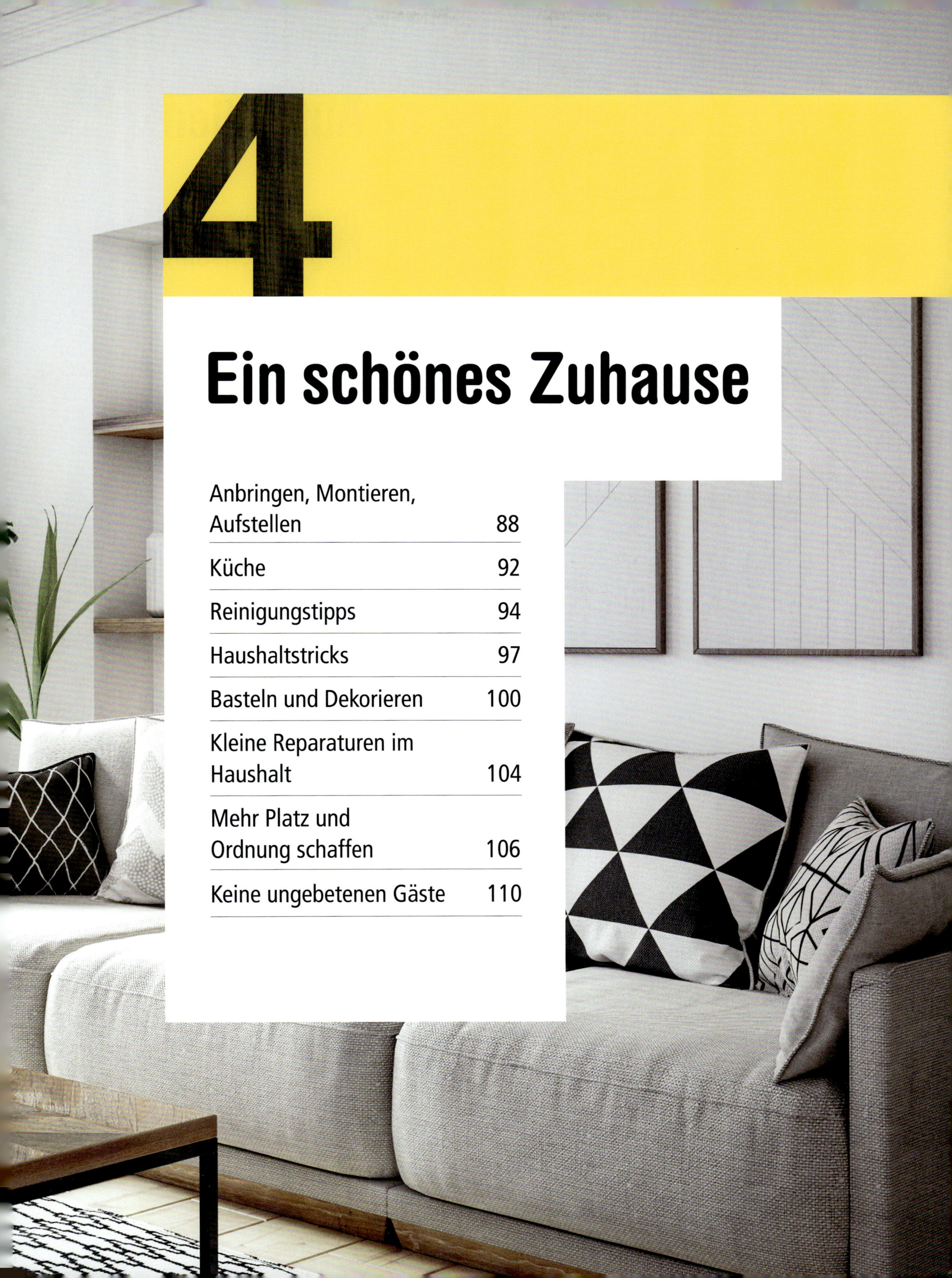

4

Ein schönes Zuhause

Anbringen, Montieren, Aufstellen

Der Gesamteindruck der Räume profitiert immer von solide aufgestellten und angebrachten Einrichtungsgegenständen und Geräten. Sicherheit hat dabei Priorität.

GERÄTE AUFSTELLEN

Kühlschrank richtig aufstellen

Der Kühlschrank sollte nicht unmittelbar neben dem Backofen, der Spülmaschine oder einem Heizkörper stehen. Das würde den Verbrauch

Werkzeug & Material

- Maßband
- Ringaufhänger
- Wasserwaage
- Lineal
- Marker
- zwei Dübel (für Gipskartonplatten: Modelle mit Anker)
- Bohrer (je nach Art der Wand)
- zwei Flachkopfschrauben

EINEN SCHWEREN SPIEGEL AUFHÄNGEN

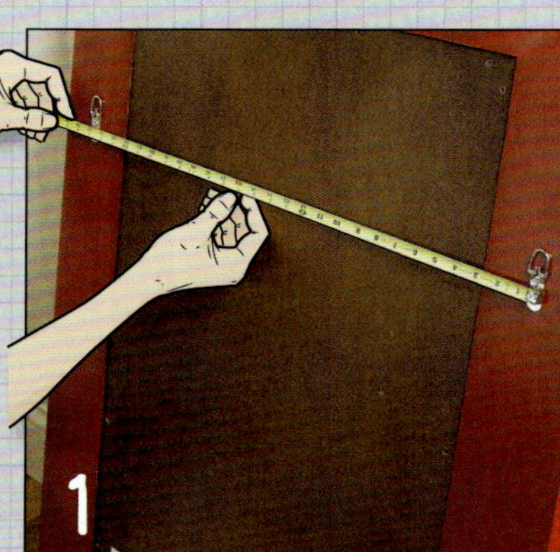

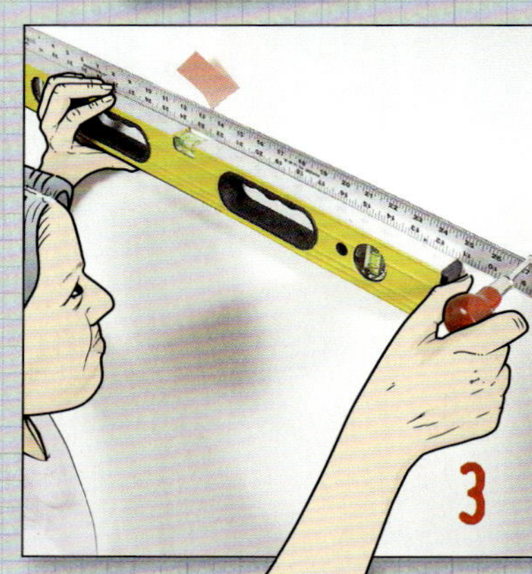

1. Aufhänger anbringen
Links und rechts wird jeweils ein Ringaufhänger in die Rückseite des Rahmens geschraubt. Zur Oberkante des Rahmens soll der Abstand dabei ein Drittel der Gesamthöhe ausmachen. Dann den Abstand der beiden Aufhänger messen, um die Spiegelmitte auszumachen.

2. Maße aufschreiben
Anschließend auch den Abstand von der Oberkante des Rahmens zu den Ringaufhängern ausmessen. Alle Messergebnisse aus Schritt 1 und 2 notieren.

3. Markierungen übertragen
Dort, wo der Spiegel an der Wand hängen soll, wird eine Markierung für die Mitte der Oberkante angezeichnet. Mit einer Wasserwaage und einem Lineal werden nun die Positionen der Flachkopfschrauben markiert. Danach wird gebohrt, und die Dübel kommen in die Wand.

unnötig erhöhen. Ob Einbaukühlschrank oder freistehendes Gerät: Wichtig ist es, den Kühlschrank mittels einer Wasserwaage wirklich gerade zu stellen und hinten zur Wand hin nach Möglichkeit etwas Platz zu lassen, damit die Abwärme problemlos entweichen kann.

Trockner auf Waschmaschine stellen

Um einen Wäschetrockner unterzubringen, bleibt oft nur der Platz direkt auf der Waschmaschine. Dafür gibt es im Handel Zwischenbaurahmen, die für einen sicheren Stand sorgen. Stehen die Geräte in einem Waschkeller, können stattdessen auch ein passendes Stück Arbeitsplatte und vier kräftige, ausreichend große Winkel verwendet werden. Dazu werden auf und unter die Arbeitsplatte an alle vier Kanten Winkel geschraubt – genau nach dem Maß der Geräte. Die Winkel fixieren die Arbeitsplatte auf der Waschmaschine und sichern auf diese Weise den Trockner oben.

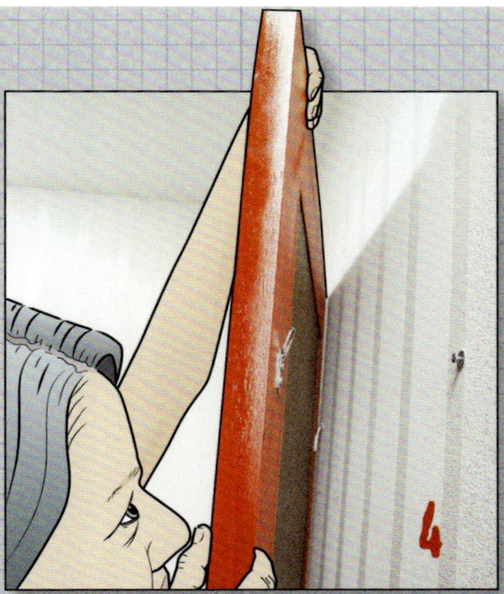

4. Spiegel aufhängen

Die Schrauben, die in die Ringaufhänger einhaken sollen, werden so weit in die Dübel geschraubt, dass sie rund 6 mm überstehen. Falls der Spiegel nicht hundertprozentig gerade hängt, kann man den Aufhänger, der zu tief sitzt, zum Ausgleich mit etwas Klebeband umwickeln.

An kräftigen, stabil angebrachten Keilleisten (French Cleats) hängt selbst ein Bücherregal sicher.

SICHER UND LEICHT ANBRINGEN

Schweres sicher befestigen

Horizontal angebrachte Keilleisten werden auch als French Cleats bezeichnet. In einer kräftigen Ausfertigung können mit dieser speziellen Aufhängung sogar Wandschränke, Waschtische, schwere Spiegel oder auch Regale an der Wand angebracht werden. Zu diesem Zweck wird ein Holzbrett in einem Winkel schräg in zwei Teile gesägt (siehe Bild oben; Winkel etwa 30 bis 45 Grad). Der untere Teil des Bretts wird mit zur Wand passenden Dübeln oder Ankern angebracht und der obere Teil an der Rückseite des Möbels. Für die Sicherheit der Konstruktion ist auch eine stabile Verbindung mit tragenden Teilen des Möbels entscheidend.

Aufhängeschablone

Ein einfaches Klebeband (kein elastisches) über die Aufhängungen des Objekts ziehen und die Löcher markieren. Anschließend das Klebeband abnehmen und an der gewünschten Stelle gerade (Wasserwaage) an die Wand kleben. An den markierten Stellen die Nägel einschlagen oder Löcher für Dübel und Hakenschrauben bohren. Klebeband abziehen – fertig!

Aufhänger für Bilder anfertigen

Fehlt eine Aufhängung an einem Bilderrahmen, lässt sich diese leicht durch den abgezogenen Verschluss einer Getränkedose ersetzen. Man schraubt oder nagelt den Verschluss mit der Öse nach oben genau mittig an den Rahmen. An der

Öse kann der Rahmen nun problemlos aufgehängt werden.

Nageln ohne blauen Daumen

Wer seine Finger vor möglichen Schäden bewahren möchte, braucht nur eine Wäscheklammer oder eine Zange zu Hilfe zu nehmen, die den Nagel hält.

Bilder bündig an die Wand hängen

Wenn der Rahmen bündig an der Wand anliegen soll, muss die Aufhängung versenkt werden. Man braucht dazu einen Klapp-Bilderhaken und einen passenden Fräsaufsatz für die Bohrmaschine. Es wird ein Sackloch gefräst, das tief genug für den Bilderhaken und den Kopf der Bilderhakens ist. In dieses Sackloch wird der Klapp-Bilderhaken geschraubt. Wird das Bild nun daran aufgehängt, liegt der Rahmen flach an.

Saugnapfhaken besser befestigen

In die Fliesen soll besser nicht gebohrt werden, aber die Saugnapfhaken fallen immer wieder ab? Häufig hilft schon ein wenig Haarspray auf dem Saugnapf. Transparentes Sanitärsilikon ist in nahezu jedem Fall eine sichere Lösung. Immer gilt: Trocknen lassen, bevor der Haken belastet wird.

Mit einer Wäscheklammer oder Zange werden kleine Nägel „unfallfrei" eingeschlagen.

Bilderhaken mit passenden Schrauben gibt es in verschiedenen Größen.

Nicht jeder Saugnapfhaken hält so gut, aber es gibt ein paar hilfreiche Tricks.

EXPERTENTIPP

» Bilder mithilfe einer Gabel aufhängen

Bilder, bei denen hinten eine Schnur oder ein Draht zum Aufhängen angebracht ist, lassen sich leichter aufhängen, wenn über den Nagel oder den Haken an der Wand eine Gabel gesteckt wird – Griff nach oben. Der Draht oder die Schnur gleitet leicht über den Gabelgriff auf den Nagelkopf. Nun noch vorsichtig die Gabel wieder entfernen, und das Bild hängt.

Häufige Fehler beim Bilderaufhängen

Bilder können Schaden nehmen, wenn sie falsch aufgehängt werden. Häufiger aber werden Fehler gemacht, die ihre Wirkung beeinträchtigen. Oder die Möbel und die Beleuchtung werden bei der Hängung nicht ausreichend berücksichtigt.

Direkte Sonneneinstrahlung

UV-Licht ist ausgesprochen zerstörerisch. Selbst spezielle Beschichtungen geben längstens für zehn Jahre Schutz – bei direkter Sonneneinstrahlung meist weniger –, also solche Stellen meiden.

Feuchtigkeit und Temperaturwechsel

In Bad und Küche sowie im Wintergarten sollten nur Bilder zum Einsatz kommen, denen Feuchtigkeit und extreme Temperaturwechsel nichts anhaben können. Im Handel sind Bilder speziell für Feuchträume erhältlich. Eigene Fotos können auf entsprechendes Material gedruckt werden.

Falsches Befestigungsmaterial

Klebehaken oder zu schwaches Befestigungsmaterial führt schnell zum Absturz des Bildes und unschönen Schäden an der Wand. Im Zweifel besser einen etwas belastbareren Dübel mit Haken anbringen oder einen Berater im Baumarkt fragen.

Ungedämmte Außenwände

Besonders in ungedämmten Altbauten sollten Bilder keinesfalls flach an ungedämmte Außenwände gehängt werden – hier droht Schimmel. Besser mit leichter Neigung oder mit Abstandshaltern anbringen, sodass die Luft hinter dem Bild zirkulieren kann.

Passepartout und Rahmen

Zu auffällige Passepartouts und Rahmen „erschlagen" das Bild. Ebenso unpassend ist ein Rahmen, der im Stil nicht zum Bild passt, weil er aus einer ganz anderen Zeit stammt als das Bild. Oft lohnt es sich, ein Bild rahmen zu lassen.

Gemusterte Tapete

Auf einer gemusterten Tapete sollte ein Passepartout oder ein breiter Rahmen ausreichend Abstand zwischen Bild und Tapetenmuster schaffen. Wird das nicht berücksichtigt, entsteht ein optisches Chaos.

Falsche Höhe

Vielfach werden Plätze für Bilder bestimmt, wenn man im Raum steht. Dabei sitzen wir die meiste Zeit in Wohnräumen. Eine leicht schräge Aufhängung oder eine niedrigere Position ist oft besser. Also vor dem Aufhängen erst mal Platz nehmen.

Bildkompositionen

Sehr wirkungsvoll sind Bildkompositionen. Dazu können Gruppen mit einen bestimmten Motiv, einer Farbigkeit, einer Stilrichtung gebildet werden – oder auch Bilder, die einen gleichen Rahmen haben. Wenn dann die Abstände der Bilder zueinander in alle Richtungen gleichbleibend gewählt wird, sollte die Bildkomposition gelingen.

Küche

Im Herzstück des Hauses geht es vor allem um ein gemütliches Ambiente und Funktionalität. Kleine Maßnahmen haben oft einen großen Nutzen.

Kochlöffel – farbige, rutschfeste Griffe

Besonders schöne Kochlöffel entstehen, wenn die Griffe in Farbe getaucht werden. Dazu lebensmittelechte, abwaschbare Farbe wie für Kinderspielzeug verwenden. Vor dem Tauchen in jede neue Farbschicht muss der Lack gut trocknen, sonst löst er die vorherige Schicht an. Mehr „Griff" bekommen die Kochlöffel, wenn sie eine letzte Schicht aus transparentem Silikon-Kautschuk erhalten – auch hier einfach eintauchen.

UMLEIMER AUFBÜGELN

Werkzeug & Material

- Umleimer zum Aufbügeln
- Bügeleisen
- kleiner Roller
- Vierkantfeile, fein
- Schleifpapier, mittlere Körnung

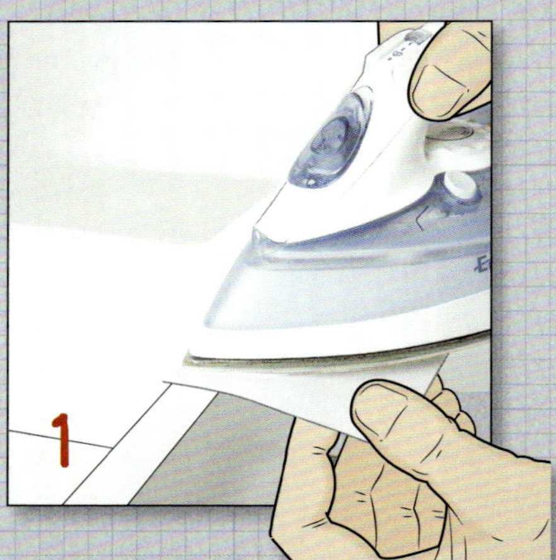

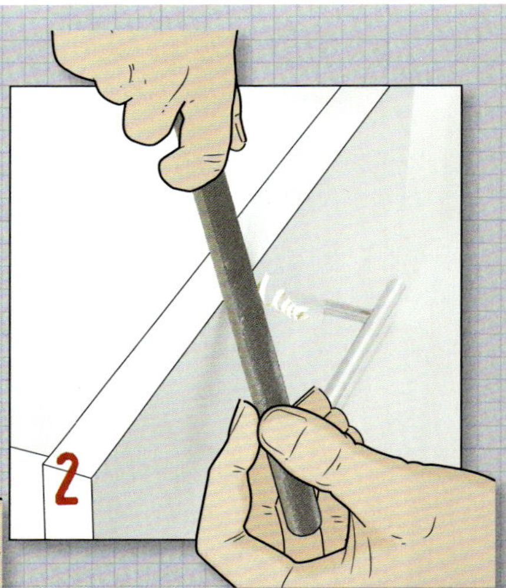

Kleine Ursache, große Wirkung

Die Kantenumleimer an Regalen und Schranktüren werden im Lauf der Zeit meist unansehnlich. Mit neuen Umleimern sieht die Küche schnell wieder wie neu aus.

1. Umleimer anbringen

Zunächst wird der Umleimer passend zugeschnitten – mit einer Zugabe von 10 mm auf jeder Seite. Den Untergrund zuvor säubern und glätten. Den Umleimer anlegen, Backpapier zum Schutz darüberlegen und auf höchster Stufe und ohne Dampf aufbügeln.

2. Kanten versäubern

Mit dem kleinen Roller werden die Kanten fest angedrückt, bis der Kleber ausgehärtet ist. Anschließend muss man noch den Überstand abfeilen. Die Feile dafür in einem 20°-Winkel ansetzen und nach unten ziehen. Zum Schluss wird mit Schleifpapier nachgearbeitet.

Ist die Lampe im Herd ausgetauscht, kann man wieder kontrollieren, ob das Essen auch gelingt.

Kleiderbügel als Halter für die Küchenrolle

Bei einem flexiblen Kleiderbügel aus Kunststoff oder Metall wird die unterer Stange durchtrennt oder sogar teilweise ausgeschnitten. Dazwischen lässt sich problemlos eine Küchenrolle fixieren. Diese praktische Halterung wird immer da aufgehängt, wo die Küchenrolle gerade gebraucht wird.

Wasser im Kühlschrank

Kondenswasser wird im Kühlschrank durch einen Ablauf an der Rückwand abgeführt. Wenn dieses kleine Loch verstopft ist, findet sich bald Wasser im unteren Bereich des Kühlschranks. Deshalb den Ablauf regelmäßig kontrollieren und mit einem Wattestäbchen o. Ä. reinigen.

Leuchtmittel im Backofen wechseln

Beim Wechseln des Leuchtmittels im Backofen klemmt oft die Abdeckung. Zum einen hilft es oft, ein Haushaltstuch mit Fettlöser zu tränken und für einige Stunden einwirken lassen. Kurz trocken wischen und dann die Abdeckung mit Gummihandschuhen lösen. Die Gummihandschuhe geben mehr Grip. Ist die Abdeckung gelöst, kann das Leuchtmittel problemlos ausgetauscht werden.

Die individuell gestalteten Kochlöffel sind auch ein tolles Geschenk – z. B. als Partymitbringsel.

Reinigungstipps

Viele Dinge lassen sich lange erhalten, wenn sie sorgfältig gepflegt und Verschmutzungen gründlich entfernt werden.

HERD, MIKROWELLE UND BACKOFEN

Eingebranntes auf dem Ceranfeld

Einen Esslöffel Backpulver mit einem Esslöffel Wasser anrühren, auf das Eingebrannte auftragen und ein bis zwei Stunden einwirken lassen. Danach mit einem feuchten Tuch abnehmen, mit klarem Wasser nachwischen und trocken reiben.

Ceranfeld von schillernden Flecken befreien

Bei metallisch schillernden Flecken auf dem Ceranfeld handelt es sich um den Abrieb verschiedener Metalllegierungen, den manche Topf- und Pfannenböden hinterlassen. Einen trockenen Lappen auf die Stelle legen, mit Essigessenz beträufeln und über Nacht einwirken lassen. Am nächsten Tag den Lappen abnehmen, auswaschen und die Stelle mit klarem Wasser abwaschen und trocknen. Notfalls wiederholen.

Zitronensaft ist ein hervorragender und ökologischer Reiniger für die Mikrowelle.

Saures für die Mikrowelle

In ein Schälchen mit etwa 150 ml Wasser eine Zitrone auspressen und das ganze für zwei Minuten auf höchster Stufe in die Mikrowelle geben. Nach weiteren fünf Minuten Einwirkzeit kann man die Mikrowelle öffnen und mit einem Tuch auswischen. Den Teller herausnehmen und separat spülen.

Saures für den Backofen

Mit Zitrone wird auch der Backofen sauber. Die Zitrone ausgepresst mit Schale in eine ofenfeste Schüssel mit 0,5 Liter Wasser geben und bei 120 °C für 15 Minuten in den Backofen stellen. Den Backofen vollständig erkalten lassen und anschließend mit einem Spültuch alles gründlich auswischen.

Backpulver für den Backofen

Schmutz und Eingebranntes lösen sich, wenn Backpulver und Wasser zu gleichen Teilen gemischt werden und dieser Brei auf die Flecken aufgetragen wird. Das Ganze mehrere Stunden einwirken lassen und anschließend einfach mit einem feuchten Lappen aufnehmen und abwischen.

Salz gegen Eingebranntes im Backofen

Großzügig Salz auf die eingebrannten Krusten geben, den Ofen auf 50 °C stellen und warten, bis das Salz braun wird. Ofen ganz abkühlen lassen, bevor das Salz samt Verschmutzung mit einem feuchten Tuch aufgenommen und entfernt werden kann.

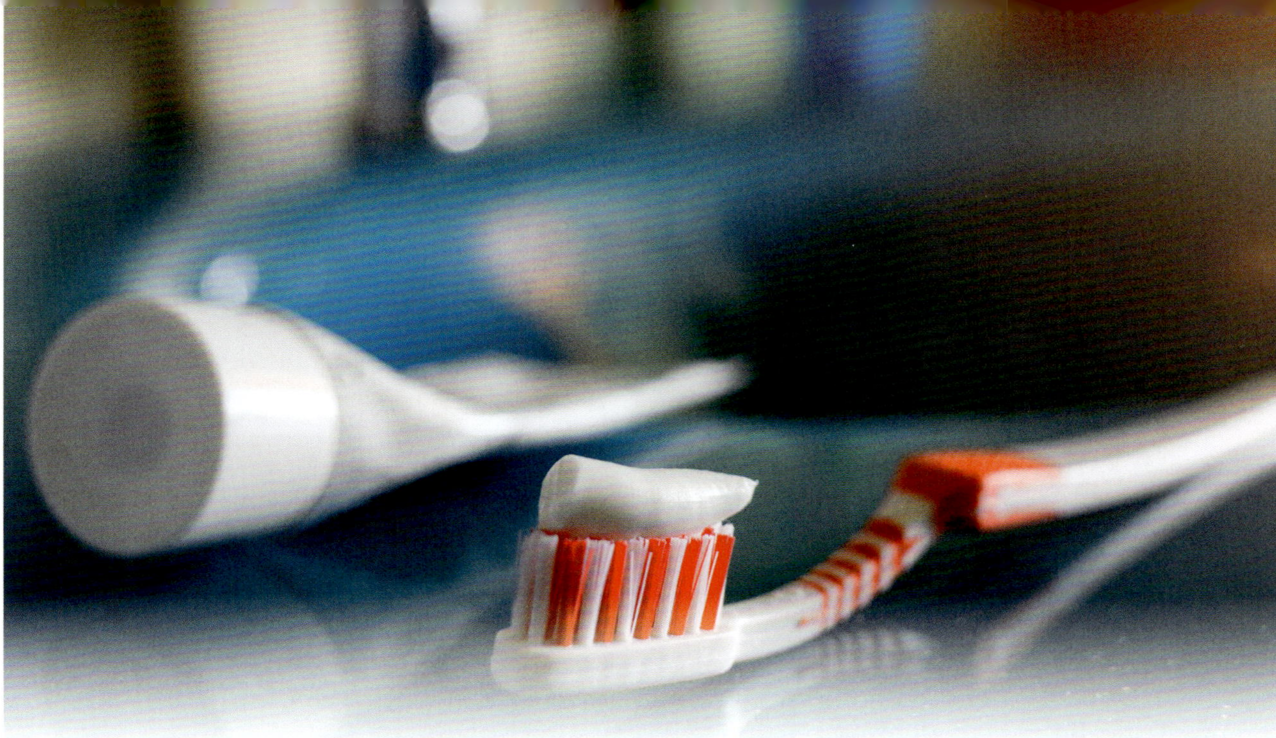

Zahnpasta ist ein gutes, günstiges und vielseitiges Putzmittel, z. B. für Textilien, Wände und Fliesenfugen.

FLECKEN UND CO. ZU LEIBE RÜCKEN

Fleckentfernung mit Zahnpasta

Mit reinweißer Zahnpasta (kein Gel!) lassen sich viele Flecken auf Textilien, Wänden oder sogar Holz entfernen. Einfach auf den Fleck auftragen und trocknen lassen. Bei Textilien wird die Zahnpasta etwas abgerieben, und anschließend kommen sie ganz normal in die Wäsche.

Fliesenfugen putzen mit Zahnpasta

Auf eine alte Zahnbürste etwas weiße Zahnpasta geben und die Fugen damit sauber schrubben. Mit klarem Wasser abspülen und einem Lappen trocknen, schon sind die lästigen Verfärbungen verschwunden.

KETCHUP VERHILFT MESSING ZU ALTEM GLANZ

Hausmittel für die Edelstahlpflege

Wo immer Edelstahl mit Lebensmitteln in Kontakt kommt, wird er einfach abgewaschen und anschließend mit Kartoffelschalen oder einem neutralen, farblosen Speiseöl eingerieben und mit einem trockenen Lappen nachpoliert. Bei anderen Edelstahloberflächen kann stattdessen Möbelpolitur für einen fleckfreien Glanz benutzt werden.

Messing auffrischen

Ketchup verhilft Messing zu altem Glanz. Dazu Ketchup großzügig auftragen und über Nacht einweichen lassen. Am folgenden Tag alles mit klarem Wasser gründlich abspülen und mit einem trockenen Tuch polieren.

Leichten Rost entfernen

Bei leichtem Rost im Haushalt handelt es sich meist um Flugrost, der sich sogar an Edelstahl wie etwa Besteck anlagern kann. Dieser kann entweder mechanisch beispielsweise mit weißer

Zahnpasta wegpoliert werden. Oder er wird durch ein Bad in flüssiger Zitronensäure oder Cola abgelöst. Bei hartnäckigen Fällen empfehlen sich eine längere Einwirkzeit und eine anschließende Politur mit Zahncreme. In jedem Fall sehr gründlich mit klarem Wasser spülen und abtrocknen.

Glänzendes Metall

Etwas Zahnpasta (ohne Schleifpartikel) auf einen Lappen geben und damit das angelaufene Silber oder fleckigen Edelstahl polieren. Anschließend mit klarem Wasser abwaschen und mit einem trockenen Tuch abtrocknen.

Saubere Paletten zum Basteln und Bauen

Gebrauchte Paletten werden wieder sauber, wenn sie mit einer Wurzelbürste und Seifenlauge von allen Seiten geschrubbt werden. Danach mit klarem Wasser abspülen und gut trocknen lassen.

EXPERTENTIPP

» Kupfer reinigen und polieren

Eine halbe Zitrone mit einer Prise Salz auf der Schnittfläche genügt, um damit kleine Flächen oder Teile abzureiben. Für größere Flächen oder um mehrere Teile in eine Lösung einzutauchen, einen Liter Wasser mit zwei Esslöffeln Salz und 170 ml Essigessenz aufkochen. Lösung auftragen oder Teile einlegen und einwirken lassen. Nach der Behandlung das Kupfer mit viel warmem Wasser abspülen und mit einem trockenen Tuch polieren.

Kupferteile sind in kurzer Zeit wieder blank, wenn man sie mit Zitrone und Salz abreibt.

Auch Besteck lässt sich bestens mit Zahnpasta reinigen.

Wenn die Palette wieder sauber ist, kann man sie beispielsweise für den Bau eines rustikalen Tisches verwenden.

Haushaltstricks

Der ein oder andere Kniff – neudeutsch „Lifehack" – erleichtert das Heimwerkerleben in vielen Belangen.

EINFACH PRAKTISCH

Seifenhalter mit Kronkorken

Es wird nur etwas Restholz (11 und 7 cm lang und 2–3 cm stark), ein starker Magnet, wasserfester Leim, doppelseitiges Klebeband und ein Kronkorken benötigt, um eine schöne Seifenhalterung zu bauen. Man sägt das Holz in einer Gehrungslade im 45-Grad-Winkel zu und verleimt es zu einem 90-Grad-Winkel – gut trocknen lassen. Der kürzere Schenkel wird mit dem doppelseitigen Klebeband an der Wand angebracht und der Magnet von unten an den längeren mit Silikon angeklebt. Den Kronkorken oben mittig in die Seife drücken, und schon ist der Seifenhalter einsatzbereit.

Kleine Teile auf dem Boden finden

Wer kennt das nicht: Eine kleine Schraube, Nadel oder Spielfigur ist auf den Boden gefallen und einfach nicht zu sehen. Legt man eine Taschenlampe direkt auf den Boden, dann werden selbst die Schatten kleinster Teile übergroß und die vermissten Gegenstände leicht sichtbar.

Mit diesem schicken Seifenhalter gibt es keine aufgeweichten Seifen mehr.

Heftklammern – aber richtig

Den Kassenbon an die Gebrauchsanleitung klammern – eine gute Idee! Aber sollte im Garantiefall eine Kopie nötig werden, ist das Lösen der Klammer schwierig. Besser: Die Grundplatte beim Heftgerät drehen (geht bei den meisten Geräten), dann lässt sich die offene Klammer im Bedarfsfall einfach zur Seite herausziehen.

Silica-Beutel vielfältig nutzen

Die kleinen weißen Säckchen, die vielen neuen Produkten beigelegt werden, sind zu schade für die Mülltonne. Sie sollten luftdicht verpackt gesammelt werden. Überall, wo Feuchtigkeit unerwünscht ist, tun sie wertvolle Dienste: in Schuhen, bei feucht gewordenen Handys, in Sporttaschen, Werkzeugkoffern. Haben sie Feuchtigkeit aufgenommen, werden sie gesammelt bei 100 Grad 30 Minuten lang im Backofen getrocknet und sind wieder einsatzbereit.

GEWUSST WIE

Kein Ärger mit dem Klebeband

Nach dem Abschneiden immer direkt eine Büroklammer oder eine kleine Münze ans Ende der Rolle kleben, damit löst sich der Anfang des Klebebands beim nächsten Mal ganz leicht.

Kartons zukleben und leicht wieder öffnen

Ob Umzugskartons oder Kartons, in denen die jahreszeitliche Dekoration aufbewahrt wird: Sie werden am besten zugeklebt, damit der Inhalt nicht staubig wird, aber das Öffnen ist jedes Mal nervtötend? Benutzen Sie Papierklebeband (z. B. breites Malerkrepp) zum Zukleben. In die Mitte unter das Klebeband wird eine Schnur gelegt, die an einer Seite länger als das Klebeband ist. Zum Öffnen braucht man nur an der Schnur zu ziehen.

Gummibänder in verschiedenen Größen

Ausgediente Gummihandschuhe finden eine neue Verwendung als breite Gummibänder in unterschiedlichen Größen. Dazu wird der Handschuh entsprechend in Streifen geschnitten. So werden die Finger zu kleinen Gummibändern, die von der Handfläche und der Stulpe zu großen Gummibändern.

Spender für Schnur oder Geschenkband

Aus einer Kunststoffverpackung mit großem Schraubverschluss wird ein sehr praktischer Fadenspender, indem der Deckel unter ein Regalbrett geschraubt wird. Nun am Boden ein Loch bohren oder mit einem alten Schraubenzieher, dessen Spitze über einer Kerzenflamme erhitzt wird, ein Loch hineinschmelzen. Die Rolle oder der Knäuel kann nun in die Packung gelegt, das Band durch das Loch gezogen und das Ganze dann an den Deckel geschraubt werden. Am besten noch eine Schere an ein Band knoten und das andere Ende ebenfalls unter das Regalbrett schrauben. Mit mehreren Behältern entsteht so eine Einpackstation.

Behälter luftdicht verschließen

Nach einer Feier gibt es oft nicht genug Abdeckungen, um alle Reste in Schüsselchen luftdicht zu verschließen. Gelegentlich bleiben Reste in offenen Glaskonserven, deren Deckel abhandengekommen sind. Aus Luftballons lassen sich in diesen Fällen luftdichte Verschlüsse herstellen. Dazu einen Luftballon aufblasen und zuhalten. Nun wird der Ballon auf die Öffnung gedrückt und gleichzeitig nach und nach Luft abgelassen. Wichtig ist, dass der Ballon dabei über den Rand des Gefäßes gedrückt wird. Sobald alle Luft abgelassen ist, hat sich der Ballon über den Rand der Öffnung gespannt. Er lässt sich einfach abwaschen und wiederverwenden.

Eine Schnur unter dem Klebeband macht das Öffnen eines Kartons zum Kinderspiel.

RUND UMS SMARTPHONE

Ladekabel aufhängen

An die Seite des Schreibtischs werden mit Kraftkleber einige kräftige Magnete geklebt. Kleber gut trocknen lassen. Nun einfach Büroklammern oder Federn aus alten Kugelschreibern unterm Stecker der Ladekabel befestigen – schon sind sie ab sofort sauber aufgeräumt.

Handy-Lautsprecherverstärker

Die Lautstärke des Handys reicht nicht aus, um Musik zu hören oder ein Hörbuch? Eine Papprolle vom Küchenpapier und zwei Schrauben werden leicht zum improvisierten Verstärker. Einfach mit einem Cutter oder einer spitzen Schere einen Schlitz in Breite und Stärke des Smartphones längs in die Rolle schneiden. Die Schrauben werden links und rechts durch die Rolle gesteckt, sodass die Spitzen wieder herauskommen. So bleibt die Rolle stehen, wenn das Handy eingesteckt ist, und der Ton wird deutlich verstärkt.

Bügel vom Kopfhörer reparieren

Einen gebrochenen Bügel vom Kopfhörer kann man mit einem Haarreif reparieren, indem man den gebrochenen Bügel mit Heißkleber auf den Haarreif klebt. Sobald der Kleber getrocknet ist, ist der Kopfhörer wieder einsatzfähig.

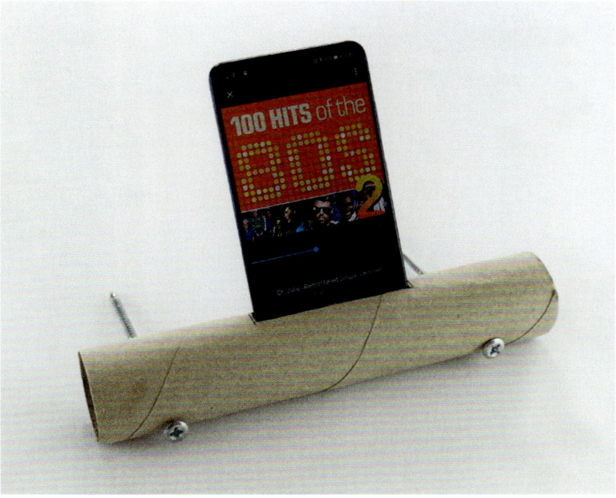

Eine Rolle, zwei Schrauben – fertig ist der Handyverstärker.

Im Dampf richten sich die Fasern wieder auf, auch wenn ein Möbelstück lange auf dem Teppich stand.

TEPPICH-TIPPS

Druckstellen entfernen

Stand längere Zeit ein Möbelfuß auf dem Teppich, bleiben unschön platt gedrückte Stellen zurück. Die Stelle mit einem Dampfreiniger behandeln, sodass der Dampf die Fasern wieder aufrichten kann. Alternativ ein feuchtes Tuch auflegen und ganz leicht mit dem Bügeleisen darübergleiten.

Teppichboden fixieren

Lose verlegter Teppichboden wellt sich oft, aber in der Mietwohnung oder in Kinderzimmern soll er oft nicht vollflächig verklebt werden, damit er ohne Rückstände wieder entfernt werden kann. Doppelseitiges Klebeband an zwei gegenüberliegenden Außenkanten löst das Problem effektiv. Begonnen wird bei der Kante an der Türseite. Sind mehrere Türen in einem Raum, sollte der Teppichboden an allen Eingangsbereichen mit Doppelklebeband fixiert werden.

Teppichboden für Allergiker

Entgegen landläufiger Vorurteile ist ein Kurzflorteppich (schadstofffrei) für Allergiker oft eine gute Lösung, da er bis zu 50 % mehr Feinstaub bindet. Allerdings gehört tägliches Staubsaugen mit einem Hepa-Filter zum Pflege-Pflichtprogramm.

Basteln und Dekorieren

Stimmungsvolle Deko zaubert zu Hause zu jeder Jahreszeit und zu Festen aller Art eine besondere Atmosphäre – und einige Dinge eignen sich auch als Geschenk.

Klick-Parkett oder Laminat als Wandverkleidung

Mit doppelseitigem Klebeband und Montagekleber können Reste vom Klick-Parkett oder Laminat auf der Wand angebracht werden. Je laufendem Meter vier Streifen doppelseitiges Klebeband und dazwischen eine Reihe von Montagekleber-Tupfen verwenden. Das sichert einen guten Halt, wobei das Klebeband nur für die erste Haftung sorgt. An den Außenkanten rundet ein Rahmen aus Bilderleisten den Gesamteindruck ab. Eine solche Fläche bietet sich beispielsweise als Hintergrund für Konsolen, vertikale Begrünung und andere Gestaltungselemente an.

Parkett- oder Laminatreste kann man anstelle teurer Wandpaneele bei der Wandgestaltung verwenden.

Blumentopf an der Wand

Ein Wandhalter für einen oder mehrere Blumentöpfe ist leicht herzustellen. Eine Trägerplatte mit einem oder zwei Sacklöchern (mit dem Forstnerbohrer) für die Wandbefestigung ist die Basis. Die Form kann nach Belieben ausgewählt werden. An der Trägerplatte wird für jeden Topf eine Konsole aus dem gleichen Holz im 90-Grad-Winkel von hinten angeschraubt, wenn der Topf nur daraufstehen soll. Wer den Topf einhängen möchte, sägt vorher noch einen runden Ausschnitt aus, der dem Durchmesser im oberen Drittel des Übertopfs entspricht. Alles gut schleifen und das Holz nach Belieben naturbelassen oder mit Öl oder Farbe behandeln.

Zu Ostern darf die Grundform der Platte gern ein Ei sein.

Blatt aus Beton als Schale

Aus Bastelbeton oder gesiebtem Estrichbeton und zwei etwa gleich großen Blättern (von Rhabarber, Zucchini o. Ä.) wird eine schöne Schale. Um die leicht gewölbte Form zu bekommen, wird einfach eine Folie locker über eine flache Kiste oder einen kräftigen Karton gespannt. Alternativ kann man ein Bett aus feuchtem Sand formen oder eine flache Schüssel mit Frischhaltefolie auskleiden und verwenden. Eines der beiden Blätter auflegen und eine großzügige Schicht Bastelbeton auftragen. Das zweite Blatt leicht in den nassen Beton drücken und alles zwei Tage trocknen lassen. Danach die Blätter abnehmen, eventuelle Grate abschleifen – und fertig ist die Schale. Wer mag, kann sie zusätzlich mit Klarlack oder Acrylfarbe nach Belieben gestalten.

Die organischen Formen der Blätter bilden sich hervorragend in speziellem Bastelbeton ab.

Deko-Eier aus Beton

Auch hierfür kommt Bastelbeton oder gesiebter Estrichbeton zum Einsatz. Als Form dienen Eierschalen (Größe L). Um den Inhalt zu entfernen, werden die Eier am Boden angestochen und das Loch mit einem spitzen Messer vorsichtig auf etwa 15 mm erweitert, dann lässt sich der Inhalt herausschütteln. Den Beton nach Herstellerangaben mit Wasser anrühren und die Eier – kopfüber im Eierkarton stehend – damit befüllen. Nach zwei Tagen die Schale und die Eihaut entfernen und den Boden auf grobem Schleifpapier glätten. Die Betoneier können natur bleiben oder fantasievoll bemalt werden.

Schale aus Wachs

Eine Schale aus Wachs lässt sich hervorragend zur Tischdekoration verwenden. Dazu Wachs im Wasserbad erhitzen und einen mit kaltem Wasser gefüllten Luftballon immer wieder in das flüssig Wachs tauchen, bis eine mehrere Millimeter dicke Schicht entstanden ist. Das Wachs ganz erkalten lassen, dann den Ballon öffnen und das Wasser ablassen. Die fertige Schale kann sogar mit etwas Wasser und einer schwimmenden Kerze oder Blüten gefüllt werden.

Stilvolle Tischdekoration mit Betoneiern zum Osterfest. Hier wäre der Einsatz von Farbe sicherlich eine Überlegung wert.

Ostertopf aus Kokosnuss

Eine Kokosnuss eignet sich sehr gut, um ein schönes Pflanzgefäß für Ostern zu basteln. Dazu wird die Kokosnuss aufgebohrt und mit der Säge (z. B. Stichsäge) so aufgesägt, dass oben ein zackiger Rand entsteht. Anschließend kann der Inhalt herausgekratzt werden. Die faserige Außenseite wird mit grobem Schleifpapier geglättet. Für einen aufrechten Stand entweder einen Ring in passender Größe aus Holz aussägen oder beispielsweise einen Sockel aus Modelliermasse formen. Zum Schluss kann die Schale nach Herzenslust bemalt und bepflanzt werden.

Leuchtende Blumenvase

Ein besonders festlicher Effekt wird erzielt, wenn man zwei Blumenvasen oder -töpfe ineinanderstellt und eine batteriebetriebene Mini-LED-Kette in den Zwischenraum legt. Das Gefäß außen muss natürlich größer und durchsichtig sein, damit die Beleuchtung zur Geltung kommt. Das Batteriefach tarnt man mit etwas trockenem Moos im Zwischenraum oder klebt es mit Heißkleber an eine zur Wand zeigende Außenseite.

Aufgeklebte Bilderrahmen

In jedem Baumarkt gibt es Dekorprofile aus Styropor und aus Holz. Aus beiden lassen sich leicht Bilderrahmen für rahmenlose Bilder fertigen, die einfach aufs Bild oder Glas geklebt werden. Dazu die Dekorprofile in der gewünschten Länge mit einer Gehrungssäge im 45-Grad-Winkel sägen oder mit einem speziellen Styroporschneider zuschneiden. Mit Montage- oder Styroporkleber zusammenkleben und -pressen. Austretenden Kleber sofort mit einem feuchten Tuch abnehmen. Anschließend kann der Rahmen beispielsweise mit Acrylfarbe oder -lack gestaltet und mit dem passenden Klebstoff auf das Bild geklebt werden.

Wenn sie bemalt ist, wird die Kokosnuss zum Osterei.

Die LED-Lichterkette kommt auch gut zur Geltung, wenn sie eine einzelne Vase zum Leuchten bringt.

ACHTUNG

Den richtigen Kleber verwenden

Nur selten ist ein Alleskleber die optimale Wahl. Gerade beim Basteln ist Heißkleber oft viel geeigneter, weil er schneller aushärtet und hält. Ansonsten lohnt es sich, für eine langfristig haltbare Verbindung einen passenden Spezialkleber für das jeweilige Material zu verwenden. Also lieber Holzleim für Holz und Textilkleber für Stoff nehmen usw.

Schöne Vorratsbehälter basteln

Für Lebensmittel oder Kleinteile werden leere Glaskonserven mit ein wenig Aufwand zu attraktiven Vorratsbehältern. Dazu die Schraubdeckel auf der Außenseite leicht anschleifen, den Schleifstaub entfernen und neu lackieren – farblich am besten passend zur weiteren Gestaltung. Ein Viereck mit Klebefilm abkleben und den Klebefilm gut andrücken. Auf die Fläche Tafellack auftragen und gut trocknen lassen. Befüllt mit verschiedenen Lebensmitteln und einem schönen Kreidestift, werden solche Behälter zu einem netten Mitbringsel. Natürlich machen sie sich auch im eigenen Vorratsschrank sehr gut.

Individuelle Vasen

Nicht genug Vasen im Schrank oder einfach nicht in der richtigen Farbe? Heute würde Gelb perfekt zur österlichen Tischdekoration passen, und bei der nächsten Geburtstagsfeier soll es ganz schön bunt werden? Kein Problem: Einfach farblich passende Luftballons über Gläser ziehen. Dazu wird vom Ballon an der Spitze – gegenüber vom Mundstück – ein kleines Stück abgeschnitten. In das Glas kommt ein wenig mit Wasser getränkte Steckmasse, und außen wird das Glas mit etwas Seifenwasser nass gemacht. Nun den Ballon am Ausschnitt vorsichtig etwas dehnen, mit den Fingern hineingreifen und den Ballon von der Unterseite nach oben über das Glas ziehen. Nur noch Wasser durch das Mundstück auffüllen (Trichter o. Ä. benutzen) und Blumen in die Vasen stellen.

BEIM ARBEITEN MIT GLAS IMMER VORSICHT WALTEN LASSEN UND SCHUTZBRILLE TRAGEN!

Beim Zusammenkleben eines Bilderrahmens auf einen glatten Untergrund achten und Papier oder Folie unterlegen.

Als Halterung für die Flasche werden zwei Holzbretter im rechten Winkel miteinander verschraubt.

Von wegen alte Flasche!

Mit einem Multifunktionswerkzeug (z. B. Dremel) werden aus alten Flaschen attraktive Windlichter oder außergewöhnliche Vasen. Eine kleine Diamanttrennscheibe benutzen, um das Glas zu schneiden, und die Ränder anschließend mit einer Diamantfeile rund schleifen. Am schönsten sieht es aus, wenn gleich mehrere verschiedene Flaschen und Teelichter zu einem Arrangement zusammengestellt werden.

Kleine Reparaturen im Haushalt

Nach und nach entstehen kleine Gebrauchsspuren und Defekte. Viele lassen sich mit etwas Geschick und einem Geheimtipp spurlos beseitigen.

Druckstellen im Holz beseitigen

Bei Weichholz reicht manchmal schon eine etwas kräftiger abgestellte Flasche aus, um eine Druckstelle im Holz zu hinterlassen. Vielfach lassen sich solche Macken im Holz wieder entfernen. Sollte das Holz lackiert sein, muss der Lack dazu zuvor abgeschliffen werden. Bei geöltem Holz genügt es, die Stelle zu entfetten (mit Spülwasser kräftig schrubben) und anzuschleifen. Dann in die Vertiefungen über mehrere Stunden hinweg immer

ABGELÖSTE KANTEN WIEDER ANKLEBEN

Werkzeug & Material

- Cuttermesser
- Kontaktkleber
- neuer Umleimer
- Holzstäbchen
- Roller

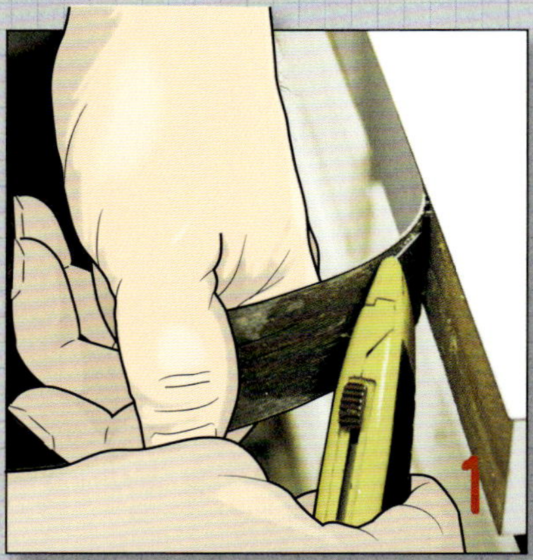

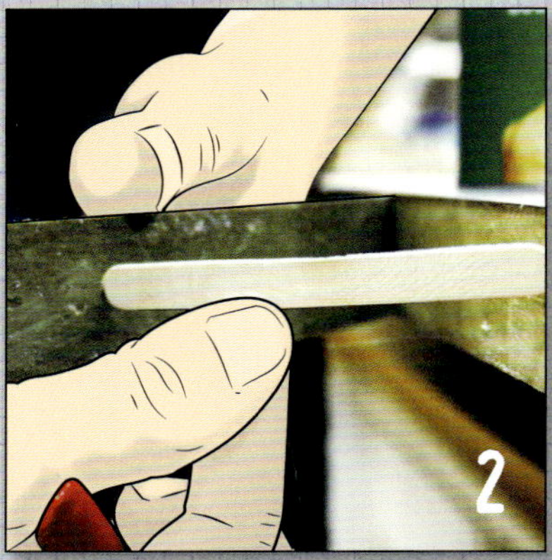

Umsicht spart Kosten
Man braucht meist keinen neuen Umleimer zu kaufen, wenn man den alten frühzeitig wieder anklebt.

1. Umleimer vorsichtig lösen
Mit dem Cutter langsam zwischen die Kante der Arbeitsfläche und den Umleimer gehen und ihn Stück für Stück lösen. Vorsicht: Umleimer brechen leicht. Den alten Kleber am besten mit einem Föhn anwärmen. Man beginnt mit dem Ablösen an einer Kante oder Ecke und arbeitet sich bis zum Schaden vor.

2. Neuen Kleber auftragen
Kleber komplett mit dem Cutter abkratzen und frischen Klebstoff auf den Umleimer und die Kante der Arbeitsplatte auftragen. Beide Oberflächen mit einem Stäbchen trennen, während der Kleber antrocknet. Meist kann man fortfahren, wenn der Kleber keine Fäden mehr zieht. Auf die Herstellerangaben achten.

wieder Wasser träufeln und das Holz aufquellen lassen. Anschließend wird die Stelle mit einem feuchten Tuch und einem Bügeleisen gedämpft. Ist die Druckstelle verschwunden, kann abschließend geölt oder überlackiert werden.

Glas kleben

Um Glas kleben zu können, muss es fettfrei sein, also vor dem Kleben einmal mit warmem Spülwasser und einem trockenen Tuch vorbereiten. Von nun an nicht mehr mit den Fingern an die zu klebende Stelle fassen, damit kein Hautfett darankommt. Für Gläser und Geschirr nur lebensmittelechten Glaskleber verwenden. Besonders gute, transparente Ergebnisse lassen sich mit speziellen UV-Klebern (mit Eignung für Glas und lebensmittelecht) erzielen. Bei anderen Glasgegenständen leistet auch ein für Glas geeigneter Sekundenkleber gute Dienste. Beim Kleben genau die Angaben des Herstellers beachten.

Als „Spezialwerkzeug" für kleine Reparaturen reicht ein altes Bügeleisen völlig aus.

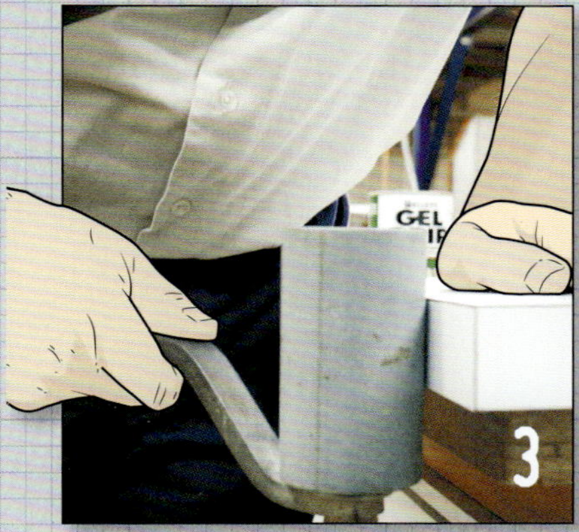

3. Umleimer ankleben

Man presst der Umleimer an, indem man von seiner Mitte aus zu den Kanten hin streicht. Zunächst mit den Fingerspitzen, dann mit dem Handballen oder der Seite der geballten Faust arbeiten. Dabei keinen Abschnitt vergessen. Zum Schluss wird mit einem sauberen, trockenen Roller nachgearbeitet.

EXPERTENTIPP

» Kratzer mit Reparaturwachs beseitigen

Reparaturwachse gibt es für alle Holzarten. Sie werden für eine professionelle Reparatur von kleinen Schadstellen im Holz verwendet und sind in Baumärkten und im Onlinehandel erhältlich. In Vorbereitung auf die eigentliche Reparatur wird die Schadstelle mit feinem Schleifpapier geschliffen. Das Wachs kann am besten im Backofen in 10 Minuten auf 50 °C vorgewärmt werden. Das weiche Wachs in die Schadstelle drücken und diese damit auffüllen – eher zu viel als zu wenig Wachs verwenden. Anschließend ein Baumwolltuch auf die Stelle legen und mit einem Bügeleisen auf Stufe II vorsichtig drüberbügeln, bis die Stelle so glatt wie das umgebende Holz ist. Bei Holz mit Struktur wird nicht gebügelt, sondern die Struktur mit einer Nadel nachgebildet.

Mehr Platz und Ordnung schaffen

Expertentipps helfen dabei, den Überblick zu behalten und den Platz in Schränken und Truhen optimal zu nutzen.

IN KÜCHE UND VORRATSKAMMER

Mehr Platz durch Magneten

Man kann leicht einige starke Magneten unter die Regalbretter im Vorratsschrank befestigen. Daran halten Dosen und Gläser mit Schraubdeckel. So entsteht zusätzlicher Stauraum, und es wird übersichtlicher.

Ganz sicher: anschrauben

Die Schraubdeckel von leeren Gläsern werden von unten an einen Regalboden geschraubt. Die mit verschiedenen Zutaten gefüllten Gläser können jetzt daran fest- und abgeschraubt werden. So entstehen mehr Platz und Ordnung im Schrank.

Alles leicht zugänglich

Drehteller sorgen in tieferen Schränken für einen hervorragenden Überblick bei Vorräten in Dosen oder Gläsern. Auf diese Art kann sich auch nichts mehr ganz hinten im Schrank verstecken.

Die richtige Form für Gefrorenes

Wenn man Lebensmittel einfriert, sollte man sie am besten in eine flache, rechteckige Form bringen. Dazu werden die Gefrierbeutel mit dem Inhalt entsprechend geformt und flach liegend eingefroren. Ein kleines Tablett im Gefrierschrank hilft dabei. So brauchen die Lebensmittel zum Einfrieren und beim Auftauen weniger Zeit als prall gefüllte sackförmige Beutel. Außerdem lassen sie sich besser und raumsparend stapeln.

Was neu in den Gefrierschrank kommt, gehört nach hinten oder nach unten.

Von hinten unten nach vorn oben

Ob im Vorratsschrank oder in der Gefriertruhe: Am besten macht man sich ein Prinzip der Profis zu eigen. Was frisch in den Schrank oder das Fach kommt, wird immer nach hinten und/oder unten gelegt. Dadurch wandert älteres automatisch immer weiter nach vorn und/oder oben. So verderben weniger Lebensmittel.

Hängeaufbewahrung für alle Reinigungsmittel

Für wenig Geld gibt es Hängeaufbewahrungen für Schuhe. Diese lassen sich leicht an die Rückseite einer Tür (Vorratsraum o. Ä.) hängen. Darin finden alle Reinigungsmittel übersichtlich Platz und sind jederzeit greifbar.

Türhaken – aber richtig

Mit Türhaken wird jede Tür zu einer kleinen Garderobe oder einer extra Aufbewahrung. Damit das Türblatt auf Dauer durch die Haken nicht beschädigt wird, sollte man an die Rückseite der Haken auf jeden Fall etwas Filz oder Moosgummi kleben. So angebracht, hinterlassen sie keine Spuren.

KLEIDERSCHRÄNKE UND KOMMODEN

Zusätzliche Stangen und Fächer

In vielen Schränken sind einige wenige, hohe Fächer vorgesehen und/oder eine einzelne Kleiderstange. Dieses führt zu ungenutztem Platz oder wenig übersichtlichen hohen Stapeln. Man sollte prüfen, ob man in einem Schrank eine zweite Kleiderstange oder zusätzliche Zwischenböden einbauen kann, um mehr Platz zu schaffen oder ihn besser nutzen zu können. An eine tiefe Stange kann man beispielsweise mit Klemm- oder Klammerbügeln Stiefel aufhängen. Alternativ finden Handtaschen an Haken an einer solchen Stange einen guten Platz. Das nötige Material gibt es in jedem Baumarkt. Dazu gehören Holzbretter, Rundhölzer, Bodenträger und Schrankstangenhalter.

Transparente Boxen mit Deckel

Tiefe Schrankfächer sind nicht sehr praktisch. Mehr Übersicht und Ordnung bringen transparente Kunststoffboxen. Diese lassen sich stapeln und leicht herausnehmen. Auf diese Weise können auch selten gebrauchte Teile staubfrei hinten oder unten im Fach untergebracht oder Sommer- und Winterkleidung übersichtlich und mottensicher getrennt werden.

Schuhe im oder am Schrank

Günstige Schuhlöffel mit einem Loch zum Aufhängen können mit der Löffelseite nach oben von innen an die Schranktür oder an die Schrankseite geschraubt werden. An ihnen werden die Schuhe mit der Sohle nach außen aufgehängt. So lässt sich sehr viel Platz schaffen.

Schubladen organisieren

Mit einer Unterteilung lässt sich in Schubladen viel besser Ordnung schaffen und Platz sparen. Begabte Heimwerker nehmen einfache Holzleisten und schrauben eine Unterteilung ihrer Wahl zusammen. Genauso gut funktioniert eine Unterteilung, die aus Pappe oder kleinen Kartons und Klebeband gebaut ist. Soll es hübsch werden, kann der Karton mit Geschenkpapier beklebt werden. Am Ende muss man dann nur noch alles in die verschiedenen Fächer sortieren.

EXPERTENTIPP

» Wäschekreislauf

Frische Wäsche immer nach unten in den Stapel oder nach hinten an die Kleiderstange. So bleiben alle Textilien frisch und werden gleichmäßig genutzt. Sollte Ihnen auffallen, dass Sie beispielsweise bestimmte Handtücher oder Kleidungsstücke immer wieder zurücklegen oder -hängen, dann sind diese ein Fall für die Kleidersammlung.

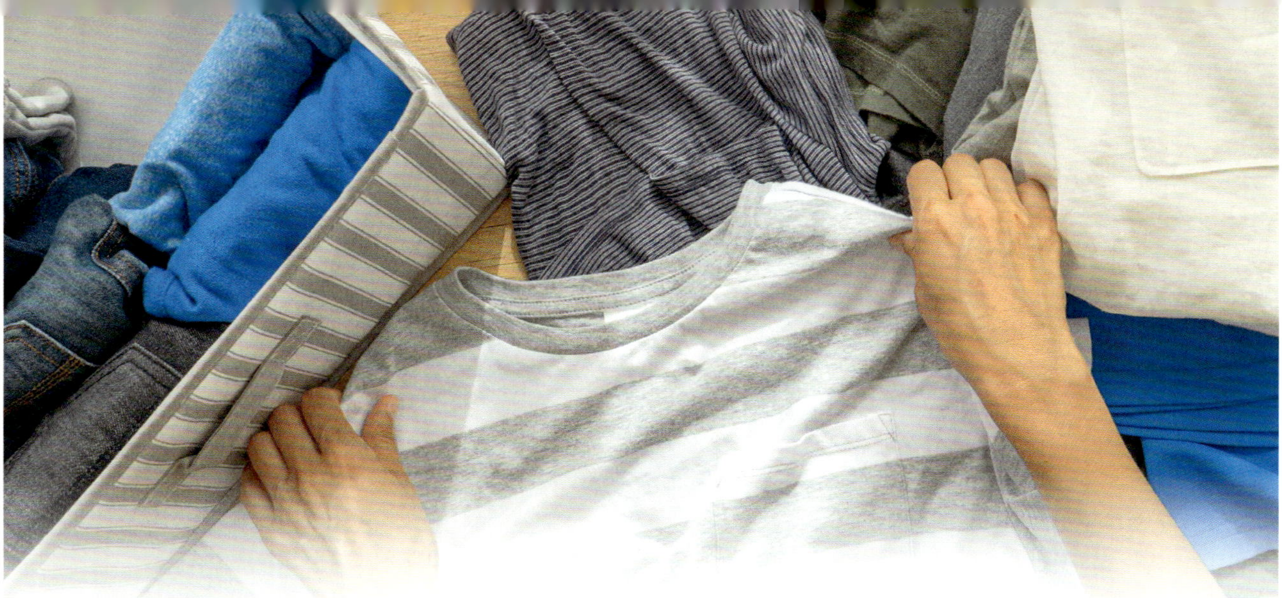

Wenn man sich von etwas nicht zu trennen traut, kann man es zunächst einmal „auf Probe verbannen".

TIPPS ZUM AUSSORTIEREN

Aufklebertrick

Dazu werden alle Kleidungsstücke im Saum oder innen im Kragen mit kleinen farbigen Klebepunkten versehen, und das Datum, an dem die Aufkleber angebracht worden sind, wird aufgeschrieben. Wann immer man ein Kleidungsstück trägt, kann man den Aufkleber entfernen. Nach einem Jahr schaut man, welche Kleidungsstücke immer noch einen Aufkleber tragen. Fast alle diese Kleidungsstücke können ohne Verlust zur Kleidersammlung gegeben werden.

Auf Probe verbannen

In einen Karton kommt alles, was nur „eventuell" noch gebraucht wird. Auf den Deckel kommt das Datum, und man stellt den Karton weg – aus dem man sich jederzeit etwas zurückholen darf. Alles, was nie wieder herausgeholt wurde, kann nach einem Jahr oder auch nach zweien entsorgt werden – am besten sogar ungesehen.

Sortierroutine

In diesem Fall wird an einem festen Tag in der Woche die Gewohnheit etabliert, einen beliebigen Schrank (oder ein Schrankfach), ein Regal oder eine Schublade aufzuräumen und zu entmisten. So entsteht beispielsweise eine Montagsroutine. Während es anfangs noch etwas mehr Zeit erfordert, wird es nach dem ersten Durchlauf eine Sache von wenigen Minuten. Für viele ist dazu eine Liste mit allen Aufräumorten zum Abhaken hilfreich – auch weil das Erfolge zeigt.

GEWUSST WIE

Ein Notizbuch für alles

Ein kleines Ringbuch mit verschiedenen Rubriken in einer Küchenschublade ist Gold wert. Darin werden alle Dinge notiert, die im Haus und Haushalt von Interesse sind. Der wechselnde Inhalt der Gefriertruhe, das WLAN-Passwort, wann der Heizungsableser zuletzt kam, welche Aufkleberfarbe für welches Jahr galt, Sperrmülltermine, wann Farbreste gelagert wurden, die wichtigsten Telefonnummern: vom Hausarzt über den Installateur bis zum Schornsteinfeger.

WAS NIE WIEDER HERAUSGEHOLT WURDE, KANN ENTSORGT WERDEN

Stauraum unterm Dach: Glücksfall Speicher

Viele Dinge werden sehr selten gebraucht und stören in den Wohnräumen nur. Manches davon kann gut auf dem Dachboden untergebracht werden. Wichtige Voraussetzung: Alles richtig verpacken und den Stauraum gut organisieren.

Dachboden auf Eignung prüfen

Um ein tauglicher Lagerort zu werden, muss ein Dachboden dicht, trocken und sauber sein. Das sollte auf jeden Fall im Vorfeld überprüft werden.

Brandgefahr vermindern

Auf keinen Fall sollte der Dachboden durch die zeitweilige Lagerung von Dingen unzugänglich werden. Besonders elektrische Leitungen, Kamine und Fenster großzügig frei lassen. Die Verpackung sollte nicht leicht brennbar sein, und leicht entflammbare Sachen wie Papier und Textilien dürfen nicht unverpackt auf dem Dachboden stehen.

Überlastung vermeiden

Der Dachboden ist nicht für sehr schwere Lasten ausgelegt – meist nur für geringere als die Geschossdecken der Wohnräume. Im Zweifel besser in den Unterlagen zum Haus nachsehen oder beim Vermieter nachfragen.

Die richtige Verpackung

Am besten sind transparente, gut verschließbare Kunststoffboxen (auf die Deklaration achten: schwer entflammbar B1), die zuverlässig vor Feuchtigkeit und Staub schützen. In ihnen bleibt jederzeit sichtbar, was enthalten ist, ohne jeden Behälter öffnen zu müssen. Textilien können in ebensolchen Vakuumkleidersäcken verpackt werden.

Wintersportgeräte gut vorbereiten

Bevor die Ski oder das Snowboard über den Sommer auf den Dachboden kommen, sollten sie gereinigt werden. Also die Kanten noch mal abziehen und die Flächen wachsen. Sie sind zu groß für eine Kunststoffbox, sollten aber auf jeden Fall einen trockenen und dunklen Platz bekommen.

Für gute Beleuchtung sorgen

Auf einem dunklen, kaum beleuchteten Dachboden ist selbst in transparenten Boxen schwer zu finden, wonach man sucht. Wo keine ausreichende Beleuchtung vorhanden ist, sorgt eine starke Taschen- oder eine Campingleuchte für genug Licht.

Möbel nur bei isolierten Dachböden

Möbel können nur auf einem isolierten Dachboden zwischengelagert werden, sie würden sich sonst aufgrund der starken Temperaturschwankungen verziehen und Risse bekommen.

Regelmäßige Kontrolle

Wer Dinge auf dem Dachboden lagert, sollte diesen in regelmäßigen Abständen inspizieren. Marder, Siebenschläfer und Schadinsekten dringen durch unerkannte Öffnungen immer wieder in Dachböden ein und können erheblichen Schaden verursachen.

Keine ungebetenen Gäste

Selbst in den saubersten Haushalt versuchen gelegentlich unerwünschte Insekten vorzudringen. Oft genügt der Einsatz von natürlichen Hausmitteln, um sie zu vertreiben.

Ameisen vertreiben

Im Garten sind Ameisen durchaus nützlich, doch im Haus gehören sie zu den Vorratsschädlingen. Die beste und einfachste Methode, Ameisen wieder loszuwerden, ist, alle Lebensmittel in sicher verschließbare Gefäße zu füllen. Ist die vermeintliche Futterquelle versiegt, gehen die Eindringlinge wieder. Nach dem Abzug der Ameisen verfolgt man die Ameisenstraße und dichtet die Zugänge beispielsweise mit Silikon oder Acryl ab. Meist kommen die Tiere durch Ritzen an Türen oder Fenstern herein. Lavendel, Thymian und Majoran helfen bei der Vertreibung, da Ameisen die ätherischen Öle dieser Kräuter nicht mögen.

Silberfische ausquartieren

Silberfische sind nicht schädlich, dennoch als Mitbewohner nicht beliebt. Um sie auszuquartieren, wird eine einfache Falle gebaut. Ein Glas bekommt von außen bis knapp über den Innenrand ein Stück Malerkrepp aufgeklebt. Man füllt am Boden etwas Zucker ein. Nun klettern die Silberfische über das Kreppband in das Glas, können aber an den glatten Glaswänden nicht mehr zurückklettern.

LAVENDEL UND ZEDERNHOLZ IM KLEIDERSCHRANK SCHÜTZEN DIE KLEIDUNG

Natürliche Mottenabwehr

Kleidermotten lieben Wolle, doch Mottenkugeln und ähnliche Präparate sind auch für uns Menschen nicht gesund. Damit die zerstörerischen Tierchen gar nicht erst kommen, sollte nur frisch gewaschene Wäsche eingelagert werden. Lavendel und Zedernholz im Kleiderschrank schützen die Kleidung zusätzlich gut und ganz natürlich.

Der Geruch von Lavendel hält Kleidermotten fern.

Vorratsschädlinge – was tun?

Lebensmittelmotten, verschiedene Käfer und Milben können unerkannt mit Vorräten eingeschleppt werden oder von draußen in die Wohnräume gelangen. Befallene Lebensmittel sofort sicher verschließen und entsorgen. Alle anderen Lebensmittel in engen Abständen kontrollieren und in luftdicht verschließbare Behältern umfüllen. Sämtliche Schränke, Regale usw. sorgfältig reinigen. Für alle Ritzen den Staubsauger mit einer Düse verwenden.

Fruchtfliegen bekämpfen

Obst kurzfristig verwerten und den Biomüll täglich leeren. Zusätzlich hilft eine selbst gebaute Fruchtfliegenfalle. In den Deckel eines leeren Schraubglases ein paar kleine Löcher stechen und etwas Apfelessig, zur Hälfte mit Wasser verdünnt, einen Löffel Honig oder Zucker und einen Tropfen Spülmittel einfüllen. Umrühren, den Deckel schließen und direkt neben das Obst oder den Biomüll stellen.

Mäuse fangen

Bei Mäusealarm: ab sofort sämtliches „Futter" in dichte, verschließbare Behälter. Ob eine Lebendfalle oder eine konventionelle Mausefalle verwendet wird, ist eine persönliche Entscheidung. Lebend gefangene Mäuse müssen mehrere Hundert Meter vom Haus entfernt freigesetzt werden. Die besten Köder sind: Nuss-Nugat-Creme, Nüsse, Schokolade und/oder Mehl. Einige Säckchen mit benutztem Katzenstreu können bei der Vertreibung helfen.

EXPERTENTIPP

» Vorbeugung ist alles

Von Profis lernen: Insektenschutzgitter vor den Fenstern, Schutzgitter an allen Kellerschächten, luftdichte Verpackungen für sämtliche Lebensmittel sowie für jedwedes Tierfutter sind die beste Prävention gegen Schädlinge und nicht willkommene Insekten.

Mäuse, die in Lebendfallen gefangen werden, müssen weit entfernt freigelassen werden. Sonst sind sie bald wieder da.

5

Streichen und Tapezieren

Wände streichen

Gut zu wissen, welche Dinge für den Erfolg beim Anstreichen verantwortlich sind. So gelingt auch dem Laien eine saubere Renovierung wie vom Profi.

VORBEREITUNG

Steckdosen, Schalter und Fußleisten abnehmen

Die Sicherungen kurz ausschalten, dann kann beim Abnehmen und Abschrauben von Schaltern und Steckdosen nichts schiefgehen. Ein Spannungsprüfer gibt Aufschluss, ob wirklich kein Strom mehr fließt. Bei den Steckdosen muss die Mittelschraube herausgedreht werden, bevor sie abgenommen werden kann. Bei Schaltern mit einem kleinen Schraubendreher (Stromprüfer) unter die Abdeckung gehen und diese vorsichtig abhebeln. Soweit die Fußleisten abnehmbar sind, sollten auch diese vorübergehend entfernt werden.

Löcher, Risse, lose Teile ausbessern

Spätestens am Vortag des Anstrichs sollten Löcher und Risse mit Reparaturspachtel ausgebessert werden. Soweit eine Tapete gestrichen wird, müssen eventuell lose Kanten oder Ecken wieder angeklebt werden. Dazu an den betroffenen Stellen Tapetenkleister unter die lose Tapete pinseln und diese nach kurzem Einwirken mit einem Tuch fest andrücken. Gut trocknen lassen.

Sauber abkleben

Abgeklebt wird mit qualitativ gutem Malerkrepp, und zwar unmittelbar vor dem Streichen. Beim Abkleben kommt es auf Präzision an. Neben Fenstern und Türen wird auch das Innenleben von Schaltern und Steckdosen abgeklebt, damit dort keine Farbe eindringen kann – auch hier die Sicherung ausschalten. Alle Flächen (Boden, Türblätter, Fensterrahmen usw.) werden mit Folie oder Malervlies ausgelegt oder abgeklebt. Wie zwischen verschiedenfarbigen Flächen abgeklebt wird, steht auf Seite 116 in den Abschnitten „Einzelne farbige Wände oder Flächen“ und „Mit Acryl abdichten“. Wichtig: Das Klebeband wird sofort nach dem Anstrich abgezogen, solange die Farbe noch nass ist.

Die richtige Farbe

Es gibt zahlreiche spezielle Arten von Farben für die unterschiedlichsten Anwendungen und Untergründe. Suchen Sie Farben passend für Ihren Untergrund aus. Gerade bei Malerarbeiten benutzen Profis ausschließlich hochwertige Farben, weil das sehr viel Arbeit erspart und ein erheblich besseres Ergebnis bringt. Genau die Angaben des Herstellers durchlesen. Für Wohnräume werden vielfach Dispersionsfarben eingesetzt, für Feuchträume (z. B. Bad, Küche) oder stark be-

GEWUSST WIE

Schneebesen für Spachtelmasse

Beim Anrühren von Spachtelmasse bilden sich gern Klümpchen. Wer jedoch einen Schneebesen verwendet, kann dieses Problem gekonnt umgehen.

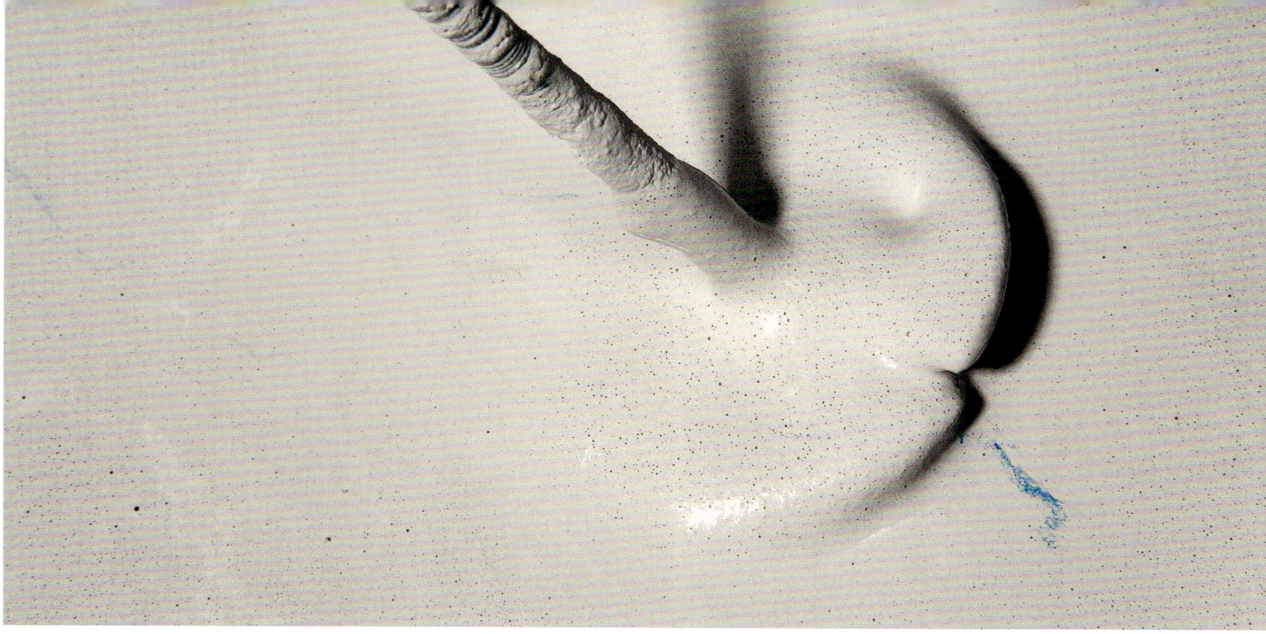

Beim Aufrühren der Farbe lieber etwas mehr als zu wenig Zeit investieren.

anspruchte Flächen wie Flure und Kinderzimmer kommen auch Latexfarben infrage. Ist bereits ein Anstrich vorhanden, sollte die gleiche Art von Farbe wieder genommen werden, wenn der Altanstrich nicht zuvor entfernt wird.

Farbe richtig aufrühren

Ein großer Teil der Pigmente einer Farbe setzt sich am Boden des Behälters ab. Um eine gute Deckkraft und einen gleichmäßigen Farbton zu erhalten, wird die Farbe mit einem Holzstab oder einem Quirlaufsatz und der Bohrmaschine gründlich aufgerührt – je nach Gebindegröße. Dabei den Rührstab immer wieder von unten nach oben bewegen, bis die gesamte Farbe zuverlässig eine gleichmäßige Pigmentierung hat. Das gilt natürlich im Besonderen, wenn die Farbe selbst abgetönt wird.

STREICHEN

Wand streichen

Beim Streichen wird an der Fensterwand des Raumes begonnen und im Weiteren vom Tageslicht weg in den Raum hinein gearbeitet. Mit einem Kantenpinsel zuerst eine Ecke streichen. Dabei den Pinsel immer nur etwa 1–2 cm tief in die Farbe eintauchen. Die Farbe rechts und links der Ecke anschließend gilt es, gut auszustreichen, sodass keine sichtbaren Übergänge zur gerollten Fläche entstehen. Die Farbrolle am Farbgitter oder auf der Struktur der Farbwanne dazu sorgfältig abstreifen und mit senkrechten Bewegungen, ohne Druck, langsam, Nass in Nass arbeiten.

In der Mitte anfangen

Die frisch mit Farbe getränkte Rolle wird dazu jeweils mittig der Fläche angesetzt, die mit einer Farbladung gestrichen werden kann. Dabei die Farbe möglichst gleichmäßig verteilen und mehrfach über dieselbe Fläche auf- und abrollen. Vor einem zweiten Anstrich sollte die Farbe vollständig trocknen. Mit einer Teleskopstange an der Farbrolle lassen sich die meisten Zimmer sogar ganz ohne Leiter streichen.

BEI MALERARBEITEN BENUTZEN PROFIS AUSSCHLIESSLICH HOCHWERTIGE FARBEN

Raufaser streichen statt tapezieren

Vor dem Aufbringen der flüssigen Raufaser ist es in den meisten Fällen sinnvoll, eine Grundierung zu streichen, um für eine bessere Haftung an der Wand zu sorgen. Bei der flüssigen Raufaser ist es besonders wichtig, die Farbe beim Streichen mehrfach aufzurühren. Eine Spezialrolle aus Vinylfasern verklebt nicht so schnell wie eine herkömmliche Farbrolle. Die Raufaser wird möglichst gleichmäßig auf die Wand gestrichen, wobei – anders als beim Streichen von Farbe – weniger ausgestrichen wird. Vielmehr sollte immer ausreichend Flüssigraufaser auf der Rolle sein.

Ein relativ grobes Seil, fixiert auf einer Rolle, lässt ein interessantes Muster entstehen (s. Expertentipp rechte Seite).

TECHNIKEN UND MUSTER

Einzelne farbige Wände oder Flächen

Wenn es darum geht, einzelne Wände oder Flächen farbig abzusetzen, kommt es vor allem auf eine gerade, saubere Kante an. Mithilfe einer gespannten Schnur oder einer Wasserwage und einem Bleistift werden gerade Linien auf die Wand gezeichnet, an denen entlang nach außen abgeklebt wird. Der Bleistiftstrich soll auf der Fläche bleiben, die überstrichen wird, damit er am Ende verschwindet.

Mit Acryl abdichten

Die Kante des Klebebands, die überstrichen wird, dünn mit transparentem Acryl bestreichen. Das gelingt mit einem Einweghandschuh und einem Finger am besten. Die Bewegungen gehen dabei immer auf die Kante zu, damit dabei eventuelle Hohlräume zwischen Klebeband und Wand mit dem Acryl abgedichtet werden. Acryl ist im Gegensatz zu Silikon überstreichbar. Direkt danach wird die Farbfläche gestrichen und das Klebeband unmittelbar nach dem Anstrich noch im feuchten Zustand nach innen (zur Farbfläche hin) vorsichtig abgezogen. Das Ergebnis ist eine vollkommen sauber abgegrenzte farbige Wand oder Fläche.

ACHTUNG

Gutes Werkzeug benutzen

Zum Streichen werden Pinsel, Rollen, Farbwannen und/oder Abstreifgitter benötigt. Gute Pinsel haaren kaum, und Rollen entsprechender Qualität fusseln nicht. Vermeintlich billige Sets bringen dagegen nur mehr Ärger als Ersparnis mit sich und sind meist umfangreicher als benötigt.

DIE EFFFEKTE ZUERST AUF EINEM GROSSEN STÜCK PAPPE AUSPROBIEREN

Deko-Pinsel selbst gemacht

Für diesen Trick sollte ein guter Pinsel mit stabilen Kunstborsten verwendet werden. Die Basis wird mit Kreppband umwickelt, um dort gleichmäßige Abstände (beispielsweise 5 mm für schmale Streifen) aufzuzeichnen. Zur genauen Abtrennung an den entsprechenden Linien kann man jeweils ein Stück Pappe als Abtrennung durch die Borsten stecken und die Borsten dazwischen abschneiden. Den Pinsel schon vor der Aufnahme von Farbe anfeuchten, damit sich die einzelnen Büschel besser verbinden (s. Foto unten).

Streifenmuster an der Wand

Es empfiehlt sich, vor dem freihändigen Aufmalen der Streifenbündel mit einem Bleistift einen geraden Strich an die Wand zu machen, der mit dem äußeren Büschel des Pinsels dann überstrichen wird. Es kommt vor allem auf einen gleichmäßigen Druck an. Eine gewisse Unregelmäßigkeit ist bei dieser Art Muster jedoch durchaus gewollt und wirkt sehr natürlich.

Stempel oder Pinsel aus Schaumstoff

Mit Schaumstoff lassen sich hervorragend organisch wirkende Muster auf Wände bringen. Die Struktur eines Naturschwamms beispielsweise ist ideal, um Farbe auf die Wand zu tupfen. Dazu wird jeweils nur wenig Farbe aufgenommen. Es gibt auch Musterstempel aus Schaumstoff und Schaumstoffpinsel fertig im Handel zu kaufen.

EXPERTENTIPP

» Wand mit Gummirolle und Seil dekorieren

Eine Kunststoffrolle (Tapezierrolle) wird vollflächig mit doppelseitigem Klebeband beklebt. Anschließend ein Seil mit kräftiger Struktur um die Rolle wickeln und kräftig andrücken. Zur Farbaufnahme benutzt man eine Farbwanne. Das endgültige Muster ist ein mehr oder weniger gleichmäßiges Unikat nach eigenem Geschmack (s. Foto links).

Genauso gut sind sie aber auch selbst herzustellen. Aus einem Schwammblock werden dabei mit einem scharfen Cutter Muster geschnitten oder ein Keil gefertigt, der mit dem dicken Ende an einen Holzstiel geklebt wird. Dazu wird mittig am dicken Ende des Keils ein Loch ausgeschnitten und der Holzstiel (z. B. ein alter Kochlöffel) mit Schaumstoffkleber eingeklebt.

Wer schon etwas Übung hat, kann den eigenen Deko-Pinsel auch „freihändig" zurechtschneiden.

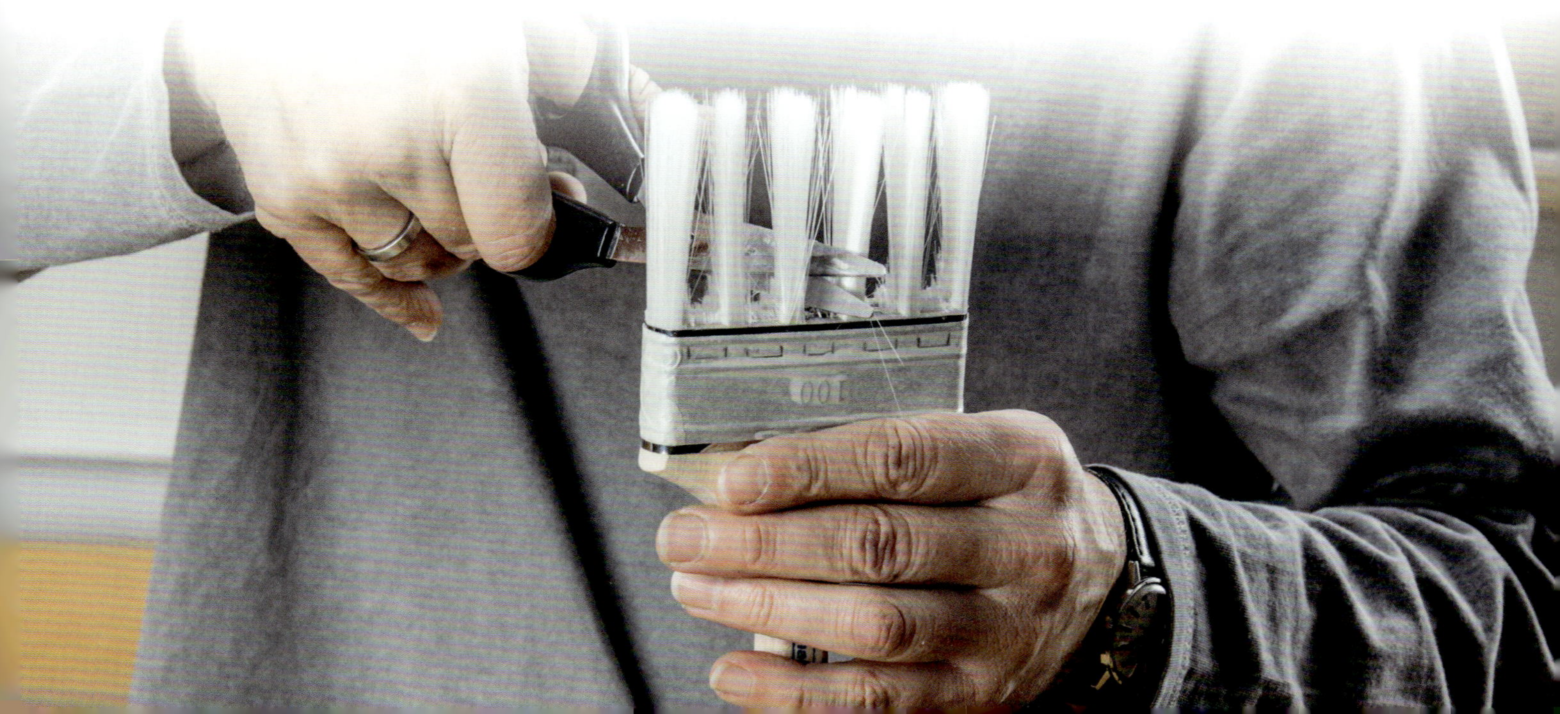

Werkzeug zum Malen

Die Wahl des richtigen Pinsels oder der passenden Rolle zu Material und Farbe ist sehr wichtig. Die Eignung und die Qualität können entscheidend dafür sein, ob ein zweiter oder dritter Anstrich erforderlich ist.

Natur- oder Kunststoffborsten

Naturborsten sind sehr widerstandsfähig und am besten für lösungsmittelhaltige Farben zu verwenden, da sie bei wasserlöslichen Farben schnell aufquellen. Für wasserlösliche Farben sind Kunststoffborsten besser geeignet – am besten welche, die wie Naturborsten unten gesplisst sind. Mischborsten sind universell einsetzbar. Ein Pinsel von guter Qualität haart kaum, nimmt die Farbe gut auf und gibt sie gleichmäßig wieder ab.

Lammfell- oder Kunstfaser-Plüsch-Rolle

Bei strukturierten Wänden (Rauputz u. Ä.) sind Lammfellrollen vorzuziehen, da sie besser in die kleinen Zwischenräume dringen. Auf glatten Wänden bringen Kunstfaser-Plüsch-Rollen einen gleichmäßigen Farbauftrag. Gute Rollen fasern nicht aus, rollen leichter und zeigen eine bessere Farbaufnahme und -abgabe.

Rund-, Ring- oder Flachpinsel?

Rund- oder Ringpinsel werden für kleine Flächen mit Wölbungen und/oder Ecken genutzt wie beispielsweise für Fensterrahmen, Rohre usw. Flachpinsel werden dagegen bei kleinen Flächen und für Ecken eingesetzt. Mit Flächenpinsel werden größere Flächen gestrichen. Pinsel wie Heizkörper-, Schablonier- oder Beizpinsel sind speziell für die namensgebenden Einsätze optimiert.

Lackierrollen

Für Türen und Flächen sind Lackierrollen eine gute Lösung. Doch bei Schaumstoffrollen ist Skepsis geboten, denn bestenfalls sehr feinporiger Schaumstoff führt zusammen mit lösungsmittelhaltigen Lacken zu guten Ergebnissen. Rollen mit kurzem Flor sind deutlich besser geeignet. Das gilt auch bei speziell für Acryllacke ausgezeichneten Rollen.

Farbwannen und Abstreifgitter

Was der Eimer mit Abstreifgitter ist, ist die Farbwanne im Kleinen. Beide sind bei der Arbeit mit Farbwalzen und -rollen unentbehrlich. Auch hier lohnt sich gute Qualität, denn billige Ware ist aus zu dünnem Kunststoff oder zu grob strukturiert, hält dem Einsatz nicht lange stand oder führt dazu, dass sich das Gitter oder die Wanne bei der Nutzung verbiegt.

Teleskopstange oder Leiter

Eine gute und vor allem sichere Leiter ist oft unentbehrlich. Wenn man mit dem Eckenpinsel hoch bis an die Decke kommt, dann kann eine Teleskopstange die Leiter jedoch ersetzen. Voraussetzung: Wand und Decke bekommen dieselbe Farbe.

Neuer Putz oder neue Farbe

Es gibt Putzarten, die statt eines Anstrichs auf die Wand kommen – ideal für schadhafte Wände. Doch auch beim klassischen Streichen von rauem Putz gilt es, einiges zu beachten.

BAUMWOLLPUTZ

Vor- und Nachteile

Die noch relativ neue Putzart auf Baumwollbasis hat viele Vorteile. Baumwollputz ist leicht zu verarbeiten. Er wirkt schallisolierend und reguliert das Raumklima. Er ist umweltfreundlich und leicht zu entfernen. Allerdings braucht Baumwollputz mehrere Tage zum Trocknen und ist speziell für Raucher keine gute Wahl, da er durch Nikotin verfärbt. Im Vergleich ist er teurer, aber langlebiger als Tapete.

Vorbereitung

Boden, Tür- und Fensterrahmen, Schalter und Steckdosen werden gut abgeklebt. Die Wandfläche mit einem Haft- oder Sperrgrund vorbereiten und trocknen lassen. Danach wird die Trockenmasse in einer Wanne oder einem großen Mörteleimer mit der angegebenen Wassermenge von Hand gründlich durchgemischt und muss 15 Minuten durchziehen.

Beim Ausstreichen von Baumwollputz wird die Kelle immer schräg zur Wand geführt.

Auftragen und ausstreichen

Die gut formbare Masse kann mit einer Trichterpistole aufgespritzt oder mit einer Kunststoffglättkelle an die Wand gepresst und flächig ausgestrichen werden. Der Auftrag mit einer Kelle führt zu einer glatteren Oberfläche. Kleine Unebenheiten sind bei beiden Verfahren leicht nachzubessern und fallen nach dem Trocknen kaum auf.

REIBEPUTZ STREICHEN

Farbwahl

Reibeputz gibt es als Innen- und als Außenputz. Meist wird man mit Dispersionsfarben für innen oder außen richtig liegen, es sei denn, es handelt sich um einen Mineralputz, dann sollte auch eine Mineralfarbe verwendet werden. Weicht der Farbton sehr von der Farbe des Putzes ab, wird jede nicht getroffene Vertiefung auffallen. Das erleichtert das Nachbessern bei einer kompletten Versiegelung.

Säubern

Ob mit Staubsauger, Hochdruckreiniger oder einem weichen Besen: Der Putz sollte gut ge-

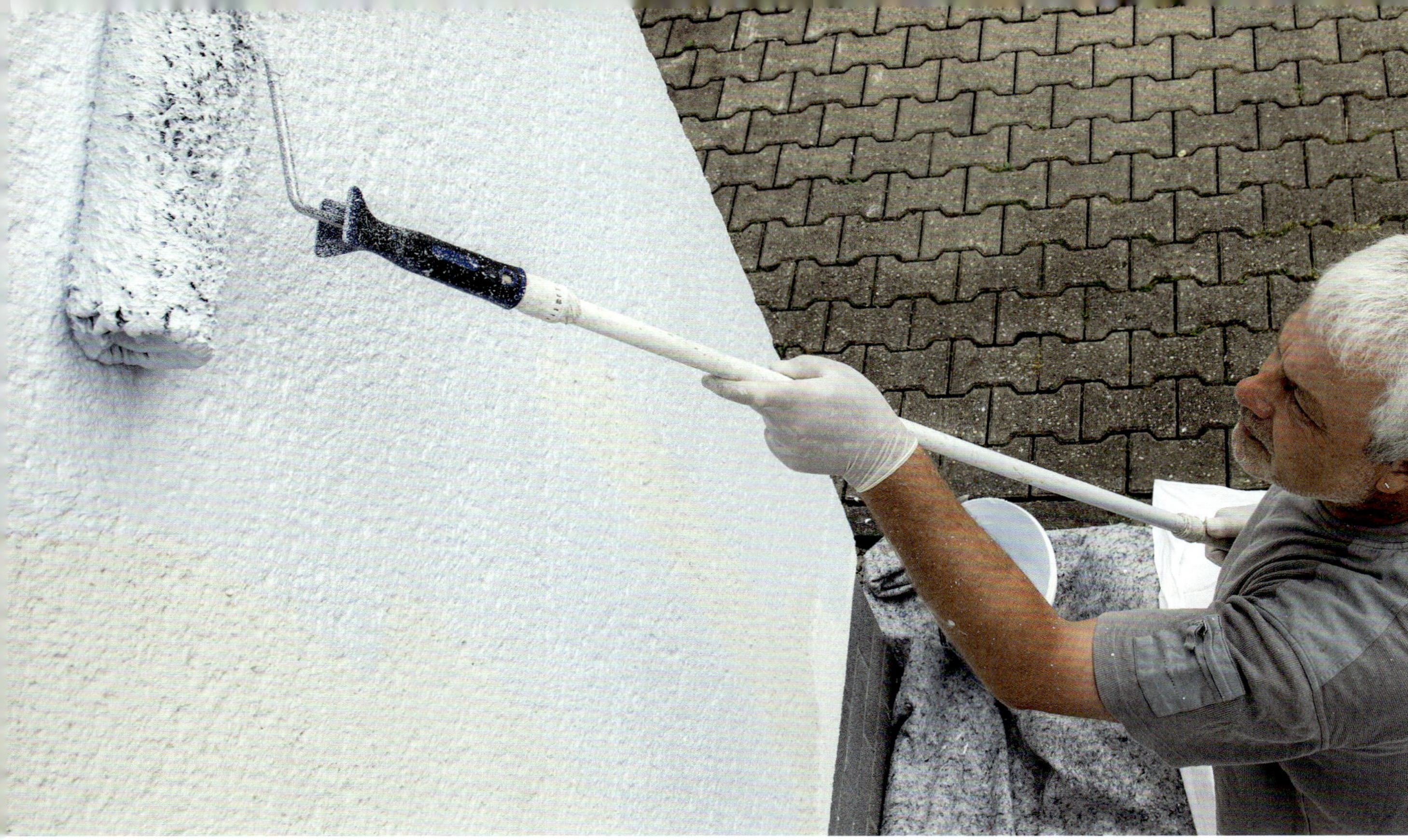

Bei nicht allzu hohen Wandflächen braucht man mit einem Teleskopstiel vielleicht weder Leiter noch Gerüst.

säubert werden. Nur auf staubfreiem, trocknem Untergrund hält ein Anstrich dauerhaft.

Vorbereiten

Schadstellen müssen vor dem Anstrich ausgebessert werden. Eine zum Putz passende Spachtelmasse oder die gleiche Putzart auswählen, aufbringen und trocknen lassen. Bei einem Erstanstrich wird Haftgrund vorgestrichen, das mindert auch die Saugfähigkeit.

GEWUSST WIE

Saubere Fassade erhalten

Nachdem die Fassade frisch gestrichen ist, sorgt eine zusätzlich aufgebrachte Nanoversiegelung dafür, dass sie sehr lange eine abperlende Eigenschaft behält und so weniger leicht verschmutzt. Auftretende Verschmutzungen können einfach mit Wasser abgespült werden. Allerdings sollte ein überstreichbares Produkt gewählt werden, um einen möglichen späteren Neuanstrich nicht zu erschweren.

Streichen

Damit die Struktur erhalten bleibt, sollte die Farbe so verdünnt werden, dass sie in die Vertiefungen vordringt, ohne diese auszufüllen. Gestrichen wird mit einer langflorigen Rolle, die mehrfach, langsam und ohne Druck über dieselbe Fläche gerollt wird – von oben nach unten und Nass in Nass. Vor einem zweiten Anstrich trocknen lassen.

GLATTEN INNENPUTZ STREICHEN

Putz streichen statt tapezieren

Ein intakter Innenputz ohne Risse und Macken kann einfach gestrichen werden, wenn keine Tapete gewünscht ist. Als Grundierung am besten eine Makulatur streichen und darüber eine umweltfreundliche Wandfarbe. Für Küche und Bad eignet sich auch eine Silikatfarbe. Sie schützt aufgrund ihres hohen pH-Wertes von 11 sogar vor Schimmelbildung – ohne Fungizide.

Holz streichen

Holzschutz gibt es in verschiedener Art für den Innen- und Außenbereich. Ein Überblick über die Möglichkeiten sowie Hinweise zur Verarbeitung erleichtern die richtige Wahl.

HARTÖL UND WACHS

Holz mit Hartöl schützen

Im Innenbereich sind oft eine natürliche Optik und Haptik von Holz gewünscht. Gerade Böden und beanspruchte Holzmöbel brauchen aber auch Schutz. Geöltes Holz hat diese Eigenschaften. Bei Hartöl kommen (natürliche oder künstliche) Harze dazu, die die Oberfläche zum einen widerstandsfähiger machen und zum anderen die Trocknungszeiten deutlich verkürzen.

Hartöl zieht ein

Dennoch entsteht keine Schicht auf der Oberfläche, sondern das Hartöl zieht in das Holz ein und schützt es so praktisch von innen. Dazu wird es aufgestrichen und überschüssige Flüssigkeit nach kurzer Zeit wieder aufgenommen. Sollten sich Holzfasern aufgestellt haben, erfolgen nach dem Trocknen (siehe Angaben des Herstellers) ein Zwischenschliff und eine zweite Behandlung mit dem Hartöl. Wenn der Schutz aufgefrischt werden muss, kann problemlos erneut Hartöl aufgetragen werden.

Zusammensetzung von Wachs

Möbelwachs besteht meist aus Bienenwachs, Carnauba (Pflanzenwachs) und Lösungsmitteln. Es ist flüssig und wird mit einem Tuch oder weichen Pinsel aufgetragen, Überschuss nach kurzer Einwirkzeit mit einem Tuch wieder abgenommen. Zusätzlich kann poliert werden, gern auch mit einer weichen Bürste, die eventuelle Reste aus den Vertiefungen der Maserung holt.

Öfter nachbehandeln

Spätestens am Tag nach der Behandlung ist das Möbelwachs ausgehärtet. Es muss je nach Nutzung zwar häufiger nachgepflegt werden, dafür ist dies leicht bewerkstelligt, und es dringt nur sehr wenig Möbelwachs ins Holz ein. Wachs ist besonders für Möbel geeignet, die einer weniger starken mechanischen Beanspruchung ausgesetzt sind. Mit der Zeit bekommen gewachste Hölzer eine besonders edle und natürliche Farbe.

HOLZ LASIEREN

Lasur

Anders als Lack sind Lasuren transparenter, die Maserung bleibt sichtbar, und die Lasur dringt ins Holz ein. Lasuren werden hauptsächlich im

EXPERTENTIPP

» Hartwachsöl schützt

In Bereichen, in denen doch mehr Feuchtigkeit auf einen Holzboden oder ein Möbel einwirkt, ist ein Hartwachsöl eine überlegenswerte Variante. Wie der Name schon nahelegt, handelt es sich dabei um Hartöl mit einer Wachskomponente, die das Holz mit einem zusätzlichen Wachsfilm schützt.

Außenbereich verwendet, wo Holz vor Witterung geschützt werden soll. Bei sogenannten nicht maßhaltigen Hölzern (Zäune, Gartenhäuser, Gartenmöbel, Carports u. Ä.) haben Lasuren den Vorteil, dass sie nicht reißen und abplatzen. Außerdem können Lasuren nachgestrichen werden, ohne dass der Altanstrich abgetragen werden muss (außer im Extremfall).

Vor dem Lasieren abbürsten

Einfaches Abbürsten reicht als Vorbereitung in der Regel völlig. Für die sehr dünnflüssigen Lasuren gibt es Lasurpinsel, die speziell darauf abgestimmt sind. Anders aber Dickschichtlasuren, die sich eher wie Lacke verhalten und auch für die gleichen Holzgegenstände (u. a. Türen und Fenster) verwendet werden. Sie werden verarbeitet

In erster Linie wird draußen lasiert, z. B. bei Gartenmöbeln. Die Maserung bleibt dabei sichtbar.

HOLZLEISTEN LACKIEREN

Werkzeug & Material

- Abdeckfolie
- Staubsauger
- ein Stück Karton
- 5,0 cm oder 7,5 cm breiter Pinsel (zum Lackieren)
- Farbe

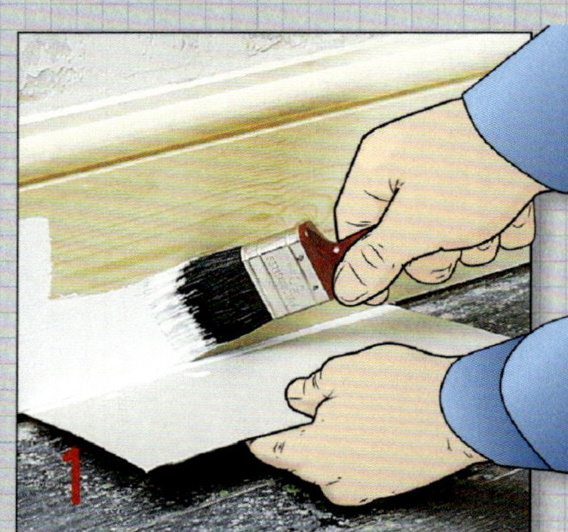

Vorbereitung

Holzleisten auf beschädigte Stellen prüfen und diese gegebenenfalls zuspachteln und anschleifen. Bei Fußbodenleisten den Teppich hochheben oder sehr gründlich abdecken.

1. Ein sauberer Untergrund

Wenn die alte Lackschicht komplett entfernt ist, wird die Leiste gründlich abgesaugt. Fußboden und Wand müssen gut abgedeckt werden. Man kann auch Pappe zwischen die Leiste und den Bodenbelag schieben.

2. Dem Verlauf folgen

Abhängig von der Breite der Leiste nimmt man einen 5 cm oder einen 7,5 cm breiten Pinsel. Wenn man die Farbe aufträgt, folgt man horizontal dem Verlauf der Leiste.

wie Lacke, sind aber transparenter. Solange sie nicht abplatzen oder sich lösen, können auch sie einfach überstrichen werden.

MIT LACK ARBEITEN

Lack

Mit Lacken wird vor allem farblich gestaltet. Sie bilden eine deckende, wasserdichte Schicht, die das Holz wirksam vor Feuchtigkeit und UV-Strahlen schützt, solange die Schicht unverletzt ist. Sobald sich aber Risse oder Abplatzungen zeigen, sollte der Schaden unverzüglich repariert werden. Lacke werden vorrangig bei maßhaltigem Holz eingesetzt (wie bei Fenstern und Türen). Vor Renovieranstrichen sollten alte Anstriche entfernt werden, zumindest aber lose Teile abgetragen und der Altanstrich angeschliffen werden. Schleifstaub und Verschmutzungen wiederum entfernen, bevor mit Pinsel oder Rolle neu lackiert wird.

Vor dem Lackieren grundieren

Bei Neuanstrichen wird vor der ersten Lackschicht eine Grundierung aufgetragen. Zwischen jeder Lackschicht erfolgt ein sogenannter Zwischenschliff, der dafür sorgt, dass die weitere Lackschicht gut haftet und eventuell aufgerichtete Holzfasern abgeschliffen werden. Zwei bis drei Anstriche führen zu einer solide deckenden und schützenden Beschichtung.

Lackieren mit der Spraydose

Grundsätzlich können kleinere Flächen und Gegenstände gut mit einer Spraydose lackiert werden. Wichtig sind ein staub- und fettfreier, tragfähiger Untergrund sowie eine staubfreie Umgebung, die großflächig abgedeckt wird. Spraydose kräftig schütteln, um die Pigmente zu verteilen. Gesprüht wird mit 20–30 cm Abstand in mehreren Durchgängen, sodass der Farbnebel nur nach und nach deckend wird und es zu keiner Tropfenbildung kommt (sogenannte Farbnasen).

ACHTUNG

Angaben zu den Inhaltsstoffen lesen

Auch in vermeintlich natürlichen Holzbehandlungsmitteln wie Hartöl, Hartwachsöl oder Wachs können schädliche Stoffe enthalten sein. Also immer auf gesundheits- oder umweltfreundliche Inhaltsstoffe achten!

Buntlacke eignen sich besonders gut, um Holzoberflächen farblich zu gestalten.

Tapezieren

Vor dem Tapezieren gilt es, einiges zu bedenken und alles gut vorzubereiten. Bereits die Wahl der passenden Tapetenart kann entschieden zu einem guten Ergebnis beitragen.

VORBEREITUNGEN

Tapete von Gipskartonplatten entfernen

Wenn ohne Grundierung auf Gipskartonplatten tapeziert wurde, ist ein Tapetenwechsel besonders schwierig. Um die Kartonage der Gips-

Werkzeug & Material

- Plastikfolie und Abklebeband
- fester Spachtel
- zum Einweichen: chemischer Tapetenablöser oder warmes Wasser und Spülmittel
- 20-Liter-Gartenspritze
- 150-mm-Flächenspachtel
- Eimer und Schwämme
- passende Grundierung

ALTE TAPETEN LÖSEN

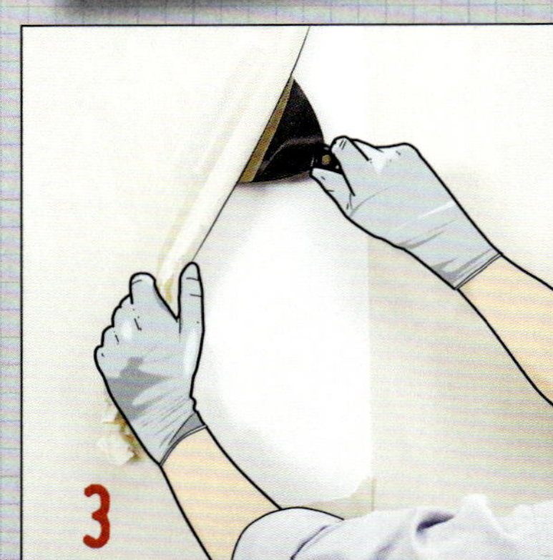

1. Erste Schicht ablösen
Moderne Tapeten kann man leicht Bahn für Bahn abziehen. Bei älteren bleibt meist die untere Papierschicht haften. Um sie abzureißen, wird die untere Kante mit einem Spachtel gelockert und dann von unten nach oben abgezogen.

2. Einweichen
Wenn bei zweischichtigen oder älteren Tapeten Reste an der Wand kleben bleiben, werden diese gut eingeweicht. Zuvor den Fußboden abdecken, Dosen und Buchsen abkleben. Die Wand am besten mit einer 20-Liter-Gartenspritze befeuchten.

3. Abschaben
Wenn die Tapete Blasen wirft oder sich von selbst löst, werden die Reste mit einem Flächenspachtel abgeschabt. Wenn der Spachtel oder ein Tapetenschaber nicht helfen, gibt es im Fachhandel spezielle Tapetenablösegerät.

kartonplatte nicht zu beschädigen, kann nicht mit aufreißenden Werkzeugen gearbeitet und auch nicht viel Tapetenlöser oder Wasser eingesetzt werden. Stattdessen helfen grobes Schleifpapier beim Aufrauen der Oberfläche und eine Wassersprühflasche für leichtes Anfeuchten. Schon nach einer Minute Einwirkzeit vorsichtig die alte Tapete abziehen. Eventuelle Macken in der Oberfläche der Gipskartonplatte sollten auf jeden Fall vor dem erneuten Tapezieren gespachtelt werden.

Grundieren

Passend zum Untergrund und der ausgewählten Tapete sollte die Wand im Vorfeld grundiert werden. Im Hinblick auf spätere Renovierungen sind Vorstriche mit Tapetenwechselgrund überaus sinnvoll. Bei fleckigen oder verschiedenfarbigen Untergründen empfiehlt sich der Einsatz von pigmentierten Grundierungen, um ein Durchscheinen zu vermeiden.

4. Wand abwaschen und grundieren
Man taucht einen Schwamm in Tapetenablöser oder warmes Wasser mit Spülmittel und entfernt so die letzten Kleberreste. Schließlich wird grundiert, um die Wand für eine neue Tapete oder einen Anstrich vorzubereiten.

Makulatur als Grundierung

Bei rissigen, schadhaften Untergründen kann Makulatur ausgleichen und überbrücken. Es gibt sie flüssig (zum Aufstreichen) oder als Untertapete. Beide gleichen Risse und Unebenheiten aus und können nach dem Trocknen entweder übertapeziert oder überstrichen werden. Makulaturtapete gibt es auch spaltbar, dadurch lässt sich eine darauf angebrachte normale Tapete leicht wieder entfernen.

TAPETENAUSWAHL

Papiertapete

Der Name ist Programm, denn Papiertapeten bestehen tatsächlich zu einem großen Anteil aus Papier – vielfach sogar Altpapier. Damit sind sie eine relativ umweltfreundliche Tapetenart. Gleichzeitig sind Papiertapeten vergleichsweise preiswert und in vielen Farben und Mustern erhältlich. Ein Anstrich erübrigt sich. Allerdings ist gerade bei aufwendigen Mustern große Präzision beim Verkleben gefragt, und bei einem großen Musterversatz (Rapport) muss mit viel Verschnitt gerechnet werden. Außerdem ist für dünne Papiertapeten eine wirklich glatte Wand als Untergrund erforderlich, da Unebenheiten sonst trotz Tapete sichtbar bleiben. In solchen Fällen sind geprägte Papiertapeten eher zu empfehlen. Beim Entfernen sind Papiertapeten etwas aufwendiger als beispielsweise Vliestapeten, die häufig in ganzen Bahnen abgezogen werden können.

Raufaser

Die meistverkaufte Tapete hierzulande hat ihre Vorteile: Sie ist preiswert, gut zu verarbeiten, vergleichsweise umweltfreundlich und kann mehrmals überstrichen werden. Allerdings muss sie schon bei der ersten Anbringung überstrichen werden – ein Arbeitsgang mehr als bei den meisten anderen Tapetenarten. Auch das Entfernen ist, besonders nach vielen Farbschichten, nicht unbedingt einfach. Sie ist also nicht immer eine gute Lösung. Vor allem überall dort, wo erhöhte Schimmelgefahr besteht, sollte auf Raufaser verzichtet werden. Einige Bestandteile wie etwa die Holzspäne speichern Feuchtigkeit und sind gleichzeitig als organisches Material sehr anfällig für Schimmelpilze.

Vliestapete

Vliestapeten enthalten textile Fasern und haben einige besonders gute Eigenschaften. Da bei ihrer Verarbeitung die Wand eingekleistert wird und nicht die Tapete, entfällt das Einweichen sowie das Ausdehnen oder Verziehen. Die Tapete ist dadurch leichter an die Wand zu bringen und überdeckt sogar kleine Risse und Unebenheiten. Außerdem ist sie robust, leicht zu reinigen und kann auch überstrichen werden. Ebenso leicht lässt sie sich in der Regel entfernen – oft in ganzen Bahnen. Eine Schwachstelle ist eine gewisse Transparenz, sodass Farbunterschiede des Untergrunds durchscheinen können. In solchen Fällen sollte die Wand vorher gestrichen werden oder die Vliestapete direkt nach dem Tapezieren. Wie es sich mit der Umweltverträglichkeit verhält, kommt im Einzelfall auf Inhaltsstoffe und eventuelle Beschichtungen an. Meistens sind Vliestapeten etwas teuer als Raufaser oder Papiertapeten.

Vliestapeten sind bei Heimwerkern sehr beliebt, weil sie leichter anzubringen sind als Raufaser.

EXPERTENTIPP

» Glasfasertapete

Eine Glasfasertapete hat erhebliche Vorteile: Sie ist ausgesprochen stoßfest und formstabil, weshalb sie sogar leichte Mängel vom Untergrund abdecken kann. Sie ist wasserfest, brandhemmend, mehrfach überstreichbar, sehr hygienisch und besonders lange haltbar. Die Nachteile sind jedoch bedenkenswert: Glasfasertapete ist teuer, und die Anbringung ist aufwendig, denn sie wird erst tapeziert, dann grundiert und gestrichen. Wer mit ihr arbeitet, muss mit Hautreizungen rechnen und das nicht nur beim Anbringen, sondern vor allem auch beim mühsamen Entfernen und Entsorgen.

Textiltapete

Eine hochwertige und oft edle Oberfläche zeichnet Textiltapeten aus. Sie fühlen sich gut an, schlucken Schall und haben sogar wärmedämmende Eigenschaften. Entgegen vieler Vorurteile verschmutzen sie nicht schnell und sind gut mit einem Staubsauger von Staub zu befreien. Auch beim Entfernen machen Textiltapeten eine gute Figur: Oft lässt sich das Gewebe einfach abziehen, und das Trägerpapier kann als Makulatur für die nächste Wandgestaltung dienen. Allerdings haben Textiltapeten ihren Preis – und der ist deutlich höher als bei vielen anderen Tapetenarten. Auch verlangt die Verarbeitung des Materials einen sehr sauberen und präzisen Umgang damit. Nicht zuletzt ist die Oberfläche empfindlich gegen mechanische Belastung. Deshalb ist sie beispielsweise in engen Fluren eher weniger geeignet.

Fototapete

Fototapeten können Papier- oder Vliesfototapeten sein, wobei die aus Papier üblicherweise weniger kosten. Gerade bei einem großformatigen Motiv fallen die Verarbeitungsvorteile der Vliesvariante deutlich ins Gewicht, ist sie doch leichter anzubringen und auch wieder zu entfernen. Wichtig ist, die richtige Motivgröße zum Raum zu wählen. Die restliche Wandgestaltung im Raum muss sich entsprechend zurücknehmen. Es lohnt sich, auf Umweltfreundlichkeit, Schadstoff- und Brandschutzklasse zu achten sowie auf die UV-Beständigkeit des Druckes.

Strukturprofiltapete/Vinyltapete

Eine weitere Art sehr robuster, wasserbeständiger und schwer entflammbarer Tapeten sind Vinyltapeten (auch als Strukturprofiltapeten bezeichnet). Sie lassen sich gut reinigen und überstreichen sowie am Ende wieder entfernen. Beim Kauf sollte man auf Schadstofffreiheit und eine gute Qualität achten, denn zu dünne Beschichtungen fallen weniger strapazierfähig aus. Ein Nachteil besteht darin, dass Vinyltapeten kaum atmungsaktiv sind und nichts zu einem guten Raumklima beitragen – man sollte sie also nur in trockenen, gut belüfteten Räumen einsetzen. Im Vergleich zu den meisten anderen Tapeten sind Vinyltapeten eher nicht umweltfreundlich.

TAPETE AN DIE WAND BRINGEN

Bedarf berechnen

Um zu wissen, wie viel Tapete gebraucht wird, muss zunächst die Wandfläche berechnet werden. Das geht wie folgt: 2 × Raumlänge + 2 × Raumbreite = Raumumfang, anschließend: Raumumfang × Raumhöhe = Wandfläche. Da eine übliche Tapetenrolle etwa 5 qm abdeckt, wird die ermittelte Wandfläche durch 5 geteilt. Das Ergebnis entspricht der Anzahl der erforderlichen Tapetenrollen. Bei Mustertapeten mit großem Rapport (Abstand, in dem sich das Muster wiederholt) oder bei einem ungewöhnlich hohem Anteil an Tür- und Fensterflächen sollte das bei der Berechnung berücksichtigt werden. Eine Extrarolle für „kleine Unfälle" oder spätere Ausbesserungen ist immer zu empfehlen.

Der richtige Tapetenkleister

Wer eine einfache Papiertapete verkleben möchte, kommt auch mit normalem Tapetenkleister aus. Für Vliestapeten sollte ein spezieller Vliestapetenkleister benutzt werden. Alle etwas schwereren Exemplare wie Raufaser, Vinyl- und Strukturtapeten oder Prägetapeten werden mit Spezialkleister verarbeitet. Wer ein Tapeziergerät benutzt, sollte Maschinenkleister einsetzen. Beim Tapezieren von wasserundurchlässigen

Eine Fototapete sollte auf die Möblierung abgestimmt sein.

Tapeten auf einem schwach saugenden Untergrund ist sogar Dispersionskleber erforderlich, da Kleister mit seinem hohen Wassergehalt unter solchen Umständen nicht trocknen könnte.

Schadhafte Stelle ausbessern

Ein kleiner Schaden an der Tapete kann leicht ausgebessert werden – vorausgesetzt, es gibt noch etwas von der gleichen Tapete. Zunächst wird mit einem Cutter und einem Metalllineal das beschädigte Stück rechteckig ausgeschnitten und von der Wand gelöst. Falls nötig, kann die Tapete etwas angefeuchtet und einweicht werden. Anschließend ein deutlich größeres Stück Ersatztapete wiederum rechteckig zuschneiden und mit Kleister einstreichen. Das offene Stück Wand ebenfalls dünn mit Kleister bestreichen.

Wichtig ist, dass der Cutter absolut scharf ist, damit die Schnitte wirklich präzise ausfallen und so anschließend kaum sichtbar sind.

TAPETEN AUFKLEBEN

Werkzeug & Material

- Wasserwaage oder Senkblei
- Kleisterbürste oder -roller
- Tapetenkleister
- Kunststoffspachtel oder Tapezierbürste
- Teppichmesser/Cutter
- 30-cm-Breitspachtel

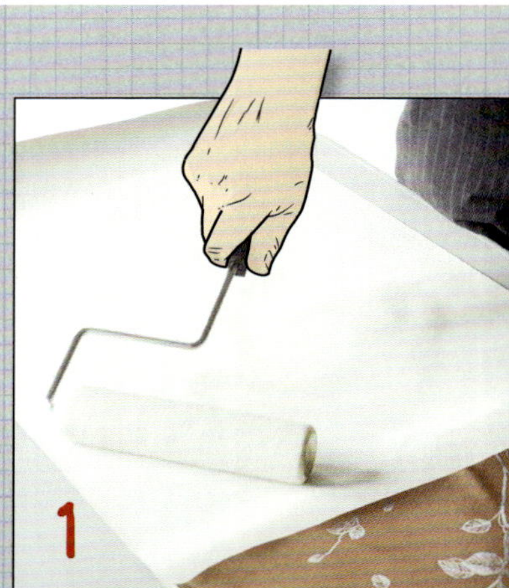

Vorbereitung

Die Position der ersten Tapetenbahn genau mit Wasserwage oder Senkblei markieren, denn daran orientieren sich alle weiteren Bahnen. Beim Zuschneiden der Bahnen auf das Muster achten!

1. Kleister auftragen

Der Tapetenkleister wird zuerst auf die untere Hälfte der ersten Bahn von der Mitte nach außen gestrichen. Die Bahn anschließend zur Mitte falten, damit der Kleister einwirken kann. Dann wird die obere Hälfte eingekleistert und ebenfalls zur Mitte gefaltet.

2. Tapete aufkleben

Die obere Hälfte der Bahn wird auseinandergefaltet und die Kante an der ersten Markierung ausgerichtet. Zur Decke lässt man 2,5 cm überstehen. Die untere Bahnhälfte bleibt noch eingefaltet, damit der Kleister feucht bleibt.

Ersatz perfekt einpassen

Der nächste Schritt: Das Ersatzstück über die offene Stelle kleben und wieder mit Cutter und Metallllineal im Rechteck durch die beiden überlappenden Tapetenschichten schneiden. Den äußeren „Rahmen" des neuen Tapetenstücks abnehmen und entsorgen. Abschließend das Tapetenstück noch einmal auf einer Seite anheben und die überflüssige Doppellage darunter auf dieser Seite entfernen. Bei Bedarf nochmals eine dünne Lage kleistern und das Ersatzstück wieder andrücken. Dasselbe auf der gegenüberliegenden Seite wiederholen, dann sitzt der Ersatz perfekt.

Vliestapete tapezieren

Beim Tapezieren von Vliestapete gilt es, einige Besonderheiten zu berücksichtigen. Hierbei wird nicht die Tapete eingekleistert, sondern die Wand. Die trockene, zugeschnittene Tapete (Wandhöhe plus 10 cm) wird dann von der Mitte ausgehend mit der Tapetenbürste an die Wand

EXPERTENTIPP

» Fenster zu und Heizung aus

Eine Papiertapete wird eingekleistert und soll dann sechs bis acht Minuten einweichen, bevor sie an die Wand kommt. Dabei dehnt sich das Papier aus. Damit die Tapete sich nicht wieder zusammenziehen kann, bleiben die Fenster geschlossen und Heizungen ausgeschaltet. Der Kleister muss schneller trocknen als die Tapete, dadurch wird die Tapete beim Trocknen quasi gespannt, ohne dass sich an den Stößen Lücken bilden.

3. Nacharbeiten

Die Tapete wird mit einem Kunststoffspachtel erst nach oben und dann nach unten entlang der Naht angedrückt. Anschließend diagonal von der senkrechten Linie wegstreichen. Dann die untere Hälfte der Bahn ausrichten und festdrücken.

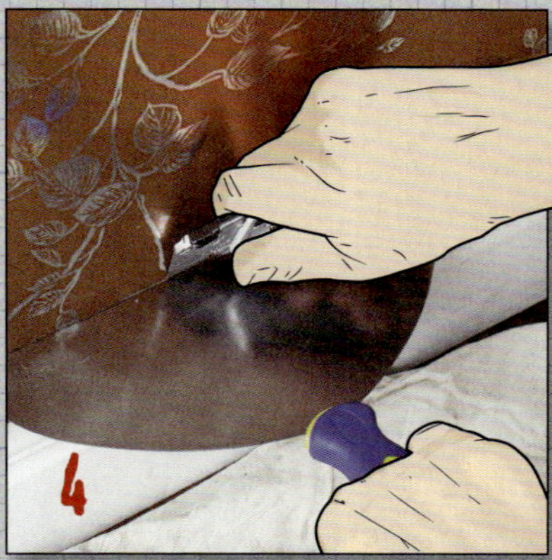

4. Überhang abschneiden

Was von der Bahn am Boden und an der Decke überhängt, wird geknickt und mit dem Cutter sauber an einem Spachtel entlang abgeschnitten. Dann wischt man die Kleisterreste von den Bodenleisten und der Decke ab.

5. Auf Muster und Stoß achten

Die obere Hälfte der nächsten Bahn auffalten, gemäß Musterfortsetzung Kante an Kante (auf Stoß) ansetzen, die Bahn ganz auffalten, ansetzen und glätten. Dabei darauf achten, dass am Stoß kein Spalt, aber auch keine Überlappung entsteht.

gebürstet. Oben und unten werden die Überstände direkt an der Wand mit einer Tapezierschiene (oder Breitspachtel) und einem Cutter sauber im rechten Winkel abgeschnitten. Die einzelnen Bahnen werden auf Stoß tapeziert, das heißt lückenlos Kante an Kante.

Tapete rechtwinklig schneiden

Die einzelnen Tapetenbahnen werden im Vorfeld mit etwas Zugabe (5–10 cm) zugeschnitten (auf Muster achten!). Auch wenn die Tapetenkanten oben und unten erst an der Wand endgültig abgeschnitten werden, sind rechtwinklig zugeschnittene Tapetenbahnen leichter zu verarbeiten. Solche rechtwinkligen Zuschnitte gelingen besonders einfach, wenn die Tapete genau Kante auf Kante gelegt und geknickt wird. Entlang des Knickes wird die Bahn dann mit einer Tapezierschere abgeschnitten.

Für einen sauberen Schnitt sollte eine wirklich scharfe Tapezierschere benutzt werden.

DECKE TAPEZIEREN

Alternative zum Tapezieren

Es ist nicht einfach, eine Decke zu tapezieren. Bei einem intakten, glatten Untergrund ist das oft auch gar nicht nötig. In dem Fall kann direkt mit einer passenden Farbe gestrichen werden. Tipp: Wenn etwas Quarzsand in die Farbe (300 ml auf 10 Liter Farbe) gegeben wird, bekommt der Anstrich eine natürliche Struktur und bleibt tragfähig für weitere Anstriche oder für Tapeten.

ACHTUNG

Auf Temperatur achten

Direkt unter der Decke herrschen höhere Temperaturen, die zu schnellem Trocknen und so zu Spaltbildung zwischen den Tapetenbahnen führen können. Deshalb besonders beim Tapezieren von Decken auf günstige Tageszeiten (kühl), abgedrehte Heizungen sowie auf geschlossene Fenster achten.

Mit Vliestapete zur perfekten Decke

Um eine Decke zu tapezieren, wird am besten eine Vliestapete verwendet, da diese über Kopf sehr viel leichter anzubringen ist als eine Papier- oder Raufasertapete. Sollte der Untergrund fleckig oder verschiedenfarbig sein, ist es besser, ihn einmal mit einer weiß pigmentierten Grundierung vorzustreichen. Der Kleister wird jeweils für die Fläche von etwa 1,5 Bahnen auf der Decke aufgebracht – möglichst gleichmäßig mit einer Rolle. Danach kommt die erste Bahn an die Decke, das macht man am besten zu zweit. Während eine Person die Tapete etwa 1 m vom Kopfende entfernt in den Kleister drückt und mit der Tapetenbürste dort streicht, hält die zweite den längeren Teil der Tapetenbahn über einem Besen (Handtuch darüberbinden) nach oben. Dadurch wird der Zug durch das Gewicht der restlichen Tapete gemindert und das Anbringen sehr erleichtert.

Tapezierwerkzeuge

Beim Tapezieren sind in erster Linie ein sauberer Tapeziertisch und eine sichere Leiter notwendig. Linienlaser oder eine Tapeziermaschine sind schöner Luxus. Was vor allem zählt, ist die Qualität der wirklich wichtigen Werkzeuge.

Eimer

Ein ganz normaler, sauberer Putzeimer genügt für diesen Zweck. Wenn über den Eimer mit fertig angerührtem Kleister eine Schnur gespannt wird (an den Henkelösen befestigen), lässt sich die Kleisterbürste daran abstreifen und in den Arbeitspausen aufhängen.

Rührquirl

Ein Rührquirl als Aufsatz einer Bohrmaschine oder eines Akku-Schraubbohrers hilft sehr, wenn es darum geht, den Kleister wirklich ohne Klümpchen anzurühren und nach der Setzzeit gründlich aufzuschlagen.

Kleisterbürste

Bei der Kleisterbürste (auch Tapetenquast genannt) ist ein älteres Modell oft besser als ein neueres, das noch ab und zu Haare verliert. Eine gute Bürste ist weder zu hart noch zu weich, damit der Kleisterauftrag weder zu dick noch zu dünn und vor allem gleichmäßig ausfällt.

Tapeziermaschine

Eine Tapezier- oder Kleistermaschine ersetzt die Kleisterbürste und führt zu einer deutlichen Arbeitserleichterung. Die Tapeten werden damit gleichmäßig eingekleistert und sauber abgeschnitten. Der fertig angerührte Kleister wird dazu in das Gerät eingefüllt und die Abstreifschiene passend zur Tapete eingestellt.

Tapezierschere

Lange Klingen sind das Hauptmerkmal einer Tapezierschere. Mit solch langen Klingen lässt sich viel einfacher geradeaus schneiden. Wichtiger ist jedoch, dass die Schere auch wirklich scharf ist.

Tapezierbürste

Mithilfe der Tapezierbürste wird die Tapete sauber von der Mitte nach außen angestrichen, dabei werden eventuelle Luftblasen ausgestrichen. Sie muss stets vollkommen sauber und trocken sein, um die Tapetenoberfläche nicht zu beschädigen. Sehr empfindliche Oberflächen werden besser mit einem weichen Tuch an die Wand gebracht.

Cutter und Tapezierschiene

Um die Tapeten an der Oberkante und Unterkante sauber abzuschneiden, ist ein Cutter (oder Teppichmesser) mit ausreichend Ersatzklingen die beste Lösung. Die Klinge muss immer scharf sein, damit die Tapete nicht einreißt. Sie wird entlang einer Tapezierschiene geführt.

Senklot oder Wasserwaage

Bei der ersten Bahn kommt es darauf an, sie wirklich senkrecht anzubringen. Dazu wird entweder ein Senklot oder eine am Ende beschwerte Schnur verwendet. Man kann auch einen Bleistiftstrich mithilfe einer Wasserwaage an die Wand zeichnen.

Flecken und Schimmel entfernen

Ob durch Fehler beim Lüften oder bauliche Mängel: Schimmel siedelt sich manchmal sehr schnell an. Er muss beseitigt werden, bevor gestrichen oder tapeziert wird.

Alkohol

An Wänden und in Fugen lässt sich Isopropanol oder auch Spiritus einsetzen. Der Alkohol tötet die Sporen ab, solange noch kein Schimmelpilzgeflecht in der Tiefe vorhanden ist. Die betroffenen Stellen sollten am besten mehrmals behandelt werden.

Wasserstoffperoxid

Das Mittel zum Haarebleichen eignet sich auch sehr gut zur Entfernung von Stockflecken. Dazu reicht 6- oder 12-prozentiges Wasserstoffperoxid. Es desinfiziert, tötet Pilze ab und bleicht gleichzeitig, was Flecken auf weißem Grund verschwinden lässt. Hochprozentig (30%) wird Wasserstoffperoxid sogar von Profis bei der Bekämpfung von Schimmel in Wohnräumen eingesetzt.

Tragen Sie bei der Entfernung von Schimmel unbedingt ausreichend Schutzkleidung.

Schimmelflecken entfernen – Schritt für Schritt

Bei der Behandlung der betroffenen Stellen sollten Handschuhe, eine Atemschutzmaske und eine Schutzbrille getragen werden. Die Oberfläche kann mit einem feuchten Tuch und einer Bürste vom Belag befreit werden. Anschließend wird mit einem Schwamm mehrfach Alkohol oder Wasserstoffperoxid aufgetupft.

Badfugen behandeln

Auf Fugen im Badezimmer kommt ein in Wasserstoffperoxid getränktes Küchenpapier, das mehrere Stunden dort verbleibt. Anschließend mit klarem Wasser gründlich abspülen. Die benutzten Lappen, Schwämme, Bürsten, Handschuhe und Atemmaske direkt entsorgen und die Kleidung in die Wäsche geben. Bei durchdringendem oder wiederholtem Schimmelbefall sollte jedoch ein Sachverständiger helfen.

Essig für Textilien

Bei Stockflecken auf Textiltapeten und Vorhängen kann Essig benutzt werden, um sie zu entfernen. Die Stockflecken mit einer Lösung aus Essigessenz und Wasser im Verhältnis 1:1 betupfen (Vorhänge einlegen), über Nacht einwirken lassen und anschließend mit klarem Wasser nachbehandeln (Vorhänge waschen). Vorsicht allerdings bei empfindlichen und farbigen Textilien. In dem Fall sollte zuerst ein Versuch an einer nicht sichtbaren Stelle durchgeführt werden. Die einzige Alternative ist es, die Tapete zu entfernen – daher lohnt sich der Versuch.

Sauber arbeiten – Profitricks

Ein guter Maler arbeitet vor allem sauber. Mit den richtigen Tricks vom Profi fällt dem Heimwerker das Renovieren deutlich leichter, und das Ergebnisse kann sich sehen lassen.

VOR DEM STREICHEN

Saubere Farbwanne

Das Reinigen der Farbwanne kann sich sparen, wer vor dem Streichen eine dünne Plastiktüte über die Farbwanne zieht und seitlich verknotet. Alternativ kann die Wanne auch in Frischhaltefolie eingepackt werden. Nach dem Streichen einfach das Plastik entfernen, und die Farbwanne ist sauber und bereit für den nächsten Einsatz.

Sauberer Pinsel

Gute Rundpinsel sind oft mit Bindfaden umwickelt (Fadenvorband). Ist der Pinsel abgenutzt, kann der Faden abgewickelt und der Pinsel so wieder „verlängert" werden. Wer den Bindfaden vor dem Streichen mit Malerkrepp abklebt, erleichtert sich die anschließende Reinigung sehr. Beim Stiel hilft Frischhaltefolie.

Saubere Farbdose

Schon vor dem Aufrühren der Farbe sollte der Dosenrand einmal entweder abgeklebt oder mit Frischhaltefolie abgedeckt werden. Am Ende der Streicharbeit einfach wieder entfernen, dann lässt sich der Deckel sauber aufbringen. Vor der Lagerung der Dose diese einmal kurz auf den Kopf stellen, damit die Farbe kleinste Undichtigkeiten abschließt und so nicht austrocknen kann.

Verklumpungen aus Farbe entfernen

Gerade bei Lack bildet sich gern eine Haut, die sich beim Aufrühren der Farbe nicht auflöst und stattdessen in Form vieler kleiner Verklumpungen oder Flocken in der Farbe bleibt. Das lässt sich leicht retten, indem die Farbe durch einen Damenstrumpf abgesiebt wird. Im feinmaschigen Gewebe bleiben die Klümpchen hängen.

VOR DER LAGERUNG DIE FARBDOSE EINMAL KURZ AUF DEN KOPF STELLEN

Wer die Farbwanne in dünne Plastikfolie packt, erspart sich das lästige Saubermachen.

BEIM MALEN UND LACKIEREN

Pinsel richtig abstreifen

Wer direkt aus der Farbdose (Lack) heraus arbeiten möchte, sollte über die Dose ein Gummiband (z. B. Einweckgummi) spannen, sodass das Gummi quer über der Öffnung bleibt. In der Mitte des Gummibands lässt sich der Pinsel dann besonders gut abstreifen. Das ist sehr viel besser, als den Dosenrand zum Abstreifen zu verwenden, was zwangsläufig zu verklebten, schlecht schließenden Deckeln führt.

Pinsel am Farbeimer einhängen

Oft braucht man den Pinsel bei Malerarbeiten nur gelegentlich – beispielsweise, wenn die Flächen mit der Rolle gestrichen werden. Damit der Pinsel währenddessen am Eimerrand aufgehängt werden kann, wird vor Beginn der Arbeit eine kleine Aussparung in den Holzstiel gesägt. Diese Aussparung muss die Breite des Dosen- oder Eimerrands haben und sollte schräg sein, damit der Pinsel an ihr relativ fest auf dem Rand steckt und am besten mit der Spitze in der Farbe bleibt – so trocknet er inzwischen nicht aus.

EXPERTENTIPP

» Allseitige Oberflächenbehandlung

Bei Massivholz und auch Leimholzplatten besteht die Gefahr, dass sich das Holz verzieht. Dies gilt besonders bei einer einseitigen Oberflächenbehandlung, das heißt, wenn Holz nur auf einer Seite geölt, lasiert oder lackiert wird. Ganz wichtig also: Immer alle Seiten des Holzes behandeln. Selbst für eine Auffrischung im Rahmen der Pflege die Tischplatte auch von unten mit Öl oder Lasur tränken. Einseitig behandeltes Holz kann beim Kauf von Möbeln ein Hinweis auf eine eher minderwertige Verarbeitung sein.

In dem aufliegenden, zurechtgebogenen Bügel hält der Pinsel und kann daran abgestreift werden.

Pinselhalter für Farbdose

Der Drahtbügelgriff der Farbdose oder des Eimers lässt sich sehr gut zum Pinselhalter biegen. Dazu wird der Bügel über der Öffnung in der Mitte nach unten gebogen, sodass ein M entsteht. Nun den Bügel mit dem M so horizontal abknicken, dass es flach auf der Öffnung liegt, und ausreichend zusammendrücken, damit der Pinsel in der Mitte der Öffnung hält. Am Ende der Malerarbeit wird der Griff einfach seitlich ausgehakt und entweder entsorgt oder gereinigt und beim nächsten Mal wiederverwendet. Bei kleinen Dosen ohne Griff einfach einen anderen Draht zurechtbiegen und mit Malerkrepp an der Dose befestigen.

WERKZEUGE NACH GEBRAUCH IMMER GLEICH EINWEICHEN UND VORWASCHEN

NACH DER ARBEIT

Werkzeug bei Pausen nur verpacken

Geht es am nächsten Tag gleich weiter, dann ist es besser, die Werkzeuge nur möglichst dicht in Frischhaltefolie oder Plastiktüten zu verpacken. Dabei so viel Luft als möglich herausdrücken. Eine Ausnahme macht das Farbgitter, das immer gereinigt werden muss, da sich daran schon im Laufe des Gebrauchs mehrere angetrocknete Schichten absetzen, die am nächsten Tag zu kleinen Klumpen in der Farbe führen könnten.

Malerwerkzeuge reinigen

Ölbasierte Farben werden kaum noch eingesetzt. Wenn man mit ihnen arbeitet, kommt nur spezieller Pinselreiniger in Betracht, der nach Herstellerangaben benutzt wird. Für die heute fast ausschließlich verwendeten wasserbasierten Farben gilt: Werkzeuge nicht an- oder eintrocknen lassen, sondern nach Gebrauch immer gleich in warmem Wasser einweichen und vorwaschen, Farbgitter sogar in richtig heißem Wasser einweichen. Anschließend wird alles Werkzeug mit lauwarmem Wasser so lange ausgewaschen und -gespült, bis das Wasser vollkommen klar bleibt.

Farbrollen mit Flor nach dem Waschen möglichst mit kräftigem Schwung ins Rollen bringen, damit sich der Flor beim Trocknen wieder aufrichtet.

Farbrolle mit dem Gartenschlauch spülen

Vor dem Auswaschen mit einem Gartenschlauch sollte möglichst viel Farbe mit Druck von der Rolle abgestreift werden. Dann die Rolle einige Stunden (über Nacht) in Wasser einweichen. Das Ausspülen selbst ist besonders leicht, wenn man die Rolle über einem Bodenablauf mit dem Gartenschlauch ins Rotieren bringt. Ausschließlich einen hauseigenen Abwasser-Gully (Garage, Waschküche) verwenden!

GEWUSST WIE

„Geheimbotschaft"
Notieren Sie Angaben zur Farbe auf einem Stück Malerkrepp. Das lässt sich auf die obere Kante vom Türrahmen kleben und gibt jederzeit Auskunft über die verarbeiteten Farben.

Abstreifgitter müssen immer sauber gemacht werden. Sonst hat man beim nächsten Streichen Klumpen in der Farbe.

6

Möbel restaurieren und pflegen

Kleine Reparaturen

Die Schublade in der Küche klemmt, der Lieblingsstuhl wackelt? Zeit für eine Reparatur. Die kleinen Ärgernisse und Gefahrenquellen sind leicht zu beseitigen.

SITZT, PASST, WACKELT UND HAT LUFT

Möbel ausrichten wie ein Profi

Selten ist ein Boden wirklich eben. In den meisten Fällen finden sich Neigungen, die dazu führen, dass Schranktüren klemmen oder schief in den Angeln sitzen. Die Wasserwaage gibt Aufschluss über eine eventuelle Schieflage. In solchen Fällen sollten die Möbel sauber ausgerichtet werden, da sie sonst Schaden nehmen.

Unterlegen reicht oft

Besonders professionell sind Einschlagmuffen und Möbelfüße mit Gewinde. Mit ihrer Hilfe lassen sich Möbel an nahezu jedem Ort leicht ausrichten. Doch nicht immer passen diese Beschläge und Füße zum Stil des Möbels. In vielen Fällen genügt es, die vorhanden Möbelfüße oder -wangen an der entsprechenden Stelle mit dünnen Holzstückchen oder Filz zu unterlegen.

Wackelige Holzverbindungen nachleimen

Mit einem kleinen Trick können aus dem Leim gegangene Holzverbindungen nachgeleimt werden, ohne das Möbelstück ganz auseinanderzunehmen. Dazu wird an einer verdeckten Stelle ein dünnes Loch bis zur Leimstelle gebohrt und mit einer Spritze der Leim bis zu dieser Stelle befördert. Überschüssigen Leim sofort mit einem feuchten Tuch entfernen. Das Möbelstück zusammendrücken und mit Schraubzwingen befestigen, bis der Leim getrocknet ist.

Ausgeleierte Holzverbindung keilen

Ältere Holzmöbel sind häufig verzapft oder „verzinkt". Manchmal schrumpfen Zapfen oder Zinken mit der Zeit, weil das Holz trocknet. In diesem Fall die Verbindung am besten auseinandernehmen und den alten Leim abkratzen, in den geschrumpften Zinken oder Zapfen ein schmales V hineinsägen und dort einen frischen schmalen Hartholzkeil einsetzen. Der lässt sich leicht aus einem Holzrest anfertigen. Alles wieder mit Leim bestreichen, die nun wieder strammere Verbindung zusammenfügen und während des Trocknens mit Schraubzwingen, Spanngurten o. Ä. zusammenpressen.

EXPERTENTIPP

» Verglasungsklötze zum Unterlegen

Verglasungsklötze werden vom Glaser benutzt, um Fenster genau auszurichten. Üblicherweise sind diese kleinen Holzplättchen in Sortimenten von 1–6 mm Stärke günstig im Handel erhältlich, aber gegen ein kleines Trinkgeld gibt der Glaser sicher gern einige ab. Auf die richtige Größe zurechtgeschnitten und gegebenenfalls passend lackiert, erleichtern sie das Unterlegen von Möbeln sehr.

DIE SCHUBLADE KLEMMT?

Stumpfe Führung gleitfähig machen

Auf jeden Fall sollte die Führung erst einmal gesäubert werden. Mit etwas Kerzenwachs oder einem Seifenstück kann man bei Holzführungen in den meisten Fällen schnell Abhilfe schaffen. Nur bereits gefettete Schienen (meist aus Metall) sollten mit Silikonspray oder -öl nachgefettet werden. Pflanzenöle aus dem Haushalt lieber nicht verwenden, sie neigen zum Verharzen.

Durchhängende Schubladenböden

Dünne oder schwer beladene Schubladenböden aus Holz oder Faserplatte können im Laufe der Zeit durchhängen und so die Funktion der Schublade beeinträchtigen. In einem solchen Fall am besten die Schublade auseinandernehmen und den Boden umkehren. Nun das Ganze wieder zusammenbauen und darauf achten, die Schublade nicht zu überladen.

Lockere Führungsschienen festziehen

Wenn sich eine oder mehrere Schrauben der Führungsschienen gelockert haben, verkantet oder hakt die Schublade. Dann einfach die Schrauben wieder festziehen – und diese Ursache ist beseitigt.

Mit etwas Glück sind alle abgesplitterten Teile vorhanden und können wieder angeleimt werden.

GEWUSST WIE

Gürtel zum Spannen beim Verleimen

Wer keine passende Schraubzwinge hat, kann in den meisten Fällen mit einem oder mehreren Gürteln für die nötige Spannung beim Leimen sorgen. Reicht ein Gürtel in der Länge nicht aus, dann verlängert man ihn einfach durch einen oder mehrere weitere. Auch Spanngurte ersetzen Schraubzwingen gut.

KLEINE SCHÄDEN AUSBESSERN

Abgesplittertes Holz anleimen

Abgebrochene oder -gesplitterte Holzteile können – soweit sie vollständig sind – einfach wieder angeleimt werden. Austretenden Leim mit einem Tuch sofort abnehmen, dann trocknen lassen. Eventuell mit etwas feinem Schleifpapier nacharbeiten und mit passender Beize, Lasur oder passendem Lack ausbessern. Eventuelle kleine Lücken können mit Möbelwachs in der richtigen Farbe aufgefüllt werden.

Angesplittertes Holz befestigen

Ist das Holz noch an einer Seite fest verbunden, kann der Spalt vorsichtig etwas aufgedehnt werden. Dann mithilfe eines Bindfadens Leim in den Zwischenraum einbringen. Nun den Splitter fest andrücken und mit einem Gurt o. Ä. fixieren, bis der Leim vollständig getrocknet ist.

Ausgerissene Scharniere reparieren

Besonders bei Möbeln aus Spanplatten reißen Scharniere leicht aus. Um die ausgerissenen Löcher zu reparieren, wird eine Schablone aus Spanplatte hergestellt, bei der im Abstand der Bohrlöcher zwei Aussparungen mit einem Durchmesser von 15 mm angebracht wurden. Die Schablone richtig auf den ausgerissenen Löchern positionieren und mit einer Schraubklemme befestigen. Anschließend die Löcher mit einem 15-mm-Forstnerbohrer anhand der Schablone ausbohren. In jede Bohrung einen 15-mm-Querholzdübel (Holzpfropfen) mit Leim einsetzen und – bis der Leim trocken ist – mit einer Schraubzwinge einpressen. Mit dem Scharnier die neuen Bohrungen anzeichnen und vorbohren. Das Scharnier festschrauben.

Furnier ausbessern

Wenn Furnier beschädigt ist, dann lässt sich das solide reparieren, indem ein Stück Furnier des gleichen Holzes an dieser Stelle eingesetzt wird. Den schadhaften Bereich mit einem Cutter als Dreieck „ausschneiden" und mit einem Beitel das Furnier abtragen. Ein Dreieck ist oft unauffällig und leicht anzupassen. Dann aus dem neuen Furnier ein passendes Dreieck ausschneiden. Leim auf die offene Stelle auftragen und das Ersatzstück einpressen. Austretenden Leim sofort mit einem Tuch abnehmen. Die Stelle bis zum vollständigen Trocknen beschweren. Abschließend wird mit Beize, Lasur und/oder Lack die Optik ausgebessert und das Furnier versiegelt.

Schäden spachteln und lackieren

Eine Macke in einem farbig lackierten Möbel lässt sich sehr gut mit einem 2-Komponenten-Spachtel ausbessern und anschließend lackieren. Meistens befindet sich die Beschädigung an einer Kante oder Ecke. Dort wird mit einer Schraubklemme ein Holz befestigt, um eine gerade Kante beim Spachteln hinzubekommen. Die Spachtelmasse genau nach den Angaben des Herstellers anrühren und zügig mit einem Kunststoffspachtel einbringen. Gut aushärten lassen. Eventuelle Unebenheiten mit feinem Schleifpapier beseitigen. Nachdem der Schleifstaub entfernt ist, wird mit einem kleinen Flachpinsel in derselben Farbe überlackiert. Je sauberer gearbeitet wird, desto besser wird das Ergebnis – im Idealfall ist die Stelle am Ende nicht mehr zu erkennen.

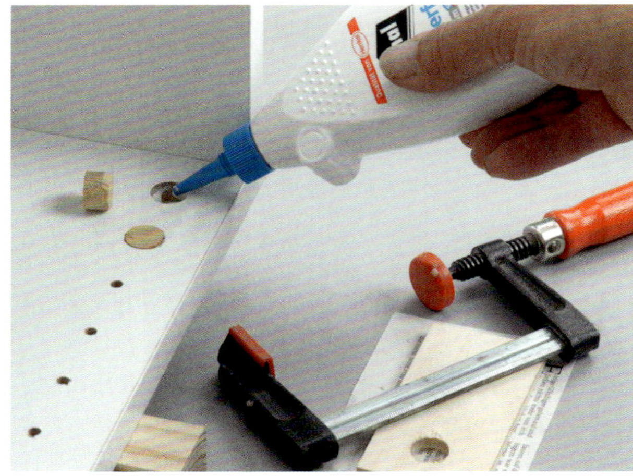

Vor dem Einpressen des Querholzdübels muss Leim in die Bohrung gegeben werden.

Das neue Stück Furnier soll so gewählt sein, dass es von der Maserung her optimal passt.

EXPERTENTIPP

» Scharnier aus dem 3-D-Drucker

Wenn kein passendes Scharnier für ein Möbel zu bekommen ist, lässt sich ein einfaches Ersatzteil auch auf einem 3-D-Drucker anfertigen. Es gibt im Internet oft entsprechende Vorlagen, und vielleicht hat ja ein Bekannter ein solches Gerät.

Regeln für die Möbelreparatur

Genauso wie gute Möbel gebaut werden, sollten sie auch repariert werden. Bei einer unsachgemäß durchgeführten Reparatur drohen Folgeschäden. Wer sich an den Regeln für die Reparatur von Möbeln orientiert, hat jedoch nichts zu befürchten.

Lose Teile leimen – nicht schrauben oder nageln

Außer an den Beschlägen finden sich bei einem guten Möbelstück keine Schrauben oder Nägel. Dementsprechend werden lose Teile auch geleimt und keinesfalls angeschraubt. Soll eine Verbindung stabiler als zuvor werden, ist die Verwendung eines oder mehrerer zusätzlicher Holzdübel sinnvoller als eine Schraube.

Beschläge regelmäßig nachziehen

Angeschraubte Beschläge lockern sich mit der Zeit, das ist ganz normal. Deshalb sollte zur Pflegeroutine der Möbel auch das Anziehen aller vorhandenen Schrauben gehören. Beim Festziehen der Schrauben aber nicht übertreiben. Ausgeleierte Bohrungen können mit einem feinen Holzspan wieder auf Spannung gebracht werden.

Leimreste entfernen

Niemals einen neuen Leim auf alten Leim auftragen. Dabei kann keine feste Verbindung entstehen. Der alte Leim muss erst bis auf das Holz abgekratzt werden, damit der neue Leim durch das Verpressen in das Holz eindringen kann. Beim Trocknen entstehen dann feste Brücken in beide Holzteile hinein.

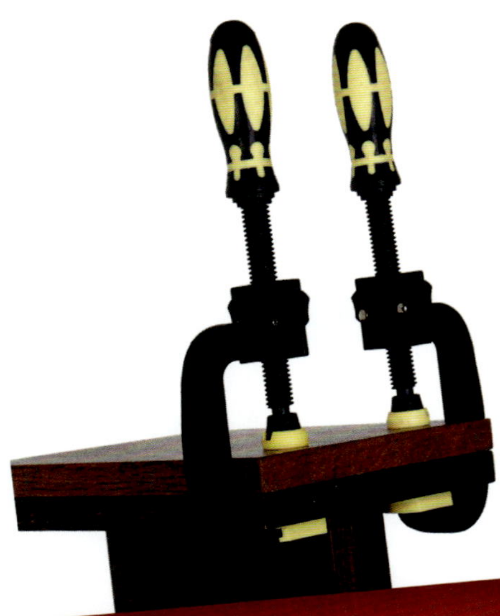

Den richtigen Leim verwenden

Holzleim (auch Weißleim oder PVAC-Leim) ist generell vollkommen ausreichend für die Verleimung von Holz. Wo immer Feuchtigkeit oder sogar Nässe zu befürchten ist, sollte jedoch wasserfester Holzleim benutzt werden. Bei Antiquitäten wird aus Gründen der Authentizität ein Glutinleim (Knochen-, Fisch- oder Hautleim) verwendet, der heiß aufgetragen wird. Gelöst werden solche Verleimungen durch Hitze (vorsichtig mit Heißluftgebläse). Artfremde Klebstoffe wie Montagekleber, Epoxidkleber usw. eignen sich überhaupt nicht für Holz, da sie nicht in das Holz eindringen oder nicht richtig aushärten.

Leim braucht Druck

Das A und O beim Verleimen ist der Druck, der für die Zeit des Trocknens auf die verleimte Stelle ausgeübt wird. Er entscheidet, wie weit der Leim ins Holz eindringt, und somit über die Stabilität der geleimten Verbindung. Also immer Klemmen, Zwingen oder Spanngurte beim Verleimen verwenden.

Nachlackieren

Bei lackierten Möbeln an den reparierten Stellen nachlackieren, um wieder eine geschlossene Beschichtung zu erhalten. Dazu die Stelle und die direkte Umgebung vor dem Lackieren mit feinem Schleifpapier anschleifen. Dann lackieren, trocknen lassen und einen kurzen Zwischenschliff vornehmen, bevor eine weitere Lackschicht aufgebracht wird.

Holzmöbel aufarbeiten

Hochwertige Möbel werden mit der Zeit immer schöner, und dennoch verhilft eine Überarbeitung den guten Stücken irgendwann wieder zu neuem – oder „altem" – Glanz.

BEIZEN, STREICHEN UND BEKLEBEN

Lack für farbige Anstriche

Nicht nur für den Heimwerker eignen sich vor allem Acryllacke, da sie wasserlöslich sind und keine unangenehmen Ausdünstungen mit sich bringen. Sie sind gut zu verarbeiten, stark pigmentiert und vergilben weniger. Vor dem ersten Anstrich sollte eine passende Grundierung aufgetragen werden. Wenn diese getrocknet ist, erfolgt ein Zwischenschliff, um eventuell aufgerichtete Holzfasern abzutragen. Den Schleif-

MÖBEL ABBEIZEN

Werkzeug & Material

- Augenschutz
- Atemschutzmaske
- Gummihandschuhe (zwei Paar)
- chemischer Abbeizer
- Pinsel
- Spachtel
- Alte Zahnbürste
- Stahlwolle (mittel und fein)
- Terpentinersatz
- spitzes Werkzeug (alter Schraubendreher o. Ä.)
- Leintuch
- Staubsauger mit einem Bürstenaufsatz

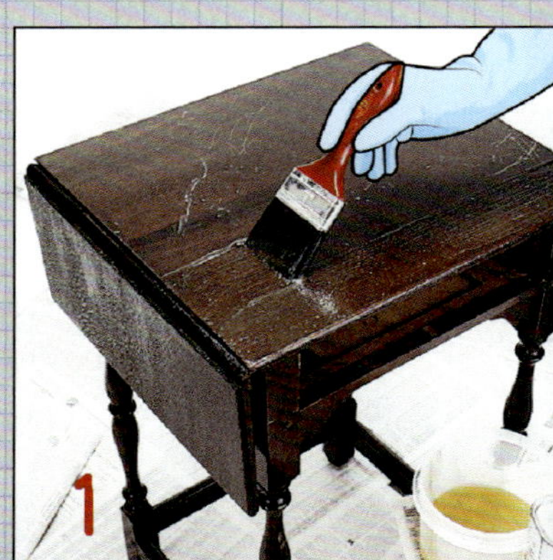

1. Beize auftragen
Zur Sicherheit sollte mit Schutzkleidung gearbeitet werden. Zunächst wird eine dicke Schicht Abbeizer auf das Möbel aufgetragen. Man geht am besten in Abschnitten vor, damit man den Abbeizer nicht mehrmals auf eine Stelle streicht.

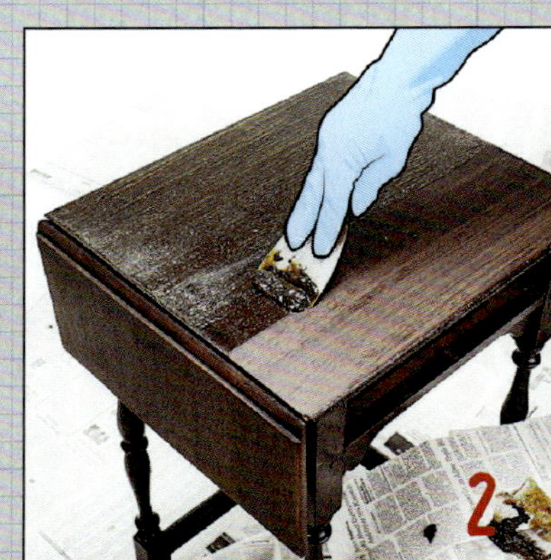

2. Abschaben
Die Flächen können abgespachtelt werden, wenn die Farb- oder Lackschicht Blasen wirft. Leisten und Verzierungen werden mit einer Zahnbürste bearbeitet. Die letzten Farbreste entfernt man mit der Stahlwolle. Immer mit der Maserung schleifen.

Bevor eine Holztür einen neuen Anstrich bekommt, muss sie gründlich abgeschliffen werden.

staub gründlich entfernen. Anschließend mit einem Acrylpinsel oder einer Lackierrolle den Lack auftragen. Haben sich ein weiteres Mal Fasern aufgerichtet, sollte ein erneuter Zwischenschliff gemacht werden, bevor ein zweites Mal lackiert wird.

Mit Lasur bleibt die Maserung sichtbar

Lasuren sind sehr dünnflüssig und dringen ins Holz ein. Sie bilden keine Schicht auf dem Holz wie etwa Lacke. Daneben sind sie sehr transparent und lassen die natürliche Maserung durchscheinen. Ihr Vorteil ist also eine natürliche Haptik und Optik. Für Möbel werden Innen- oder spezielle Möbellasuren verwendet, die besonders umweltfreundlich sein sollten. Alle paar Jahre – je nach Beanspruchung – muss der Anstrich mit einer Lasur wiederholt werden, ohne dass geschliffen werden müsste.

Eventuell zweimal streichen

Zum Anstrich wird ein Lasurpinsel benutzt, mit dem man gleichmäßig und ohne Ansätze, immer in Richtung der Maserung, Nass in Nass arbeitet. Wenn die erste Lasur komplett getrocknet ist, wird überprüft, ob sich Holzfasern aufgerichtet haben. Wenn ja, dann wird die gesamte Fläche mit einem feinen Schleifpapier geglättet. Nach-

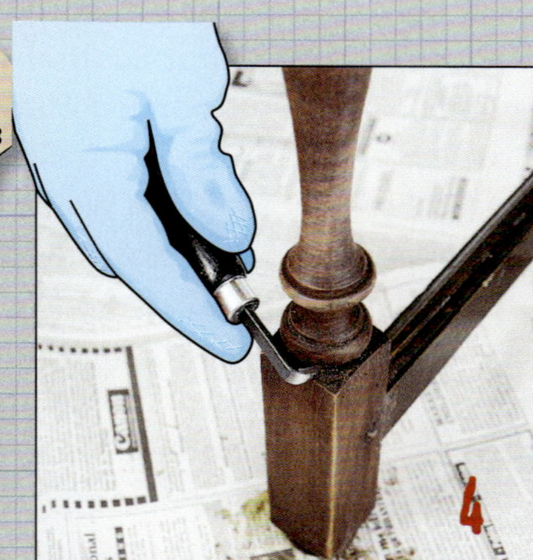

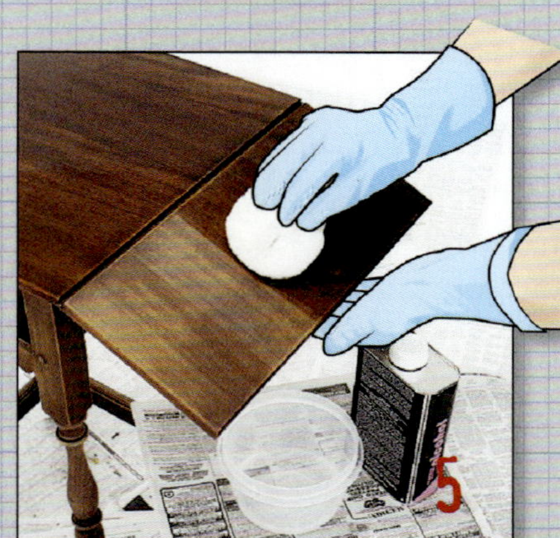

3. Beine abbeizen
Zunächst trägt man den Abbeizer auf die „flachen" Stellen auf und entfernt den Belag entsprechend dem vorigen Schritt. Danach wird das komplette Bein noch mit Stahlwolle bearbeitet. Dazu die Stahlwolle auseinanderziehen und häufig mit Terpentinersatz anfeuchten.

4. Vertiefungen ausschaben
Vertiefungen und Verzierungen müssen besonders sorgfältig behandelt werden. Den Abbeizer dort mit den Pinselspitzen gut auftragen und einwirken lassen. Anschließend die Lack- oder Farbschichten vorsichtig mit einem Schraubendreher oder Fugenkratzer entfernen.

5. Nachbehandeln
Wenn das Möbelstück ganz abgebeizt ist, wird es mit einem Leintuch und Terpentinersatz abgerieben. Kein Wasser verwenden – das Holz quillt sonst auf. Zum Schluss das Möbel mit dem Bürstenaufsatz gründlich absaugen.

dem man den Schleifstaub gründlich entfernt hat, kann das Holzmöbel dann ein zweites Mal gestrichen werden.

EXPERTENTIPP

» Holzlasur einfärben

Es gibt zwar zahlreiche farbige Holzlasuren im Handel, doch manchmal ist der richtige Ton einfach nicht dabei. In diesem Fall kann eine farblose Holzlasur mit Farbpaste oder Farbkonzentrat desselben Herstellers oder auch mit reinen Farbpigmenten nach eigenem Geschmack eingefärbt werden. Wichtig ist, dass die Lasur immer transparent bleibt. Am besten beim Mischen mehrfach auf einem Stück Restholz testen.

Mit Folie bekleben

Beschädigte Türen oder Schranktüren können mit Möbelfolie in Holzoptik oder mit Motiven beklebt werden. Dazu die Türen aushängen und auf einen Tisch oder Böcke legen. Die Beschläge werden abmontiert. Macken mit Holzspachtel reparieren und nach dem Trocknen glatt schleifen. Schleifstaub entfernen. In einem Pumpsprüher Wasser mit ein, zwei Tropfen Spülmittel vermischen. Die Fläche wird mit dieser Mischung eingesprüht, um Luftblasen zu vermeiden.

Mit Rakel und Cutter arbeiten

Die Folie auslegen und die Schutzfolie bis zur Hälfte abziehen. Das Wasser wird nun mit einer Rakel und einem Tuch nach außen ausgestrichen. Mit einem Cutter werden die Löcher von Beschlägen oder Klingen sternförmig eingeschnitten und die Spitzen nach innen angedrückt. Mit einem Heißluftföhn angewärmt, lassen sich Polymer- oder gegossene Klebefolien problemlos um Ecken ziehen. Überstehende Folie mit der Klinge sauber an der Kante entlang abschneiden.

AUFFRISCHEN, WACHSEN UND ÖLEN

Holzmöbel wachsen

Wachs kann auf Naturholz, aber auch auf geöltes Holz aufgetragen werden. Es bildet eine Wasser abweisende Schicht. Dabei dringt Wachs nur oberflächlich in das Holz ein. Gewachstes Holz kann weiter atmen. Die Auswahl an Möbelwachsen ist groß. So ist es leicht, das passende Wachs für das jeweilige Möbel zu finden, ob es nun Antikwachs für ein älteres Möbel oder ein weiß pigmentiertes Wachs für ein modernes ist.

Vor dem Wachsen

Verarbeitet wird nach Anweisungen des Herstellers auf jeden Fall in Richtung der Holzmaserung. Wichtig ist nur, dass das Holz vor der Behandlung sauber und aufnahmefähig ist. Dazu kann es notwendig sein, es abzubeizen, zu schleifen oder mit einem Intensivreiniger zu waschen. Es dürfen keine Wachs- oder gar Lackreste auf dem Holz bleiben.

Holz mit Essig und Öl auffrischen

Mit einer selbst gemischten, natürlichen Möbelpolitur aus drei Teilen Essig und einem Teil Öl bekommen Möbel schnell wieder einen tiefen Glanz. Für helle Hölzer sind farbloser oder heller Essig wie Weißweinessig und farbloses Öl wie Sonnenblumenöl am besten geeignet. Für dunkle Hölzer darf es auch Rotweinessig mit Walnussöl sein. Am besten in eine verschließbare kleine Flasche füllen und vor jedem Gebrauch gut schütteln. Dann mit einem fusselfreien Tuch etwas Politur aufnehmen und die Möbeloberfläche

WICHTIG IST, DASS DAS HOLZ VOR DEM WACHSEN SAUBER UND AUFNAHMEFÄHIG IST

abreiben. Mit einem trockenen Baumwolltuch nachpolieren – und schon machen die Möbel wieder einen viel frischeren Eindruck.

Holz richtig ölen

Es gibt verschiedene Holzöle wie Leinöl, Walnussöl, Tungöl, Hartöl, Hartwachsöl und viele andere mehr. Wichtig: Wenn Leinöl oder Leinölprodukte benutzt werden, besteht die Gefahr, dass sich verwendete Pinsel und Lappen selbst entzünden können. Deshalb sollte in dem Fall immer ein luftdicht verschließbares Schraubglas bereitstehen, in das die Pinsel und Lappen am Ende kommen. Öle härten mit der Zeit aus. Sie brauchen unterschiedlich lange dazu – etwa zwei bis acht Wochen. Bei Hartöl werden Harze zugesetzt, deshalb härtet es schneller aus als andere Öle.

Auf die Wohngesundheit achten

Für ein Möbel im Innenbereich sollte auf ein möglichst natürliches und wohngesundes Öl Wert gelegt werden. Der Auftrag ist einfach: Ein fusselfreies Tuch (z. B. aus Leinen oder Baumwolle) wird mit Öl getränkt und das Holz damit eingerieben. Nach 20 Minuten wird überschüssiges Öl mit einem trockenen Tuch abgenommen. Über Nacht trocknen lassen, dann kann ein zweites Mal geölt werden. Je nach Aufnahmefähigkeit des Holzes sind bei der ersten Behandlung zwischen zwei und vier Aufträge notwendig.

GEWUSST WIE

Möbel umstellen

Unter Umständen muss ein Möbel gar nicht restauriert werden. Manchmal reicht auch ein anderer Standort, um eine Macke zu verdecken. Auf glatten Böden können Möbel mithilfe eines kleinen Teppichs oder einer alten Decke leicht verschoben werden. Professioneller und auch auf Teppichböden geht es mit einem speziellen Rollenset inklusive Hebel aus dem Handel oder Baumarkt.

Alten Möbeln kann man mit einer selbst hergestellten Politur aus Essig und Öl neuen Glanz verschaffen.

Glanz für Möbel – bewährte Mittel

Es gibt eine Vielzahl von Mitteln und Möglichkeiten, um die Oberflächen von Möbeln zu schützen und ihnen Glanz zu verleihen. Die Vor- und Nachteile der einzelnen Mittel sollten bekannt sein, wenn es um die beste Auswahl geht.

Natürliche Holzöle

Vorteile: Holzöle ohne künstliche Lösungsmittel sind umweltfreundlich und belasten die Raumluft nicht. Das Holz bleibt offenporig und ist dennoch von innen geschützt. Der Farbton und die Maserung des Holzes werden hervorgehoben. Bei kleinen Schäden kann leicht nachgeölt werden. Ein neuer Auftrag kann ohne zu schleifen aufgebracht werden.
Nachteile: Natürliches Holzöl wie Lein-, Walnuss- oder Tungöl hat eine mehrwöchige Trocknungszeit und muss immer wieder nachgepflegt werden. Es können Wasserflecken und auch andere Flecken entstehen.

Hartöl

Vorteile: Für ein Hartöl werden einem Holzöl natürliche oder synthetische Harze zugesetzt, wodurch es schneller trocknet. Ein umweltfreundliches Hartöl belastet die Raumluft nicht. Es dringt in das Holz ein und lässt es weiter atmen. Es kann ohne Schliff ausgebessert und nachgeölt werden.

Nachteile: Es trocknet zwar schneller als Holzöl, aber dennoch deutlich langsamer als Lasuren oder Lacke. Hartöl versiegelt das Holz nicht gegen Flecken und mechanische Belastungen wie Wachs, Lasur oder Lack.

Holzwachsöl

Vorteile: Bei einem umweltfreundlichen Produkt ohne synthetische Bestandteile belastet ein Holzwachsöl die Raumluft nicht. Es trocknet etwa so schnell wie Hartöl, wobei sich eine Wasser abweisende Schicht auf der Oberfläche bildet.
Nachteile: Die Oberflächenbeschichtung ist nicht so strapazierfähig wie bei Lasuren oder Lacken und nicht so offenporig und atmungsaktiv wie bei Holz- oder Hartölen. Vor einem Neuauftrag muss die alte Wachsschicht entfernt werden. Allerdings reicht dazu feine Stahlwolle aus.

Lasur

Vorteile: Es gibt Lasuren in zahlreichen Farbtönen. Sie sind leicht zu verarbeiten, dringen ins Holz ein und trocknen schnell. Die natürliche Maserung bleibt fühl- und sichtbar. Umweltfreundliche Produkte belasten die Raumluft nicht.
Nachteile: Lasuren müssen alle zwei bis drei Jahre nachgestrichen werden. Das Holz bleibt nicht offenporig, aber dampfdurchlässig.

Lack

Vorteile: Eine Lackierung schützt vor Feuchtigkeit und Witterung. Sie ist sehr farbbeständig, und umweltfreundliche, wasserlösliche Lacke belasten die Raumluft nicht.
Nachteile: Das Holz ist durch den Lack stark versiegelt und kann nicht atmen. Die Oberfläche fühlt sich nicht natürlich an, und die Maserung ist überdeckt.

FLECKEN UND KRATZER

Fettflecken
Fett oder Öl immer sofort entfernen und dabei nicht verwischen. Auf den Fleck eine 1:1-Mischung aus Spülmittel und Wasser geben, kurz einwirken lassen und abwaschen. Alternativ kann auch (essigsaure) Tonerde oder Heilerde mit Wasser zu einem Brei vermengt werden. Auf den Fleck streichen, trocknen lassen, abnehmen und mit klarem Wasser nachwischen. Auch Spiritus kann helfen, wenn es sich um unbehandeltes Holz handelt.

Zur Not abschleifen
Ist der Fleck schon tiefer in unbehandeltes Holz eingezogen, kann er meist nur noch abgeschliffen werden. Eventuell hilft es auch, das Holz komplett zu ölen in der Hoffnung, dass der Fleck sich danach nicht mehr von der restlichen Fläche absetzt. Generell empfiehlt es sich, Holz, das mit Fetten in Kontakt kommt, wie Arbeits- oder Tischplatten, mit einer schützenden Schicht zu versiegeln (mit Hartöl behandeln, wachsen, lasieren oder lackieren).

Helle Ringe von Gläsern und Kannen
Bei hellen Ringen ist die Oberflächenbeschichtung (Öl, Lack usw.) an diesen Stellen feucht geworden. Fläche abtrocknen, dann ein trockenes Baumwolltuch auf den Fleck legen und mit einem Bügeleisen (ohne Dampf) auf Stufe 2 (Wolle) darüberfahren, bis der Ring verschwunden ist. Alternativ hilft es auch, die Stelle mit genügend Abstand zu föhnen.

GEGEN KLEINE BRANDFLECKEN KANN EINE MISCHUNG AUS ASCHE UND ZITRONENSAFT HELFEN

EXPERTENTIPP

» Kratzer auf Holzmöbeln oder Parkett
Bei ganz leichten Kratzern hilft meist das Abreiben mit einer Walnuss (dunkle Hölzer) oder Haselnuss (helle Hölzer). Anschließend mit einem weichen Tuch nachpolieren. Auch eine Mischung aus weißer Zahnpasta und hellem Pflanzenöl kann helfen, kleine Kratzer wegzupolieren. Mit Tee oder Kaffee können helle Kratzer in dunklen Möbeln retuschiert werden. Bei gröberen Schäden sollte ein zum Holz passendes Reparaturwachs benutzt werden, um die Vertiefung wieder aufzufüllen.

Kleine Brandflecken
Gegen kleine Brandflecken kann eine Mischung aus Asche und Zitronensaft helfen. Den Brei mit einem Tuch in Richtung der Maserung einreiben und anschließend mit klarem Wasser abnehmen und nachtrocknen.

Andere Flecken
Wenn die Ursache nicht klar ist, kann weiße Zahnpasta (kein Gel) oder zu einer Paste angemischtes Backpulver auf den Fleck gegeben werden. Mit einem Tuch in Richtung der Maserung reiben, mit klarem Wasser abwaschen und abtrocknen. Gegebenenfalls wiederholen. Farbige Flecken können mit Zitronensaft oder Essig behandelt werden. Alternativ kann ein Versuch lohnen, den Fleck mit ganz feiner Stahlwolle zu entfernen. Sollte die Oberflächenversiegelung bei der Fleckentfernung beschädigt werden, muss diese an der Stelle erneuert werden.

Rund um Polster und Bezüge

Polster müssen viel aushalten. Die meisten Verschmutzungen lassen sich mit dem richtigen Hausmittel entfernen. Wenn dies nicht mehr klappt, kann man einen Stuhl selbst polstern.

ERNEUERN UND AUFFRISCHEN

Polster auffrischen

Um ein Polster oder ein Polstermöbel aufzufrischen, Geruch und auch oberflächliche Verschmutzungen zu entfernen, kann man großzügig Natron auf dem Polster verteilen und mit einem Tuch sacht eintupfen. Das Pulver nimmt leichte Verschmutzungen wie Hautfette und Gerüche auf. Nach einigen Stunden Einwirkzeit kann es gründlich abgesaugt werden. Bei Bedarf die Behandlung einfach wiederholen.

EIN STUHLPOLSTER ERNEUERN

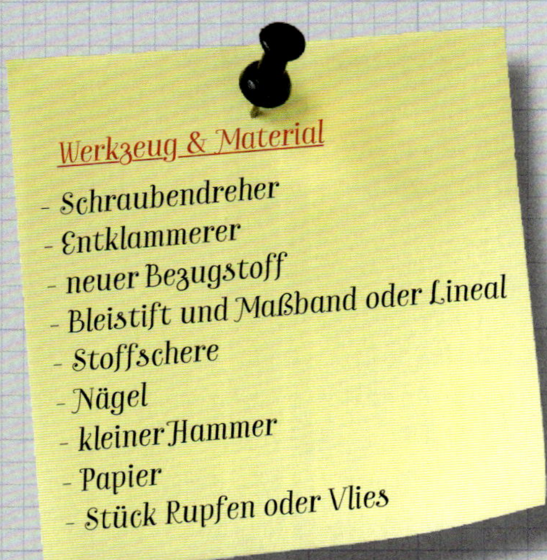

Vorbereitung
Anfänger sollten einen einfarbigen Bezug wählen oder einen klein gemusterten Stoff.

1. Bezug zuschneiden
Die Sitzfläche vom Rahmen abnehmen und den alten Bezug entfernen (Nägel oder Klammern). Den neuen Stoff mit der Sichtseite nach unten auf den Arbeitsplatz legen, darauf den umgedrehten Sitz. Kontur mit einigen Zentimetern Zugabe anzeichnen und Stoff zuschneiden.

2. Stoff anpassen
Den Stoff an einer Seite über den Sitz falten und in der Mitte mit einem Nagel fixieren. Auf der gegenüberliegenden Seite den Stoff nicht zu fest anziehen und festnageln. Den Bezug dann so auch auf der erste Seite befestigen – jeweils 7,5 cm an den Ecken offen lassen.

Der neue Bezugsstoff für ein Stuhlpolster kann auf der Unterseite auch festgetacktert werden.

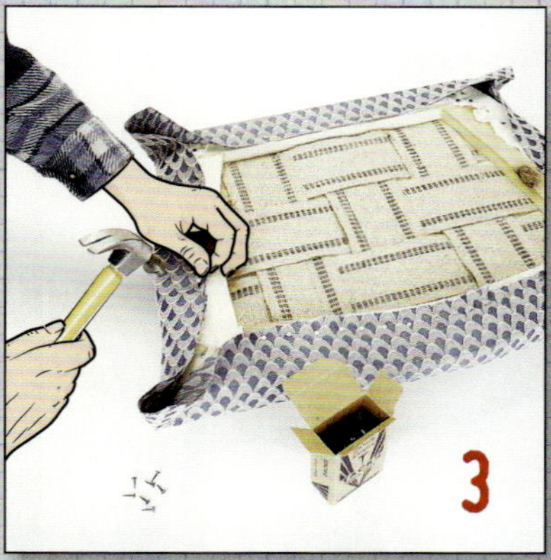

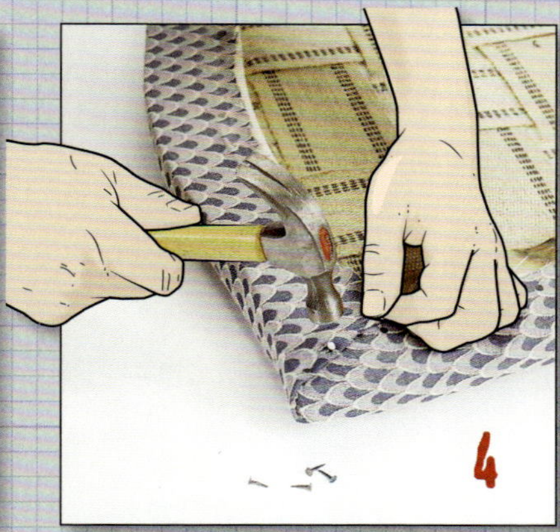

3. Stoff spannen
Danach wird der Stoff auf dieselbe Weise an den anderen beiden Seiten befestigt. Der Abstand zwischen den Nägeln sollte 2,5–4 cm betragen. Den Stoff gut anziehen, er soll aber nicht so spannen, dass sich das Muster verzieht oder Falten entstehen.

4. Ecken ausarbeiten
In den Ecken wird der Stoff sorgfältig gefaltet. Was überflüssig ist, wird abgeschnitten. Beim Festnageln in den Ecken darauf achten, dass der Abstand zwischen den Nägeln nicht mehr als 2,5 cm beträgt. Der Stoff soll dabei ordentlich gespannt bleiben.

5. Rupfen anbringen
Abschließend ein Stück Papier auf die genauen Maße der Unterseite des Sitzes zuschneiden. Aus diesem Muster wird aus einem Rupfen oder Vlies ein Stück kopiert. 1,2 cm als Kante einschlagen, glatt bügeln und gut am Holzrahmen festnageln.

VERSCHMUTZUNGEN ENTFERNEN

Öl- und Fettflecken

Fett und Ölflecken können mit Kreide eingerieben werden. Einige Stunden einwirken lassen, bevor die Kreide mit einer weichen Bürste ausgebürstet und abgesaugt wird. Gegebenenfalls wiederholen. Alternativ dazu kann ein Brei aus Backpulver und Wasser verwendet werden. Der Brei muss vor dem Abnehmen, -bürsten und -saugen komplett durchtrocknen.

GEWUSST WIE

Trockenshampoo für empfindliche Gewebe

Bei sehr empfindlichen Geweben ist Trockenshampoo eine sanfte Alternative zu einer nassen Reinigung. Ein paar Stunden einwirken lassen und dann gründlich absaugen. Wenn eine Wirkung sichtbar wird, ruhig mehrmals wiederholen.

Eiweißhaltige Flecken

Blut, Sahne, Milch (auch Milchkaffee) usw. sind eiweißhaltig und dürfen nur mit kaltem Wasser und ein, zwei Tropfen Spülmittel behandelt werden. Immer von außen nach innen tupfen und keinesfalls reiben. Bei Blut hat sich auch Glasreiniger bewährt.

Kaffee, Rotwein, Saft

Lauwarmes Wasser mit etwas farblosem Shampoo auftupfen und mit einem trocknen Tuch die Feuchtigkeit wieder aufnehmen. Bei Bedarf mehrmals wiederholen. Bei etwas älteren Flecken kann ein Versuch mit Mineralwasser beim Lösen helfen.

Kerzenwachs

Wachs aushärten lassen und eventuell sogar mit einem Eiswürfel noch zusätzlich härten, bevor es vorsichtig abgenommen wird. Reste mit Löschpapier und einem Bügeleisen auf niedrigster Stufe entfernen. Wiederholen, bis keine Flecken mehr auf dem Löschpapier erscheinen.

Nach der Reinigung mit Natron, Kreide oder Backpulver und Wasser müssen die Polstermöbel sorgfältig gesaugt werden.

Neue Möbelideen

Gebrauchten Dingen kann man ein neues Aussehen geben oder etwas vollkommen Neues aus ihnen bauen. Europaletten und „Shabby Chic" sind besonders beliebt.

EUROPALETTEN

Europaletten zerlegen

Aus Europaletten kann vieles gebaut werden. Manchmal muss die Palette dazu teilweise oder ganz auseinandergenommen werden: Paletten sind genagelt – um sie zu zerlegen, werden ein Zimmermannshammer, ein Meißel und ein Kuhfuß benötigt. Mit dem Hammer wird der Meißel zwischen das Deckbrett und das darunterliegende Brett getrieben, bis ein Spalt entstanden ist. In diesem Spalt wird der Kuhfuß angesetzt und das Brett abgehebelt. So Brett für Brett abnehmen. Mit dem Zimmermannshammer zum Schluss die Nägel überall von hinten etwas herausklopfen und dann herausziehen.

Mit einem Kuhfuß lassen sich die Bretter vergleichsweise leicht abhebeln.

Möbel aus Europaletten

Es wird seit Jahren alles Mögliche aus Europaletten gebaut – der Trend ist ungebrochen. Selbst in Baumärkten werden neue Europaletten speziell für diese Zwecke angeboten. Es gibt sogar passende Zusatzprodukte, wie Polster für Gartenmöbel aus Europaletten. Wer entsprechende Aufsatzrahmen dazu kauft, kann Pflanzkästen oder Hochbeete aus den Paletten herstellen. Das zerlegte Palettenholz dient auch zum Bau von vielerlei Gartendekorationen wie etwa Blumensäulen, Dekobäumchen oder Tierfiguren.

Die richtigen Paletten besorgen

Um Paletten mit dem genormten Maß von 120 × 80 cm zu bekommen, achtet man auf das Brandzeichen EUR oder EPAL. Zugunsten einer stabilen Qualität sollten keine Einwegpaletten für Bastel- und Bauprojekte verwendet werden. Taucht doch noch mal eine alte Palette (Herstellung bis 2010) mit dem zusätzlichen Kennzeichen MB auf, dann besser nicht verwenden. Bei diesen Paletten wurden noch starke, inzwischen verbotene Insektizide verwendet.

FÜR GARTENMÖBEL AUS EUROPALETTEN GIBT ES SOGAR ZUSATZPRODUKTE

ALTE MÖBEL IM NEUEN GEWAND

Mit Kreidefarbe zum Shabby Chic

Leicht abgenutzt und doch schön soll der Shabby Chic sein – dafür werden vorwiegend Kreidefarben verwendet. Sie sind stark deckend und wasserlöslich. Der Untergrund muss staub- und fettfrei sowie tragfähig sein, das heißt zumindest angeschliffen, falls das Möbel vorher lackiert war. Um die typischen Effekte wie abgenutzte Kanten u. Ä. zu erzeugen, wird ein dunkler Ton als untere Schicht vorgestrichen und ein hellerer darüber.

Unregelmäßigkeiten sind erwünscht

Mit feinem Schleifpapier wird an den Kanten und Ecken wieder etwas Farbe abgeschliffen, sodass die dunklere Farbe darunter zum Vorschein kommt. Nicht zu regelmäßig arbeiten, denn Unregelmäßigkeiten sehen deutlich natürlicher aus. Fotos von abgenutzten Möbeln oder guten Shabby-Chic-Arbeiten helfen sehr, zu einem authentischen Ergebnis zu gelangen. Zum Schluss kann das Möbel mit speziellem Wachs oder einer Versiegelung aus derselben Produktreihe behandelt werden.

Alte Schränke aufgemöbelt

Der alte Schrank hat viele Macken oder sieht billig aus, ist ansonsten aber genau richtig?

Aus alt mach schick: Shabby-Chic-Möbel sind beliebt und ein echter Hingucker.

In dem Fall kann das ganze Möbel eine deutliche Aufwertung durch eine vollflächige Beplankung mit Multiplex- oder Leimholzplatten bekommen. Weiterer Vorteil: Der Schrank erhält mehr Stabilität. Passende Platten werden dazu am besten mehrfach von innen mit dem vorhandenen Korpus verschraubt. Multiplexplatten gibt es in vielen verschiedenen Stärken schon ab 6,5 mm, Leimholzplatten meist erst ab 18 mm.

Viele Behandlungsmöglichkeiten

Die Oberflächen der verbundenen Platten können gebeizt, geölt, gewachst, lasiert oder auch lackiert werden. Die Kanten werden entweder mit Umleimern versehen oder für den Effekt mit Lack farblich abgesetzt. Scharniere sollten neue Schrauben erhalten, die bis in das neue Holz reichen. In manchen Fällen ist es sogar empfehlenswert, neue Scharniere einzusetzen – insbesondere, wenn sie für schwerer gewordene Türen nicht stabil genug sind.

GEWUSST WIE

Pigmente in Lasur, Wachs oder Öl

Ein anderes Aussehen erhalten alte Möbel durch eine Auffrischung mit einer (anders) pigmentierten Variante der ursprünglichen Behandlung. Weiß pigmentierte Mittel ergeben einen völlig neuen Look und lassen viele Möbel dadurch deutlich moderner erscheinen. Wichtig ist nur, wieder dieselbe Art der Holzbehandlung zu wählen. Mit einer Ausnahme: Geölte Möbel können zusätzlich gewachst werden.

Möbel schützen und pflegen

Gut gepflegte Möbel bekommen im Laufe der Jahre häufig eine wunderschöne Patina, die ihren Wert noch stetig steigert.

HOLZMÖBEL

Pfleglicher Umgang schützt

Um bei Holzmöbeln lange ein gepflegtes Aussehen zu erhalten, ist der Schutz vor Beschädigungen allen anderen Maßnahmen voranzustellen. Das bedeutet, dass Holztische nur mit Untersetzern und Platzsets benutzt werden. Auf Kommoden, Regalen und Schränken geeignete Unterlagen unter Pflanzen und andere Gegenstände legen.

Vorsicht bei Türen und Fenstern

Möbel sollten entweder nicht im Bereich von Fensterflügeln oder Türen stehen, oder man muss mittels Türstoppern u. Ä. dafür sorgen, dass diese nicht an die Möbel anschlagen können. Generell sind Holzmöbel vor Wasser und Feuchtigkeit zu schützen. Sollte also z. B. einmal etwas Gießwasser danebengehen: Sofort abtrocknen.

Die sanfte Reinigung

Vorsicht bei Microfasertüchern! Nicht alle sind fein genug für empfindliche Möbeloberflächen und können durch Abrieb zu stumpfen Flächen führen. Geölten Möbeln entziehen sie zu viel Öl. Man sollte nur ausgewiesene Staubtücher für empfindliche Flächen oder ein Leder zur nebelfeuchten Reinigung lackierter Möbel verwenden.

Der gute alte Staubwedel

Mit Öl, Wachs oder Lasur versiegelte Möbel werden besser mit trocknen, fusselfreien Baumwoll- oder Leinentüchern entstaubt. Alternativ kann ein Staubwedel gute Dienste leisten. Reinigungsmittel sind nur in geringsten Mengen oder in Notfällen notwendig, wenn es beispielsweise um die Entfernung von Flecken geht. Stattdessen werden Möbel regelmäßig mit Öl, Wachs oder Lasur aufpoliert oder aufgefrischt, wenn sie nicht lackiert sind.

Pflegeroutine für lackierte Möbel

Bei ganz alten Möbeln kommen auch Schelllack-Lackierungen vor. Diese sind ganz einfach mit einem Staubwedel regelmäßig von Staub zu befreien. Bei Verschmutzungen wie Fingerabdrücken oder Fettflecken am besten ein fusselfreies Baumwolltuch und destilliertes Wasser benutzen. Bei stärkeren Verschmutzungen können ausnahmsweise auch ein paar Tropfen flüssige grüne Schmierseife verwendet werden. Wichtig ist, sofort mit einem trockenen Baumwolllappen zu trocknen und nachzupolieren. Bei allen anderen lackierten Möbeln sind ein feuchtes Leder zur Reinigung und ein trockenes Baumwolltuch zum Trocknen und Polieren die beste Wahl. Auf gängige Möbelpolituren sollte besser verzichtet werden, da sie dem Lack eher schaden als nutzen.

EIN STAUBWEDEL KANN GUTE DIENSTE LEISTEN

Geölte Möbel pflegen

Geölte Möbel werden abgestaubt und gegebenenfalls mit einem feuchten Leinen- oder Baumwolltuch abgewischt. Für stärkere Verschmutzungen kann auch warmes Wasser mit etwas Neutralreiniger benutzt werden. Ein- bis zweimal im Jahr – je nach Beanspruchung – sollten geölte Möbel nachgeölt werden. Dabei wird auf die saubere Oberfläche mit einem Baumwoll- oder Leinenlappen Öl aufgetragen und nach 20 Minuten mit einem trockenen Tuch überschüssiges Öl abgenommen. Hat eine Oberfläche zu starke Flecken oder kleine Beschädigungen, kann sie komplett abgeschliffen und in zwei bis vier Durchgängen neu geölt werden. Zwischen jedem Ölen einen Tag trocknen lassen.

MÖBEL AUS GLAS UND KUNSTSTOFF

Glasmöbel

Glasoberflächen sollten nicht mit einfachen Microfasertüchern gereinigt werden, diese können Microkratzer verursachen. Entweder ein spezielles, feines Glas-Microfasertuch (für Brillen, Monitore usw.) oder besser ein Fensterleder verwenden. Im Idealfall reicht destilliertes Wasser vollkommen aus. Bei stärkerer Verschmutzung einige Tropfen Spiritus ins Wasser geben.

Möbel aus Kunststoff

Kunststoffe sind im Grunde pflegeleicht. Sie sollten jedoch vor Verkratzen und Verfärbungen geschützt werden. Aggressive Reinigungsmittel, Scheuerschwämme und grobe Microfasertücher rauen die Oberfläche auf und machen sie schmutzanfälliger. Auch Staub kann aufrauend wirken und sollte regelmäßig entfernt werden. Zur Reinigung eignen sich feuchte Baumwoll-, Leinen- oder Ledertücher. Bei stärkerer Verschmutzung etwas Spülmittel oder Neutralseife benutzen und mit klarem Wasser nachwaschen. Streifen von Schuhen mit einem transparenten Radiergummi entfernen. Wichtig ist, mögliche Verschmutzungen immer sofort zu beseitigen, damit sie nicht zu Verfärbungen führen.

Gartenmöbel reinigen

Kunststoff vergilbt aufgrund von oberflächlichen Verschmutzungen oder durch UV-Licht. Letzteres lässt sich nur durch einen wohlüberlegten Standort vermeiden – oder bei Gartenmöbeln durch Abdecken. Verschmutzungen können jedoch mit Zitrone oder Essig entfernt und aufgehellt werden – immer mit klarem Wasser nachspülen und abtrocknen. Bei Nikotinbelägen erst mit Öl abreiben und mit Spülwasser wieder abwaschen, bevor mit Zitrone oder Essig behandelt wird.

Möbel aus Glas müssen mit speziellen Tüchern gereinigt werden, damit sie nicht verkratzen.

POLSTERMÖBEL

Lederpflege bei Möbeln

Bei Ledermöbeln ist ein gut gewählter Standort für deren Schutz wichtig. Sie sollten weder in prallem Sonnenlicht oder direkt an einem Heizkörper stehen noch sehr niedriger oder sehr hoher Luftfeuchtigkeit ausgesetzt sein. Das gilt sowohl für Glatt- als auch für Rauleder. Leder kann spröde werden, die Oberfläche verschmutzen oder speckig werden. Nicht zu verwechseln mit der edlen Patina, die gutes Leder mit den Jahren bekommt. Die richtige Pflege hängt von der Oberfläche ab, die rau, offenporig oder versiegelt sein kann.

Mit Staubsauger und Natron

Generell sollte Leder immer möglichst staubfrei gehalten, das bedeutet, mit dem Polsterbürstenaufsatz des Staubsaugers gut gesaugt werden. Rauleder (Wildleder) kann zur Auffrischung mit Natron bestreut und nach einiger Einwirkzeit wieder abgesaugt werden. Bei Flecken können Spezialreinigungsmittel helfen, oft ist aber eine professionelle Reinigung bei wertvollen Möbeln empfehlenswerter. Glattleder können offenporig, gewachst oder lackiert sein.

Regelmäßige Pflege von textilen Polstermöbeln

Polster sind vor allem vor Verstauben zu schützen, indem sie häufig mithilfe einer Polsterdüse abgesaugt oder ausgeklopft werden. Außerdem sollten empfindliche Gewebe und Materialien vor direkter Sonneneinstrahlung sowie vor Feuchtigkeit geschützt werden. Wie Flecken entfernt oder Stuhlpolster erneuert werden, steht auf den Seiten 148–150.

ACHTUNG

Lederpflegemilch erst testen

Die meisten Hersteller geben bereits beim Kauf eine Empfehlung zu Pflege und Pflegemittel, die auf das Leder abgestimmt sind. Wo diese fehlt, eine hochwertige Lederpflegemilch für die jeweilige Lederart einsetzen und beim ersten Gebrauch am besten an einer nicht sichtbaren Stelle testen. Meist genügt es, wenn Glattleder ein- bis zweimal jährlich damit behandelt wird. Flecken am besten immer sofort mit etwas destilliertem Wasser und einem Baumwolltuch aufnehmen und nachtrocknen. Im Zweifel hilft ein Fachbetrieb.

Mit ein bisschen Pflege und Umsicht werden Ledermöbel mit den Jahren immer schöner.

7

Elektrik und Beleuchtung

Kabel und Installation

Bei Strom hört der Spaß auf und fängt die Verantwortung an. Dennoch kann man mit den entsprechenden Kenntnissen kleine Installationsarbeiten selbst ausführen und große vorbereiten.

ELEKTROINSTALLATION

Planung beim Neubau

Wer kennt das nicht? Man bezieht eine neue Wohnung oder ein Haus, und schon geht die Sucherei nach Verlängerungskabel und Verteiler los. Steckdosen hat man einfach nie genug. Spätestens bei der nächsten Umräumaktion ist auch noch die Antennendose in der falschen Ecke. Und wo platziert man das Telefon?

Steckdosen richtig planen

Steckdosenleisten beinhalten wie jede Verteilung generell ein gewisses Risiko. Wer achtet schon auf die Leistung der angeschlossenen Geräte und die maximale Gesamtleistung der Steckerleiste? Daher ist es wichtig, stets genug Steckdosen einzuplanen. Dabei müssen es selten vier an einer Stelle sein. Viel wichtiger ist es, die Steckdosen gut zu verteilen.

NIRGENDS WERDEN SO VIELE STECKDOSEN BENÖTIGT WIE IN DER KÜCHE

Schränke und Kommoden

Wer vorhat, eine große Schrankwand aufzustellen, sollte links, rechts und mittig an der Wand jeweils zwei Steckdosen einplanen. Wird der Fernseher integriert, dürfen es in der Mitte gern auch mehr sein – optimal ist die Kombination mit TV- und Netzwerkanschluss.
Mag man lieber flache Kommoden, stehen diese nicht selten unterm Fenster. Auch hier sind Steckdosen angebracht, um Lampen, Uhren o. Ä. mit Strom zu versorgen.

Steckdosen in der Küche

Nirgends werden so viele Steckdosen benötigt wie in der Küche. Toaster, Mikrowelle, Kaffeemaschine und Mixer wollen schließlich versorgt werden, und niemand möchte das Stromkabel quer auf der Arbeitsplatte liegen haben.

Mit einem Profi planen

Zusätzlich sollte bedacht werden, dass hier viele leistungshungrige Geräte genutzt werden, die die Sicherungen schnell ans Limit bringen können. Bedenkt man, dass in der Küche ein E-Herd, ein Geschirrspüler oder ein kleiner Warmwasserspeicher angeschlossen werden soll, ist es ratsam, mehrere Leitungen und damit Sicherungen einzuplanen. Hier sollte auf jeden Fall ein Fachmann zu Rate gezogen werden.

Steckdosen im Badezimmer

Sollte man sich in der Küche noch beraten lassen, gehören die Steckdosen und Lichtschalter im Badezimmer immer in die Hände eines Fachmanns.

Die heutige Vielzahl der elektrischen „Helfer“ muss bei der Planung der Kücheninstallation bedacht werden.

Denn wenn Wasser ins Spiel kommt, gilt es, neben den üblichen Verlegezonen auch Sicherheitsbereiche zu beachten, in denen sich keine oder nur in der Spannung begrenzte Stromquellen befinden dürfen. Als Laie gerät man hier schnell an die Grenzen seiner Möglichkeiten.

Verlegezonen beachten

Handelt es sich nicht um einen Feuchtraum, sind Verlegezonen relativ einfach und schnell erklärt. Verlegt werden dürfen Leitungen nur senkrecht oder waagerecht, diagonal ist nicht gestattet. Dabei sollten sich waagerechte Leitungen in einem 30 cm hohen Bereich befinden, der mit einem Abstand von 15 cm zum Boden oder zur Decke beginnt. Senkrechte Leitungen haben einen 20 cm breiten Streifen, der einen Abstand von 10 cm zu Rohbaukanten (Türen) oder Ecken hat. Werden die vorgeschriebenen Installationszonen eingehalten, besteht selten die Gefahr, dass Leitungen angebohrt werden.

Welche Lichtschalter werden benötigt?

Man mag es kaum glauben, aber einfache Lichtschalter sind schwer zu finden. Sie heißen Wechselschalter, Serienschalter oder Kreuzschalter. Doch welcher ist wofür gedacht? Möchte man an einem Schalter zwei Lampen schalten können oder eine Lampe von zwei Schaltern aus? Eventuell soll das Flurlicht auch von mehreren Stellen aus ein- und ausgeschaltet werden. Hierbei spielen die Verlegung der Leitungen und die Wahl der Lichtschalter eine große Rolle.

Wechselschalter für „einfache“ und „wechselnde“ Schaltungen

In den meisten Fällen werden Wechselschalter verbaut. Statt einen Ausgang an- und auszuschalten, schalten sie zwischen zwei Ausgängen hin und her. Wird davon nur ein Ausgang genutzt, bleibt die Funktion eines einfachen Lichtschalters. Unterbricht man die Zuleitung einer Lampe jedoch mit zwei Wechselschaltern, deren Ausgänge parallel verbunden werden (Wechselschaltung), lässt sich die Lampe auch im Wechsel von beiden Schaltern an- und ausschalten.

Kreuzschalter für eine umfangreiche Wechselschaltung

Mit zwei Wechselschaltern ist die Wechselschaltung auf zwei Schaltpunkte begrenzt. Werden mehrere Schalter benötigt, kann die parallele Verbindung der beiden Wechselschalter durch Kreuzschalter erweitert werden. Die Anzahl der

GEWUSST WIE

Heute an später denken

Wer eine Neuinstallation plant, sollte die Zukunft im Auge haben. Jetzt braucht das Kinderzimmer noch keinen Internetanschluss, aber was ist in zehn Jahren? Später verursachen zusätzliche Kabel großen Aufwand. Lieber jetzt eine Leitung mehr verlegen, damit später nichts fehlt.

Kreuzschalter zwischen den beiden Wechselschaltern spielt hierbei keine Rolle. Selbst in einem Haus mit zehn Etagen könnte eine Lampe auf diese Weise von allen Etagen aus bedient werden.

Serienschalter für zwei Lampen

Ein Serienschalter besitzt zwei Wippen und zwei getrennte Schalter. Die beiden Ausgänge des Schalters können somit getrennt ein- und ausgeschaltet werden. Das ist bei mehrflammigen Lampen sinnvoll oder wenn zwei verschiedene Lampen von einer Stelle aus bedient werden sollen. Sollen zwei Serienschalter mit einer Wechselschaltung kombiniert werden, werden sogenannte Doppelwechselschalter benötigt.

Steckdose oder Lichtschalter austauschen

Der Austausch eines Lichtschalters oder einer Steckdose ist nicht schwer und kann auch von einem versierten Heimwerker durchgeführt werden. Das größte Augenmerk sollte dabei auf die Sicherheit gelegt werden, was mit der Trennung vom Stromnetz beginnt. Die Sicherung wird ausgeschaltet und gegen ein Wiedereinschalten gesichert. Hier hilft ein kleiner Notizzettel an der Sicherung bzw. eine Information an die Mitbewohner.

Mit Spannungsprüfer arbeiten

Anschließend wird mit einem Duspol® oder Messgerät geprüft, ob tatsächlich keine Spannung mehr anliegt. Der zweipolige Spannungsprüfer (als Duspol® bekannt) nutzt zur Spannungsprüfung nicht den Umweg durch den Körper oder Fußboden wie der sogenannte Lügenstift (s. Kasten links). Er besitzt zwei Pole, wovon einer an die zu prüfende Leitung gehalten wird und der zweite auf eine Erdung oder den Neutralleiter. Dabei sollten immer mehrere Punkte getestet werden. Unterbrechungen und damit fehlerhafte Anzeigen durch einen isolierten Fußboden o. Ä. sind damit ausgeschlossen.

Der zweipolige Spannungsprüfer ist sicherer als ein Phasenprüfer, der nicht grundlos als „Lügenstift" bezeichnet wird.

ACHTUNG

Keinen „Lügenstift" verwenden

Der Phasenprüfer wird gern auch als „Lügenstift" bezeichnet, was einen guten Grund hat. Wird er an eine stromführende Leitung gehalten, soll ein geringer Strom durch den Phasenprüfer, den eigenen Körper und anschließend den Boden, auf dem man steht, fließen. Ist der Stromkreis so geschlossen, leuchtet die Kontrolllampe und signalisiert den stromführenden Leiter – die Phase. Wird der Stromkreis jedoch unterbrochen, weil man auf einer Gummimatte oder einem sehr trockenen Untergrund steht, kann es passieren, dass der Phasenprüfer nichts anzeigt, obwohl eine stromführende Leitung getestet wird.

Steckdose ausbauen

Erst jetzt können die Steckdose oder der Lichtschalter ausgebaut und die Kabel gelöst werden. Bei älteren Bauteilen müssen diese abgeschraubt werden, neuere verfügen über einen Klemmmechanismus, der per Druck auf eine kleine Nase

Moderne Steckdosen und Lichtschalter besitzen eine Klemmfunktion, um angeschlossene Leitungen zu halten. Das Festschrauben entfällt somit.

gelöst wird. Am besten macht man mit dem Smartphone ein Foto von der Verdrahtung, bevor man sie löst.

Steckdose oder Lichtschalter einbauen

Beim Einbau muss darauf geachtet werden, dass alle Adern wieder am richtigen Anschluss liegen und sicher verbunden sind. Bei Steckdosen ist dies offensichtlich, und bei Lichtschaltern hilft ein Blick auf die Rückseite des Schalters. Die Belegung ist dort gekennzeichnet. Wurde der feste

Achtung: Werden die Kontakte des Schutzleiters einfach überstrichen, wirkt die Farbe wie ein Isolator. Der Schutzkontakt verliert damit seine Wirkung.

Sitz aller Kabel geprüft und die Steckdose oder der Schalter inklusive Rahmen eingebaut, kann die Sicherung wieder eingeschaltet werden.

Steckdosen beim Renovieren immer abkleben

Beim Renovieren bereiten Lichtschalter und Steckdosen immer etwas Mühe. Daher schrauben viele Heimwerker zwar den Rahmen und die Blenden ab, streichen dann aber einfach über die Steckdose – sieht ja später keiner. Damit setzt man sich aber einem hohen Risiko aus, da so der Metallkontakt der Erdung ebenfalls überstrichen wird. Die Farbe isoliert die Kontaktflächen, und die Schutzwirkung, die bei bei einem technischen Defekt die Spannung ableiten soll, geht verloren. Daher Steckdosen vorsichtig nur bis zum Rand streichen oder vor der Malerarbeit abkleben.

EXPERTENTIPP

» Bohrkrone für Steckdosen und Lichtschalter selber bauen

Der Trend zum Bau energiesparender Häuser ist ungebrochen, und es gibt bereits viele Häuser, die auch von innen mit Styropor gedämmt sind. Das erleichtert Installationsarbeiten enorm, da die Nuten für die Kabelverlegung mit dem Messer „geschnitzt" werden können. Gleiches gilt für Steckdosen und Lichtschalter – die passende Bohrkrone ist leicht hergestellt. Dazu nimmt man eine leere Konservendose, deren Durchmesser etwa 65 bis 70 mm beträgt. In einem mittigen Loch im Boden kann eine Schraube fixiert und im Akkuschrauber eingespannt werden. Der Rand der Konservendose erhält mit dem Winkelschleifer ein paar kleine Schlitze, die sich später wie Sägezähne ins Styropor schneiden. Biegt man zusätzlich die Stege zwischen den Schlitzen wie eine Verzahnung ein wenig auf, schneiden sie sich leichter in das Styropor.

Ein selbst gestaltetes Kino für zu Hause

Wer träumt nicht vom eigenen Heimkino? Dabei muss es gar nicht immer ein extra Raum sein. Auch das Wohnzimmer kann so angepasst werden, dass es nach Kino klingt und das richtige Gefühl aufkommt. Entscheidend ist, wie man die passende Technik auswählt.

Die optimale Bildschirmgröße

Größer ist nicht gleich besser, und zu groß kann schnell als unangenehm empfunden werden. Das liegt zum einen an der Auflösung, die bei großen Bildschirmen deutlich höher sein muss, und zum anderen am Betrachtungswinkel. Ist der Bildschirm breiter als das eigene Blickfeld bzw. sitzt man zu nah vor einer großen Bildfläche, muss der Kopf dauerhaft hin und her gedreht werden – das strengt an. Als Faustformel gilt: Bildschirmdiagonale in Meter × 2,5 = optimaler Sitzabstand in Metern.

Die richtige Beleuchtung

Zusätzliches Licht sollte möglichst gering sein. Je dunkler der Raum ist, desto klarer wirken das Bild und die Kontraste. Wenn Licht gewünscht wird, sollte es möglichst indirekt positioniert werden. Es darf sich weder im Bildschirm spiegeln noch den Zuschauer blenden.

Der beste Sound

2.1 oder 5.1 oder gar 7.2? Wichtig ist es, die Bezeichnungen zu verstehen. Sie setzen sich aus der Anzahl der genutzten Lautsprecher zusammen, wobei die Zahl hinter dem Punkt die Anzahl der verwenden Subwoofer (Basslautsprecher) kennzeichnet. Die Zahl vor dem Punkt gibt die Menge der kleineren Lautsprecher an, die möglichst in Ohrhöhe positioniert werden sollten. Das beginnt bei 2.1 mit zwei vorderen Lautsprechern sowie einem Subwoofer und geht bis 7.2 mit einem Center-, zwei Front-, zwei Seiten-, zwei Surround-Lautsprechern und zwei Subwoofern. Wofür man sich entscheidet, hängt schlussendlich vom eigenen Geschmack, dem Budget und nicht zuletzt den Möglichkeiten der Lautsprecherplatzierung ab.

Welche Lautsprecher wohin?

Wichtig für die richtige Position der Lautsprecher ist in erster Linie die Erkenntnis, dass tiefe Töne sich gut verteilen und nicht lokalisiert werden können, sich hohe Töne dagegen geradlinig bewegen. Daher wird der Subwoofer auch von den Hoch- und Mitteltönern getrennt. Das hat den Vorteil, dass der Subwoofer versteckt positioniert werden kann und nur die deutlich kleineren Lautsprecher, die für die Klangrichtung zuständig sind, sichtbar bleiben.

Schallreflexionen vermeiden

Der Ton, der aus den Lautsprechern kommt, sollte auch direkt aus dem Lautsprecher wahrgenommen werden. Ein Echo, wie es in leeren Räumen entsteht, beeinflusst die Klangqualität negativ. Wer das Wohnzimmer als Kinosaal nutzt, muss nun aber nicht alle Wände mit schweren Vorhängen zuhängen, um die Schallwellen zu brechen. Bilder, Dekorationen und Pflanzen sind hierbei bereits sehr hilfreich. Praktisch ist ebenfalls Baumwollputz (s. Seite 119), der eine weiche Oberfläche besitzt, die den Schall bricht und zugleich individuell gestaltet werden kann.

STECKER UND KABEL

Stecker richtig anschließen

Geht der Stecker eines Verlängerungskabels kaputt, ist dieser leicht zu wechseln. Entsprechendes Zubehör ist im Baumarkt zu finden. Doch es gibt einige wichtige Punkte zu beachten. Das beginnt bereits bei der Vorbereitung der Kabelenden. Bei flexiblen Kabeln bestehen diese aus mehreren dünnen Litzen, welche so nicht verschraubt werden dürfen. Die feinen Litzen könnten brechen und den Leitungsquerschnitt schwächen oder sich dadurch die Verschraubung lockern.

Litzenkabel müssen vor dem Verschrauben daher immer mit Aderendhülsen versehen werden. Diese kleinen Hülsen bündeln die Litzen und halten sie nach dem Pressen mit der sogenannten Crimpzange sicher zusammen.

Verzinnen von Litzen?

Auch wenn die Idee gut klingt und Verzinnen im ersten Moment denselben Effekt wie eine Aderendhülse hat, sollte darauf verzichtet werden. Einerseits ist Lötzinn sehr weich und deformiert sich beim Verschrauben, wodurch die Presskraft der Schraubverbindung verloren geht. Des Weiteren können Kabel und Stecker unter einer höheren Stromlast warm werden, das Lötzinn wird weich, und die Litzenenden verlieren gänzlich ihre Form. Werden Litzenleitungen verschraubt, immer Aderendhülsen verwenden.

Den Schutzleiter „schützen"

Werden Phase (L), Neutralleiter (N) und Schutzleiter (PE) angeschlossen, muss darauf geachtet werden, dass der Schutzleiter etwas länger ist. Bei vielen Schraubverbindungen ist das bereits vorgesehen, und der Schraubanschluss des Schutzleiters befindet sich weiter am Steckerende. Würde man jetzt kräftig am Kabel ziehen, würden erst Neutralleiter und Phase abreißen, während der Schutzleiter noch gut sitzt und sich als Letztes löst.

NYM-Kabel einfach abisolieren

Bei der Installation der Hauselektrik werden hauptsächlich sogenannte NYM-Leitungen verlegt. Bei typischen Heimwerkerarbeiten kommt man damit seltener in Kontakt, und wenn doch, fehlt in den meisten Fällen ein passendes Abisolierwerkzeug. Doch das lässt sich leicht selbst herstellen. Benötigt werden hierfür lediglich eine Holzklammer, die Klinge eines Anspitzers und eine kleine Schraube.

Mit der Schraube wird die Klinge des Anspitzers so an die Holzklammer geschraubt, dass sie die Ummantelung des eingeklemmten Kabels leicht einschneidet. Das selbst gebaute Abisolierwerkzeug kann auch für andere Kabel verwendet werden. Die Klinge muss dafür jedoch entsprechend angepasst werden. Der Schnitt darf immer nur so tief sein, dass die inneren Leitungen nicht beschädigt werden.

Aus einer Holzklammer, der Klinge eines Bleistiftspitzers und einer Schraube ist schnell ein Abisolierer gebastelt.

Smarthome und Sicherheit

Smarthome ist in aller Munde, aber was heißt das eigentlich? Dabei gilt: Sein Heim smart und sicher zu machen, ist gar nicht so schwer, wenn man die Systeme kennt.

SMARTHOME

Was ist Smarthome?

Smarthome kommt aus dem englischen und bedeutet „intelligentes Zuhause". Wurden früher noch alle Schalter von Hand betätigt, reagieren sie heute smart und logisch. Das Licht geht nicht mehr nur an, weil der Lichtschalter betätigt wird, sondern weil der Bewegungsmelder registriert hat, dass jemand daheim ist.

Was kann Smarthome?

Grob gesagt, lässt sich im Smarthome-Bereich alles steuern, was irgendwie elektrisch geschaltet werden kann. Das beginnt bei einfachen Lampen, die entweder selbst die entsprechende Technik besitzen oder über Funksteckdosen gesteuert werden, und hört bei der Kaffeemaschine, die automatisch Kaffee kocht, sobald man am Morgen das Badezimmer betritt, noch lange nicht auf. Je nach Angebot und technischem Sachverstand können viele Wünsche erfüllt werden.

Smarthome kann Energiekosten senken

Smarthome vereinfacht aber nicht nur den Alltag. Richtig eingesetzt, kann ein smartes Zuhause auch Energie sparen. Das Licht schaltet sich aus, sobald keine Bewegung mehr im Raum registriert wird, oder die Heizung geht automatisch in den Sparmodus, wenn man mit seinem Smartphone den Wohnbereich verlässt.

Smarthome mit Sprachsteuerung

Ob Alexa, Google Assistant oder Siri: Eines haben die virtuellen Assistenten mit ihren intelligenten Lautsprechern, wie Echo Dot, Google Nest oder Apple HomePod gemeinsam. Sie sind mit dem Internet verbunden, beantworten Fragen, spielen Musik und leiten Sprachbefehle weiter. Genau hier muss aber auch unterschieden werden. Ein intelligenter Lautsprecher zur Sprachsteuerung bietet noch lange kein Smarthome. Damit können lediglich Sprachbefehle umgewandelt und an das eigentliche Smarthome-System weitergeleitet werden.

Die Verbindungsvariante ist wichtig

Damit Smarthome-Geräte miteinander und vor allem mit einer Sprachsteuerung wie Alexa, Google Assistant oder Siri kommunizieren können, benötigen sie eine Verbindungsmöglichkeit. Komfortabel ist hierbei eine kabellose Variante, die ihre Vor- und Nachteile hat.

GEWUSST WIE

Ordnung im Netzwerk

Bei der smarten Steuerung vieler Lampen und Steckdosen ist es wichtig, im heimischen Netzwerk den Überblick zu behalten. Daher sollte jedes hinzugefügte Gerät im Router einen passenden Namen erhalten. Praktisch sind Bezeichnungen wie Lampe-Flur-1 oder Steckdose-Schlafzimmer-3.

Wer es smart mag, der steuert sein Licht per Smartphone oder Sprachbefehl. Doch nicht jedes Gerät hört so einfach zu.

WLAN – schnell und einfach

WLAN steht heute in fast jedem Haushalt zur Verfügung. Daher ist es oft der einfachste Weg, seine Smarthome-Geräte ins WLAN-Netz einzubinden. Das hat auch den Vorteil, dass Videos der Überwachungskamera sogar in HD-Qualität übertragen werden können und keine zusätzlichen Geräte zur Kommunikation benötigt werden.

Ein zweites WLAN-Netz

Doch was ist, wenn das WLAN-Netz mal ausfällt? Dann geht nichts mehr. Und auch bei der Anzahl gibt es Grenzen. Je mehr WLAN-Geräte die Verbindung zum Router suchen, desto anfälliger werden sie für Verbindungsfehler. Ganz abgesehen von den Anforderungen an den Router, der alle smarten Geräte einzeln verwalten muss. Hier kann es schon von Vorteil sein, sich ein zweites WLAN-Netz aufzubauen. Eines, um mit Tablet, Smartphone und Laptop ins Internet zu gelangen, und eines nur für die Smarthome-Geräte.

ZigBee-Netzwerk

Eigens für die schnelle Datenübertragung in der Sicherheitstechnik und Hausautomation wurde ZigBee entwickelt. Die Datenübertragung benö-

EXPERTENTIPP

» Smarte Lautsprecher an der Decke befestigen

Die beliebten kleinen Echo Dots zur Sprachsteuerung erfreuen sich größter Beliebtheit. Sie hören nicht nur zu, sie können auch als smarte Lautsprecher Musik streamen. Da wäre es schon praktisch, wenn man sie an die Decke hängen und bei Bedarf auch abnehmen könnte. Das kann man durchaus! Mit Magnethalterungen, die eigentlich für Rauchmelder gedacht sind. Diese bestehen aus einer Metallplatte, die an die Decke geklebt oder geschraubt wird, und einer Magnetplatte, die auf die Unterseite des Dots geklebt werden kann. Nun lässt sich der smarte Lautsprecher leicht an der Decke fixieren und bei Bedarf auch wieder abnehmen.

tigt weniger Energie und ist nicht auf das WLAN-Netz angewiesen. Vorteilhaft ist ebenso die Signalweiterleitung von Gerät zu Gerät. Dadurch können auch ohne Repeater (Signalverstärker) sehr lange Strecken überwunden werden. Schaltsignale werden dabei von einem Smarthome-Gerät zum nächsten weitergegeben.

Mit und ohne Basisstation

Nachteilig sind dagegen die Anschaffungskosten, da die ZigBee-Übertragung eine Basisstation (Gateway) benötigt, welche die Signale ins Netzwerk einspeist. Nur so können Sprachsteuerungen darauf zugreifen. Es gibt aber auch Geräte zur Sprachsteuerung, die bereits ein Gateway integriert haben. Zusätzliche Hardware ist dann nicht nötig.

Router und Co. leichter an die Wand hängen

Wer nicht möchte, dass seine Wand bei einem Gerätewechsel von Router, Gateways oder Alarmanlage wie ein Schweizer Käse aussieht, der dübelt solche Geräte nicht direkt an die Wand, sondern befestigt ein Brett. Passend zum Umfeld kann dieses mit Folie beklebt oder auch gestrichen werden. Zur Befestigung eines Routers werden nur noch Holzschrauben eingedreht und das Gerät daran aufgehängt. Steht ein Routerwechsel an, sind die Schrauben schnell entfernt und können an das neue Gerät angepasst werden. Schlagbohrmaschine oder Bohrhammer werden nicht benötigt.

Ist das Handy ins Wasser gefallen, sollte es mit herausgenommenem Akku am besten ganz mit Reis bedeckt werden. Er entzieht dem Gerät wieder die Feuchtigkeit.

SMARTPHONE UND MEHR

Wenn das Smartphone mal ins Wasser fällt

Smartphones sind praktisch, meist sehr teuer, aber leider nicht immer wasserdicht. Passiert es dennoch einmal, dass es in die Toilette, eine Pfütze oder die Badewanne fällt, heißt es Ruhe bewahren und sofort Gegenmaßnahmen ergreifen. Als Erstes sollte das Gerät schnellstmöglich aus der Feuchtigkeit geholt und sofort ausgeschaltet werden. Lässt sich das Gerät öffnen, verhindert die Entnahme des Akkus größere Schäden.

Smartphone nie mit Druckluft, Föhn oder Wärme trocknen

Zum Trocknen des Geräts werden alle Teile mit einem Handtuch oder Küchenpapier abgetupft. Auf Föhn, Heizung, Mikrowelle oder Druckluft sollte verzichtet werden, da einerseits durch den Luftstrom das Wasser noch tiefer ins Gerät eindringen kann und andererseits die Wärme Schäden verursacht.

Der Trick mit dem Reis

Besser ist es, auf die Entfeuchtung mit Reis zu setzen. Der entzieht seinem Umfeld die Feuchtigkeit und speichert sie im Inneren. Das Smartphone sollte dabei komplett mit Reis bedeckt in einem geschlossenen Gefäß mindestens zwei Tage liegen bleiben. Erst danach kann es das erste Mal wieder eingeschaltet werden.

Polarität eines Lautsprechers

Wer neben Netzwerk- auch Lautsprecherleitungen verlegt, muss hier ganz besonders auf die Polarität achten. Zieht die Spule im Lautsprecher die Membran in die falsche Richtung, verzerrt das den Klang. Sind mehrere Lautsprecher unterschiedlich angeschlossen, wird es noch schlimmer.

Polarität prüfen

Doch wie prüft man die Polarität eines angeschlossenen Lautsprechers? Man nimmt sich eine kleine AA- oder AAA-Batterie, hält diese an die Kontakte des Kabels und beobachtet die Bewegung der Membran. Bewegt sie sich beim Kontakt der Batterie nach außen, ist am Pluspol der Batterie auch der Pluspol des Lautsprechers. Bewegt sich die Membran nach innen, ist die Polarität falsch.

Kennzeichnung von Leitungen

Erreichen mehrere Leitungsenden eine Zentrale, heißt es, den Überblick zu bewahren. Egal ob Netzwerk-, Telefon- oder Stromleitung – jede sollte gut erkennbar beschriftet werden. Hierfür muss man keine speziellen Kabelbeschriftungen kaufen, selbst die günstigsten Beschriftungsgeräte bringen hierfür bereits eine Funktion mit. Diese ist meist unter dem Kürzel „Kabel" zu finden und druckt das Etikettenband so, dass es anschließend um das Kabel gelegt werden kann und von beiden Seiten die Beschriftung anzeigt. Ordentlicher geht es kaum.

EXPERTENTIPP

» Satellitenschüssel leichter ausrichten

In Wohngebieten scheint es manchmal schwer, einen guten Standort für die Satellitenschüssel zu finden. Mal stehen Häuser im Weg, mal sind Bäume zu hoch. Doch tatsächlich stören höhere Häuser oder Bäume gar nicht. Um das zu prüfen, stellt man sich mit Blickrichtung nach Süden auf. In diese Richtung wird auch die Schüssel ausgerichtet. Nun wird die Entfernung des Objekts gemessen oder geschätzt, halbiert, und um dieses Maß darf der Störenfried sogar höher als die anzubauende Satellitenschüssel sein. Steht ein Baum also in 20 m Entfernung, darf er bis zu 10 m höher als die Parabolantenne sein und stört dennoch nicht.

Die Montage der Parabolantenne auf dem Dach verspricht den besten Empfang, ist aber auch gefährlich, und im Winter lässt sich der Schnee nur schwer entfernen.

Satellitenschüssel feinjustieren

Wurde die Antenne nach Süden ausgerichtet, der richtige Neigungswinkel eingestellt und der Satellit gefunden, geht es an die Feinjustierung. Hilfreich ist hierbei ein sogenannter Sat-Finder, der die Empfangsstärke anzeigt. Steht ein solcher nicht zur Verfügung, kann man sich mit einem nassen Lappen behelfen. Wird dieser über das LNB gehangen, mindert das die Empfangsqualität. Wird mit dieser schlechteren Empfangsleistung das bestmögliche Bild eingestellt, hat man die optimale Ausrichtung gefunden, und der Empfang sollte auch bei Regen stabil bleiben.

SICHERHEIT

Vernetzte Rauchmelder für mehr Sicherheit

Was nützt der beste Rauchmelder, wenn man ihn nicht hört, weil er auf dem Dachboden oder im Keller Alarm schlägt? Mehr Sicherheit verschaffen sogenannte vernetzte Rauchmelder. Sie leiten im Alarmfall ihr Signal von einem zum anderen Gerät und erreichen so jeden Raum.

Smarte Alarmanlage mit Rauchmelder

Smarthome und Sicherheitstechnik sind heute kaum noch zu trennen. Wie Lampen, Steckdosen oder Kameras lassen sich auch Wassersensoren oder Rauchmelder in das Smarthome-Netz oder in Alarmanlagen integrieren. Und diese Kombination bringt enorme Vorteile.

Alle Rauchmelder müssen regelmäßig auf ihre Funktion überprüft werden.

EINEN DECKENRAUCHMELDER MONTIEREN

Werkzeug & Material

- batteriebetriebener Rauchmelder
- Leiter
- Bleistift
- Schrauben und Dübel (sollten dem Rauchmelder beiliegen)
- Bohrmaschine und Bohrer
- Schraubendreher

Vorbereitung

Die Montageanleitung genau lesen und die geeignete Stelle für die Installation ermitteln.

1. Bohrlöcher anzeichnen

Man öffnet zunächst das Rauchmeldergehäuse, hält es an die für die Installation ermittelte Stelle und markiert mit dem Bleistift die Bohrlöcher an der Decke. So weiß man, wo für die Schrauben gebohrt werden muss.

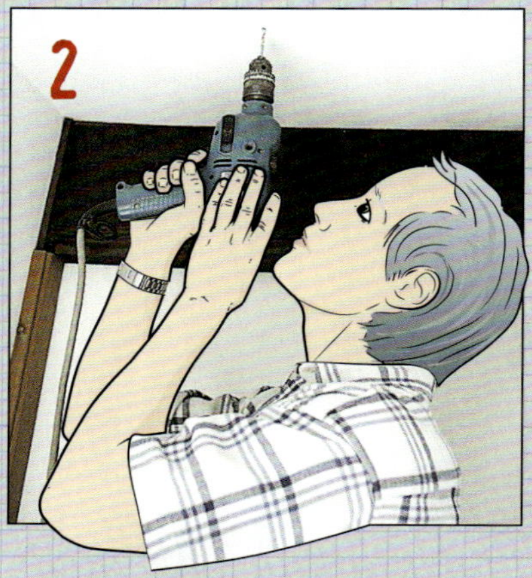

2. Bohren und Gerät anbringen

Löcher für die Schrauben bohren und Dübel und Schrauben einsetzen. Schrauben nur so weit anziehen, dass man die Halterung des Rauchmelders noch über die Schraubenköpfe setzen kann. Die Halterung dann in die Einbauposition drehen und die Schrauben endgültig festziehen.

Nachrichten aufs Handy

Egal ob einzeln oder vernetzt, Rauchmelder sind nur dann hilfreich, wenn man sich im Wohnraum befindet. Anders bei der Kombination mit einer Alarmanlage oder dem Smarthome-System. Hier kann die Signalausgabe über eine Sirene im Außenbereich oder als Nachricht auf dem Handy erfolgen. Man wird also auch dann informiert, wenn man sich gar nicht in der Nähe befindet.

Der richtige Bewegungsmelder

Bewegungsmelder dienen der Lichtsteuerung oder Alarmmeldung. Hierbei besitzen sie nicht nur verschiedene Erfassungsbereiche, sie funktionieren auch auf unterschiedliche Weise.

HF-Bewegungsmelder

Man mag es kaum glauben: So mancher Bewegungsmelder kann „um die Ecke sehen". Es handelt sich dabei um einen HF-Bewegungsmelder. Dieser sendet einen hochfrequenten Energiestrahl und wertet wie ein Echolot die zurückkommenden Strahlen aus. Das können dann auch Strahlen sein, die bereits mehrfach reflektiert wurden und um die Ecke kommen.

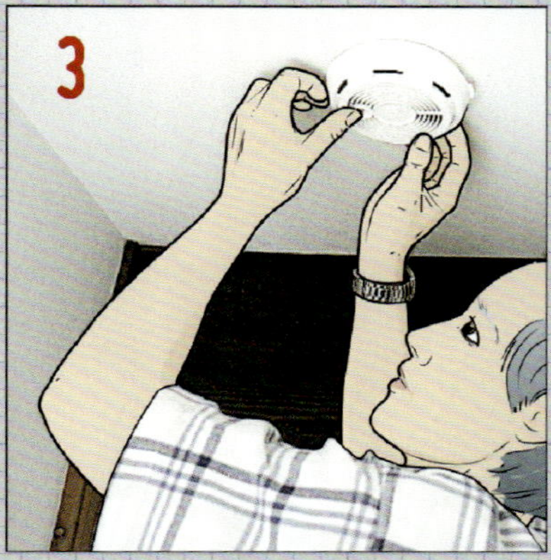

3. Batterien einsetzen

Batterien nach den Herstellerangaben einsetzen und den Deckel aufsetzen. Die Prüftaste drücken, um zu kontrollieren, ob der Alarm funktioniert. Die Funktion des Rauchmelders regelmäßig testen und gegebenenfalls die Batterien ersetzen.

Bewegungsmelder lassen sich häufig in der Ansprechempfindlichkeit, der Leuchtdauer der angeschlossenen Lampe und der Lichtempfindlichkeit einstellen.

PIR-Bewegungsmelder

Der PIR-Bewegungsmelder nutzt die Infrarottechnik und wertet die Temperaturveränderungen aus. Dies ist nur bei direktem „Sichtkontakt" möglich, dafür kann aber die Empfindlichkeit eingestellt werden.

Wie Bewegungsmesser schalten

Wenn jemand seine alten Glühlampen gegen LED-Lampen austauscht und auf einmal nichts mehr funktioniert, liegt es meist am Bewegungsmelder. Es gibt Bewegungsmelder mit einem elektronischen Schalter, der eine bestimmte Last benötigt, um tatsächlich schalten zu können. Besser sind da Bewegungsmelder mit einem elektromechanischen Schalter. Hier schaltet ein kleines Relais, und es ist gleichgültig, ob das Leuchtmittel eine große oder kleine Last darstellt.

Bewegungsmelder und Dauerlicht

Wer Lichtschalter und Bewegungsmelder kombinieren möchte, braucht lediglich den Bewegungsmelder mit einem Lichtschalter zu überbrücken. Wird der Lichtschalter betätigt, leuchtet das Licht dauerhaft. Schaltet man hingegen aus, übernimmt der Bewegungsmelder wieder die Schaltfunktion. Dies funktioniert bei elektromechanischen Bewegungsmeldern gut, denn sie trennen den eigenen Stromkreis vom Schaltkreis (Lampe), und denen schadet es auch nicht, wenn der Schaltkreis manuell mit einem Lichtschalter geschlossen wird.

Vorsicht bei elektronischen Bewegungsmeldern

Doch das funktioniert nicht bei rein elektronischen Bewegungsmeldern. Hier kann der manuell geschlossene Schaltkreis Schäden im Gerät verursachen. Das muss zwar nicht sein, ist aber möglich. Sicherheitshalber sollte man auf die Kennzeichnung „rückstromfest" achten.

ÜBERWACHUNGSKAMERAS

Alles im Blick

Überwachungskameras sind äußerst praktisch. Man kann leicht nachsehen, ob bei den spielenden Kindern im Garten alles in Ordnung ist, im Urlaub einen Blick ins Haus werfen oder hat im Falle eines Einbruchs erste Spuren, die zum Täter führen könnten.

Was ist wirklich erlaubt?

Bei der Installation sollte man jedoch einiges beachten, denn nicht alles, was gut ist, ist auch erlaubt. So darf beispielsweise eine private Kamera keinen öffentlichen Bereich erfassen. Und sei es auch nur ein Teil des Fußwegs, weil man das Gartentor im Auge haben möchte. Ebenso tabu sind benachbarte Grundstücke oder Treppenhäuser in Wohngemeinschaften. Kameras dürfen stets nur das eigene Grundstück, das eigene Haus oder die eigene Wohnung zeigen.

Dummys sind wie echte Kameras zu behandeln

Klingt komisch, ist aber so: Wer Einbrecher mit Kameraattrappen abschrecken will, muss hierbei dieselben Regeln beachten, wie bei echten Kameras. Auch Dummys dürfen nur auf das eigene Grundstück gerichtet sein und äußerlich nicht den Eindruck erwecken, als würden sie Nachbarn, Straßen oder Spaziergänger außerhalb des Grundstücks aufnehmen. Fühlen diese sich beobachtet und genötigt, kann es im Streitfall teuer werden.

Überwachungskameras oder Attrappen dürfen nicht auf den öffentlichen Raum oder zum Nachbarn hin ausgerichtet sein.

Beleuchtung

Licht ist nicht gleich Licht, und die alte Glühbirne mit immer derselben Lichtqualität hat lange ausgedient. LEDs sind sparsamer, flexibler einsetzbar und ermöglichen jeglichen Farbton.

KONVENTIONELLE LEUCHTMITTEL

Defekter Glaskolben

Wenn bei einer konventionellen Glühlampe der Glaskolben geplatzt ist oder sich komplett abgelöst hat, ist äußerste Vorsicht angesagt. Schließlich liegen ohne Glaskolben die eventuell noch stromführenden Anschlüsse frei und könnten berührt werden. Allein der ausgeschaltete Lichtschalter ist keine Garantie, denn dieser könnte fehlerhaft angeschlossen sein. Man muss immer die entsprechende Sicherung ausschalten! Auch wenn es etwas übertrieben wirkt, ist eine Schutzbrille nicht verkehrt, denn handelt es sich um eine Deckenleuchte, könnten kleine Glassplitter herunter und ins Auge fallen.

Rest der Glühlampe aus der Fassung drehen

Hin und wieder liest man davon, dass eine halbe Kartoffel in die Fassung gedrückt und anschließend gedreht werden soll. Davon ist abzuraten. Eine Kartoffel enthält viel Feuchtigkeit und leitet somit Strom. Ist die Lampe geerdet, könnte auch bei ausgeschalteter Sicherung der Fehlerschutzschalter ausgelöst werden. Zunächst Handschuhe anziehen, dann ein Stück Zeitung nehmen, fest zusammenknüllen und dieses dann in die Fassung drücken. Die Zeitung erfüllt denselben Zweck, leitet aber keinen Strom.

Lampe am Kabel aufhängen

Wer eine neue Lampe kauft, muss diese auch anschließen und aufhängen. Hierbei gilt es, einiges zu beachten.

Der erste wichtige Punkt ist der sichere Halt der Lampe. Bei leichteren Modellen wird die Lampe am Kabel gehalten, wozu ein dreieckiges Kunststoffteil mit drei Löchern beiliegt. Durch zwei davon wird das Lampenkabel gezogen, womit auch gleich die Höhe der Lampe eingestellt wird. Am dritten Loch wird die Lampe schließlich aufgehängt. Die Kabelverbindung soll ausreichend Spiel haben und nicht straff sitzen.

EXPERTENTIPP

» Defekte Glühlampe mit einer Zange entfernen

Erst wenn der Trick mit dem Zeitungspapier nicht hilft, sollte man zu einer langen Flach- oder Spitzzange greifen. Dicke Handschuhe bieten dann einen weiteren Schutz vor einem Kontakt mit den Metallflächen. Mit der Zange sollte man aber keinesfalls den Glassockel in der Mitte greifen, dieser wird sofort abbrechen. Stattdessen zieht man die Griffe der Zange auseinander und presst somit die Backen gegen den inneren Rand der Glühlampe. Da dazu beide Hände benötigt werden, sollte eine weitere Person die Lampe bzw. die Lampenfassung halten.

Darauf achten, dass die Last am Haken hängt und nicht an der Lüsterklemme zieht.

Lüsterklemme oder Leuchtenklemme

Beim Anschluss der Lampe gibt es zwei Möglichkeiten: die Lüsterklemme oder spezielle Leuchtenklemmen. Ausschließlich diese beiden Verbindungsvarianten dürfen genutzt werden, da nur sie die sichere Verbindung der starren Leitungen, die aus der Decke kommen, und dem Litzenkabel der Lampe garantieren.
Die einfachere Variante stellen die Leuchtenklemmen dar. Sie besitzen eine Seite für starre Kabel und eine Seite für flexible Kabel. Beim Einführen der flexiblen Leitung muss der Federmechanismus zusammengedrückt werden. Alternativ werden häufig Lüsterklemmen genutzt. Da hier die Adern einzeln verschraubt werden, können auch starre und flexible Adern miteinander verbunden werden. Man muss jedoch beachten,

DEFEKTE LEUCHTSTOFFRÖHRE UND STARTER ERSETZEN

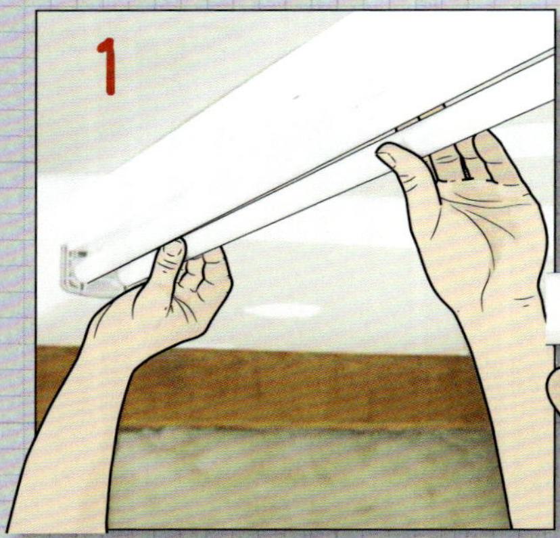

1. Alte Röhre entfernen
Zunächst die Sicherung ausschalten. Dann die Röhre mit beiden Händen fassen und drehen, bis die Stifte senkrecht stehen. In dieser Position lässt sich die Röhre langsam nach unten aus der Fassung ziehen.

2. Neue Röhre einsetzen
Die neue Röhre muss die richtige Länge und die passende Wattleistung haben. Die Stifte wieder senkrecht ausrichten und beide Enden gleichzeitig in die Schlitze der Fassung schieben. Ist die Röhre in der Fassung, lässt sie sich drehen, bis die Stifte eingerastet sind und sie so fest sitzt.

3. Starter ersetzen
Den Starter mit zwei Fingern fassen (nur bei älteren Modellen), leicht ins Gehäuse drücken und ihn aus seiner Fassung drehen. Um passenden Ersatz zu erhalten, nimmt man das defekte Teil am besten mit in den Fachhandel.

dass Litzenkabel nach dem Kürzen wieder mit Aderendhülsen versehen werden. Bei Leuchtenklemmen ist das nicht nötig.

LEDS

LED-Lampen für unterschiedliche Farben

LED-Lampen bieten den besonderen Vorteil, dass mit ihnen jede beliebige Farbe dargestellt werden kann. Doch nicht jede LED kann jede Farbe, und die Bezeichnungen sind mitunter etwas verwirrend.

Warmweiße oder kaltweiße LEDs

Gelb ist eine warme Farbe, während blau eher kalt wirkt. So ist es auch bei den Bezeichnungen warmweiß und kaltweiß. Warmweißes Licht sieht gelblich warm aus und ist mit dem Licht der alten Glühlampe zu vergleichen. Kaltweiß kann ein reines Weiß sein, aber auch bis ins bläuliche gehen. Generell sind diese Bezeichnungen sehr dehnbar und nur bedingt aussagekräftig. Vielmehr sollte man sich die Farbtemperatur ansehen, die in Kelvin angegeben wird.

Die Farbtemperatur

Von einem warmweißen Licht spricht man bei Werten bis 3300 Kelvin. Neutralweiß liegt zwischen 3300 und 5300 Kelvin, alles darüber ist kaltweißes Licht. Wer stets denselben Weißton haben möchte, sollte also nicht nach der Angabe warm- oder kaltweiß gehen, sondern auf die Angabe der Farbtemperatur achten.

Farbige LEDs mischen das Licht unterschiedlich

Wer sich farbiges Licht wünscht, der muss zu RGB-LEDs greifen. Die Abkürzung RGB steht hierbei für die Farben Rot, Grün und Blau, welche unterschiedlich hell eingestellt werden und so das gewünschte Farbbild mischen. Soll eine solche LED-Beleuchtung im weißen Licht erstrahlen, werden einfach alle drei Farben genutzt. Die Farben überlagern sich gegenseitig und erscheinen im Endeffekt als weißes Licht.

Farbige LEDs mischen ihr Licht aus Rot, Gelb und Blau. Man kann aber auch zusätzlich weiße LEDs nutzen.

RGB-LEDs und das weiße Licht

Vorteilhafter ist es, gleich RGBW-LEDs zu nutzen. Diese besitzen neben den drei Farben zusätzliche eine weiße LED. Das macht das Licht heller und das Weiß natürlicher. Aber auch hier gibt es Unterschiede, denn die weißen LEDs können wiederum warmweiß oder kaltweiß sein. Gibt das der Hersteller richtig an, heißen diese LED-Kombinationen dann RGBWW für RGB und warmweißes oder RGBCW für RGB und kaltweißes Licht.

GEWUSST WIE

Polarität von LEDs

Dioden benötigen die richtige Polarität, andernfalls funktionieren sie nicht. Um herauszufinden, an welchen Anschluss der Pluspol und an welchen der Minuspol kommt, sieht man sich die „Beinchen" an. Plus kann man mit „mehr" gleichsetzen und sich so gut merken, dass an das längere Beinchen der Pluspol kommt.

LEDs ermöglichen es, elegante Beleuchtungen mit wenig Energieverbrauch zu verwenden.

MIT LEDS BASTELN

LEDs nur mit stabilisiertem Netzteil betreiben

LEDs werden mit verschiedenen und vor allem geringen Spannungen betrieben, was sie sehr empfindlich gegenüber Stromschwankungen macht. Daher dürfen sie niemals ohne Vorwiderstand oder mit nicht stabilisierten Netzteilen betrieben werden. Aber was macht den Unterschied zwischen stabilisierten und nicht stabilisierten Netzteilen?
Ein nicht stabilisiertes Netzteil stellt seine angegebene Spannung erst unter Last zur Verfügung. Ohne Last kann sie deutlich höher sein. Da LEDs mit ihrer geringen Leistungsaufnahme aber nur eine sehr geringe Last darstellen, sinkt die Spannung des Netzteils nicht, und die anliegende Spannung kann viel höher als angegeben sein.

LED-Vorwiderstand berechnen

Zum Schutz der LED und um die anliegende Spannung der LED anzupassen, muss also der Vorwiderstand ermittelt werden, den es für den Betrieb unbedingt braucht. Das lässt sich relativ einfach herausfinden. Hierzu wird als Erstes ausgerechnet, welche Spannung der Vorwiderstand „verbrauchen" muss, damit die korrekte Spannung an der LED ankommt. Dazu zieht man von der Spannung des Netzteils die benötigte Spannung der LED ab. Handelt es sich um ein 12-Volt-Netzteil und benötigt die LED beispielsweise 3 Volt, bleiben noch 9 Volt übrig. Diese muss der Vorwiderstand aufnehmen.
Um nun die Größe des Vorwiderstands zu berechnen, wird die errechnete Spannung am Vorwiderstand (9 Volt) durch die Leistungsaufnahme der LED (meist 20 mA) geteilt. Wichtig ist, vorher die 20 Milliampere in Ampere umzurechnen.
9 Volt, geteilt durch 0,02 Ampere, ergeben somit 450 Ohm für den Vorwiderstand.

EINE LED DARF NIEMALS OHNE VORWIDERSTAND BETRIEBEN WERDEN

Strom sparen für Klima und Geldbeutel

Auch wenn erneuerbare Energien auf dem Vormarsch sind, ist der Einsatz von fossilen Energieträgern noch immer hoch. Umso wichtiger ist es, dass die Endverbraucher Strom sparen – und damit auch ihre Energiekosten senken.

Erneuerbare Energien selbst nutzen

Strom aus Sonnenlicht zu erzeugen und zu speichern, um ihn selbst nutzen zu können, erfordert eine hohe Investition. Einfacher ist dagegen die Solarthermie, bei der die Sonnenenergie in Wärme umgesetzt und genutzt wird. Bereits ein kleiner Kollektor reicht aus, um das tägliche Abwaschwasser aufzuheizen.

Sparen beim Licht

Tatsächlich macht der Stromverbrauch der Beleuchtung nur einen sehr kleinen Anteil aus, aber Kleinvieh macht bekanntlich auch Mist. Der einfachste Weg, hier die Kosten zu senken, ist der Austausch der Leuchtmittel. LEDs benötigen nicht nur einen Bruchteil des Stroms einer herkömmlichen Glühlampe, es schadet ihnen auch nicht, sie nur für kurze Zeit einzuschalten. Andere Investitionen lohnen sich selten, da sie sehr lange brauchen, um sich zu amortisieren.

Sparen beim Kühlen

Kühlschränke, Tiefkühlschränke und Tiefkühltruhen kühlen, indem sie die Wärme außerhalb des Geräts abgeben. Je kälter es im Umfeld ist, desto effektiver können sie arbeiten.

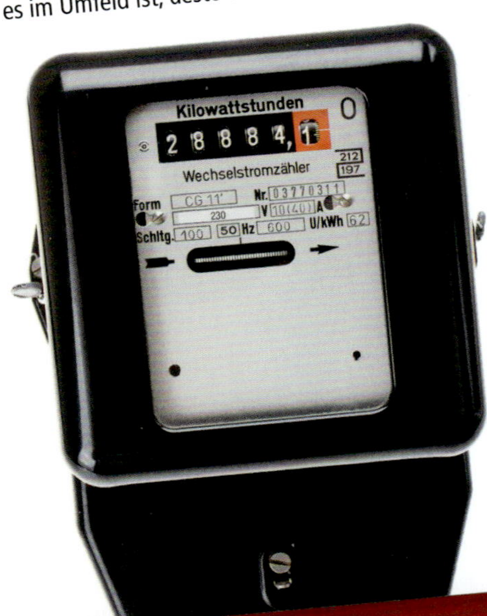

Kühlgeräte sollten daher möglichst an einem kühleren Ort oder vor einer Außenwand stehen. Das hat auch den Vorteil, dass die abgegebene Wärme sinnvoll genutzt wird.

Tiefkühlschrank oder Tiefkühltruhe?

Ganz klar: Die Tiefkühltruhe ist sparsamer. Wärme steigt nach oben, und Kälte fällt nach unten. Wird die Tür eines Tiefkühlschranks geöffnet, fällt die kalte Luft nach unten aus der Tür. Nach dem Schließen der Tür muss die Luft im Tiefkühlschrank wieder abgekühlt werden.

Wasser effektiv erhitzen

Wasserkocher haben leicht 2000 Watt und gelten daher nicht als sparsam. Sind sie aber, und es gibt kaum eine Möglichkeit, Wasser effektiver zu erhitzen. Der Vorteil des Wasserkochers liegt in der Position der Heizfläche. Diese ist direkt unter oder gar im Wasser und kann ihre Wärme ohne Umwege an das Wasser abgeben.

Energielabel A+++ ist nicht gleich A+++

Energielabel geben einen schnellen Überblick und sind sehr praktisch. Dennoch bieten Kennzeichnungen einen großen Spielraum, und bei großen Stromverbrauchern wie Waschmaschinen lohnt es sich, genauer hinzusehen. A+++ heißt nur, dass der Stromverbrauch einer Waschladung einen bestimmten Grenzwert nicht überschreiten darf. Es gibt aber auch z. B. Waschmaschinen, die diesen Wert um bis zu 30 % unterbieten.

Durchlauferhitzer oder Speicher?

Warmes Wasser zu speichern kostet Energie, denn kein Energiespeicher funktioniert zu 100 % Jeder Warmwasserspeicher verliert Wärme, die wieder nachgeheizt werden muss. Effektiver ist ein Durchlauferhitzer, der nur das Wasser erwärmt, das auch wirklich benötigt wird.

8

Sanitär, Heizung und Klima

Sanitärinstallation

Die Sanitärinstallation ist ein nicht ganz so einfaches Thema, und es gibt viele Dinge zu beachten. Dennoch kann ein versierter Heimwerker auch hier selbst Hand anlegen.

DUSCHE UND BADEWANNE

Revisionsöffnungen im Bad

Abflüsse unter Duschen und Badewannen sind nur schwer zu erreichen und werden häufig hinter Fliesen versteckt. Dafür gibt es sogenannte Revisionsöffnungen, die deutlich als Tür zu erkennen sein können, aber mitunter auch überfliest werden. Wurde dies fachmännisch gemacht, sind in diesem Bereich die Fliesen mit Silikon verfugt und lassen sich mit einem scharfen Messer ausschneiden.

Fliesen nicht aufhebeln

Aber auch die Fliesen müssen irgendwie befestigt werden, was meist mit leichtem Kleber, Klettverschlüssen oder Magneten erfolgt. Lösen sollte man diese Verbindung niemals, indem man mit einem Schraubendreher oder ähnlichem Werkzeug hebelt. Schnell ist eine Ecke der Fliese abgeplatzt.

GEWUSST WIE

Wo ist eine Revisionsöffnung?
Hier hilft die Klopfprobe: Die Fliesen leicht mit dem Finger oder dem Griff eines Schraubendrehers abklopfen, und sofern sich dahinter ein Hohlraum befindet, klingt die entsprechende Fliese anders.

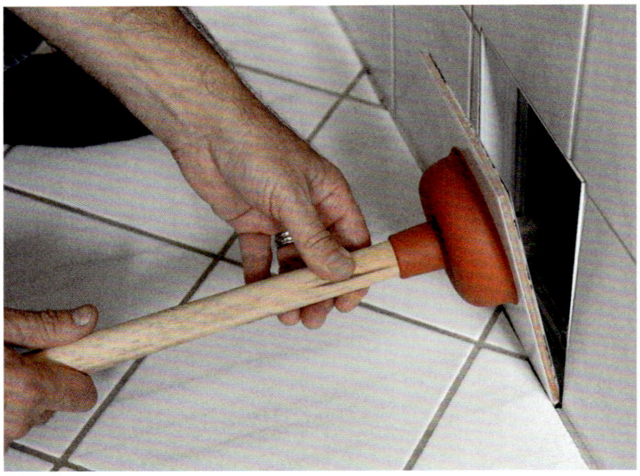

Mit einem Pömpel wird die Fliese sicher gehalten und kann mit gleichmäßigem Druck abgezogen werden.

Fliese mit Pömpel abnehmen

Stattdessen wird ein Pömpel (eine Saugglocke) genutzt, indem dieser mit etwas Druck auf die Fliese gesetzt wird. Der entstehende Unterdruck lässt den Pömpel auf der Fliese haften und erzeugt genug Hebelkraft, um diese aus ihrer Halterung zu nehmen. Löst sich der Pömpel zu leicht wieder von der Fliese, ist die Oberfläche entweder zu rau oder die Fliese muss vorher gründlich gereinigt und entfettet werden.

Bodengleiche Dusche abdichten

Fliesen sind wasserdicht, und sofern sauber verfugt wurde, ist die ganze Fläche wasserdicht. Doch so ganz sollte man sich nicht darauf verlassen und bereits unter den Fliesen eine dichte Fläche schaffen.

Am einfachsten funktioniert das mit Flüssigfolie. Diese wird in zwei Schichten aufgetragen, wobei die erste wie Farbe gestrichen oder gerollt werden kann. Die zweite Schicht trägt man nach der angegebenen Trocknungszeit mit einer Glättkelle auf. So wird eine etwas dickere Deckschicht erreicht, die sich wie ein Gummibelag auf den Estrich und den Putz legt.

Ecken richtig abdichten

Damit auch sämtliche Ecken gut abgedichtet sind und der Gummibelag die Bewegungen des Estrichs mitmacht, werden sie zusätzlich mit einem Dichtband geschützt. Dieses sieht wie eine Binde aus und besitzt im mittleren Bereich bereits einen Gummibelag. Das Dichtband lässt sich mit der Flüssigfolie fixieren und wird mit überstrichen. Es entsteht eine absolut „dichte Wanne".

WASCHMASCHINE

Wenn die Waschmaschine streikt

Für schwerwiegende Fehler und nötige Reparaturen bei der Waschmaschine gibt es Fachleute, die

Flüssigfolie ist ein zähflüssiger Gummibelag, der wie Farbe verarbeitet wird und eine wasserdichte Oberfläche bildet.

Fehler schnell finden und fachmännisch beseitigen. Mitunter ist dies aber gar nicht nötig, und kleinere Fehler können selbst behoben werden. Wichtig ist als Erstes, den Fehler zu analysieren. Daraus lässt sich die mögliche Ursache ableiten.

Es läuft kein Wasser ein

Dies kann zunächst zwei Ursachen haben: Der Wasserhahn ist verstopft, oder der Zulaufschlauch verhindert den Durchfluss. Ist der Schlauch abgeschraubt, einen Eimer unter den Hahn halten und kontrollieren, ob das Wasser noch richtig läuft. Wenn nicht, ist eventuell der Wasserhahn verstopft oder defekt und sollte ausgetauscht werden. Verhindert der Zulaufschlauch den Wasserdurchfluss, muss dieser ausgetauscht oder der Reparaturdienst in Anspruch genommen werden. Meist liegt ein Fehler im Aquastop-System vor. Dieses verschließt den Zulauf, wenn Unregelmäßigkeiten festgestellt werden, um eine Überschwemmung zu verhindern.

Ist das Wasser abgelaufen, kann man das Flusensieb der Laugenpumpe herausdrehen und sauber machen.

Das Wasser läuft nicht ab

Die Laugenpumpe brummt zwar, bewegt sich aber nicht, oder sie funktioniert, und das Wasser läuft dennoch nicht ab. In beiden Fällen ist die Ursache im Abflussschlauch bzw. im Bereich der Pumpe zu suchen. Sämtliche Waschmaschinen besitzen im unteren Bereich eine Pumpenklappe, hinter der sich das Flusensieb befindet. Aber Achtung, wird die Verschraubung geöffnet, läuft nicht wenig Wasser aus der Maschine. Steht sogar noch Wasser im Trommelbereich, können das einige Liter sein.

Austretendes Wasser mit einem Backblech auffangen

Zunächst dreht man den Wasserhahn des Zulaufschlauchs zu und trennt die Waschmaschine

ZULAUFSCHLAUCH DER WASCHMASCHINE

Werkzeug & Material

- Eimer
- Wasserpumpenzange oder Rollgabelschlüssel
- Zahnbürste

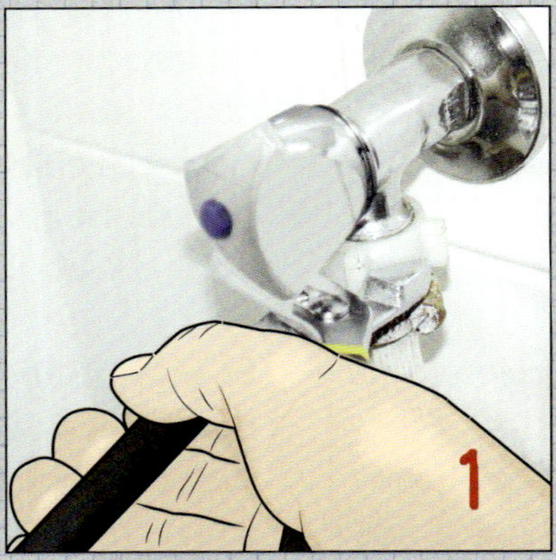

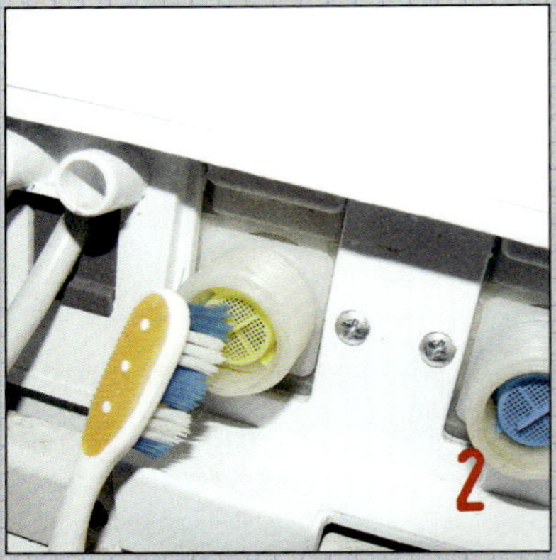

Vorbereitung

Ein beschädigter Zulaufschlauch kann platzen und einen Wasserschaden verursachen. Man sollte ihn daher regelmäßig überprüfen – und ersetzen, wenn er brüchig ist.

1. Wasser abdrehen

Zunächst muss der Zulauf geschlossen und ein Eimer daruntergestellt werden, um das im Schlauch stehende Wasser aufzufangen. Dann dreht man die Überwurfmutter von Hand auf. Wenn sie zu fest sitzt, hilft eine Wasserpumpenzange oder ein Rollgabelschlüssel.

2. Siebeinsatz reinigen

Wenn der Siebeinsatz im Zulaufschlauch verstopft ist, kann es sein, dass zu wenig Wasser einläuft. Man kann diese Einsätze mit einer Zahnbürste reinigen. Bei einer Verkalkung die Siebe herausnehmen, einige Stunden in Essig legen und dann sauber machen.

vom Netz. Um das Wasser aufzufangen, wird ein flacher Behälter untergestellt. Steht keiner zur Verfügung, eignet sich auch ein höheres Backblech, das unter die Maschine geschoben wird.

Die Öffnung kontrollieren

Nach dem Öffnen des Verschlusses kann das Flusensieb entnommen und gereinigt werden. Dabei sollte man auch mal mit den Fingern den inneren Bereich der Öffnung abtasten. Lässt sich das Pumpenrad drehen? Klemmt eventuell ein größeres Teil in der Pumpe?

Laugenpumpe reinigen

Dreht sich das Pumpenrad im Ablauf nicht, klemmen dazwischen oft Hindernisse und blockieren den Motor. Mit den Fingern kann man versuchen, das Hindernis zu ertasten und zu lösen. Dabei stets vorsichtig sein, es könnte sich auch um einen scharfen oder spitzen Gegenstand handeln. Als Hilfsmittel sollte jedoch maximal eine Spitzzange zum Greifen des Hindernisses genutzt werden. Niemals das Pumpenrad mit Gewalt drehen, um es nicht zu beschädigen.

Socken für die Waschmaschinenreinigung

Es lässt sich kaum vermeiden, dass sich in der Waschmaschine Ablagerungen bilden. Das betrifft vor allem den Türgummi, an dem sich Waschmittel und Weichspüler absetzen. Wer nicht regelmäßig Zeit in eine Großreinigung investieren möchte, der wischt den Türgummi und vor allem die tiefer liegende Rille alle paar Wäschen schnell mal aus. Dazu kann man sogar Kleidungsstücke wie Socken nutzen, die anschließend ohnehin gewaschen werden.

Waschmaschine regelmäßig entkalken

Wo mit Wasser gearbeitet wird, setzt sich auch Kalk ab. Das sieht nicht schön aus und hat bei einer Waschmaschine noch einen weiteren Nachteil. Verkalkt der Heizstab, kann er seine erzeugte Wärme schlechter abgeben und verbraucht unnötig mehr Energie. Dauerhaft ein Mittel gegen Kalk beizugeben ist unnötig und schadet der Umwelt. Stattdessen sollte die Waschmaschine je nach Härtegrad des Wassers ein- bis zweimal im Jahr mit etwas Zitronensäure entkalkt werden. Dazu löst man acht Löffel Zitronensäurepulver auf, gibt die Lösung in die Maschine und startet ein Waschprogramm ohne Vorwäsche und mit maximal 30 °C.

Wenn die Waschmaschine nicht in Betrieb ist, sollte die Tür offen stehen. Das verhindert Gerüche.

EXPERTENTIPP

» Wenn die Waschmaschine müffelt

Riecht es aus der Waschmaschine, hängt das zumeist an Bakterien, die sich an feuchten und warmen Plätzen wohlfühlen. Deswegen muss man nicht immer zur chemischen Keule greifen. Ursache sind die niedrigen Waschtemperaturen, die empfohlen werden, um den Stromverbrauch zu senken. Hin und wieder ist es aber ratsam, ein Kochprogramm mit 90 °C laufen zu lassen. Das löst Ablagerungen und tötet Keime ab. Ebenso empfehlenswert ist es, die Tür der Waschmaschine bei Nichtgebrauch geöffnet zu lassen. Das entzieht den Keimen die benötigte Feuchtigkeit.

Wasser sparen

Ob aus Kostengründen oder unserer Umwelt zuliebe – wie mit allen Ressourcen sollte auch mit Wasser sparsam umgegangen werden. Mit den folgenden Tipps können Sie den Wasserverbrauch schon um einiges reduzieren.

Duschen statt baden

So angenehm ein heißes Vollbad auch ist, es verschlingt Unmengen an Trinkwasser. Bereits Raumsparwannen brauchen schnell 100 Liter Wasser, übliche Badewannen kommen leicht auf 150 Liter, und große Eckbadewannen schlucken 200 Liter oder mehr. Lässt man sich beim Duschen dagegen fünf Minuten Zeit, reichen rund 70 Liter Wasser. Selbst bei zehn Minuten bleibt man mit 140 Liter noch immer unter einer gut gefüllten Badewanne. Wer beim Duschen das Wasser nicht dauerhaft laufen lässt, wird sogar mit weniger als fünf Minuten auskommen.

Waschmaschine richtig füllen

Wie viel sind 8 kg Wäsche? Die wenigsten wissen, welche Wäsche in ihre Waschmaschine passt und wie eine optimale Waschladung aussieht. Zwar passen sich heute viele Waschmaschinen der Waschladung an, aber richtig effizient waschen sie nur mit der richtigen Beladung. Und dazu sollte man möglichst immer die maximal angegebene Menge an Wäsche ausnutzen. Wer ein paarmal den Inhalt eines Wäschekorbs wiegt, bekommt ein Gefühl dafür, was er seiner Waschmaschine zumuten kann.

Kleinere Geschirrspüler sind nicht sparsamer

In kleineren Haushalten werden oft kleinere Geschirrspüler genutzt. Das ist zwar deutlich besser als ein größeres Gerät nur halb zu füllen, aber nicht so effektiv wie ein großer Geschirrspüler. Wer sich ein großes Gerät zulegt und dieses lieber seltener laufen lässt als täglich einen kleinen Geschirrspüler, spart Strom und Wasser.

Bei der Toilettenspülung mit Bedacht sparen

Bei vielen Spülkästen lässt sich durch eine Verstellung des Schwimmers die Wassermenge im Spülkasten reduzieren. Das ist nur bedingt zu empfehlen, denn große Geschäfte sollten auch mit reichlich Wasser gespült werden, um Ablagerungen im Abflussrohr zu vermeiden. Sinnvoller sind zwei Spültaster, die große und kleine Spülgänge separat auswählen lassen. Auch viele ältere Spülkästen lassen eine sparsame Spülung zu, indem die Wippe zum Spülen manuell wieder in die Ausgangsstellung gedrückt wird.

Blumen mit Regenwasser gießen

Ob man sich im Garten eine Zisterne mit Pumpe anlegen kann, hängt von verschiedenen Faktoren ab. Aber eine größere Regentonne am Fallrohr der Regenrinne lohnt sich meistens. Im Baumarkt gibt es entsprechende Bausätze für Regenfänger. Hierbei spart man nicht nur die Kosten für wertvolles Trinkwasser, sondern nutzt auch das Wasser, für das man eine Niederschlagswassergebühr zahlen muss. Was im Garten eine Selbstverständlichkeit ist, wird in der Wohnung wieder vergessen. Auch die Zimmerpflanzen können mit Regenwasser gegossen werden.

WASSER- UND ABWASSERROHRE

Unterschiedliche Abflussrohre?

In der Sanitärabteilung des Baumarkts sind rotbraune und graue Abflussrohre zu finden. Sie lassen sich leicht kombinieren, sind jedoch für unterschiedliche Beanspruchungen gedacht. Wer den Sinn der Abkürzungen HT und KG kennt, der weiß auch, wo welche Rohre eingesetzt werden.

Hochtemperaturfeste Rohre

HT steht für hochtemperaturfest, was bedeutet, dass die grauen HT-Rohre eine Temperatur bis zu 95 °C aushalten – die beispielsweise im Abfluss vorliegt, wenn die Nudeln in der Spüle abgegossen werden. Daher sind HT-Rohre für die Verlegung innerhalb des Hauses gedacht.

Kanalgrundrohre

KG ist die Abkürzung für Kanalgrundrohr, was das Einsatzgebiet der rotbraunen Abwasserrohre erklärt. Sie sind stabiler als HT-Rohre und halten den Belastungen im Erdreich stand. Dagegen sind sie jedoch nur gegen Temperaturen bis 65 °C resistent und setzen bei einem Brand giftige Gase frei. Aus diesem Grund dürfen sie ausschließlich im Erdreich und außerhalb des Hauses eingesetzt werden.

Abflussrohre mit der Spirale reinigen

Entstehen Verstopfungen im Abflussbereich, sind diese nur schwer mit chemischen Mitteln zu beheben. Um dennoch nicht das ganze Rohrsystem zerlegen zu müssen, kann eine sogenannte Spirale eingesetzt werden. Diese ist mehrere Meter lang und besteht aus einer Kurbel, einer biegsamen Welle und einem stabilen Spiralkopf. Der Draht wird langsam mit dem Spiralkopf voran in den Abfluss geschoben und die Spirale mit der Kurbel dabei im Uhrzeigersinn gedreht. So schraubt sich der Spiralkopf in die Verstopfung und lockert diese auf.

Kaltwasserrohre dämmen?

Dass Heizungsrohre und Warmwasserleitungen gedämmt werden, ist jedem geläufig und selbsterklärend: Man möchte keine Wärme verschenken. Aber warum sollten auch Kaltwasserleitungen gedämmt werden? Hintergrund ist die Luftfeuchtigkeit. Während warme Luft sehr viel Feuchtigkeit aufnehmen kann, ist kalte Luft eher trocken. Kühlt sich also warme Luft mit hoher Luftfeuchtigkeit ab, kann die Luft das Wasser nicht mehr halten, und es setzt sich an kalten Flächen als Kondenswasser ab. Jeder Brillenträger kennt diesen Effekt, wenn er mit einer kalten Brille einen warmen Raum betritt.

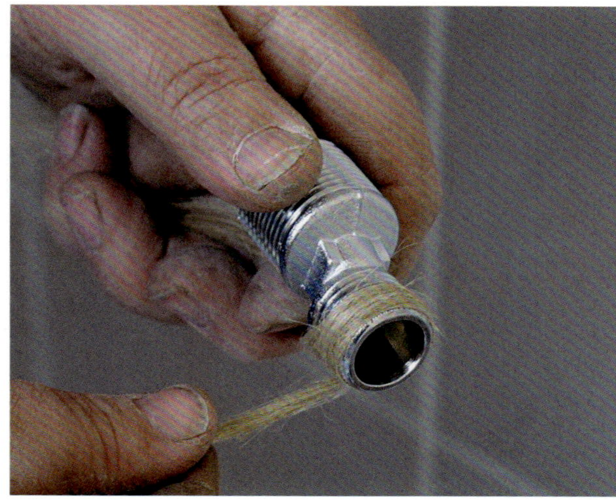

Auf die Drehrichtung kommt es an. Bei einem Rechtsgewinde muss der Hanf im Uhrzeigersinn aufgebracht werden.

Korrosion und Pfützen vermeiden

Selbiges passiert an kalten Wasserrohren. Und zwar dauerhaft! Schließlich hat die Kaltwasserleitung eine Temperatur von maximal 15 °C, und das Umfeld ist meist deutlich wärmer. Nicht nur, dass dann die Rohrleitungen dauerhaft nass sind und korrodieren können, sie können sogar tropfen und für Pfützen im Wohnbereich sorgen.

MIT ROHRGEWINDE ARBEITEN

Rohrgewinde einhanfen

Muss ein Gewinderohr abgedichtet werden, kommt meist Hanf zum Einsatz. Das hat den Vorteil, dass so abgedichtete Gewinde auch mal nachgezogen und sogar zurückgedreht werden können. Zunächst ist das vorsichtige Anrauen des Gewindes mit einem Metallsägeblatt wichtig, damit sich der Hanf beim Einschrauben nicht mitdreht. Viele Gewinde an Wasserhähnen oder Verbindungsstücken besitzen deshalb bereits Kerben und müssen nicht mehr angeraut werden.

Eine breite Fläche aufwickeln

Im zweiten Schritt wird der Hanf aufgewickelt. Dies geschieht bei einem normalen Rechtsgewinde im Uhrzeigersinn (Blick von vorn auf das Gewinde) und bei Linksgewinden gegen den Uhrzeigersinn. Dabei den Hanf nicht als dicken Strick, sondern etwas breitflächig aufwickeln.

Gewindedichtmasse nicht vergessen

Nach dem Einhanfen wird der Hanf mit einer Drahtbürste in Wickelrichtung leicht in das Gewinde eingearbeitet und mit Gewindedichtmasse eingeschmiert. Anschließend kann das Gewinde bereits eingeschraubt werden. Die Gewindedichtmasse dient weniger der Abdichtung. Vielmehr schützt sie vor Korrosion und den Hanf vorm Austrocknen. Wer sich das Einhanfen nicht zutraut, kann auch zu Teflonband greifen. Das lässt sich einfacher verarbeiten, die Verbindung darf aber immer nur fest- und niemals zurückgedreht werden.

Abgebrochenes Kunststoffgewinde entfernen

Es kann passieren, dass ein Rohr abbricht und dabei das Gewinde im anderen Rohr feststeckt. Wie soll man es greifen und rausdrehen? Bei kleineren Durchmessern reicht es aus, wenn man einen Schraubendreher oder passenden Blechstreifen erhitzt und in das Rohr steckt. Der Kunststoff schmilzt, umschließt das Metall, und nach dem Abkühlen kann der Schraubendreher mit dem abgebrochenen Gewindestück herausgedreht werden.

Kerben in größere Rohre drücken

Bei Gewinden mit einem größeren Durchmesser wird es etwas schwieriger, passende Metallteile

Beim Umgang mit dem Bunsenbrenner zum Erhitzen eines Schraubendrehers oder der Spitzen der Zange sind große Vorsicht und Umsicht geboten.

zu finden, die sich erhitzen und mit dem abgebrochenen Stück verbinden lassen. Sinnvoller ist es hier, mit einem erhitzten Schraubendreher mehrere Kerben von innen in das Rohr zu drücken und diese als Ansatzpunkte zum Hebeln zu nutzen. Dann hilft eventuell bereits eine Kombizange, bei der die Backen auseinandergedrückt werden und diese sich an den Kerben verkeilen.

MIT KUPFERROHR ARBEITEN

Kupferrohr verlöten – einfacher als gedacht

Kupfer hat gegenüber Stahl einen entscheidenden Vorteil: Es rostet nicht. Davon abgesehen, ist Kupferrohr dünnwandiger und bei gleicher Durchflussmenge deutlich kleiner. Auch die glatte Oberfläche hat ihre Vorteile, da es weniger Ablagerungen und Geräusche beim Durchfluss gibt. Doch viele Heimwerker scheuen davor zurück, Kupferrohre zu löten. Dabei ist das gar nicht schwer.

Vorsicht beim Löten von Kupferrohren

Das Löten von Kupferrohren erfordert einen umsichtigen Umgang mit den Arbeitsmitteln. So sollte nicht vergessen werden, dass Flussmittel Säure enthalten können und einen sorgfältigen Umgang sowie anschließende Reinigung der Lötstelle erfordern. Auch die Lötflamme, die eine Temperatur von bis zu 1000 °C erreichen kann, sollte nicht unterschätzt werden. Müssen Rohre an der Wand verlötet werden, sollte immer ein Metallblech dahintergestellt werden, um die Wand vor der hohen Temperatur zu schützen.

Weniger Flussgeräusche in Kupferrohren

Kupferrohre lassen sich einfach verarbeiten, zumal sie mit einem Rohrschneider schnell abgelängt sind. Solche Rohrschneider drücken ein Messer von außen auf das Rohr, was äußerlich zu einer sehr glatten Schnittkante führt. Davon darf man sich jedoch nicht täuschen lassen. Im Inneren entsteht eine aufgebördelte Kante, die den Durchmesser verringert und für Flussgeräusche sorgen kann. Daher sollten Kupferrohre nach dem Zuschnitt auch von innen gut entgratet werden.

Putzen und Weichlotpaste verwenden

Wichtig ist eine absolut saubere Oberfläche im Kontaktbereich. Dazu wird das einzulötende Teil von außen und die Muffe von innen mit Stahlwolle blank geputzt. Anschließend werden die Kontaktflächen mit einem Flussmittel (Weichlotpaste) eingestrichen, was dafür sorgt, dass sich das Lot gleichmäßig verteilt und auf dem Kupfer haftet.

Kupferteile mäßig erhitzen

Nun können beide Teile bereits ineinandergesteckt und mit der Gasflamme mäßig erhitzt werden. Gleichzeitig das Lot an die Verbindung halten. Sobald die Verbindung heiß genug ist, verflüssigt und verteilt es sich selbstständig zwischen den Verbindungsteilen. Länger muss das Lot nicht nachgeführt werden. Bildet sich am Stoß ein silberner Ring und ist das flüssige Lot zu sehen, wird kein weiteres mehr benötigt. Die Verbindung kann abkühlen und muss anschließend äußerlich abgewaschen werden.

Zum Löten von Kupferrohr benötigt es weder großes Fachwissen noch teures Werkzeug. Grundkenntnisse und etwas Übung reichen.

Fittingslötpaste mit Weichlotpulver

Fittingslötpasten mit Weichlotpulver sind nicht gerade günstig, erleichtern den Lötvorgang aber enorm, da sie das Flussmittel mit dem Lot verbinden und in einem Arbeitsgang aufgetragen werden können. Werden die zu verlötenden Teile zusammengesteckt und erhitzt, ist genau zu erkennen, wann die richtige Löttemperatur erreicht ist. Fast schlagartig färbt sich die graue Masse silber. Jetzt ist das Lötzinn flüssig und verteilt sich selbstständig.
Zur Sicherheit sollte aber noch etwas Lot zugegeben werden.

Im Badezimmer

Badezimmer sollten die Räume sein, in denen man sich wohlfühlt. Hier ist es besonders wichtig, dass alles funktioniert und die Entspannung nicht durch Gerüche gestört wird.

WANNE UND WASCHBECKEN

Gerüche aus dem Waschbecken

Nichts ist am Morgen unangenehmer als ein müffelndes Waschbecken, an dem man sich die Zähne putzt. Die Ursachen können verschieden sein – zumeist liegt es an Ablagerungen aus Seifenresten, Haaren, Zahnpasta und Keimen, die sich an feuchten Stellen wohlfühlen.

Siphon reinigen

Die wichtigste Grundlage, um Gerüche zu vermeiden, ist ein funktionierender Abfluss. Ablagerungen können den Abfluss behindern, aber auch dafür sorgen, dass sich das Wasser selbst aus dem Siphon zieht. Dann verliert der Geruchsverschluss seine Wirkung, und es riecht sehr unangenehm, denn das im Siphon („Knie") stehende Wasser verhindert, dass die Gerüche aus dem Abflussrohr nach oben steigen können. Zum Reinigen des Siphons muss er komplett demontiert und in seine Einzelteile zerlegt werden. Anschließend helfen Essig, Zitronensäure, Haushaltsreiniger und eine Flaschenbürste, die Rohre intensiv zu reinigen. Nicht vergessen, nach der Reinigung Wasser in den Siphon laufen zu lassen, damit der Geruchsverschluss wieder funktioniert.

Mit Backpulver und Essig

Sitzt die Ursache für Gerüche etwas tiefer oder kann der Siphon nur schwer abgenommen werden, helfen auch einige Hausmittel, um den Abfluss von innen zu reinigen – allen voran die Kombination aus Backpulver und Essig. Dazu werden werden zwei Päckchen Backpulver und etwa 150 ml Essig in den Ausguss gegeben, und nach etwa 15 Minuten wird nachgespült. Auch Cola, Soda oder Natron haben eine ähnliche Wirkung und lockern leichte Verstopfungen und Ablagerungen.

Wichtig ist die intensive Reinigung des Siphons von innen. Eine Flaschenbürste ist dabei hilfreich.

Auch heißes Wasser hilft

Ganz ohne irgendwelche Mittelchen hilft oft heißes Wasser. Viele täglich genutzte Reinigungs- und Hilfsmittel, wie Seife oder Zahnpasta, lösen sich nicht richtig auf und bleiben als Ablagerungen zurück. Heißes Wasser lockert diese und spült sie leichter weg. Das trifft vor allem auf Fette im Küchenabfluss zu. Nichts anderes dazugeben!

Wichtig: Den Überlauf nicht vergessen!

Wenn das Wasser im Waschbecken nicht überläuft, bleibt der Überlauf trocken und kann nicht stinken. Falsch! Wasser dringt nicht nur von oben in den Überlauf ein. Fließt das Wasser nicht schnell genug ab, staut es sich auch im Siphon zurück und drückt in den Überlauf. Gereinigt werden kann dieser gut mit Dampf aus einem Dampfreiniger, der in die seitlichen Löcher im Abfluss geleitet wird. Hilft alles nichts, muss der Siphon komplett abmontiert werden, dann sind die unteren Öffnungen des Überlaufs auch mit einer Flaschenbürste zu erreichen.

Wenn die Badewanne riecht

Wer über eine Dusche und eine Badewanne verfügt, wird hauptsächlich duschen und sich hin und wieder ein Bad gönnen. Das kann jedoch zu einem stinkenden Problem werden. In jedem Siphon befindet sich Wasser, das einen Geruchsverschluss bildet. Verdunstet das Wasser, weil die Badewanne lange nicht genutzt wurde, fehlt der Geruchsverschluss – der Abfluss kann seine Gerüche entfalten. Hier hilft es ganz einfach, hin und wieder etwas Wasser laufen zu lassen, um den Wasserspiegel im Siphon konstant zu halten.

ACHTUNG

Saugglocke zuerst ausprobieren!
Ist ein Abfluss absolut dicht, sollte die Saugglocke als Erstes zum Einsatz kommen und erst danach zu anderen Mitteln gegriffen werden. Denn nach dem Einsatz von Essig, Natron, Backpulver oder chemischen Reinigungsmitteln befinden sich einige Mittel im Siphon, die Reizungen und sogar Verätzungen verursachen können. Die Saugglocke baut Druck und Unterdruck auf und kann dafür sorgen, dass die Reinigungsmittel spritzen und so ins Auge gelangen.

Wenn der Abfluss verstopft ist, sollte man immer zuerst versuchen, ihn mit der Saugglocke freizubekommen.

EXPERTENTIPP

» Perlator entkalken

Überall, wo Wasser im Spiel ist, sind Kalkablagerungen ein Problem. Das betrifft vor allem den Auslauf am Wasserhahn. Ist er so stark verkalkt, dass sich der Perlator nicht mehr lösen lässt, muss dieser im angebauten Zustand entkalkt werden. Das funktioniert, wenn Essig oder Kaltentkalker in eine Tüte gegeben wird, die man über den Auslauf am Wasserhahn stülpt und mit Klebeband fixiert. So kann der Entkalker einwirken.

Vorsicht: Kratzer in der Acrylwanne

Ablagerungen von Shampoo, Duschbad und Badezusätzen lassen sich in der Wanne relativ leicht entfernen. Was bleibt, sind häufig Flecken und leichte Kratzer oder Putzspuren. Mit scharfen Reinigungsmitteln oder einem Scheuerschwamm sollte eine Acrylwanne jedoch niemals gereinigt werden.

Werkzeug & Material

- Schraubendreher
- Schraubenschlüssel oder Rollgabelschlüssel
- neue Dichtung

VENTILDICHTUNG ERSETZEN

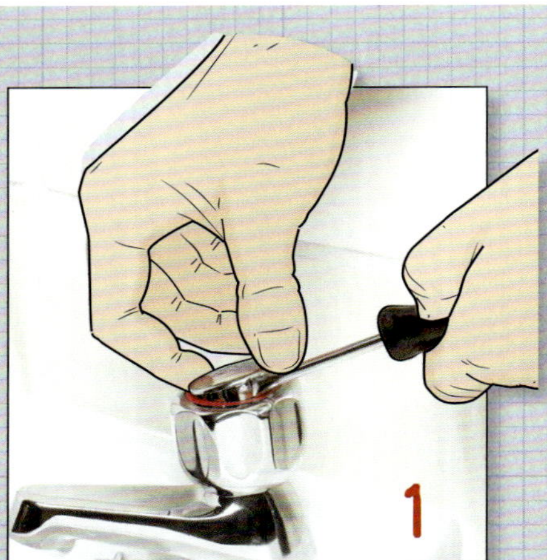

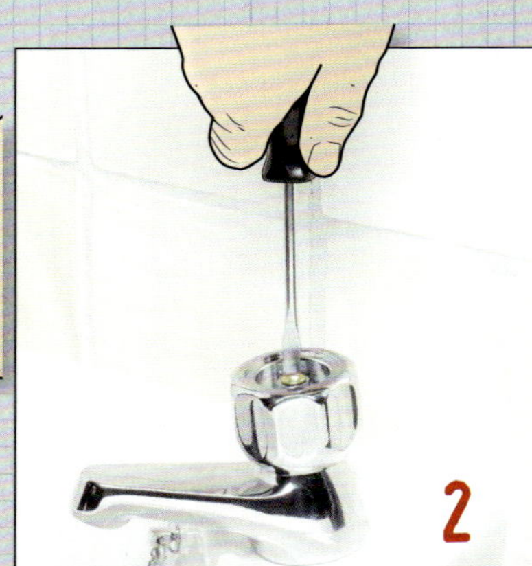

1. Wasser abdrehen

Zunächst dreht man den Wasserzulauf am Strangventil (Eckventil) ab und öffnet den Hahn, damit das Wasser aus der Leitung abläuft. Danach den Wasserhahn wieder zudrehen und den Stöpsel schließen, damit keine Kleinteile in den Ablauf fallen können. Dann wird – je nach Modell – der Knauf entfernt.

2. Ventil freilegen

Jetzt wird die Schutzkappe abgezogen. Wenn ein Distanzstück vorhanden ist, muss man das ebenfalls entfernen. Bei einem Knebelgriff sitzt über dem Ventileinsatz eine Spindel, die unter einer Schutzkappe verborgen ist. Die Schutzkappe nimmt man ab.

3. Ventil herausnehmen

Die Spindelmutter wird mit einem Schraubenschlüssel oder einem Rollgabelschlüssel gelöst. Dann nimmt man den Ventileinsatz aus dem Körper des Auslaufventils („Wasserhahn") – dabei keine Gewalt anwenden! Bei Bedarf den Wasserhahn mit der Hand „gegenhalten", damit er sich nicht mitdreht.

Autopolitur für die Wanne

Was hilft, ist eine leichte Autopolitur. Diese besitzt so feine Schleifzusätze, dass die Oberfläche gereinigt und poliert wird, aber keine Schleifspuren zurückbleiben. Man sollte jedoch darauf achten, um welche Politur es sich handelt. Einige sind für ältere, stumpfe Lacke gedacht und enthalten ein sehr grobes Schleifpulver. Damit lassen sich auch etwas kräftigere Kratzer entfernen, jedoch ist eine Nacharbeit mit einer Politur mit feinerem Schleifmittel nötig.

LÄUFT DER SPÜLKASTEN AUS, LIEGT DAS AN EINER GUMMIDICHTUNG

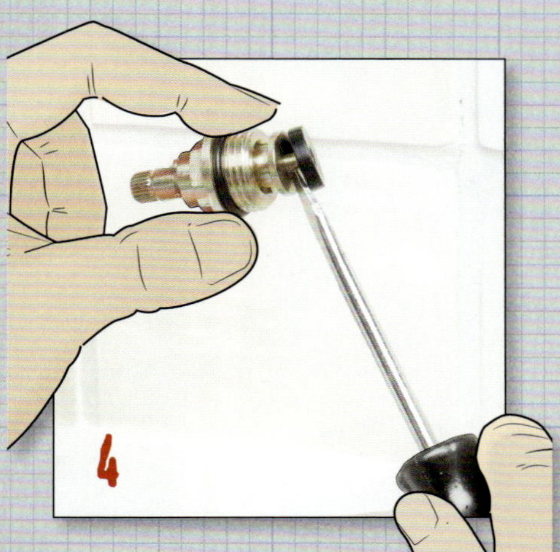

4. Dichtung ersetzen
Die Dichtung entfernen, das Ventil prüfen und den Sitz evtl. nachschleifen. Anschließend ersetzt man die Dichtung und baut das Auslaufventil in umgekehrter Reihenfolge wieder zusammen. Schließlich dreht man das Strangventil und den Wasserhahn wieder auf und testet, ob die Dichtung hält.

WC UND SPÜLKASTEN

Wenn das Wasser sehr laut in den Spülkasten läuft

Wer kennt das nicht: Wird die Toilettenspülung betätigt, rauscht es anschließend laut, weil das Wasser in den Spülkasten strömt. Häufige Ursache ist der Wasserhahn bzw. das Eckventil, welches die Geräusche verursacht.
Diese Geräusche lassen sich leicht beseitigen oder zumindest minimieren. Dazu wird als Erstes das Eckventil abgedreht und die Spülung betätigt. Ist der Spülkasten leer, kann man sich auf die Einlaufgeräusche konzentrieren und das Eckventil langsam wieder öffnen. So lässt sich leicht erkennen, bei welcher Öffnung wenig und wann mehr Geräusche entstehen.

Wenn ständig Wasser aus dem Spülkasten läuft

Es nervt und kostet Geld, wenn der Spülkasten nicht richtig abdichtet und dauerhaft Wasser in das Toilettenbecken rinnt. Dabei ist die Ursache meist sehr einfach zu beheben. Läuft der Spülkasten aus, liegt das an einer Gummidichtung im Inneren. Diese ist recht groß, selten kaputt und meist nur verkalkt oder deformiert. Öffnet man den Spülkasten, sieht man über dem Auslauf ein weißes Rohr (Heberglocke), welches zum Spülen mit einem Hebel angehoben wird. Im unteren Bereich sitzt eine große Gummischeibe, die den Auslauf nach dem Spülvorgang wieder abdichten soll. Setzt sich Kalk auf der Gummidichtung ab, dichtet sie nicht mehr, und das Wasser kann dauerhaft auslaufen.

Heberglocke ausbauen und Dichtung reinigen

Um an die Dichtung zu gelangen, muss die Heberglocke ausgebaut werden. Eine genaue Anleitung dafür ist kaum möglich, da der Aufbau des Spülkastens sehr unterschiedlich sein kann. Meist reicht eine kleine Drehung, um die Verriegelung zu lösen. Liegt die Dichtung frei, kann sie gereinigt und oft auch umgedreht werden. Je nachdem, wie alt der Spülkasten bereits ist, verformt sich die Dichtung und biegt sich etwas nach oben. Nach dem Wenden liegt sie wieder besser auf.

Der Wassereinlauf ist das Problem

Eine weitere Ursache des Nachlaufens im Spülkasten kann ein Fehler im Einlauf sein. Dichtet dieser nicht richtig ab, wird der Spülkasten weiterhin langsam gefüllt, obwohl er bereits den richtigen Wasserstand erreicht hat. Überschüssiges Wasser läuft dann über die „hohle" Heberglocke in das Toilettenbecken ab.

Den Einlauf zerlegen

Um den Fehler zu beheben, ist etwas mehr Aufwand nötig, denn der ganze Einlauf muss aus dem Spülkasten ausgebaut werden. Zerlegt man ihn anschließend, kommt ein Gummi zum Vorschein, der wie ein kleiner Hut aussieht. Mit etwas Glück haben sich dort nur Verunreinigungen abgesetzt. Ist er jedoch defekt, muss der Einsatz komplett ausgetauscht werden. Das ist häufig einfacher als die Suche nach einem Ersatzteil.

EINE WEITERE URSACHE DES NACHLAUFENS IM SPÜLKASTEN KANN EIN FEHLER IM EINLAUF SEIN

TOILETTENSITZ ABBAUEN

Werkzeug & Material

- *Kriechöl*
- *Ratsche mit langer Stecknuss*
- *Bohrmaschine, falls erforderlich*
- *Schutzbrille, falls erforderlich*

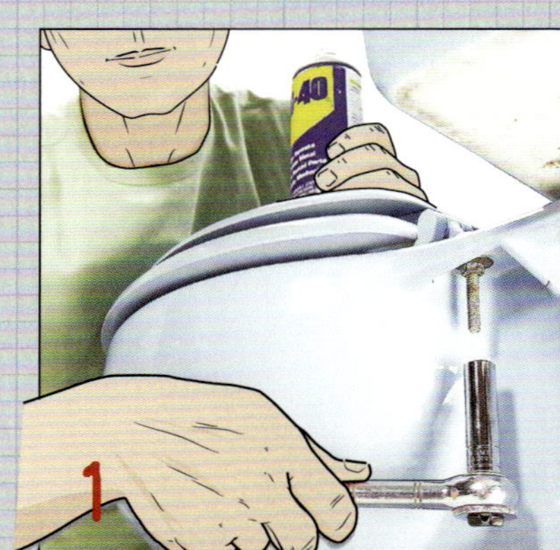

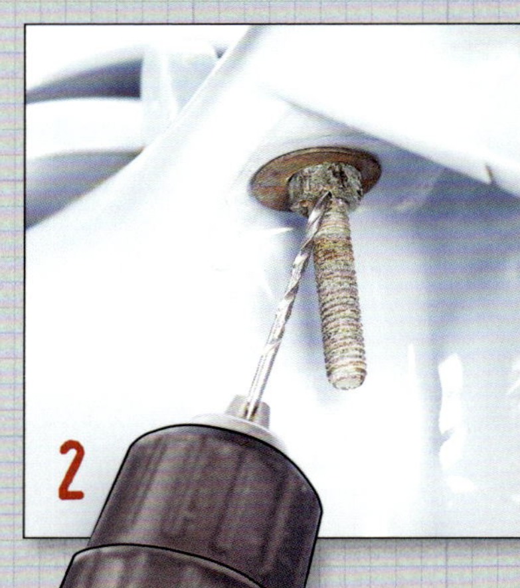

Vorbereitung

Der Abbau eines alten Sitzes kann schwieriger sein als gedacht, wenn die Schrauben verrostet sind oder sich festgefressen haben.

1. Schrauben lösen

Sind die Metallmuttern festgerostet, lassen sie sich nicht leicht lösen. Dann sprüht man sie mit Kriechöl ein, lässt es 15 Minuten einwirken und versucht es wieder. Eine Ratsche mit einer langen Stecknuss eignet sich am besten zum Schrauben.

2. Schrauben ausbohren

Mit einem 2-mm-Bohrer in der Maschine wird die Mutter an der Kante zur Schraube angebohrt. Man bohrt 5 mm in die Schraube und verwendet dann einen etwas größeren Bohrer. Nun setzt man mit der Stecknuss an, bis die angebohrte Mutter oder die Schraube so weit geschwächt ist, dass sie abbricht.

Warmwassersysteme

Warum tropft in der Küche der Wasserhahn, wenn das Wasser erwärmt wird? Das liegt an der Art der Wasseraufbereitung. Es gibt drucklose Warmwasserspeicher, Druckspeicher und Durchlauferhitzer, die unterschiedlich arbeiten und vor allem nicht gleich effektiv sind.

Drucklose Warmwasserspeicher

Drucklos heißt in diesem Fall, dass der Speicher ein offenes System benutzt. Dreht man das warme Wasser auf, wird damit nicht der Auslass an der Mischbatterie, sondern der Einlass des Speichers geöffnet. Neues kaltes Wasser strömt in den Speicher und schiebt das bereits erwärmte Wasser nach oben aus dem Wasserhahn – als würde man den Gartenschlauch in die Tülle einer Gießkanne stecken und das Wasser laufen lassen, bis die Gießkanne überläuft. So ist das System zwar offen, warmes Wasser läuft aber erst aus, wenn neues Wasser nachgefüllt wird.

Aufgrund der einfachen Bauweise sind drucklose Speicher recht günstig, aber leider nicht sehr effektiv. Zum einen wird bei den kleinen Geräten häufig an der Dämmung gespart, und zum anderen sind sie ständig offen. Die Wärme kann daher dauerhaft aus dem Wasserhahn entweichen.

Druckspeicher mit Sicherheitsgruppe

Wasser dehnt sich aus, wenn es erwärmt wird, und erzeugt so einen Überdruck. Bei drucklosen Warmwasserspeichern kann der Überdruck aus dem Wasserhahn entweichen – daher tropft dieser bei der Wassererwärmung. Druckspeicher haben diese Möglichkeit nicht.

Dennoch muss auch hier der Druck sinken können, ohne das erwärmte Wasser zurück in die Leitung zu drücken, da sich dort im lauwarmen Wasser sonst Bakterien bilden können. Druckspeicher benötigen immer eine sogenannte Sicherheitsgruppe, die den Rückfluss verhindert und Überdruck aus einem Überdruckventil ablässt. Dieses Ventil benötigt einen Schlauch, über den automatisch Wasser abgelassen wird, sobald ein voreingestellter Druck erreicht wird.

Da Druckspeicher meist größer sind, können sie gut gedämmt werden und geben nur minimal Wärme über die Dämmung oder angeschlossenen Rohre ab. Nachteilig ist jedoch, dass das warme Wasser beim Öffnen des Wasserhahns den Weg vom Speicher bis zum Wasserhahn zurücklegen muss. Dadurch gehen einige Liter kaltes Wasser verloren.

Durchlauferhitzer

Am effektivsten erhitzen Durchlauferhitzer das Wasser, da sie kein warmes Wasser speichern und direkt an der Entnahmestelle installiert werden können. Sie erhitzen das Wasser erst beim „Durchlauf", also wenn der Wasserhahn aufgedreht wird.

Dennoch haben auch Durchlauferhitzer einen Nachteil. Um das Wasser möglichst schnell und nach Bedarf zu erhitzen, benötigen sie eine große Stromleistung. Das ist aufgrund der kurzen Dauer zwar dennoch sparsamer, aber es müssen die entsprechenden Leitungen verlegt sein, die der Aufgabe gewachsen sind.

Luft und Klima

Heizen und Lüften sind eines der wichtigsten Themen im Wohnraum. Einerseits ist verbrauchte und stickige Luft ungesund, andererseits kann sie für feuchte Flecken und Schimmel an den Wänden sorgen.

LÜFTEN

Richtiges Lüften ist wichtig

Ein Mensch gibt pro Tag 1–2 Liter Wasser an sein Umfeld ab. Wie es aussieht, wenn man diese Menge täglich an eine Wand schütten würde, kann man sich gut vorstellen. Zur Feuchtigkeit, die der Mensch abgibt, kommen aber noch die Zimmerpflanzen, der Kochvorgang, das Wäsche- und Händewaschen, die Dusche und anderes mehr. Das sind täglich etliche Liter, die durch das Lüften nach außen befördert werden müssen.

Wie man im Winter richtig lüftet

Um die feuchte Luft möglichst effektiv zu entsorgen, macht man sich die Physik und die Tatsache zunutze, dass warme Luft mehr Feuchtigkeit aufnehmen kann als kalte Luft. Das funktioniert zumindest im Winter sehr gut. Gerade in dieser Jahreszeit ist das effektive Lüften aber auch enorm wichtig, da sich die feuchte Luft ansonsten an den kalten Wänden absetzt.

Das Zauberwort ist Stoßlüften

Warum im „Stoß lüften" und nicht dauerhaft? In warmer Luft kann sich viel Feuchtigkeit anreichern, in kalter Luft nicht. Effektiv lüftet man nur, wenn möglichst schlagartig die warme feuchte Luft gegen kalte trockene Luft ausgetauscht wird.

Die Wärme soll nicht hinaus

Das kurze Lüften hat den Vorteil, dass nur die Luft ausgetauscht wird und die gespeicherte Wärme in den Wänden und Möbeln erhalten bleibt. Anschließend muss lediglich die Luft wieder aufgewärmt werden, die gespeicherte Wärme bleibt erhalten. Da nach dem Stoßlüften sofort ein Wärmeaustausch zwischen der Luft und der Umgebung stattfindet, ist auch die Luft schnell wieder warm.

Beim Stoßlüften wird feuchte Luft aus dem Innenraum schnell gegen trockene von draußen ausgetauscht.

Warum nicht dauerhaft lüften?

Wird stattdessen das Fenster dauerhaft nur gekippt, findet kein richtiger Luftaustausch statt. Die Luft in Fensternähe kühlt ab, kann weniger Feuchtigkeit halten und verliert diese an kalte Oberflächen. Zusätzlich kühlen bei einer dauerhaften Lüftung die Wände im Umfeld des Fensters aus. Damit bieten sie die kalten Flächen, die die überschüssige Feuchtigkeit benötigt, um sich abzusetzen. Ergebnis: Die Wände sind nicht nur kalt, die Oberfläche wird auch nass und kann schimmeln. Schimmel ist daher häufig ein Zeichen von falschem Lüften.

Keller lüften, wenn es draußen kälter ist

Warme Luft fühlt sich trockener an als kalte. Das ist jedoch ein Trugschluss und führt gerade im Keller häufig zu feuchten Wänden. Wer glaubt, er müsse im Sommer viel warme Luft in den Keller lassen, um die Feuchtigkeit zu entziehen, erreicht genau das Gegenteil. Wird der Keller am Tag mit warmer Luft versorgt, dringt Luft mit einer hohen Luftfeuchtigkeit ein, kühlt sich ab, und nicht mehr haltbare Luftfeuchtigkeit schlägt sich an den kalten Wänden nieder. Stattdessen sollte gelüftet werden, wenn es draußen kälter als im Keller ist. Auch hier ist dann Stoßlüften von Vorteil.

Ventilatoren machen den Raum wärmer

Wenn es im Sommer sehr warm ist, greifen viele zum Ventilator, weil er die Luft im Raum abkühlen soll. Falsch! Das kann ein Ventilator nicht – im Gegenteil. Luft ist ein sehr schlechter Wärmeleiter, und da der menschliche Körper eine Temperatur von knapp 37 °C hat, ist er dauerhaft von einer Glocke warmer Luft umgeben. Darum fühlt sich 25 °C warmes Wasser auch viel kälter als 25 °C warme Luft an. Wasser ist ein guter Wärmeleiter und leitet die Temperatur sofort ab. Wir spüren also keine warme Luftglocke, sondern die tatsächliche Umgebungstemperatur von 25 °C. Ähnlich funktioniert ein Ventilator. Er bläst die warme Luft, die uns umgibt, weg, und wir spüren wieder die tatsächliche Raumtemperatur, die uns deutlich kühler vorkommt.

Ventilatoren sinnvoll nutzen

Ventilatoren kühlen also nicht, sie bewegen lediglich die Luft, was sich kühl anfühlt. Schlimmer noch, sie erwärmen den Raum, in dem sie sich befinden. Denn wie jeder Motor erzeugt auch der Motor eines Ventilators Wärme und gibt diese an seine Umgebung ab. Befindet sich niemand im Raum, der den Luftzug spürt, und bringt die Luftbewegung somit keine Kühlung, sollte er immer ausgeschaltet werden, damit nicht unnötig Wärme produziert wird.

Mit einem Ventilator kühlen

Wer nicht auf seinen Ventilator verzichten und dabei sogar kühle Luft haben möchte, der hängt ein feuchtes Geschirrtuch vor das Gerät. Jeder kennt den Effekt, wenn er nasse Badebekleidung trägt. Das Wasser möchte verdunsten und benötigt dazu Energie. Diese entzieht es dem Umfeld in Form von Wärme. Das kühlt den Luftstrom merklich ab. Selbst ein Wäscheständer mit feuchter Wäsche erzeugt einen ähnlichen Effekt.

EXPERTENTIPP

» Den Wohnraum vor der Wärme der Sonne schützen

Wer keine Rollläden vor den Fenstern hat, kann mit Jalousien oder Vorhängen den Raum etwas verdunkeln, damit er sich durch das Sonnenlicht nicht so stark aufheizt. Der Effekt ist jedoch begrenzt, da die wärmenden Strahlen erst hinter dem Fenster gebremst werden. Die Wärme befindet sich in diesem Moment bereits im Raum.

Effektiver ist es, an heißen Tagen die Wärmestrahlen vor dem Fenster abzufangen, wozu sich ein altes Bettlaken gut eignet. Dieses außen über das gekippte Fenster hängen und beim Schließen einklemmen. So werden die Wärmestrahlen bereits vor dem Fenster abgefangen.

HEIZUNG UND HEIZEN

So bleibt die Raumtemperatur wie eingestellt

Wenn Heizungsrohre ihre Wärme im Wohnraum abgeben, so ist das kein großer Verlust. Die Wärme geht ja nicht nach draußen, sondern bleibt drinnen. Sie beeinflusst jedoch ungewollt die Raumtemperatur, und die sollte eigentlich vom Thermostat bestimmt werden. Schließt dieses, weil die gewünschte Temperatur erreicht ist, heizen die Heizungsrohre ungehindert weiter.

Heizungsrohre dämmen

Um das zu verhindern, ist es angebracht, Heizungsrohre auch im Wohnraum zu dämmen. Das macht vor allem in Nebenräumen Sinn, die nicht so stark geheizt werden. Hier macht sich die ungewünschte Wärmeabgabe besonders stark bemerkbar. Zum Dämmen der Heizungsrohre eignen sich einfache Rohrisolierungen, die es schon für rund einen Euro pro Meter im Baumarkt gibt. Sie werden aufgeschnitten und können anschließend einfach auf das Rohr gesteckt werden.

Heizkörperthermostate nicht verdecken

Vorhänge sind praktisch und verringern sogar die Wärmeabgabe über das Fenster. Hängen sie jedoch zu tief und über die Heizung, bildet sich ein Wärmestau. Die Wärme kann nicht richtig an den Raum abgegeben werden und sammelt sich hinter dem Vorhang. Das registriert auch das Heizkörperthermostat, erkennt fälschlicherweise eine zu hohe Raumtemperatur und riegelt den

HEIZUNG ENTLÜFTEN

Werkzeug & Material

- Entlüftungsschlüssel
- Schale, Becher oder ein anderes Gefäß
- Tücher

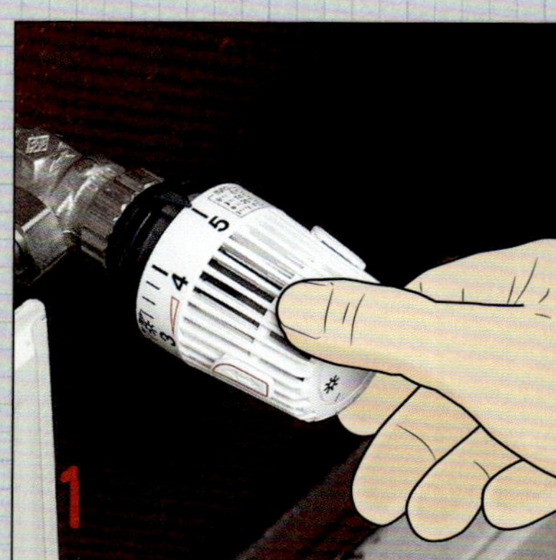

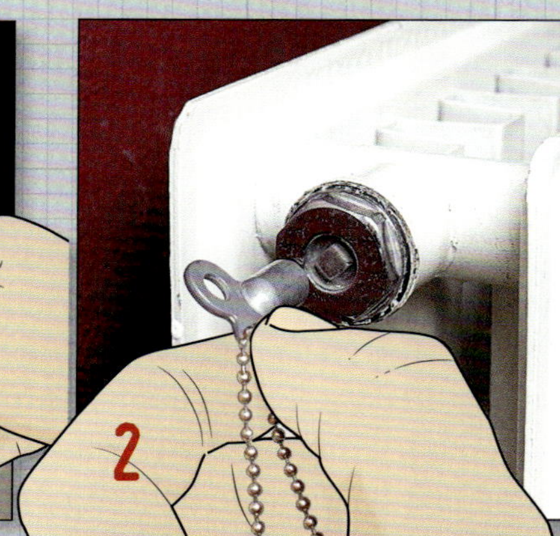

Hinweis

Wenn man mehrere Heizkörper entlüftet hat, kann es sein, dass der Druck im Heizkreislauf stark abfällt. Dann muss Wasser in den Heizkreislauf nachgefüllt werden. Das sollten nur versierte Heimwerker oder der Fachmann tun.

1. Ventil öffnen

Das Thermostat wird voll aufgedreht. Das Entlüftungsventil befindet sich an der dem Thermostat gegenüberliegenden Seite, also links oder rechts oben. Meist ist der Sperrhahn des Ventils ein Vierkantstift, seltener ein Sechskantstift.

2. Luft freisetzen

Man setzt den Schlüssel an, hält ein Gefäß unter das Entlüftungsventil und öffnet es mit dem Schlüssel. Zunächst entweicht meist die Luft, anschließend fließt stotternd Wasser nach.

Wenn die Vorhänge den Heizkörper nicht verdecken, schaltet das Thermostat auch nicht zu früh ab, und der Raum wird aufgeheizt.

Heizkörper ab. Heizkörperthermostate müssen daher immer frei bleiben und dürfen weder verbaut noch zugehängt werden. Alternativ gibt es Thermostate mit einem externen Messfühler, der weiter entfernt positioniert werden kann.

Heizkörper in Nischen

Nischen verstecken zwar dicke und unschöne Heizkörper ein wenig, haben aber auch einige Nachteile. Zum einen wurden solche Nischen errichtet, indem die Wand dahinter dünner als die restliche Wand gebaut wurde, was den Dämmwert verringert. Zum anderen bildet sich aber auch ein leichter Wärmestau, da die Wärme nicht ungehindert in alle Richtungen abgegeben werden kann. Etwas Abhilfe schaffen Dämmplatten mit einer Reflektionsfolie. Sie verbessern durch ihren eigenen Dämmwert das Dämmverhalten der Wand dahinter und sorgen durch Reflektion für eine bessere Wärmeverteilung.

3. Ventil schließen

Sobald keine Luft mehr aus dem Ventil kommt, ist der Heizkörper entlüftet. Das Ventil kann wieder geschlossen werden. Wer seinen Boden schützen will, legt zur Sicherheit ein saugstarkes Tuch unter das Ventil.

EXPERTENTIPP

» Kamin und Lüftungsanlage – funktioniert das?

Wer ein modernes Haus mit Lüftungsanlage sein eigen nennt und sich dazu auch noch einen Kamin wünscht, muss sich auf eine Auflage gefasst machen. Läuft die Lüftungsanlage, um die verbrauchte Luft aus dem Wohnraum zu saugen, würde sie dem Sog des Schornsteins entgegenwirken und könnte die Abgase in den Wohnraum ziehen. Das darf natürlich nicht passieren. Daher gibt es raumluftunabhängige Kamine. Die besitzen nicht nur einen Abzug für die Abgase, sondern auch einen weiteren Anschluss, der die Versorgungsluft von außen und nicht aus dem Wohnraum holt. Ein solcher Kamin arbeitet also eigenständig und kann nicht durch eine Lüftungsanlage beeinflusst werden. Der Einbau ist jedoch etwas aufwendiger als bei einem konventionellen.

9

Die Gebäudehülle

Dach und Dachrinne

So wie wir uns vor Nässe von oben schützen, muss auch das Haus vor Regen bewahrt werden. Denn Wasser gehört zu den größten Feinden von Holz, Mauerwerk und Putz.

Werkzeug & Material

- Maßband
- Schraubendreher
- Arbeitshandschuhe, Handbürste
- Holz für Latten, falls erforderlich
- Richtscheit und Bleistift
- Feststellzange
- Bohrmaschine und Bohreinsätze
- Spenglerschrauben

DACHEINDECKUNGEN

Wenn das Ziegeldach vermoost

Dachziegel aus Beton halten sehr lange und sind günstig in der Anschaffung. Dennoch haben sie zwei große Nachteile. Neben ihrem mächtigen

EIN WELLBLECH AUSTAUSCHEN

1. Altes Blech lösen
Vor den Arbeiten das benötigte Material besorgen (neue Bleche, Schrauben, gegebenenfalls Dachlatten). Arbeitshandschuhe anziehen und dann die Schrauben der auszuwechselnden Bleche entfernen.

2. Altes Blech entfernen
Die freie Kante des alten Blechs anheben und es nach unten herausziehen. Losen Schmutz entfernen und kontrollieren, ob die Dachlatten noch in Ordnung sind. Beschädigte oder verrottete Latten ersetzt man durch neue.

3. Markierungen setzen
Ein Richtscheit über die entstandene Lücke im Dach legen und es exakt entlang der Mittellinie der freiliegenden Dachlatte ausrichten. Am Richtscheit und den benachbarten Blechen markieren, wo das neue Blech befestigt werden soll.

Gewicht besitzen sie auch eine raue und poröse Oberfläche. Darin hält sich Feuchtigkeit sehr gut, und gerade die Nordseite des Hauses neigt zum „Vermoosen".

Im ersten Moment sieht das nur unschön aus und schadet dem Dach nicht weiter. Nimmt der Bewuchs jedoch zu, behindert er den Regenabfluss, und wachsen das Moos und die Flechten auch unter den Ziegeln weiter, kann Wasser eindringen und im Winter zum Platzen der Ziegel führen.

Ziegeldach neu beschichten

Nicht ganz unumstritten ist das neue Beschichten der Dachziegel, da es hier insbesondere auf die verwendeten Hilfsmittel und die korrekte Umsetzung ankommt. Eine ortsansässige Firma, die bereits Erfahrungen mit solchen Arbeiten hat, sollte das übernehmen.

Hat man sich dazu entschieden, sein Dach mit einem neuen Anstrich zu versehen, hat man natürlich die freie Farbwahl, und die neue, glattere Oberfläche verringert den Grünwuchs. Gleichfalls läuft Regenwasser wieder einfacher ab, und Schmutz haftet nicht so schnell auf den Ziegeln.

Glatte Oberflächen für weniger Schmutz

Wer das Risiko von verschmutzten und vermoosten Dachziegeln von vornherein minimieren möchte, der greift gleich zu Dachziegeln mit einer glasierten oder engobierten Oberfläche. Die Engobe besteht aus einem eingebrannten Tonschlamm, der mit Pigmenten und Metalloxiden eingefärbt werden kann. So sind rote, erdende bis schwarze Farben möglich. Bei Glasuren werden der Deckschicht zusätzlich Glasanteile beigemengt, die für einen hohen Glanzgrad sorgen und jeden Farbton der Dachziegel ermöglichen.

4. Neues Blech befestigen
Nun wird das Blech eingefügt. Anhand des Richtscheits und der Markierungen bohrt man in jede zweite Welle (Erhöhung) Löcher vor. Anschließend wird das Blech mit den Spenglerschrauben befestigt.

Glasierte Dachziegel haben eine geschlossene Oberfläche, die vor Umwelteinflüssen schützt.

DACHRINNE

Dachrinne richtig ausrichten

Dachrinnen benötigen nicht unbedingt ein Gefälle. Werden sie absolut waagerecht angebracht, läuft sich sammelndes Wasser auch ohne Gefälle ab, wenn die Dachrinne sauber ist. Aber es reicht bereits etwas Laub aus, und das Wasser staut sich auf. Mit Gefälle wird dagegen eine höhere Fließgeschwindigkeit erreicht, die auch Schmutz mitnimmt und die Dachrinne so etwas sauberer hält. Auf ein Gefälle sollte daher nur bei kleinen Dächern mit geringer Höhe verzichtet werden, die ein unkompliziertes Säubern der Dachrinne ermöglichen. Ansonsten ist es ratsam, ein Gefälle von 1–5 mm pro Meter einzuhalten. Quer sollte eine Dachrinne dagegen immer exakt waagerecht sein. Ist sie geneigt, kann sie im Extremfall und bei starkem Regen weniger Wasser aufnehmen.

EXPERTENTIPP

» Dachrinne mit einer Plastikflasche reinigen

Ist die Dachrinne nicht zu hoch und kann sie gut mit der Leiter erreicht werden, bereitet die Reinigung keine großen Probleme. Mit einem kleinen Trick gestaltet sich das recht einfach. Dazu nimmt man eine Plastikflasche mit passendem Durchmesser und schneidet den Hals ab. Unterhalb erhält die Flasche mehrere Löcher, sodass sie als Sieb verwendet werden kann. Nun legt man die Flasche über das Fallrohr, beschwert sie mit einem Stein und kann die Dachrinne mit Wasser reinigen. Gelöster Schmutz sammelt sich in der Flasche und braucht nur noch ausgeschüttet zu werden. Anschließend sollte die Flasche aber wieder entfernt werden, da sich die kleinen Löcher schnell mit Schmutz zusetzen.

Loch in Metalldachrinne schneiden

Jede Dachrinne benötigt einen Ablauf – einen Ablaufstutzen mit Fallrohr. Dazu muss an der entsprechenden Stelle in die Dachrinne ein Loch geschnitten werden, wozu sich am besten eine Blechschere eignet. Nur wie setzt man die Blechschere an, wenn kein Loch für den Anschnitt vorhanden ist?
Dazu legt man als Erstes den Ablaufstutzen auf und zeichnet die Kontur nach, um nicht zu weit zu schneiden. Anschließend werden innerhalb des Anrisses zwei Schnitte mit der Metallsäge gemacht und der kleine Steg dazwischen nach unten gedrückt. So entsteht ein breiter Streifen, der in alle Richtungen mit der Blechschere angeschnitten werden kann.

Loch in Kunststoffdachrinne schneiden

Auch wenn bei Kunststoffdachrinnen eine Lochsäge die bessere Wahl ist, funktioniert der Trick

Die Plastikflasche wird zum Sieb umfunktioniert. Grober Schmutz kann so leicht beseitigt werden.

mit dem eingesägten Streifen auch bei Kunststoffdachrinnen. Statt mit der Blechschere arbeitet man das Loch anschließend jedoch mit der Stichsäge aus. Die Pendelbewegung sollte dabei deaktiviert werden und die Dachrinne nicht zu kalt sein. Kalter Kunststoff neigt dazu, schnell zu platzen. Wird die Kunststoffdachrinne dagegen etwas erwärmt, lässt sie sich sogar mit einer scharfen Blechschere schneiden.

Fallrohre richtig verbinden

Müssen einzelne Stücke Fallrohr miteinander verbunden werden, damit sie nicht auseinanderrutschen, dürfen hierfür niemals Schrauben verwendet werden. Denn stehen diese Schrauben innen über, bleiben daran Schmutz und Laub hängen, welches das Regenwasser mit sich führt, und mit der Zeit setzt sich das Fallrohr deshalb zu. Lässt es sich nicht vermeiden, dann sollten zum Verbinden Blindnieten ihren Einsatz finden. Diese stehen kaum über und bieten Schmutz und Laub nur wenig Halt.

ACHTUNG

Sicher auf der Leiter

Wer mit der Leiter hoch hinaus will, sollte vor allem auf die Sicherheit achten. Diese beginnt mit dem Standplatz der Leiter. Der sollte gerade sein und der Leiter einen festen Stand bieten. Je nach Beschaffenheit des Untergrunds muss die Leiter über rutschfeste Gummierungen an den Füßen oder Fußspitzen verfügen. Auch der Anstellwinkel muss beachtet werden. Optimal sind zwischen 70 und 75 Grad, damit die Leiter sicher bestiegen werden kann, nicht wegrutscht und sich auch nicht zu stark durchbiegt. Am besten wird die Leiter zusätzlich an der Wand oder von einer zweiten Person gesichert. Nur wer sich körperlich fit fühlt, sollte eine Leiter besteigen, keinesfalls, wenn man Kreislaufprobleme oder Schwindel empfindet.

Wird die Dachrinne mit zwei Schnitten versehen, kann der Steg anschließend nach unten gedrückt und im freien Bereich die Blechschere angesetzt werden.

Wand und Wandverkleidungen

Wände zu verputzen ist nicht nur etwas für die Optik. Erst der Außenputz schafft eine wind- und wetterfeste Oberfläche, die das Mauerwerk vor Frost, Regen und Alterung schützt.

VERPUTZEN UND PUTZ AUSBESSERN

Risse im Putz prüfen

Weist das Haus einen Riss in der Wand bzw. im Putz auf, kann das verschiedene Ursachen haben. Wichtig ist in erster Linie zunächst die Prüfung, ob sich die Wand weiterhin bewegt und diese Bewegung den Riss verursacht hat. Um Bewegungen nachzuweisen oder auszuschließen, braucht nur etwas Putz abgeschlagen und ein kleines Stück Glasscheibe (Taschenspiegel reicht auch) quer über den Riss eingeputzt

EIN LOCH IM PUTZ FÜLLEN

Werkzeug & Material

- Arbeitshandschuhe
- Flachmeißel, evtl. mit Handschutz
- Fäustel
- angefeuchteter Schwamm
- je nach vorhandenem Putztyp: Putzmörtel, Zementmörtel oder Fassadenmörtel
- Glättkelle (Traufel)
- Maurerkelle oder langer Nagel
- Holzleiste (länger als die Reparaturstelle)
- Reibebrett

1. Reparatur vorbereiten
Lose gewordener Putz wird zunächst restlos abgeschlagen, damit der neue Auftrag genügend Halt findet. Auch die Fugen bis zu einer Tiefe von 1,5 cm von Putzresten befreien und die ganze Fläche gründlich abbürsten. Mit einem feuchten Schwamm abreiben, damit der neue Putz nicht zu schnell trocknet und später abbröckelt.

2. Erste Schicht auftragen
Etwas Putzmörtel auf die Glättkelle geben und ihn in einer Bewegung von unten nach oben in die Vertiefung streichen, dabei den unteren Rand der Kelle fest gegen die Wand pressen. Man fährt damit fort, bis der Putz glatt ist und seine Oberfläche bis ungefähr 5 mm an den umgebenden Verputz heranreicht.

zu werden. Ist der Putz ausgehärtet und die Glasscheibe auch nach Tagen oder Wochen noch intakt, bewegt sich die Wand am Riss augenscheinlich nicht. Bricht jedoch das Glasstück, liegt eine Bewegung innerhalb der Wand vor, die ein Sachverständiger überprüfen sollte.

Risse von Anfang an vermeiden

Arbeitet der zu verputzende Untergrund wegen unterschiedlicher Materialien oder weil er wie eine Wärmedämmung weich ist und nachgibt, kann das zu feinen Rissen im Putz führen. Das sieht einerseits unschön aus und bietet andererseits Wasser die Möglichkeit, in den Putz einzudringen.

Zieht man über solche Flächen jedoch Armierungsmörtel in einer dünnen Schicht auf und bettet darin Armierungsgewebe ein, verteilen sich die leichten Bewegungen auf eine größere Fläche, und Risse werden verhindert. Nach dem Auftragen einer Aufbrennsperre (s. auch Ab-

Sollen Risse im Putz nachhaltig verhindert werden, muss ein Gewebe eingearbeitet werden.

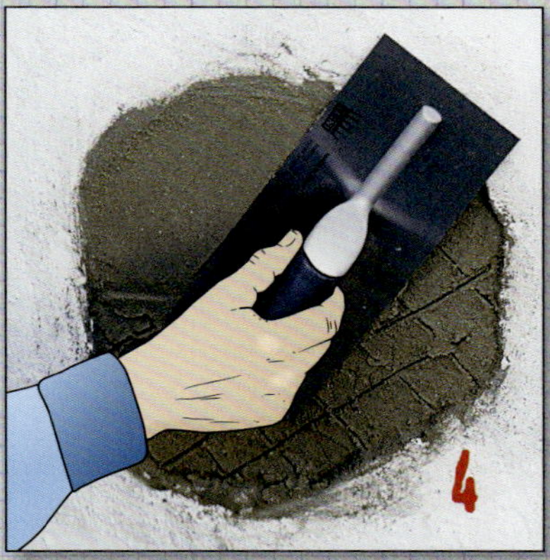

3. Führungsnasen

Nach etwa 20 Minuten sollte der Putzmörtel anfangen zu härten. Jetzt werden mit dem scharfen Rand einer Maurerkelle oder der Spitze eines großen Nagels Linien in die Fläche gezeichnet, die dem Deckauftrag Halt geben sollen. Diese erste Schicht lässt man vorher aber noch mindestens 14 Stunden trocknen.

4. Deckauftrag

Nun wird mit dem gleichen Putzmörtel die Deckschicht aufgetragen. Man beginnt dieses Mal in der linken oberen Ecke und streicht den Mörtel in gleichmäßigen Bewegungen mit der Glättkelle von links nach rechts auf. Einen knappen Überhang zur umgebenden Wand stehen lassen.

5. Glätten

Sobald nach etwa 15 Minuten der Mörtel zu erhärten beginnt, zieht man die Fläche mit einer Holzleiste von oben nach unten ab. Falls sich jetzt Löcher zeigen, sofort füllen und nochmals abziehen. Wenn der Putz zu trocknen beginnt, mit einem feuchten Schwamm oder Reibebrett vorsichtig glätten.

schnitt „Putz auf Tragfähigkeit prüfen" rechts) kann die Oberfläche mit Reibe- oder Kratzputz versehen werden.

ACHTUNG

Putz nie weicher als der Untergrund

Bei der Auswahl des Putzes muss immer der Untergrund beachtet werden. Dieser darf niemals weicher als der Putz selbst sein. Dehnt sich die Wand oder der Unterputz bei Wärme aus oder zieht er sich bei Kälte zusammen, kann ein härterer Putz die Bewegungen nicht ausgleichen, und es entstehen Spannungsrisse. Daher muss der Putz stets weicher als die Wand darunter sein. Angaben zur Härte oder Druckfestigkeit sind auf der Verpackung zu finden.

Unebene Flächen leichter glätten

Wer alten Kratzputz oder sehr raue Oberflächen mit einem glatten Putz versehen möchte, kann ebenfalls zu Armierungsgewebe greifen. Durch das Einbetten des recht stabilen Gitters fällt das Glätten unebener Untergründe deutlich leichter. Der Armierungsmörtel wird in einer nur wenige Millimeter starken Schicht aufgezogen und das Gewebe anschließend mit einer Glättkelle in das Mörtelbett gedrückt. Beim anschließenden Abziehen mit der Glättkelle gleitet diese über das Gitter, und Löcher oder Senkungen im Untergrund werden glatt verschlossen.

BESCHÄDIGTE ECKEN REPARIEREN

Werkzeug & Material

- Holzlatte (75 × 25 mm, etwas länger als die Stelle, die ausgebessert wird)
- Holzsäge
- Zimmermannsnägel
- Hammer
- Flachmeißel
- Bürste
- Lineal und Wasserwaage
- Malerquast
- Schnellputz
- Glättkelle

1. Richtscheit zimmern

Ein selbst gemachtes Richtscheit ist hier das beste Hilfsmittel. Dafür eine Holzlatte zusägen – etwas länger als die beschädigte Stelle. Die Nägel dann so in die Latte klopfen, dass sie im Mörtel zwischen den Steinen Halt finden können oder ein Stück weit über und unter dem Schaden im Putz.

2. Richtscheit fixieren

Mit dem Meißel alle losen Mörtelteile von der beschädigten Wandkante abschlagen und die Reste abbürsten. Mit Lineal und Wasserwaage den Richtscheit absolut senkrecht gegen die Ecke ausrichten. Die Latte an der Wand festnageln, ohne die Nagelköpfe ganz einzuschlagen.

Das Einbetten eines Armierungsgewebes erleichtert das Glätten, insbesondere bei stark unebenen Untergründen.

3. Seite für Seite

Dann die offene Seite der Ecke bis zum Rand der Richtlatte mit dem Schnellputz füllen. Erst wenn die Seite ganz getrocknet ist, die Nägel entfernen und die Latte abnehmen. Dann die andere Seite der Ecke bearbeiten.

Putz auf Tragfähigkeit prüfen

Wer eine alte Fassade verschönern möchte, muss die Oberfläche auf Tragfähigkeit prüfen, wozu es einige einfache Tests gibt. Als Erstes kann mit der flachen Hand über die Wand gestrichen werden. Ist die Hand danach weiß, handelt es sich um einen kreidenden Altanstrich, der abgewaschen werden muss. Anschließend ist eine Grundierung notwendig.

Grundieren muss man auch, wenn auf die Oberfläche aufgebrachtes Wasser sehr schnell einzieht. Neu aufgebrachter Putz würde zu schnell trocknen und keine sichere Verbindung mit dem Untergrund eingehen. In Fachkreisen nennt sich das „aufbrennen" und die passende Grundierung heißt daher Aufbrennsperre.

Wird Putz ausgebessert, muss der noch verbleibende Putz auf guten Halt geprüft werden. Dazu die Oberfläche abklopfen und auf Klangveränderungen achten. Hohl klingender Putz muss vor der Sanierung der Fassade entfernt werden.

GEWUSST WIE

Der Fingernageltest

Ob es sich um eine elastische Fassadenbeschichtung handelt, die nicht so einfach überstrichen werden kann, zeigt der Fingernageltest. Drückt man für ein paar Sekunden mit dem Fingernagel auf die Farbe, bildet sich eine kleine Delle, die nach einer Weile wieder verschwindet. Soll eine solche Beschichtung überstrichen werden, ist es ratsam, einen Fachmann hinzuzuziehen.

Farbe auf Tragfähigkeit prüfen

Soll lediglich der alte Anstrich erneuert werden, gibt ein Test mit Klebeband Auskunft über den Halt der alten Farbe. Wird das Klebeband auf die Oberfläche gedrückt und anschließend abgezogen, ist anhaftende Farbe ein Zeichen dafür, dass der alte Anstrich entfernt werden muss. Auskunft gibt auch der Kratztest, bei dem mit einem Spachtel über die Oberfläche gekratzt wird. Blättert dabei Farbe ab, muss sie vor dem neuen Anstrich komplett abgeschabt werden.

Putz auf Holz

Wer Wände mit einem Fachwerk oder auch nur einzelnen Holzbalken verputzen möchte, steht vor einem Problem: Holz und Putz verbinden sich nicht. Dennoch gibt es eine Möglichkeit, kleinere Holzflächen zu überbrücken und zu verputzen. Dazu werden mehrere Nägel in das Holz geschlagen, die nicht versenkt werden, aber auch nicht weiter als der fertige Putz herausstehen dürfen. Anschließend wird ein dünner Draht kreuz und quer um die Nägel gelegt, sodass es keine großen Leerräume gibt. Ähnlich wie Fadenbilder, nur nicht so dicht. Bei sehr kleinen Flächen reichen auch nur Nägel. Der anschließend aufgebrachte Putz legt sich um die Nägel und den Draht und hält so auch ohne Verbindung mit dem Holz.

Wer eine solche Fachwerkwand verputzt haben möchte, muss den Fachmann hinzuziehen.

Glatte Oberflächen verputzen

Ein ähnliches Problem besteht bei sehr glatten und nicht saugenden Oberflächen, auf denen der neue Putz keinen Halt findet. Hier muss erst eine raue Oberfläche geschaffen werden, was mit „Betonkontakt" gut funktioniert. Dieser Haftgrund besteht aus einer Quarzsand-Kunstharzdispersion, die auf fast allen glatten Untergründen hält. Der beigemengte Quarzsand schafft die benötigte raue Oberfläche und gibt dem neuen Putz einen sicheren Halt.

Alten Strukturputz ausbessern

Schadhafte Stellen in einer glatten Oberfläche sind leicht mit Putz oder einer Spachtelmasse ausgebessert. Komplizierter wird es bei einem Strukturputz, da man beim Verreiben die angrenzende Struktur verfüllt und damit glättet. Daher den neu aufgebrachten Putz immer in Richtung vom alten zum neuen Putz verreiben. Werden dabei versehentlich Strukturen des alten Putzes verfüllt, können diese mit einem stabilen Rundpinsel und etwas Wasser ausgewaschen werden.

EXPERTENTIPP

» Strukturputz nachbilden

Einen Strukturputz zu reparieren ist das eine, den Unterschied hinterher nicht zu sehen, schon ein kleines Kunstwerk. Aber auch das ist mit einfachen Hilfsmitteln und einem „Stempel" möglich. Sind größere Stellen ausgebrochen, kann ein altes Putzstück mit strukturierter Oberfläche genutzt und in den frischen Putz gedrückt werden.
Sind die ausgebesserten Stellen kleiner oder steht kein Putzstück zur Verfügung, presst man Styropor auf den alten Putz und übernimmt so die Struktur. Anschließend das geformte Styropor in den neuen Putz drücken. Mitunter reicht es auch aus, das Styropor zu brechen und die Struktur der kleinen Kugeln als Stempel zu nutzen.

Putzen ohne Putzschienen

Müssen größere Flächen verputzt werden, sind Putzschienen eine gute Hilfe, da sie sich auch auf unebenen Untergründen gut ausrichten lassen und im Putz verbleiben. Ist der Untergrund jedoch sehr gerade, können alternativ auch dünne Holzleisten genutzt werden. Die sind günstiger und sogar wiederverwendbar.
Dazu nur etwas Putz aufziehen und die Holzleisten in den Putz drücken. Wurde der neue Putz auf den Leisten abgezogen, können diese entfernt und die Rillen mit Putz verschmiert werden. Das funktioniert auch auf unebenen Untergründen. Jedoch empfiehlt es sich dann, etwas stabilere Leisten zu verwenden und diese mit einem Richtscheit auszurichten.

Vorwerfen erleichtert das Verputzen

Soll eine Wand mit glatten Ziegeln verputzt werden, oder ist der Putzauftrag zum Ausgleichen von Unebenheiten sehr dick, erleichtert das sogenannte Vorwerfen die Putzarbeit.

Hierzu wird ein etwas dünnflüssiger Putz aus zwei Teilen Sand und einem Teil Zement angerührt. Der hohe Zementanteil sorgt dafür, dass der Putz beim Anwerfen besser an der Wand kleben bleibt.
Der dünnflüssige Spritzbewurf wird mit einer Kelle an die Wand angeworfen und so auf der gesamten zu verputzenden Fläche verteilt. Dabei darf der Putz nur geworfen und nicht glatt gestrichen werden (das bedarf anfangs etwas Übung). Durch das Werfen und die etwas flüssigere Konsistenz spritzt der Putz und verleiht ihm eine raue Oberfläche mit vielen kleinen Spitzen, Tropfen und Löchern.
Anschließend muss der Spritzbewurf gut durchtrocknen. Die nun sehr unebene Oberfläche sorgt dafür, dass der nachfolgende Putz einen guten Halt hat und nicht absackt.

WANDVERKLEIDUNGEN

Holzverkleidung richtig anbringen

Wandverkleidungen aus Holz sind relativ leicht angebracht und können die Optik eines Hauses erheblich aufwerten. Zusätzlich ist es so einfach möglich, Wände zu begradigen, Mängel zu verstecken und ein kleines Luftpolster zur Wärmedämmung zu schaffen. Damit das Luftpolster aber nicht zur Quelle von Schimmel wird und das Holz lange hält, gilt es, ein paar wenige, aber wichtige Punkte zu beachten: zum einen die Hinterlüftung und zum anderen die richtige Montagerichtung von Nut und Feder. Werden diese Punkte nicht beachtet, kann es zu einem Luftstau hinter der Verkleidung kommen oder sich Regenwasser in den Holzverbindungen sammeln.

Waagerechte Montage von Wandpaneele

Die Unterkonstruktion (Trägerlattung) zum Befestigen der Paneele verläuft immer im rechten Winkel zu den Paneelen. Werden die Paneele waagerecht angebracht, muss die Lattung darunter also senkrecht an der Wand befestigt werden. Der Vorteil dieser Variante liegt in der einfachen Hinterlüftung. Durch die senkrechte Lattung kann die Luft geradewegs von unten nach oben strömen, ein Luftstau wird auf diese Weise vermieden.

Nut unten, Feder oben

Beachten muss man jedoch, wie die Paneele angebracht werden, damit Regenwasser gut abfließen kann. Die Befestigung erfolgt stets von unten nach oben, und das obere Holzbrett muss

KLINKERFUGEN SANIEREN

Werkzeug & Material

- Schutzbrille
- Handschuhe
- alter Schraubendreher
- Fäustel
- Stemmeisen
- kräftige Bürste
- Schale zum Anmischen des Mörtels
- Wasser
- Mörtel (Fertigprodukt) oder Sand und Zement
- Fugeisen
- Maurerkelle
- Sprühflasche
- Handfeger

1. Fugen ausstemmen
Den alten Mörtel 2 cm tief aus der Fuge entfernen, dabei Schutzbrille und Handschuhe tragen. Für festen Mörtel braucht man meist den Fäustel und ein Stemmeisen, weicherer Mörtel lässt sich in der Regel mit dem Schraubendreher herauskratzen. Fuge gut ausbürsten.

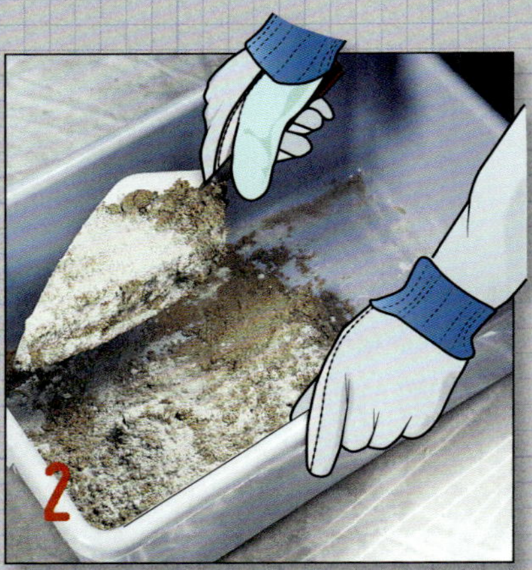

2. Mörtel anmischen
Drei bis vier Teile Sand und einen Teil Zement zunächst trocken, dann unter Zugabe von Wasser zu erdfeuchtem Mörtel mischen. Man sollte vorher einen Fachmann im Baumarkt fragen, mit welchem Material man farblich dem vorhandenen Mörtel am nächsten kommt.

Unter einem waagerechten Holzpaneel verläuft zur guten Hinterlüftung eine senkrechte Trägerlattung.

3. Mörtel auftragen
Sobald der Mörtel die passende Konsistenz hat, wird eine geringe Menge auf der Maurerkelle verteilt und der Mörtel von dort mit dem Fugeisen auf die vorbereitete Stelle aufgebracht. Man sollte sauber arbeiten, denn es ist nicht ganz einfach, Mörtel von den Klinkersteinen zu putzen.

4. Den Mörtel glätten
Sobald sich der Mörtel setzt, wird er mit dem Fugeisen geglättet. Dabei muss man gut auf die Übergänge zum alten Mörtel achten. Mörtel hält umso besser, je langsamer er trocknet, weshalb man an warmen Tagen am besten mehrmals Wasser auf die frische Fuge sprüht.

5. Sauber bürsten
Wenn der Mörtel antrocknet, geht man mit dem Handfeger über die reparierte Stelle. So streift man losen Mörtel ab und gibt der neuen Fuge ein „gebrauchtes" Aussehen. Außerdem hilft das Bürsten, den Mörtel auszustreichen, damit er in der Fuge nicht schrumpft.

das untere überdecken. Wird Rauspund mit Nut und Feder verwendet, muss die Nut nach unten und die Feder nach oben zeigen. Dadurch läuft das Regenwasser an der Außenkante der Nut über die darunterliegende Feder und das nächste Holzbrett ab. Umgekehrt würde es sich in der Nut sammeln, könnte nicht ablaufen und würde das Holz aufquellen.

Senkrechte Montage von Wandpaneele

Bei der senkrechten Montage spielt die Richtung von Nut und Feder eine untergeordnete Rolle, da das Regenwasser immer von oben nach unten ablaufen kann. Man kann jedoch darauf achten, aus welcher Richtung häufig Wind und Regen kommen. Die Nut sollte dann in die Richtung zeigen, in die auch der Wind bläst.

Ein senkrecht angebrachtes Wandpaneel verlangt eine aufwendigere Konstruktion zur Hinterlüftung als eine waagerechte.

DELLEN IM ALUMINIUM AUSBESSERN

Werkzeug & Material

- Bohrer
- Metallschrauben mit breitem Kopf
- Zange
- 2-Komponenten-Füllmasse aus dem Autobau und Spachtel
- feines Schleifpapier
- Grundierung
- Acrylfarbe

1. Die Delle anbohren
Wenn größere Dellen auszubessern sind, versucht man zunächst, das Aluminium hochzuziehen. Dazu werden 3-mm-Löcher in die tiefsten Stellen der Delle gebohrt.

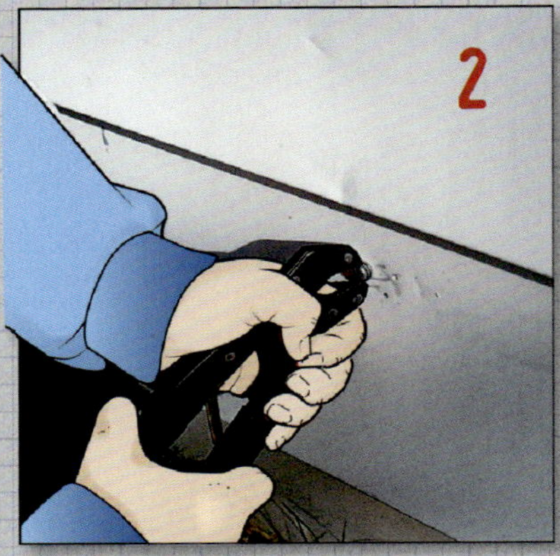

2. Das Paneel hochziehen
Dann dreht man die Metallschrauben in die Löcher und zieht das Aluminium mit einer Zange an den Schraubköpfen zu sich heran. Ist das geglückt, werden die Schrauben wieder entfernt.

Zusätzliche Grundlattung

Etwas aufwendiger ist dagegen die Hinterlüftung. Bei einer senkrechten Montage der Paneele verläuft die Lattung quer, was die Hinterlüftung von unten nach oben verhindert. Daher wird eine senkrechte Grundlattung benötigt, die für eine durchgängige Hinterlüftung sorgt. Erst darauf kommt anschließend die waagerechte Trägerlattung und dann die Paneele.

Kalkfarben

Eine Fassade sollte möglichst lange schön aussehen und auch an der Nordseite des Hauses nicht zu schnell „veralgen". Möglich machen das moderne, aber auch traditionelle Fassadenfarben wie etwa Kalkfarben. Kalk ist alkalisch, daher desinfizierend, und bietet Schimmel oder Algen keinen Nährboden. Das funktioniert auch gut innerhalb des Wohnraums, wo Kalkfarben einen neuen Aufschwung erleben.

Kalkfarben sind umweltfreundlich und eignen sich auch für problematische Wände.

Wer jedoch auf kräftige Farben an seiner Hauswand setzt, der wird mit Kalkfarbe wenig Freude haben, da sie nicht sehr farbintensiv angemischt werden kann.

3. Dellen auffüllen

2-Komponenten-Spachtelmasse in die Vertiefung füllen, glatt streichen und trocknen lassen. Die Stelle mit Sandpapier anrauen, die Grundierung auftragen und zweimal mit einer guten Acrylfarbe überstreichen.

EXPERTENTIPP

» „Fachwerk" selber machen

Wer den Anblick eines Fachwerks mag, aber selbst keine Fachwerkwände an seinem Haus oder Nebengebäude hat, muss dennoch nicht darauf verzichten. Mit einem kleinen Trick und ein paar Schalbrettern lässt sich leicht die Optik eines Fachwerkhauses nachbauen.

Benötigt werden hierzu lediglich etwa 2 cm starke Bretter und Reibeputz. Die Bretter werden so zugesägt und an die vorhandene Wand gedübelt, dass sie nach einem Fachwerk aussehen. Die Bereiche dazwischen (Fächer genannt) werden anschließend mit Reibeputz verputzt oder in dickerer Lage mit Zementputz der Brettstärke angepasst. Werden anschließend noch die Schraubenköpfe der angedübelten Bretter mit Farbe oder Holzlasur versteckt, sieht man fast keinen Unterschied mehr zu einem echten Fachwerk.

ACHTUNG

Fassadenfarbe mischen

Auch wenn es sehr einfach erscheint, sollte man seine Fassadenfarbe nicht selbst anmischen. Wird doch mehr Farbe als gedacht benötigt, ist es nicht möglich, den exakten Farbton erneut zu mischen. Auch die Farbmischmaschinen im Fachhandel oder Baumarkt sind nicht dazu in der Lage. Zwar können einige Geräte die Farbe ausmessen, anschließend jedoch nur einen ähnlichen RAL-Farbton anbieten, der dann angemischt werden kann. Daher ist es ratsam, sich gleich für einen Farbton nach RAL-Farbkarte zu entscheiden und diesen professionell mischen zu lassen.

Silikat- und Silikonharzfarbe

Auch Silikatfarben wirken stark basisch und bieten Algen keinen Nährboden. Anders als bei Kalkfarben sind jedoch auch kräftige Farben möglich, wobei die Auswahl der Farbtöne begrenzt bleibt.

Nicht ganz günstig, dafür mit besten Eigenschaften trumpft Silikonharzfarbe auf. Atmungsaktiv, Wasser abweisend und als Besonderheit auch mit dem bekannten Lotuseffekt versehen, perlt Wasser ab, wodurch sich weniger Schmutz und Algen festsetzen können. Ganz so perfekt wie in der Natur funktioniert der Lotuseffekt jedoch nicht, und ein zusätzlicher Algenschutz wird erst durch die Beigabe von Bioziden erreicht.

Moderne Silikat- und Silikonharzfarben schützen die Fassade und können farbenfroh gemischt werden.

Wärmedämmung und Feuchtigkeit

Sind gedämmte oder winddichte Häuser die Ursache für nasse Fenster und schimmelnde Wände? Nein, eine fachgerechte Dämmung vermeidet sogar nasse Wände!

RICHTIG DÄMMEN

Warum es Kondenswasser gibt

Luft hat eine begrenzte Aufnahmefähigkeit für Wasser, und diese verändert sich stark mit der Lufttemperatur. Warme Luft kann eine deutlich höhere Luftfeuchtigkeit haben als kalte Luft. Kühlt sich warme feuchte Luft ab, wird das enthaltene Wasser nicht mehr gehalten und schlägt sich an kühlen Stellen als Kondenswasser nieder.

Nasse Fensterscheiben

Fensterscheiben dürfen schon mal nass werden. Denn Glas lässt sich einfach abwischen und bietet keinen Nährboden für Schimmel. Daher sollten die Fensterscheiben immer einen geringeren Dämmwert als die Wände eines Hauses haben. Wer ein altes und schlecht gedämmtes Haus saniert und neue Fenster mit Top-Dämmwerten einsetzt, läuft Gefahr, dass die Wände später kühler als die Fensterscheiben sind und sich eine zu hohe Luftfeuchtigkeit an den Wänden niederschlägt. Tapete und Farbe bieten einen guten Nährboden für Schimmel.

FENSTERSCHEIBEN SOLLTEN IMMER EINEN GERINGEREN DÄMMWERT ALS DIE WÄNDE HABEN

Besser die Feuchtigkeit setzt sich an den Fensterscheiben ab als an den Wänden.

Unterschiedliche Dämmwerte

Die Grundlage für eine gute Wärmedämmung ist eine gleichmäßige Dämmung, was bei einer nachträglichen Dämmung mitunter gar nicht so leicht ist. Viele Heimwerker packen die Außenwände dick mit Dämmwolle oder Polystyrol ein und vergessen, dass dies in der Fensterlaibung meist gar nicht möglich ist. Oft sind die Fenster-

ausschnitte nur minimal größer als das Fenster selbst, und dieselbe Dämmung wie an den Wänden hat daher keinen Platz.
Um dennoch einen gleichmäßigen Dämmwert zu erhalten, empfiehlt es sich, in den Fensterlaibungen hochwertiges Dämmmaterial mit einem besseren Dämmwert zu verwenden. So kann bei gleicher Dämmung die Dicke des Aufbaus verringert werden.

ACHTUNG

Ursache für feuchte Wände finden
Ehe man feuchte Flecken an der Wand bekämpft, muss man die Ursache finden. Der erste Blick sollte dabei der Außenwand gelten. Sind hier Risse im Putz, oder ist die Dachrinne undicht, sodass Wasser gegen die Wand tropft? Die nächste Überlegung gilt den Wasserleitungen. Sind an der Stelle welche verlegt, die undicht sein könnten? Erst wenn diese Punkte verneint werden können, sollte untersucht werden, ob es sich um aufsteigende Nässe oder Kondenswasser aus zu hoher Luftfeuchtigkeit handelt.

FEUCHTE WÄNDE

Aufsteigende Nässe im Mauerwerk vermeiden

Da ein Haus auf und im Erdreich steht, lässt es sich kaum vermeiden, dass Regenwasser und feuchte Erde die Grundmauern erreichen und potenziell für nasse Wände sorgen. Um das zu verhindern, können die Wände von außen abgedichtet werden, was nachträglich aber einen enormen Aufwand und hohe Kosten nach sich zieht.
In vielen Fällen reicht es bereits aus, wenn für eine gute Belüftung der Wand gesorgt wird. So kann sie bereits im Erdreich wieder trocknen, und das Aufsteigen der Nässe wird eingedämmt.

Ein Kiesbett für gute Belüftung

Damit Außenwände gut belüftet werden und nasses Erdreich nicht die Wände erreicht, kann ein Kiesbett an allen Außenwänden angelegt werden. Hierfür reicht meist ein Streifen von 50 cm Tiefe mit einer Breite von 20 cm. Rasenbordsteine trennen dabei den Kies vom Erdreich.

Abdichtung und Drainagerohr

Liegt ein Gefälle vor, und drückt mehr Wasser im Boden gegen die Hauswand, reicht die einfache Belüftung nicht aus. In diesen Fällen muss die Wand freigelegt, abgedichtet und ein Drainagerohr gelegt werden, in dem sich das Wasser sammelt und abgeführt wird.

Erreicht viel Wasser die Außenwand, muss ein Drainagerohr verlegt und das Wasser abgeführt werden.

Wird die Zwischensparrendämmung mit der Aufsparrendämmung kombiniert, erhöht sich der Dämmwert, und Wärmebrücken werden vermieden.

DAS DACH DÄMMEN

Auf-, Zwischen-, Untersparrendämmung

Bei der Dachdämmung wird zwischen drei Varianten unterschieden. Wie der Name bereits sagt, wird bei der Aufsparrendämmung das Dach über den Sparren gedämmt. Das schafft eine geschlossene Dämmfläche, funktioniert aber nur bei einer gleichzeitigen Neudeckung des Daches. Bei der Zwischensparrendämmung wird zwischen den Sparren gedämmt, was auch bei Sanierungsarbeiten noch möglich ist. Dafür muss sehr genau gearbeitet werden, um Wärmebrücken zu vermeiden. Die Untersparrendämmung erfolgt wieder vollflächig, beansprucht aber zusätzlich Platz, was nur dann zu empfehlen ist, wenn der Dachboden nicht ausgebaut oder genutzt werden soll.

Dämmwert verbessern

Die Zwischensparrendämmung, bei der der Zwischenraum der Sparren mit Dämmstoff gefüllt wird, ist eine platzsparende und zuverlässige Methode, um das Dach zu dämmen. Sie hat jedoch zwei entscheidende Nachteile: Die Stärke der Dämmung ist auf die Höhe der Sparren begrenzt, und es werden zwar die Zwischenräume gedämmt, die Sparren selber jedoch nicht.

Höhere Sparren

Um den Dämmwert zu erhöhen und um mehr Dämmwolle zwischen den Sparren platzieren zu können, muss die Höhe der Sparren vergrößert werden, was sich leicht mit Dachlatten umsetzen lässt. Dazu müssen lediglich am linken und rechten Rand Dachlatten auf die Sparren geschraubt werden, und schon kann die Dämmung um die Höhe der Dachlatten verstärkt werden.

BEI DER DACHDÄMMUNG GIBT ES DREI VARIANTEN

EXPERTENTIPP

» Dämmwolle leichter schneiden

Wird Dämmwolle zugeschnitten, sollte sie stets etwa 2 cm breiter als der lichte Abstand zwischen den Sparren sein. Das vermeidet Lücken in der Dämmung, und die Dämmwolle hält sicher zwischen den Sparren. Zum Schneiden eignet sich ein langes Dämmstoffmesser, es funktioniert aber durchaus auch mit einem Cuttermesser. Dazu wird die benötigte Breite ausgemessen, markiert und ein breites Richtscheit an die Schnittkante angelegt. Nun stellt man sich mit einem Fuß auf das Richtscheit und presst den Dämmstoff dadurch so weit zusammen, dass auch die Länge des Cuttermessers ausreicht, um den gesamten Dämmstoff zu schneiden.

Wärmebrücken vermeiden

Es gibt noch eine weitere Möglichkeit, die den Dämmwert verbessert und gleichzeitig Wärmebrücken vermeidet. In den meisten Fällen soll die Dachschräge nach dem Dämmen auch verkleidet werden, wozu auf den Sparren eine Querlattung benötigt wird, an die anschließend Gipskarton oder Paneele verschraubt werden. Entscheidet man sich hier für eine dickere Lattung, können auch diese Zwischenräume wiederum zur Dämmung genutzt werden. Diese Art der Dämmung nennt sich Aufsparrendämmung. Die Kombination aus beiden hat den Vorteil, dass die Dämmung auch über die Sparren und quer zur Zwischensparrendämmung liegt, was Wärmebrücken vermeidet. Abschließend muss eine Dampfbremse aufgebracht werden, die verhindert, dass feuchte Innenluft in die Dämmung eindringt.

Beim Zuschneiden und Anbringen der Dämmung sollte man Schutzkleidung tragen.

Die Irrtümer der Wärmedämmung

Die Wärmedämmung hat Befürworter, aber auch Gegner – wobei viel Kritik auf eine fehlerhafte Umsetzung zurückzuführen ist. Bei fachmännischer Ausführung kann sie mit überzeugenden Argumenten auftrumpfen.

Wände können nicht mehr atmen

Die Sorge, ein gedämmtes Haus müsse mehr gelüftet werden, weil die Wände nicht mehr atmen können, ist unbegründet. Wände atmen nicht. Sie nehmen oberflächlich etwas Luftfeuchtigkeit auf und geben diese auch im Raum wieder ab. Ein Haus wird nicht durch die Wände gelüftet, und die Außendämmung beeinflusst das Verhalten auch nicht.

Im Wohnraum eines gedämmten Hauses entsteht dieselbe Luftfeuchtigkeit durch den Menschen, durch Pflanzen oder durch das Trocknen von Wäsche wie in einem ungedämmten Haus. Deshalb muss ein gedämmtes Haus auch nicht anders gelüftet werden als ein ungedämmtes. Dass viele neue Häuser dennoch eine Lüftungsanlage erhalten, ist eine Frage des Komforts und der weiteren Heizkostensenkung durch einen Wärmeaustausch bei der Lüftung.

Dichte Häuser schimmeln schneller

„Alte Häuser sind nicht winddicht, etwas zugig, und es findet dadurch ein regelmäßiger Luftaustausch statt, der Schimmel verhindert." Bis zum Luftaustausch ist die Aussage so weit korrekt, nur sorgen gerade undichte Stellen in der Gebäudehülle für nasse Flecken und Schimmel. Zieht es im Winter irgendwo kalt rein, kühlt an der Stelle die Wand aus, Kondenswasser sammelt sich, und das führt letztendlich zu Schimmel. Winddichte Häuser sind da ganz klar im Vorteil. Dringt keine kalte Luft ein, kann die Wand an der Stelle auch nicht auskühlen.

Gedämmte Wände werden schnell nass

Neben Baumängeln ist Kälte die häufigste Ursache für nasse Flecken an der Wand. Kondenswasser schlägt sich an der kältesten Stelle im Raum nieder. Sind die Wände jedoch fachmännisch gedämmt, sind sie fast so warm wie die Luft im Raum, daher kann sich an den Wänden kein Kondenswasser niederschlagen. Das passiert nur dann, wenn es Wärmebrücken aufgrund einer schlechten Dämmung gibt.

Ein mit Styropor gedämmtes Haus ist wie eine Plastikdose

Betrachtet man sich ein Haus von innen nach außen, kommt an der Wand als Erstes die Tapete, danach der Putz, anschließend die Wand, noch mal Putz und erst dann ganz außen die Wärmedämmung. Da Wände keinen Luftaustausch ermöglichen und Luftfeuchtigkeit maximal 2–3 cm in den Putz eindringt, beeinflusst die Dämmung außerhalb in keinster Weise das Wohnklima im Haus. Auch das Argument einer „luftdichten Plastiktüte" ist nicht richtig. Styropor hat einen ähnlichen Diffusionswert (Durchlässigkeit von Wasserdampf) wie gewachsenes Holz. Wer in einem Holzhaus lebt, lebt also so ähnlich wie in einem Haus mit einer Wärmedämmung aus Styropor.

10

Ein schöner Garten

Schwere Gartenarbeiten

Bäume fällen, alte Pfosten beseitigen, Fundamente bauen und Wege anlegen ist anstrengend – gut zu wissen, was dabei zu beachten ist.

BAUM FÄLLEN

Wann ist eine Genehmigung erforderlich?

Ob eine Genehmigung gebraucht wird, um einen Baum im eigenen Garten zu fällen, hängt von verschiedenen Faktoren ab. Es ist von Kommune zu Kommune unterschiedlich geregelt, und verschiedene Gesetze und Verordnungen spielen eine Rolle. Bäume mit einem Stammumfang von weniger als 60 cm sind in der Regel genehmigungsfrei zu fällen. Das gilt aber schon nicht mehr, wenn sie Teil einer Streuobstwiese sind. Auf jeden Fall also bei der Stadt oder Gemeinde nachfragen, um Ärger zu vermeiden.

In welcher Zeit darf gefällt werden?

Generell darf, unabhängig von Art und Durchmesser des Baumes, vom 1. Oktober bis zum 28. Februar gefällt werden. Zwischen dem 1. März und dem 30. September ist es zugunsten der in Bäumen lebenden Tiere verboten. Ausnahmen können für Bäume gelten, von denen eine Gefahr ausgeht. Das ist jedoch wiederum mit der örtlichen Kommune zu klären.

Wer einen größeren Baum fällen möchte, sollte unbedingt einen Motorsägenführerschein haben und komplette Schutzkleidung tragen.

Grenzbaum und Nachbarschaftsrecht

Steht ein Baum genau auf der Grenze zweier Grundstücke, so gehört er beiden Nachbarn zu gleichen Teilen. Wo die Wurzel ist, spielt dabei keine Rolle. Soll ein solcher Baum gefällt werden, müssen sich die Nachbarn einigen. Die Kosten der Fällung und der Ertrag an Holz werden geteilt. Gibt einer sein Eigentumsrecht auf Wunsch seines Nachbarn auf, so trägt der verbleibende Eigentümer die Kosten und erhält den Ertrag.

Fallrichtung wählen

Die Fallrichtung muss so gewählt werden, dass der Baum keinen Schaden anrichten kann. Ist das nicht möglich, dann muss er von der Krone her Stück für Stück abgetragen werden. Bei größeren Bäumen ist das eine Aufgabe für Profis.

Der Fallkerb

Die Fallrichtung wird durch den am Anfang eingesägten Fallkerb bestimmt. Dabei wird zunächst waagerecht zu etwa einem Drittel des Stammdurchmessers eingesägt. Mit einem zweiten Schnitt von mindestens 45 Grad wird von oben bis zum ersten Schnitt gesägt und der entstandene Keil entfernt.

Der Fällschnitt

Gegenüber von diesem Keil wird der Fällschnitt angebracht. Dieser Schnitt wird von Anfang an mit Keilen gesichert, und dann sägt man weiter bis kurz vor dem Fallkerb. Werden die Keile dann weiter in den Stamm getrieben, bricht der Baum in der gewünschten Fallrichtung. Den Baum dabei am besten mit Seilen zusätzlich sichern und nie hinter dem Baum stehen. Im Zweifel ist ein Fachbetrieb die bessere Wahl, denn diese Arbeit ist sehr gefährlich.

SCHWERE DINGE BEWEGEN

Holzpfosten aus dem Boden lösen

Ein Holzpfosten wird am besten mit einem Hebel aus der Erde gelöst. Dazu einen Balken ganz unten am Pfosten stabil mit Draht befestigen. Dann mit dem Balken über einen Stein oder einen Holzstapel nach oben hebeln, bis sich der Pfosten gelöst hat.

Der Draht muss sehr fest und eng um Pfosten und Balken gebunden werden, damit er beim Hebeln nicht verrutscht, gegebenenfalls mit Schrauben sichern.

Lasten ziehen

Pflastersteine, Säcke voll Erde oder Kübelpflanzen sind allesamt nicht so leicht durch den Garten zu bewegen – besonders, wenn keine Sack- oder Schubkarre zur Verfügung steht. Ein Kinderschlitten oder ein sehr stabiler Kunst-

Im Sommer ist der Kunststoff-Bob ohnehin arbeitslos und kann gut zweckentfremdet werden.

stoffsack an einem Seil können ausgesprochen hilfreich sein, wenn es darum geht, Lasten im Garten von einer zur anderen Stelle zu bringen.

FUNDAMENTE UND TRÄGER

Frostfreie Fundamente

In unseren Breitengraden gilt ein Fundament ab 80 cm Tiefe als frostfrei, da in dieser Bodentiefe selbst in den härtesten Wintern kein Frost mehr auftritt, der dort Wasser gefrieren und das Fundament dadurch anheben könnte. Für ein frostsicheres Streifenfundament wird der Boden also 80–100 cm tief ausgehoben, bevor eine Drainageschicht eingebracht, verschalt und betoniert werden kann.

Pflanzringe als Punktfundament

Pflanzsteine oder -ringe lassen sich wunderbar als „verlorene“ Schalung für ein Punktfundament einsetzen: Sie bleibt im Boden. Je nach Nutzung müssen Pfostenschuhe mit bis zu 80 cm Tiefe in dem frostfreien Bereich verankert werden. In solchen Fällen wird der Aushub unterhalb des Pflanzsteins schmaler gestaltet, sodass dieser auf einer Kante aufsitzt und mit der Oberkante bündig abschließt. Fertig betoniert, sehen solche Fundamente sehr ordentlich aus.

Pfostenträger ausrichten und einbetonieren

Pfostenträger werden so einbetoniert, dass der Balken am Ende keinen direkten Bodenkontakt hat. Um den Träger im ausgeschachteten Loch auf der richtigen Höhe zu halten, wird ein Querholz benutzt. Das liegt links und rechts auf und bleibt dort zur Fixierung, bis der Beton abgebunden hat.

Terrassenuntergrund anheben

Wer eine Terrasse anlegen möchte, hat zumeist einen Höhenunterschied zu überwinden, damit keine hohe Stufe zur Terrassentür entsteht. Für den Unterbau können Beton und Kalksandsteine benutzt werden. Die Steine dazu jeweils in ein Bett aus Beton setzen und den Beton von allen Seiten an die Steine anhäufen und etwas verdichten. Durchgängig mit Richtbrett und Wasserwaage sicherstellen, dass ein gleichmäßiges Gefälle von mindestens 1,5 Grad weg vom Haus entsteht (Regenwasser!).

Der Schnellbeton wird am besten mit einem kleinen Gefäß in die Rohre eingefüllt.

Kleine Punktfundamente herstellen

Für sehr kleine Punkfundamente werden gern PU-Rohre benutzt. Sie verbleiben als verlorene Schalung einfach im Boden, wenn der Träger einbetoniert ist. Bei sehr lockerem Boden können die Rohre mit einem aufgelegten Brett einfach eingeschlagen werden. Der Inhalt wird anschließend mit einer kleinen Gartenschaufel ausgeschaufelt. Alternativ dazu wird ein Loch mit einem Spaten gegraben, das Rohr eingesetzt und seitlich Erde angeschüttet. Schnellbeton einfüllen, gießen und fertig!

Die betonierten Kalksandsteine bieten ein sicheres Auflager für die Terrasse und sorgen für eine gute Hinterlüftung.

FROSTFREIE FUNDAMENTE SIND NUR FÜR GRÖSSERE KONSTRUKTIONEN NOTWENDIG (CARPORT)

Bei einem sauber verlegten Begrenzungsdraht für den Mähroboter entstehen keine Stolperfallen.

WEGE, FLÄCHEN UND AUSRÜSTUNG

Rechtwinklige Beete und Wege anlegen

In einem formalen Garten sollen Beete, Rasenflächen und Wege gerade Linien und rechte Winkel haben. Ein solcher Garten lebt von Symmetrie und sauber ausgeführten Abgrenzungen. Diese werden mithilfe von Spannschnüren angezeichnet. Dazu genau Maß nehmen, kleine Stöcke an den Eckpunkten in die Erde einschlagen und daran Schnur spannen. Entlang dieser Schnur wird abgestochen, ausgeschachtet und werden Begrenzungen gesetzt.

Formal angelegte Gärten brauchen klare Linien und eine sehr sorgfältige Umsetzung.

Wege aus Trittsteinen in Kies

Schnüre spannen, die Kontur mit einem Schlauch legen oder mit Kreidespray vorzeichnen. Dann den Boden 25 cm tief ausheben und ein Mulchvlies einlegen. An den Seiten eine Rasenkante oder Kantsteine setzen, dann 20 cm Schotter einbringen und verdichten. Die Trittsteine auslegen und mit dem Pflasterhammer ausrichten. Für die Abstände ein passend gesägtes Holzstück verwenden. Abschließend die Zwischenräume mit Kies auffüllen.

EXPERTENTIPP

» Mähroboter – Begrenzungsdraht selbst verlegen

Manchmal werden die Begrenzungsdrähte für Mähroboter auf den Rasen genagelt. Eine solche Befestigung ist anfällig für Schäden und unschön, solange sie nicht mit Gras überwachsen ist. Besser ist es, mit einer Kelle in den Rasen einzustechen und den Draht von Anfang an in die Grasnarbe hinein zu verlegen.

Sorgfalt beim Abziehen ist die Grundlage für ein ebenes Pflaster.

Splittbett mit Holzlatten abziehen

Beim Pflastern werden die Pflastersteine auf einem Unterbau aus verdichtetem Schotter in ein Sand- oder Splittbett gesetzt. Damit die Fläche von vornherein gerade oder mit dem richtigen Gefälle angelegt ist, muss der Sand oder Splitt sauber abgezogen werden. Dazu werden Holzlatten mit der Wasserwaage im Splitt oder Sand positioniert und der Splitt mit einem Brett darüber abgezogen.

Pflastern

Beim Pflastern selbst werden die Steine versetzt in das Sand- oder Splittbett gesetzt und mit dem Pflasterhammer gerade und fest geklopft. Dabei immer wieder mit einer Wasserwaage den richtigen Sitz der Pflastersteine kontrollieren.

EIN WEG AUS TRITTSTEINEN

Werkzeug & Material

- passende Trittsteine, etwa 5 cm hoch
- Gipskartonsäge oder altes Brotmesser
- Schaufel
- Sand oder Split (ca. 2,5 kg pro Stein)
- Gummihammer

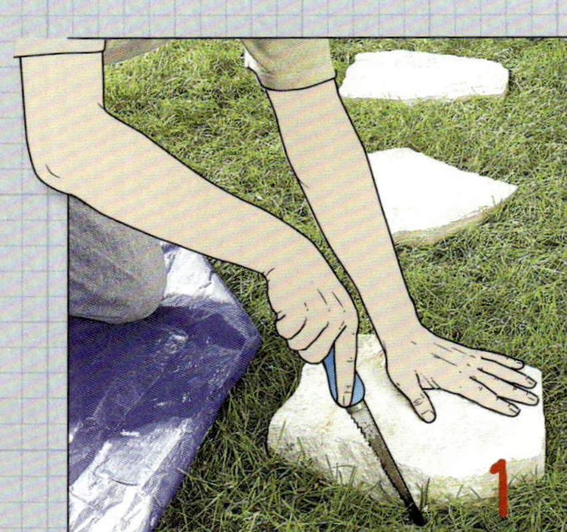

1. Den Weg markieren
Die Steine so auf den Rasen legen, dass der Abstand zwischen ihnen einer mittleren Schrittgröße entspricht. Dann wird die Form der einzelnen Steine mit der Gipskartonsäge oder einem Brotmesser nachgeschnitten.

2. Löcher graben
Anschließend die Steine wegnehmen und die markierte Form ausstechen. Den Boden 5 cm tiefer ausheben, als der Stein dick ist, um so genug Platz für den Unterbau aus Sand zu schaffen. Den Aushub entsorgen.

Die Ränder werden erst zum Schluss gepflastert, da dafür die Steine zugeschnitten werden müssen.

Pflastersteine rund ausschneiden

Für einen runden Ausschnitt in einem Pflasterstein – beispielsweise für die Dachrinne – markiert man zunächst die Form, und dann werden mit einem Winkelschleifer einige Einschnitte in gleichmäßigem Abstand quer in den Stein geschnitten. Mit einem Meißel können diese Rippen anschließend von oben nach unten abgemeißelt werden. Wichtig: Unbedingt eine Schutzbrille und Handschuhe tragen.

Pflaster unkrautfrei, aber wasserdurchlässig

So schön Pflaster ist, so viel Pflege erfordert es auch. Es sei denn, die Pflasterfugen werden mit einem wasserdurchlässigen Fugenmörtel verschlossen. Die Verarbeitung ist einfach: Der trockene Fugenmörtel wird einfach in die Fugen eingekehrt – genau wie Fugensand – und dann mit Wasser eingeschwemmt. Hat der Fugenmörtel abgebunden, haben Unkraut und Ameisen keine Chance mehr.

Wenn die Einschnitte gemacht sind, werden die „Rippen" abgemeißelt.

3. Steine verlegen

Alle Löcher 5 cm hoch mit Sand oder Splitt füllen, glatt streichen. Die Steine einsetzen und mit einem Gummihammer einpassen. Wenn nötig, noch Füllmaterial dazugeben oder wegnehmen, bis alle Steine eben liegen.

GEWUSST WIE

Nicht ohne Rüttler

Ohne Rüttler wird keine Pflasterfläche auf Dauer stabil sein. Schon bei der Bearbeitung des Untergrunds wird jede Schicht gründlich abgerüttelt und damit verdichtet. Den richtigen Rüttler am besten mieten. Je nach Beanspruchung sind mindestens 100 kg Eigengewicht, eine Leistung von 16 kN sowie eine passende Bearbeitungstiefe vonnöten. Die Gerätevermieter beraten gern. Sind die Steine verlegt und die Fugen verfüllt, einmal abkehren und das Pflaster noch einmal in zwei Durchgängen abrütteln.

Rasenkanten leichter ausrichten

Um Rasenkantensteine leicht und sauber auszurichten, wird eine Richtschnur gespannt und mit einer Wasserwaage ausgerichtet. Entlang dieser Schnur kann Stein um Stein mithilfe eines Pflasterhammers eingesetzt werden. Die Richtschnur gibt sowohl die Linie als auch die Höhe vor.

EXPERTENTIPP

» Gewichte selbst herstellen

Gelegentlich werden im Garten Gewichte oder „schwere Füße" gebraucht, sei es, um eine Fahne aufzustellen oder als Gegengewicht für ein Sonnensegel. Solche Standfüße oder Gewichte lassen sich leicht mit Schnellbeton herstellen. Diesen dafür einfach in einen Eimer füllen, eine eingeölte Stange in die Mitte stecken, fixieren und Wasser daraufgießen. Nach dem Abbinden den Eimer und die Stange entfernen – fertig ist der Fuß oder das Gewicht.

Sonnenschirmplatten selbst herstellen

Wie beim Standfuß eines Sonnenschirms wird auch für seine Beschwerungsplatten Beton verwendet, allerdings kein Schnellbeton. Für die Platten werden Schalungsformen aus Holz in der passenden Größe gebaut. Diese Rahmen zum Betonieren am besten auf eine Folie stellen.
Bis zur Hälfte mit Beton füllen, dann wird ein Metallgitter als Bewehrung so aufgelegt, dass zu allen Außenkanten mindestens 2 cm Abstand bleiben. Darüber nun die zweite Schicht Beton aufbringen. Für jede der beiden Schichten den Beton einzeln anmischen. Entweder vier Schalungsformen bauen, oder den Vorgang in einer Form viermal wiederholen.

DIE RICHTSCHNUR GIBT SOWOHL DIE LINIE ALS AUCH DIE HÖHE VOR

Der erste Randstein muss exakt ausgerichtet werden. Alle anderen orientieren sich daran.

Beete und Pflanzkübel

Blumen, Obst und Gemüse gedeihen prächtig, wenn Standort, Pflanzgefäße und Substrat passen. Hochbeete und Kräuterschnecken sind beliebt und bequem fürs Gärtnern.

VERSCHIEDENE BEETE

Hochbeet bauen

Es ist nicht schwer, ein Hochbeet in einer bequemen Höhe (70–90 cm) zu bauen. Einfach entsprechend hohe Pfosten mit Einschlaghülsen setzen. Als Nächstes an die Pfosten passende Bretter mit kleinen Abständen (1–2 cm) schrauben. Unten auf den Boden kommt Volierendraht, damit Wühlmäuse nicht eindringen können, und von innen wird an alle Seiten Noppenfolie getackert. Am besten oben rundum je ein Brett flach auf die Pfosten schrauben, das ergibt eine schöne, schützende Kante und verdeckt die Noppenfolie etwas. Außerdem ist es eine gute Ablage.

Die richtige Füllung für ein Hochbeet

Die Füllung im Hochbeet wird in Schichten von grob nach fein aufgebaut. Ganz nach unten kommen grobe Äste vom Baum- und Strauchschnitt. Darauf nacheinander Holzhäcksel, Laub, Rasenschnitt und halb verrotteter Kompost. Als oberste Schicht (etwa 20 cm) normale Gartenerde mit Kompost vermischt aufbringen. Die Füllung setzt sich Jahr für Jahr etwas und kann wieder mit frischer Komposterde aufgefüllt werden. Nach sieben Jahren wird die Füllung komplett neu aufgebaut.

Kompost im Hochbeet

Wer von Anfang an einen runden Korb aus Volierendraht in sein Hochbeet setzt, kann darüber stark zehrende Pflanzen wie Kürbisse oder Zucchini mit frischem Kompost versorgen.

Die Noppenfolie sorgt dafür, dass das Holz gut hinterlüftet bleibt und lange hält.

Der Drahtkorb im Hochbeet kann etwas zurückgeschnitten werden, wird aber auch bald von den Pflanzen überwuchert.

Rund um den Drahtkorb wird das Hochbeet wie beschrieben befüllt. Der Drahtkorb selbst bleibt zunächst frei. In ihn wird laufend frischer zerkleinerter Kompost geschüttet. Nach jeder Ladung Kompost kommt etwas Erde darüber, sodass es nicht riecht oder Fliegen anzieht. Die Verrottung sorgt für Wärme und extra viel Nahrung.

Saatrillen gleichmäßig ziehen

Jede Pflanze braucht einen bestimmten Reihenabstand. Vor der Aussaat lässt sich das mit zwei Stückchen Gartenschlauch leicht umsetzen, die im richtigen Abstand auf einen Rechen gesteckt werden. Für die erste Reihe eine Schnur spannen, um eine gerade Linie zu bekommen. Jede weitere kann in der vorhergegangenen angesetzt werden. So werden die Saatrillen perfekt.

Vor dem Ziehen der Saatrillen auf dem Samentütchen nachlesen, wie tief die Rillen werden sollen.

EIN NEUES BEET ANLEGEN

Werkzeug & Material

- Maßband
- Schnur und Pflöcke
- Spaten
- Grabegabel
- Hacke
- organisches Material wie Kompost
- Kanthölzer für die Umgrenzung
- Bohrmaschine und Holzbohrer
- Wasserwaage
- Schrauben und Winkel
- Dünger
- Rechen

1. Das Beet abstecken

Einen möglichst ebenen Platz wählen, der täglich wenigstens sechs Stunden Sonne hat. Ein rechteckiges Beet mit 1,20 m Breite ausmessen und mit Schnüren und Pflöcken abstecken. Die langen Seiten sollten in Nord-Süd-Richtung verlaufen. Wenn die Diagonalen gleich lang sind, hat das Beet die richtigen Maße.

2. Den Boden vorbereiten

Evtl. vorhandener Bewuchs wird mit dem Spaten entfernt und die Erde rund 30 cm tief mit der Grabegabel oder der Hacke gelockert. Magere Böden müssen entsprechend tiefer umgegraben werden. Kompost, Rasenschnitt oder anderes organisches Material einarbeiten.

Kräuterschnecke bauen

Kräuterschnecken sind sehr beliebt – nicht zuletzt wegen ihres dekorativen Aussehens. Sie bieten den verschiedenen Bedürfnissen der Kräuter Raum. Wichtig ist, die Fläche zuvor spatentief auszuheben und eine Drainageschicht aus Schotter und Kies als Unterbau einzubringen, damit keine Staunässe entsteht.

Kräuter brauchen Sonne

Auf dem Schotter wird eine Mauer aus Natur- oder Ziegelsteinen als mittig aufsteigende Spirale errichtet – im Idealfall als Trockenmauer, deren Ritzen ebenfalls bepflanzt werden. Die niedrigste Stelle zeigt Richtung Süden, damit alle Kräuter genug Sonne bekommen. Ganz oben wird auf einer extradicken Drainageschicht mit einem mageren Erde-Sand-Gemisch aufgefüllt, und je tiefer es geht, umso fetter und feuchter soll das Substrat werden.

Wer die Mauer der Kräuterschnecke stabiler haben möchte, kann sie auch mit Mörtel hochziehen.

3. Das Beet umgrenzen

Aus Kanthölzern wird eine 15–20 cm hohe Beetbegrenzung gebaut. Ist das Beet nicht eben, vorher einen flachen Graben ausheben. Die Lage der Kanthölzer mit der Wasserwaage prüfen und dann die Kanthölzer mit Winkeln verbinden. Evtl. das Beet mit einer zweiten Lage erhöhen.

4. Den Boden verbessern

Das Beet bis auf 5 cm unter den Rand mit frischer Erde füllen – nicht höher, da die Füllung sonst bei Regen weggewaschen wird. Die Erde vorher großzügig mit Kompost und etwas Dünger anreichern, wenn das Beet intensiv genutzt werden soll. Die Pflanzen brauchen dann eine besonders gute Grundlage.

5. Pflanzen und pflegen

Die Erde mit dem Rechen gut durcharbeiten, bis sie glatt und eben ist. Gießen, sacken lassen und, falls nötig, Erde nachfüllen und nochmals gut durchrechen. Dann Samen ausstreuen oder Stecklinge setzen und oft gießen. Eine Schicht Mulch hält die Feuchtigkeit. Ein Netz hält Vögel und kleine Säugetiere fern.

TIPPS ZU KÜBELN

Pflanzkübel – groß und günstig!

Aus rechteckigen Mörtelwannen werden schnell attraktive Pflanzgefäße, wenn sie in einem Rahmen aus Holz stehen. Hierfür eignen sich Terrassendielen besonders gut. Dazu als Erstes die kurzen Seitenteile bauen, indem passend zugeschnittene Dielen an den Außenkanten auf eine Dachlatte geschraubt werden. Die Dachlatte zur besseren Hinterlüftung des Holzes nach unten 1 cm länger lassen. Dabei die Löcher immer vorbohren, damit das Holz nicht splittert. Zum Schluss die Bretter für die Längsseiten an die kürzeren Seitenteile schrauben. Unten kommen noch zwei Querlatten hinein, auf denen die Mörtelwanne aufsitzt. Löcher in den Boden bohren, damit keine Staunässe entsteht. Die Wanne in den Holzrahmen stellen und bepflanzen.

GEWUSST WIE

Frostschäden am Kübel vermeiden

Selbst frostfeste Pflanzenkübel brauchen „kleine Füße", damit der Topf nicht auf dem Boden steht. Ist der Boden nass, entstehen sonst bei Frost zu große Spannungen. Füße gibt es im Gartenhandel, oder man benutzt Holzklötzchen, Kieselsteine o. Ä.

Keine verstopften Ablauflöcher

Sehr hohe Pflanztröge sollten im unteren Bereich eine Drainageschicht aus Kies und eine Abdeckung aus Vlies bekommen, damit die Ablauflöcher nicht verstopfen. Hat man beides nicht zur Hand, können übrig gebliebene Pflanztöpfchen kopfüber unten in den Trog gestellt werden. Wer noch Vliesreste hat, kann sie auf die Töpfchen legen. Die Töpfchen sorgen für eine gute Drainage, und es braucht weniger Erde.

Als Schutz für die Ablauflöcher verwendet, erfüllen die kleinen Pflanztöpfe ein zweites Mal einen nützlichen Zweck.

Durch das Gartenjahr

Auch ein Gartenjahr hat zwölf Monate. Selbst im Winter brauchen Pflanzen Wasser, eingelagerte Rhizome werden kontrolliert und ab Februar neue Pflänzchen angezüchtet.

AUSSÄEN UND ANZÜCHTEN

Saatband für gleichmäßige Abstände

Für das Saatband dünne Streifen aus Papier schneiden (z. B. Küchenrolle). Anschließend einen zähflüssigen Brei aus Mehl und Wasser anrühren und auf eine Einwegspritze aufziehen. Die Samen mit dem passenden Abstand auf den Papierstreifen legen und mit der Mehlmasse auf dem Band festkleben. Das Saatband auf die Erde legen und nach den Angaben auf der Samentüte mit Erde bedecken. Anschließend angießen und auf die perfekt positionierten Keimlinge warten.

Gleichmäßige Saatlöcher

Für gleichmäßige Löcher in der Anzuchterde kann eine Art Stempel gebaut werden. Dafür Löcher für Holzdübel in eine Holzleiste bohren, Holzdübel einleimen und auf der gegenüberliegenden Seite ein Holzklötzchen als Griff anbringen. Damit lassen sich blitzschnell Löcher für eine gleichmäßige Aussaat in der richtigen Tiefe und im richtigen Abstand in die Erde drücken. Wer viele Pflanzen vor- und anzieht, macht sich verschiedene solcher Stempel für unterschiedliche Abstände und Tiefen.

Kleine Aussaattöpfe

Es gibt viele Möglichkeiten, kleine Anzuchttöpfe selbst herzustellen. Papprollen von Küchenrolle oder Toilettenpapier können problemlos genutzt werden. Bei längeren Rollen einfach Abschnitte

Die Samen werden mit einer Mehlmasse auf dem Papier eingehüllt.

EXPERTENTIPP

» Mini-Gewächshaus zur Aussaat

Aus einem Eierkarton ohne Deckel wird, mit vier Schaschlikspießen und einer transparenten Tüte, ganz leicht ein Mini-Gewächshaus. Den Eierkarton mit Anzuchterde füllen und auf einen alten Teller, Deckel o. Ä. stellen. Die Schaschlikspieße in die Ecken des Eierkartons stecken und die Tüte von oben über die Spieße und den Karton ziehen. Mit einer Nadel oben einige kleine Löcher einstechen, und die Tüte zum Lüften und Gießen immer wieder abnehmen oder ein Stück hochziehen.

zuschneiden. Diese dann von unten viermal einschneiden und die daraus entstandenen Laschen umknicken. Eierschalen oder auch einfach nur Eierkartons ergeben ebenfalls gute Anzuchttöpfchen. Sogar Zitrusschalen eignen sich hervorragend zur umweltfreundlichen Anzucht junger Pflänzchen.

Schutz für Jungpflanzen im Frühjahr

Im Garten herrscht für junge Pflänzchen im Frühjahr oft ein etwas raues Klima. Als Starthilfe und Schneckenschutz können halbierte Kunststoffflaschen wie eine Haube über die Jungpflanzen gesteckt werden. Wird es wärmer, dann sollten die Hauben tagsüber abgenommen werden.

Ob in der Eierschale oder direkt im Eierkarton: Die kleinen Pflanzen fühlen sich wohl.

Anzucht automatisch bewässert

Aus Kunststoffflaschen entstehen kleine Pflanztöpfchen mit automatischer Bewässerung. Dazu die Flaschen in der Mitte zerschneiden und ein Loch in den Deckel bohren. Durch dieses Loch einen dickeren Wollfaden oder einen Streifen Baumwolle ziehen. Den längeren Teil oben aus dem Deckel schauen lassen, einen kurzen unten. Den so präparierten oberen Teil der Flasche umdrehen, Erde einfüllen und Samen oder einen Keimling hineingeben. In den unteren Teil kommt etwas Wasser. Nun den oberen Teil in den unteren stellen, sodass die Wolle oder Baumwolle im Wasser hängt, es „hochzieht" und so automatisch für die Bewässerung sorgt.

In dieser Anzuchtstation muss nur selten Wasser nachgefüllt werden.

Wasserreservoire für größere Pflanzen

Für die etwas größeren, wuchsfreudigen Jungpflanzen (Tomaten, Zucchini usw.) wird direkt beim Auspflanzen in Beet oder Kübel ein kleines Wasserreservoir dazugegeben. Dazu den Boden einer Kunststoffflasche abschneiden und in den Deckel zwei, drei kleine Löcher bohren. Nun die Flasche mit dem Deckel nach unten direkt neben der Pflanze in die Erde stecken. Die Flasche kann von oben immer wieder aufgefüllt werden und gibt nach und nach das Wasser direkt in den Wurzelbereich der Pflanze ab.

Kleine Gießkanne basteln

Kleine Kunststoffflaschen mit einem großen Verschluss werden zu einer kleinen Gießkanne. Dazu den Deckel mehrfach durchbohren. Insbesondere für die Keimlinge in Anzuchtkästen sind die sanften Wasserstrahlen daraus gut geeignet, sie werden von einem Wasserguss aus einer größeren Gießkanne schnell umgeknickt.

Wer einen Teich hat, lässt das kleine Stecklingsboot einfach darauf schwimmen, während die Stecklinge Wurzeln bilden.

STECKLINGE & CO.

Stecklinge wurzeln lassen

Geranien, Fuchsien und Fleißige Lieschen beispielsweise können leicht über Stecklinge vermehrt werden, brauchen dabei jedoch recht viel Wasser. Das lässt sich ganz einfach bewerkstelligen: In ein Styroporstück kleine Löcher durchbohren und dort etwa 8 cm lange Stecklinge einsetzen. Das Ganze in den Teich oder eine große Schüssel mit Regenwasser setzen und warten, bis die Pflänzchen wurzeln. Dann können sie herausgebrochen und eingepflanzt werden. Holzige Stecklinge wie Lavendel, Rosmarin oder Buchsbaum werden dagegen am besten direkt in Erde gesteckt. Sie dürfen zwar nicht vertrocknen, aber auch nicht zu nass stehen.

Pilze selbst züchten

Pilze sind weder Pflanzen noch Tiere. Ihre Vermehrung erfolgt über Sporen. Für die heimische Zucht ist es aber sinnvoll, sich Pilzbrut zu kaufen, da die Herstellung von Brut aus Sporen sterile Laborbedingungen voraussetzt. Die gekaufte Pilzbrut wird in einer Schale mit 200 g, maximal zwei Tage altem Kaffeesatz gemischt und feucht gehalten. Dazu eine Folienhaube (Tüte) über den Topf ziehen. Bei etwa 20 °C schattig aufstellen. Zeigt sich das Myzel als weiße Schicht, wird die Haube abgenommen. Schon bald wachsen die ersten Fruchtkörper und können geerntet werden. Sind die Nährstoffe verbraucht, dann wachsen kaum noch Pilze nach. In dem Fall die ganze Prozedur mit neuem Kaffeesatz und dem alten Myzel einfach wiederholen.

Ananas ziehen

Wer eine Ananas mit einem schönen, frisch grünen Blattschopf kauft, kann daraus eine neue Ananaspflanze ziehen. Dazu den Blattschopf von der Ananas abdrehen. Das restliche Fruchtfleisch vorsichtig entfernen und die unteren 30 Blättchen abzupfen. Den Blattschopf zwei Tage antrocknen lassen und anschließend so in ein Glas setzen, dass nur der Boden im Wasser ist. Ein halbschattiger Standort ist am besten. Der Wasserstand sollte immer erhalten werden. Nach einigen Wochen bilden sich Wurzeln. Wenn diese zwischen 3–5 cm lang sind, kann die Ananas eingetopft und als Zimmerpflanze kultiviert werden. Mit etwas Glück wachsen etwa drei Jahre später eine Frucht und frische Tochterpflanzen.

ERDE UND DÜNGER

Dünger aus dem Haushalt

In unserem Alltag entstehen viele vermeintliche Abfälle, die ideal als Pflanzendünger verwendbar sind. Ungesalzenes und erkaltetes Kochwasser von Kartoffeln und Gemüse nicht wegschütten oder -werfen. In der Wachstumsphase profitieren Zimmer-, Balkon- und Gartenpflanzen von diesen natürlichen Düngergaben. Selbst Bier- und Milchreste werden, mit acht Teilen Wasser verdünnt, zum Superfood für die heimischen Gewächse.

Komposter und Alternativen

Wer genug Platz im Garten hat, kann sich einen halbschattigen Kompostplatz mit drei einfachen Kompostfeldern anlegen, die im Jahreswechsel reihum genutzt werden. Einer wird dabei aktiv aufgehäuft, einer reift, und bei einem steht der Kompost zur Verfügung. Mangelt es an Zeit, Platz und geeignetem pflanzlichem Abfall, kann ein sogenannter Schnellkomposter verwendet werden. Wer keinen Garten hat, kann sich für den Balkon oder sogar für die Wohnung einen Bokashi-Eimer, in dem Mikroorganismen die Arbeit erledigen, oder einen Wurmkomposter anschaffen.

EXPERTENTIPP

» Anzuchterde dämpfen

Wer Pflanzen aus Samen oder Stecklingen zieht, tut gut daran, die Anzuchterde vor Gebrauch zu dämpfen. Dadurch werden Bakterien, Viren, Nematoden, Pilze sowie Unkrautsamen unschädlich gemacht. Dazu die feuchte Erde in eine hitzebeständige Schale oder ein tiefes Backblech geben, mit Backpapier oder Alufolie abdecken und 30 Minuten bei 100 °C dämpfen. Ofen abstellen und die Erde im Ofen erkalten lassen.

Sammeln, reifen lassen, nutzen: Wenn Platz da ist, sind drei Kompostfelder nebeneinander optimal.

Dunkle Erde beschleunigt das Wachstum

Dunkle Erde zeigt in der Regel an, dass sie viel abgestorbene, organische Bestandteile enthält. Heller, meist weniger fruchtbarer Boden kann durch Kompostgaben angereichert und so fruchtbarer werden. Dunkler Boden wärmt sich zudem schneller in der Sonne auf, was besonders im Frühjahr von Vorteil ist und zu einem schnelleren Pflanzenwachstum führt.

Schimmelnde Blumenerde

Ein heller Belag muss kein Schimmel sein. Ist er fest, handelt es sich vermutlich um Kalk und/oder andere Mineralien. Ein weicher, heller, grüner oder grauer Belag ist jedoch höchstwahrscheinlich Schimmel. Er kann gesundheitsschädlich sind, deshalb sollte schimmelnde Erde umgehend ausgetauscht und entsorgt werden: Die Erde am besten draußen mit einer Atemschutzmaske und Handschuhen entfernen und die Wurzeln gut abspülen. Die alte Erde und den Topf im Restmüll entsorgen oder den Topf auf jeden Fall gut mit einer Essig-Wasser-Mischung im Verhältnis 1:2 schrubben, klarspülen und trocknen. Anschließend die Pflanze mit einer Drainageschicht aus Kies oder Blähton und guter Topfpflanzenerde neu einpflanzen.

Richtig kompostieren

Ein richtig angelegter und gepflegter Kompost ist sprichwörtlich das Gold des Gärtners. Doch es gilt, einiges zu beachten, damit der gewonnene Kompost wirklich halten kann, was man sich davon verspricht.

Kalte und heiße Rotte

Beim privaten Kompostieren handelt es sich eigentlich immer um eine kalte Rotte, da der Kompost nur langsam wächst. Eine heiße Rotte wird nur erreicht, wenn ein Kompost auf einmal angesetzt und gut isoliert wird, wie in professionellen Kompostieranlagen. Dort werden bei 50–80 °C Bakterien, Viren und Unkrautsamen zuverlässig vernichtet. Manchmal können ähnliche Temperaturen auch in einem Thermokomposter entstehen.

Keine Unkräuter, Schädlinge oder Schimmel

In der kalten Rotte des Komposthaufens im Garten werden schädliche Organismen und Samen nicht zerstört. Deshalb sollte nichts auf den Kompost, was sichtlich krank oder von Schädlingen befallen ist – weder von Braunfäule befallene Tomatenpflanzen noch Pflanzenteile mit Blattläusen. Auch Grasschnitt, in dem bereits Samenstände enthalten sind, und ausgestochene Wurzelunkräuter haben im Kompost nichts verloren. Schimmlige Küchenabfälle gehören in die Biotonne oder in den Restmüll.

Was darf auf den Kompost?

Soweit gesund und ohne unerwünschte Wurzeln und Samen, können alle organischen Gartenabfälle zum Kompostieren verwendet werden. Selbst Baum- und Strauchschnitt, wenn er gehäckselt ist und nicht zum Mulchen verwendet wird, sowie ausgelaugte Erde aus Töpfen und Kübeln. Natürlich Rasenschnitt und bis zu 20 % Laub, am besten auch gehäckselt. Das restliche Laub kann zum Mulchen und als Winterschutz verwendet werden. Außerdem können Abfälle von Obst und Gemüse in den Kompost – auch klein geschnittene, ungespritzte Schalen von Bananen und Zitrusfrüchten, zerkleinerte Schalen von gekochten Eiern sowie Kaffeesatz und Teeblätter.

Schichten, Zugaben und Pflege

Der Kompost sollte möglichst locker und gut belüftet sein. Es ist sinnvoll, die verschiedenen Abfälle miteinander zu vermischen, um keine zu kompakten Schichten zu bekommen. Ab und zu etwas Gesteinsmehl untermischen, das hilft bei der Zersetzung und ergänzt Mineralien. Der Kompost sollte nach Möglichkeit immer abgedeckt sein. Dazu kann Erde, Rasenschnitt oder auch eine Mulchfolie oder Kokosmatte verwendet werden. Er darf nie austrocknen, sollte aber auch nicht sehr nass sein. In sehr trockenen, warmen Perioden sollte der Komposthaufen deshalb auch gelegentlich gegossen werden. Wer den Kompost regelmäßig umsetzt, beschleunigt den Zersetzungsprozess.

Besonders Kübelpflanzen profitieren oft von Winter- und Sonnenschutz.

PFLANZEN UND KNOLLEN ÜBERWINTERN

Pflanzen sicher überwintern

Pflanzen, die keinen Frost vertragen, müssen in ein Winterquartier ins Haus, Gewächshaus, den Keller oder die Garage umziehen. Selbstverständlich ist es wichtig, sie nicht über die Wintersaison vertrocknen zu lassen. Es gibt in dieser Zeit regelmäßig weit mehr Trockenheitsschäden als Frostschäden. Viele Pflanzen brauchen über den Winter nur etwas Schutz. Jutesäcke und Ummantelungen aus Kokosfaser sind sehr gut geeignet. Werden große Jutesäcke von unten über Kübelpflanzen gezogen, kann der Sack unten und um den Topf herum zusätzlich mit Stroh ausgestopft werden. Empfindliche Gräser werden am besten zusammengebunden und Stauden mit etwas Reisig abgedeckt. Eine Laubschicht leistet ähnliche Dienste, wird an windigen Stellen aber leicht verweht.

Rhizome lagern

Ob Dahlien, Canna oder Yacón – sie und einige andere Pflanzen mit Wurzelknollen sind nicht frostfest. Deshalb werden ihre Rhizome frostfrei überwintert. Dazu die oberirdischen Pflanzenteile etwa 10 cm über der Erde abschneiden und die Wurzeln ausgraben. Die Erde wird weitgehend entfernt, die Rhizome aufrecht in eine mit Zeitung ausgelegte Kiste o. Ä. gestellt und mit Sand bedeckt. An einem ungeheizten, aber frostfreien Ort (z. B. Keller oder Garage) überwintern die Knollen, bis sie im Frühjahr nach den letzten Frösten wieder eingepflanzt werden. Der Sand sollte nie ganz austrocknen, aber auch nicht nass sein. Am besten einmal im Monat kontrollieren und gegebenenfalls mit etwas Wasser besprühen.

Blumenzwiebeln überwintern

Blumenzwiebeln tropischer Pflanzen, wie etwa von Begonien oder Gladiolen, werden trocken und ohne Substrat gelagert. Die Blumenzwiebeln im Herbst vor den ersten Frösten ausgraben, vorsichtig von Erde befreien und an der frischen Luft trocknen lassen. Anschließend in eine mit Zeitung ausgelegte Holzkiste legen, mit Zeitung abdecken und an einem dunklen, kühlen, aber frostfreien Ort lagern.

Gartengeräte und Technik

Mit gut gepflegtem und gewartetem Werkzeug und Gartengerät sowie einigen kleinen Tricks geht die Arbeit leichter von der Hand.

GERÄTE REINIGEN UND PFLEGEN

Rasenmäher reinigen

Nach dem Mähen sollte der Rasenmäher immer gereinigt werden. Einige Rasenmäher haben zu diesem Zweck einen Anschluss für den Gartenschlauch am Gehäuse. Wasser marsch, und bei laufendem Gerät wird der Grasschnitt aus dem Bereich des Messers gespült. Bei allen anderen Mähern gilt es, den frischen Rasenschnitt mit einem Stück Holz oder Kunststoff grob zu entfernen und mit einer Bürste nachzuarbeiten. Vor dem Winter wird auch ein feuchter Lappen benutzt, etwas Öl auf die Lager gegeben und der Fangkorb mit Wasser ausgespült.

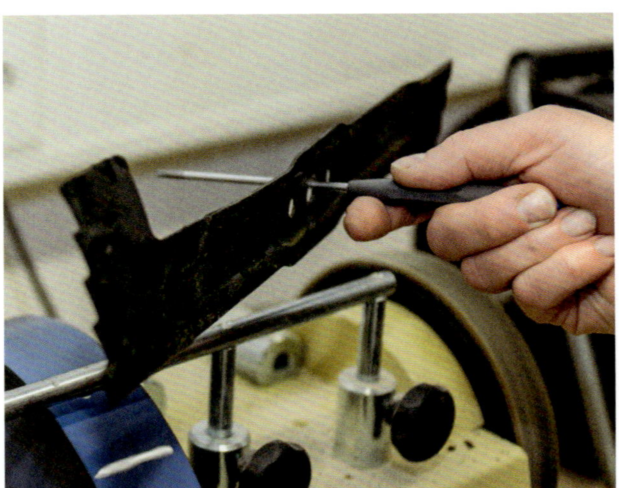

Wenn das Messer ungleich geschliffen wird, entsteht eine Unwucht. Daher prüft man zwischendurch, ob das Messer noch „in der Waage" ist.

ACHTUNG

Saubere Scheiben beim Schleifen
Schleifscheiben oder Schleifbockscheiben sollten nur für je eine Metallart verwendet werden. Sonst besteht die Gefahr, dass Späne von unedlem Metall (Stahl) beim Schleifen in edleres (z. B. Edelstahl) eingetragen werden. Das führt zu schnellem Rosten.

Rasenmähermesser schleifen

Wer über einen entsprechenden Schleifbock und genug Erfahrung verfügt, kann das Messer seines Rasenmähers selbst schleifen. Wichtig ist es, den vorhandenen Winkel beizubehalten und darauf zu achten, dass das Metall nicht zu heiß wird, sonst wird die Klinge durch Verglühen ruiniert. Ganz leicht geht das mit einem Nass-Schleifgerät. Ansonsten Bohr- und Schneidöl verwenden und in vielen kleinen Schritten arbeiten, damit das Metall immer wieder abkühlen kann. So lassen sich Scharten beseitigen, und das Messer wird wieder scharf für einen sauberen Rasenschnitt.

Gartengeräte entrosten und pflegen

Gartengeräte sollten immer direkt nach Gebrauch von grober Verschmutzung befreit werden. Im Herbst, nach Abschluss der Gartenarbeiten, wird es Zeit für eine kleine Pflegekur. Zu Beginn werden alle Geräte erst einmal gründlich gereinigt. Bei dem gröberen Werkzeug ist eine Drahtbürste hilfreich, um die Verschmutzungen zu entfernen. Rostige Stellen können mit einem Speiseöl-Sand-Gemisch abgeschrubbt werden. Alles andere wird mit Seifenlauge abgewaschen und gründlich abgetrocknet. Stumpfe Klingen können nun geschliffen werden und defekte Holzgriffe ausgetauscht. Zum Schluss alle infrage kommenden Werkzeuge etwas einölen.

Gartengeräte für den Winter einlagern

Das A und O ist eine trockene Lagerung für die Gartengeräte. Außerdem sollte jedes Gerät seinen Platz haben. Denn Kisten, in denen Klingen an andere Werkzeuge stoßen, führen zu stumpfem oder verbeultem Werkzeug. Wo dafür nicht genug Platz ist, helfen Halterungen an der Wand oder leicht ölige Tücher, in die kleinere Werkzeuge eingeschlagen werden, bevor sie gemeinsam in einer Kiste oder Schublade landen.

RASENTRIMMER, HÄCKSLER UND MEHR

Kabelbinder für den Rasentrimmer

Wer kennt das nicht: Ausgerechnet kurz vor Fertigstellung geht der Nylonfaden am Rasentrimmer zu Ende, und eine neue Rolle ist nicht zu finden. In einer solchen Situation hilft ein langer Kabelbinder, der um die Spule gezogen wird und für die letzten Meter meist ausreicht.

Brunnenwasser im Winter

Brunnenwasser kann auch im Winter genutzt werden, wenn die Rohre gedämmt, unterirdisch verlegt werden und die Pumpe in einem frostfreien Raum untergebracht wird. Wie tief die Rohre wirklich verlegt werden müssen, hängt von der Region ab. Allgemein kann man ab 80 cm Tiefe von Frostfreiheit ausgehen. Im Zweifel bietet eine Rohrheizung in rauen Gefilden zusätzliche Sicherheit.

In einem ordentlichen Geräteschuppen hat jedes Werkzeug seinen festen Platz.

Messer-, Walzen- oder Schlegel-Häcksler?

Welcher Häcksler ist für den Gartenbesitzer am besten geeignet? Das kommt auf das Häckselgut, das Budget und die Geräuschempfindlichkeit an. Wer gelegentlich eher weiches Häckselgut (Gras, Staudenrückschnitt, dünne Zweige von Büschen) verarbeiten möchte, der bekommt mit einem Messerhäcksler ein günstiges, aber lautstarkes Gerät, dessen Messer immer wieder geschliffen werden müssen.

Wie groß ist der Garten?

Deutlich leiser, aber auch sehr viel teurer und eher für härteres Häckselgut wie Baumschnitt geeignet, kommt der Walzenhäcksler daher. Bei weichem und sehr feuchtem Häckselgut verstopft der aber schnell. Wer einen sehr großen Garten mit viel verschiedenartigem Häckselgut hat, der ist mit einem Schlegelhäcksler gut bedient, der allerdings auch sehr laut ist und nicht zuletzt wesentlich teurer als die zuvor beschriebenen Geräte.

Spaten mit scharfer Trittfläche

Viele Spaten haben oben auf der Trittfläche keine stumpfe Kante. Das kann unangenehm sein. Das Arbeiten mit solch einem Spaten wird sehr viel angenehmer, wenn diese Trittfläche mit einem Stück längs aufgeschnittenem Gartenschlauch versehen wird.

Mit einem benzinbetriebenen Häcksler ist man im Garten unabhänigig vom Stromanschluss.

EXPERTENTIPP

» Schubkarre vergrößern

Wer im Herbstlaub versinkt, der kann eine Aufstockung an der Schubkarre manchmal gut gebrauchen. Für dieses leichte Transportgut reicht es schon aus, einfach Maschendraht mit Klemmen rundum am Schubkarrenrand zu befestigen. Schon wird das Volumen um einiges vergrößert, und mit jeder Fuhre kann ein Mehrfaches an Laub abtransportiert werden.

Bindfadenspender selbst gemacht

Im Garten wird häufig Bindfaden gebraucht. Ein Bindfadenspender ist schnell selbst hergestellt. Einfach eine stabile Getränkeflasche aus Kunststoff halbieren und das Oberteil kopfüber mit einer Schraube und Unterlegscheibe an die Wand schrauben. Den Anfang eines Bindfadenknäuels durch die Flaschenöffnung fädeln und den Knäuel selbst oben in die Flasche legen. Dazu eine Schere oder Klinge ebenfalls an der Wand befestigen, und schon stehen jederzeit passende Stücke Schnur zur Verfügung.

EIN BINDFADENSPENDER IST SCHNELL SELBST HERGESTELLT

Hof- und Gartenpflege

Im Garten und rund um das Haus soll es gepflegt aussehen. Richtig angepackt, lassen sich die dazu notwendigen, wiederkehrenden Arbeiten leichter verrichten.

BESEITIGEN UND VERMEIDEN

Pflasterfugen von Unkraut befreien

Gepflasterte Gartenwege, Terrassen und Garageneinfahrten sind sehr beliebt. Die Pflege weniger – vor allem, wenn es um das mühsame Unkrautkratzen aus den Fugen geht. Schon deshalb lohnt es sich, Pflaster mit wasserdurchlässigem, aber unkraut- und ameisenfestem Fugenmörtel zu verlegen. Wo das nicht gemacht wurde, ist ein elektrischer Fugenreiniger eine enorme Erleichterung. Hilfsweise lässt sich auch ein Rasentrimmer (mit Schnur) dazu verwenden, den lästigen Bewuchs in den Pflasterfugen zu entfernen.

Wenn die Enkelkinder einmal nicht da sind, hilft ein elektrischer Fugenreiniger.

Mulchen statt jäten

Wo nackte Erde ist, muss fortwährend Unkraut gejätet werden. Wird stattdessen von Anfang an eine Mulchschicht zwischen allen Pflanzen aufgebracht, wird diese Aufgabe zur seltenen Ausnahme. Dazu bleibt die Erde unter einer Mulchschicht lockerer, und es verdunstet viel weniger Wasser. Rasenschnitt sowie der Rückschnitt von Beinwell und großen Gemüseblättern sind als Mulch in Gemüse- und Blumenbeeten perfekt – genau wie gehäckseltes Material und Laub. Rindenmulch eignet sich nur für schattigere Staudenbeete mit entsprechender Bepflanzung sowie für Sträucher, Bäume und kleine Wege.

Laubsammeln leicht gemacht

Wer das Laub im Herbst mit dem Rasenmäher einsammelt, hat es nicht nur leichter, sondern auch Material im Fangkorb, das bereits zerkleinert ist und weniger Volumen hat. Was nicht zwischen den Pflanzen Verwendung findet, kann so leichter kompostiert oder entsorgt werden.

GEWUSST WIE

Ölflecken auf Beton entfernen
Cola ist ein bewährtes Reinigungsmittel für schwere Fälle – so auch bei Ölflecken auf Beton. Einfach auf die entsprechende Stelle gießen und über Nacht einwirken lassen. Am nächsten Tag mit eine Lauge aus Wasser und Waschmittel abwaschen. Notfalls wiederholen.

GIESSEN UND DÜNGEN

Rasensprenger Marke Eigenbau

Neu gesäter Rasen muss in jedem Fall feucht gehalten werden. Deshalb sollte Rasen nie im Hochsommer ausgesät werden. Doch auch außerhalb des Sommers wird es meist nicht genug regnen, um den frischen Rasen nachhaltig zu wässern. Es ist nicht nötig, sich dafür einen Rasensprenger anzuschaffen, eine große Kunststoffflasche genügt. Sie wird dazu liegend von oben mit einer Nadel mit zahlreichen Löchern versehen und mit Gaffaband an den Schlauch geklebt. Den Wasserhahn nur so weit aufdrehen, bis ein sanfter Regen aus der präparierten Flasche sprüht.

Richtig gießen

Frühaufsteher gießen am besten bei Sonnenaufgang, alle anderen besser am späten Abend, damit das Wasser Zeit hat, in die Erde einzudringen und nicht schon an der Oberfläche verdunstet. Lieber alle zwei Tage nachhaltig wässern, als täglich ein bisschen gießen. Auf jeden Fall sollte Regenwasser verwendet werden. Es ist nicht nur viel weicher und wärmer, sondern vor allem viel umweltfreundlicher. Besonders bequem sind einmal angebrachte Gießsysteme, die über Tröpfchenschläuche bewässern. Dabei verdunstet weniger Wasser, und sie können sogar mit einer Automatik versehen werden, die dafür sorgt, dass schon um 4 Uhr morgens gegossen wird.

Die sanften Strahlen des selbst gebauten Rasensprengers sind die perfekte Dusche für durstigen Rasen.

In Maßen düngen

Auf verbrauchter Erde wachsen weder üppige Pflanzen noch gesunder Rasen. Deshalb ist Düngen in Maßen unerlässlich. Der Rasen wird zwei- bis dreimal jährlich mit einem organischen Langzeitdünger gedüngt: im März, im Juni und je nach Zustand noch einmal Ende August. Gemüse- und Blumenbeete erhalten im Frühjahr eine Kompostgabe von etwa 2–5 Litern pro Quadratmeter – je nach Bepflanzung. Starkzehrer bekommen im Frühsommer noch einmal gleich viel.

Der richtige Dünger

Wo mit Holzhäcksel oder Rindenmulch gedüngt wird, sollten vorher Hornspäne eingearbeitet werden, da die Verrottung des Mulchs dem Boden Stickstoff entzieht. Spezialisten wie Rhododendren oder Hortensien sollten Spezialdünger bekommen, und Kübelpflanzen werden laufend bis in den Spätsommer mit organischem Flüssigdünger versorgt.

LIEBER ALLE ZWEI TAGE NACHHALTIG WÄSSERN, ALS TÄGLICH EIN BISSCHEN GIESSEN

RASENPFLEGE

Rollrasen richtig verlegen

Als Basis für einen Rollrasen wird der Mutterboden von allen Wurzelunkräutern befreit, gelockert, glatt gezogen und vorgewalzt. Auf dem so vorbereiteten Boden wird etwas Langzeitdünger oberflächlich eingearbeitet und die ganze Fläche trittfest gewalzt oder gestampft. Darauf den Rollrasen sofort nach Ankunft fugenlos und versetzt verlegen. Für Zuschnitte reicht ein größeres Messer. Abschließend den Rasen anwalzen und die ersten 14 Tage täglich mit 15–25 Litern pro Quadratmeter wässern. Der erste Rasenschnitt erfolgt nach fünf bis acht Tagen, je nach Wachstum. Auch in den nächsten Wochen noch für ausreichend Bewässerung des jungen Rasens sorgen.

Rollrasen sollte direkt nach der Lieferung fugenlos verlegt werden.

EIN RASENSTÜCK NEU EINSÄEN

Werkzeug & Material

- Rechen
- Harke/Unterbodenlockerer
- Spaten
- Rasendünger
- Gießkanne
- Grassamen

1. Das Stück vorbereiten

Zunächst mit einem Rechen und der Harke den Boden von Restgras und Unkraut befreien. Der Bereich sollte 15 cm breiter sein als das Rasenstück, das neu eingesät wird. Den Boden etwa eine Handbreit auflockern, ohne das umgebende Gras zu beschädigen.

2. Düngen, wässern, säen

Jetzt den Rasendünger ausstreuen und gut unterrechen. Den Boden durchdringend gießen, ebnen und mit dem Spaten leichte Saatfurchen ziehen. Dann Rasensamen aussäen. Die Saatfurchen schließen und mit der Rückseite des Rechens vorsichtig andrücken.

Richtig vertikutieren oder lüften

Im März, zwei Wochen nach der Frühjahrsdüngung des Rasens, ist die richtige Zeit, um ihn zu vertikutieren oder zu lüften. Beim Vertikutieren wird die Grasnarbe leicht (2–3 mm) angeritzt, beim Lüften nur der Rasenfilz über den Wurzeln „herausgekämmt". Vertikutiert wird bei stärkerer Verfilzung, viel Moos im Rasen oder lückenhaftem Rasen, ansonsten reicht das Lüften.

Vor dem Nachsäen vertikutieren

Vor der Bearbeitung den Rasen am besten sehr kurz abmähen. Danach wird einmal längs und einmal quer vertikutiert oder belüftet. Vertikutierter Rasen ist die beste Voraussetzung, wenn nachgesät werden soll. Den Rasen danach dünn mit Bausand bestreuen, gegebenenfalls nachsäen und auf jeden Fall die kommenden beiden Wochen feucht halten. Je nach Zustand des Rasens im Herbst noch einmal vertikutieren oder belüften.

Fehler beim Vertikutieren vermeiden

Der üblichste Fehler ist zu häufiges Vertikutieren. Einmal im Frühjahr reicht. Nur bei sehr verfilztem Rasen kann ein zweites Mal im Herbst sinnvoll sein. Oft fehlt die richtige Vorbereitung. 14 Tage vor dem Vertikutieren im Frühjahr sollte gedüngt und zweimal vorher gemäht werden. Unbedingt eine Mindesttemperatur von 10 °C beachten und beim motorisierten Vertikutieren in Bewegung bleiben, um die Grasnarbe nicht zu schädigen.

Rasenfilz und Moos entsorgen

Häufig ist es einfacher, ohne Korb zu vertikutieren, da dieser schnell voll ist. Dann heißt es allerdings: Der Rasen muss gründlich abgeharkt werden. Wurde das Moos mit Eisendünger bekämpft, darf es auf keinen Fall in den Kompost gegeben werden, da darin giftiges Eisen-II-Sulfat enthalten ist. Auch ohne dies ist Moos nicht einfach zu kompostieren. Wer sich nicht sicher ist, dass er wirklich eine perfekte heiße Rotte in seinem Kompost hinbekommt, sollte es besser bei der Mülldeponie als Grünabfall entsorgen.

Wer sich das gleichmäßige „Freihand-Säen" nicht zutraut, kann sich mit einer selbst gemachten „Streudose" behelfen (Plastiktopf mit Löchern).

Moos und Rasenfilz sind eventuell belastet und überdies schwer kompostierbar – besser zum Grünabfall bringen!

Wer Pilze auf dem Rasen loswerden möchte, sollte sie einzeln dicht über dem Boden abzupfen. Der Rasenmäher verteilt die Sporen nur.

Schattig oder nährstoffarm?

Bei Moos im Rasen denken die meisten Gartenbesitzer zunächst an schattige Stellen. Tatsächlich ist der Rasen unter Bäumen und Sträuchern häufig stärker vermoost. Allerdings hat das meistens den Grund, dass der Boden im Bereich der großen Pflanzen sehr stickstoffarm ist und für Gras einfach nicht genug Nahrung bietet. Wird ausreichend vertikutiert und gedüngt, erholt sich der Rasen schnell wieder – auch an etwas schattigen Plätzen.

ACHTUNG

Guten Rasensamen wählen

Bei der Wahl des Rasensamens lohnt es sich unbedingt, eine sehr gute Qualität zu kaufen. Nur hochwertiges Saatgut enthält die Samen von drei bis vier verschiedenen Gräsern, die speziell für die Nutzung zusammengestellt sind, wie etwa Gebrauchs- oder Schattenrasen. Ein guter Rasen wächst langsam und bildet Ausläufer aus, die ihn dicht und trittfest werden lassen. So bekommen Moos und Unkraut kaum eine Chance.

Pilze im Rasen

Kein Grund zur Sorge, meistens handelt es sich um Nelkenschwindlinge. Sie treten vor allem auf, wenn der Rasen den Boden noch nicht stark durchwurzelt hat und sehr viel gewässert wird. Einfach die Pilze regelmäßig entfernen, aber niemals mit dem Rasenmäher darüberfahren, das würde sie nur weiterverbreiten. Gleichzeitig für ein gesundes, kräftiges Rasenwachstum sorgen und weniger gießen, dann geht das Vorkommen zurück. Wen es zu sehr stört, der muss allerdings den Boden darunter tief ausgraben und austauschen, da das Myzel der Pilze sich dort befindet.

NIEMALS MIT DEM RASENMÄHER ÜBER DIE PILZE FAHREN

GARTENMÖBEL PFLEGEN

Kunststoffmöbel reinigen

Bei der Reinigung von Kunststoffmöbeln ist weniger meist mehr. Ganz wichtig: Nichts verwenden, was die Oberfläche aufraut, sonst verschmutzen die Möbel immer schneller. Hochdruckreiniger, Scheuermittel, Mikrofasertücher und aggressive Reinigungsmittel sind deshalb nicht zu empfehlen. Zunächst sollte man das Möbel mit dem Gartenschlauch abspülen, dann kann man mit einer sanften Seifenlösung nacharbeiten und nochmals spülen.

Holzmöbel schützen

Bei Holzmöbeln kommt es darauf an, wie und ob sie vorbehandelt sind. Rohes Holz kann am besten geölt oder lasiert werden. Wurde das Holz schon einmal behandelt, so wird mit der gleichen Art Holzschutz erneut gestrichen. Lackierte Holzmöbel müssen dagegen – sobald sie beschädigt sind – zumindest an den schadhaften Stellen abgeschliffen und neu lackiert werden. Während Holzöl und Lasur jährlich neu aufgetragen werden sollten, hält eine Wetterschutzlackierung bis zu sieben Jahre. Unabhängig von der Art der Behandlung ist es ganz wesentlich, dass die Gartenmöbel im Winter geschützt untergebracht sind.

Wenn man seine Gartenmöbel regelmäßig behandelt, hat man lange Freude an ihnen.

EXPERTENTIPP

» Hartnäckiges bei Kunststoffmöbeln

Gegen Algen auf Plastikmöbeln hilft eine Essig-Wasser-Mischung im Verhältnis 1:4, die nach einer kurzen Einwirkzeit mit klarem Wasser abgewaschen wird. Flecken verschwinden zumeist, wenn sie mit einer Paste aus Backpulver und Wasser bestrichen werden. 20 Minuten einwirken lassen und abwaschen.

Grill reinigen

Nach dem Grillen sollte der Rost am besten über Nacht eingeweicht werden. Dafür gibt es Reinigungswannen in der passenden Größe. Wer in das Wasser 200 g Natron gibt, kann den Rost am Folgetag ganz leicht abwaschen und abtrocknen. Alternativ kann der Grillrost in Zeitungspapier eingepackt werden, das dann mit einer Mischung aus 1 Liter Wasser und 200 g Natron begossen wird und ebenfalls einige Stunden einweichen sollte, bevor alles entfernt und abgewaschen wird. Vor dem nächsten Grillen den Rost am besten dünn mit Speiseöl einpinseln. Das verhindert, dass das Grillgut an den Stäben klebt und diese Rückstände einbrennen.

Gartendeko

Gartendekoration selbst zu basteln ist ein wunderschönes Hobby. Besonders im Winter, wenn kaum Blüten zu sehen sind, sorgen die Ergebnisse für Blickfänge.

ALLERHAND AUS BETON

Beton zum Basteln anmischen

Um Bastelbeton selbst zu mischen, werden Zement und Quarzsand sowie Wasser benötigt. In einem Mörteleimer wird ein Teil Zement mit zwei Teilen Quarzsand vermischt. Nach und nach Wasser dazugeben und rühren, bis die Masse eine Konsistenz wie Quark hat.

Originelle Trittsteine herstellen

Ein paar große, 5 cm hohe Blumenuntersetzer aus Kunststoff, einige bunte oder weiße Kiesel- oder Mosaiksteine, Zement und Quarzsand sowie ein Mörteleimer und Handschuhe – das ist alles, was benötigt wird. Wichtig ist, immer nur so viel Beton anzurühren, wie sofort gebraucht wird. Beton in die Blumenuntersetzer einfüllen, Muster aus Kieseln oder Mosaiksteinen darauflegen und etwas eindrücken. Nach ein paar Tagen können die Trittsteine aus den Untersetzern genommen und im Garten platziert werden.

Halbkugeln als Topf oder Windlicht

Bepflanzt oder als Windlicht machen sich oben offene Kugeln aus Bastelbeton sehr gut. Dazu kann Beton z. B. auf einen Luftballon aufgestrichen werden. Am besten setzt man den Ballon in ein offenes Glas und bringt die Portion Beton von oben nach unten in einem Arbeitsgang auf. Hier ist etwas Übung gefragt. Ein schöner, unregelmäßig geformter Rand lässt die Schale wie ein geöffnetes Ei aussehen, was besonders gut zu Ostern passt. Wird Beton zwischen zwei etwas

Ist das Muster ausgelegt, werden die Steine so weit in den Beton gedrückt, dass keine Stolperkanten entstehen.

Sobald die kleinere Schale in die Masse gedrückt ist, diese mit Steinen, Sand oder Wasser beschweren.

verschieden große Schalen gefüllt, entsteht eine halbrunde Schale mit standfestem Boden. Wenn es eine Pflanzschale wird, dann am Boden ein Loch vorsehen, indem unten in der Mitte ein kleiner Papierknäuel in den Beton gegeben wird. Wird die Schale ein Windlicht, macht sich eine Bemalung der Innenseite sehr gut.

Sack aus Beton

Um einen dekorativen Sack aus Beton zu formen, eine kräftige, große Plastiktüte zu einem Drittel mit Beton füllen. Dort hinein einen Eimer drücken, sodass der Beton sich daran nach oben drückt. Den Eimer von innen beschweren. Die Tüte nun mit einer Schnur oben festbinden, bis der Beton nach ein paar Tagen ausgehärtet ist. Alles abnehmen und herauslösen. Zum Bepflanzen ein Ablaufloch bohren.

Kreative Pflanzschalen

Aus ausrangierten Handtüchern entstehen sehr schöne Pflanzschalen. Dazu sollte der Beton etwas dünnflüssiger angerührt werden – in der Konsistenz eher wie Joghurt. Aus einem alten Handtuch ein Quadrat oder einen Kreis und in der Mitte ein kleines Loch ausschneiden. Nun das Handtuch in dem Beton kneten, bis es komplett damit bedeckt ist. Einen umgedrehten Eimer auf einen zweiten Eimer setzen, das Tuch mittig darüberlegen und trocknen lassen. Dieses ehemalige Handtuch ist mit oder ohne Bemalung ein kreatives Pflanzgefäß.

Das Zementhandtuch kann gut trocknen, wenn es über einem Eimer liegt.

GEWUSST WIE

Trennmittel für Beton

Um Beton leichter aus seiner Form lösen zu können, kann diese zuvor mit Silikon- oder Speiseöl eingestrichen werden. Alternativ hilft eine Schicht Frischhaltefolie zwischen Form und Beton.

DEKORATIVES AUS HOLZ

Rankhilfe aus Ästen

Gerade für einjährige Kletterpflanzen wie Prunkwinden oder Schwarzäugige Susanne ist ein naturnahes Rankgitter aus Ästen und Zweigen vom letzten Baumschnitt sehr passend. Dazu werden einige kräftige Äste einfach in die Erde gesteckt und schmalere Zweige quer dazwischen befestigt. Die Zweige dazu mit etwas Gartenschnur an den Kreuzpunkten festbinden, und fertig ist eine hübsche Rankhilfe für eine Saison.

AUS AUSRANGIERTEN HANDTÜCHERN ENTSTEHEN SEHR SCHÖNE PFLANZSCHALEN

Kleine Beeteinfassung aus Weide

Sehr schön sehen kleine Beeteinfassungen aus Weidenruten aus. Frische Weide kann dazu direkt nach dem Schnitt um eingeschlagene kleine Pflöcke aus dem gleichen Holz geflochten werden – jede Reihe versetzt zu der davor. Endet eine Rute, wird mit einer weiteren ein Stück überlappend weitergeflochten. Weidenruten kann man auch kaufen, wenn sie jedoch nicht frisch sind, müssen sie vor der Verwendung in Regen- oder Teichwasser eingeweicht werden. Dazu direkt in den Teich oder eine Wanne legen. Es kann bei sehr trockenem Holz bis zu zwei Wochen dauern, bis die Ruten wieder elastisch sind.

Wind- und Klangspiel aus Treibholz

Von Wasser geglättetes Totholz hat einen eigenen Charme und einen angenehmen Klang, wenn es aneinanderstößt. Für ein Wind- oder Klangspiel wird in ein größeres Stück Treibholz mehrmals in regelmäßigen Abständen quer durch die Mitte durchbohrt und jeweils einmal rechts und links außen in der gleichen Richtung. Die anderen Treibholzstücke jeweils an einem Ende durchbohren. Am Trägerholz in den äußeren beiden Löchern ein Band zum Aufhängen befestigen. Alle kleineren Stücke werden an Schnüren am Trägerholz befestigt, indem die Schnurenden durch die Löcher gefädelt und oben verknotet werden.

KLEINE BEETEINFASSUNGEN AUS WEIDENRUTEN SEHEN SEHR SCHÖN AUS

Je länger die Ruten sind, umso größer können die Abstände zwischen den Pflöcken sein.

Schädlinge und Nützlinge

In einem naturnahen Garten gibt es weniger Schädlinge. Viele „Mitbewohner" stellen sich sogar als nützlich heraus. Und wenn nicht, sind nachhaltige Gegenmaßnahmen gefragt.

NAGER UND ANDERE VIERBEINER

Marderabwehr

Ein Marder im Garten kann durchaus nützlich sein, stehen doch Mäuse, Wühlmäuse und sogar Schnecken auf seinem Speisezettel. Allerdings sind ihm alle Arten von Vögeln und Kaninchen lieber, und er hortet seine Beute gern in seiner Behausung. Deshalb ist er im Haus oder Gartenhaus nicht willkommen und noch weniger in der Nähe des Autos, dessen Kabel er schon mal anknabbert.

Gebäude absichern, Marder vertreiben

Fangen dürfen den Marder aus gutem Grund nur Jäger und zertifizierte Kammerjäger. Besonders ältere Gebäude haben oft ungesicherte Öffnungen (Lüftungsrohre, offene Fenster bei ungesicherten Lichtschächten usw.). Diese sollten am besten mit Maschendraht o. Ä. gesichert werden. Dachrinnen und Bäume, die nah am Haus stehen, werden von den Tieren als Leiter benutzt und sollten mit Marderabwehrgürteln versehen werden, da Marder durchaus auch einen Dachziegel anheben können, um sich Zutritt zu verschaffen. Übrigens: Kampfer, Chili, Teebaumöl, Essig und den Geruch oder die Gegenwart eines Hundes meidet der nachtaktive Jäger.

Marder sind nicht überall gern gesehene Gäste im Garten.

Natürlich gegen Wühlmäuse vorgehen

Der größte Schaden, den Wühlmäuse anrichten, entsteht meist durch die Gänge, die sie nur 10 cm tief unter der Grasnarbe anlegen. Die-

EXPERTENTIPP

» Bäume und Sträucher am Haus

Sowohl Siebenschläfer als auch Marder nutzen häufig Bäume und Sträucher, um erst aufs Dach und darüber ins Haus zu gelangen. Natürlich gilt das auch für hohe Spaliere und Fassadenbegrünungen aller Art. Entweder wird der Bewuchs deutlich zurückgeschnitten, oder es werden mögliche Zugänge mit Blechen, dicken Holzbohlen (mind. 3 cm) oder engmaschigen Gittern (max. 2 cm) aus kräftigem Draht (mind. 2 mm) verschlossen. Öffnungen gibt es vor allem bei Erkern, Dachluken, Lüftungsziegeln und Firstziegelöffnungen.

se sinken und brechen im Verlauf der Zeit ein und hinterlassen einen völlig unebenen Rasen. Vergorene Buttermilch oder Knoblauch in ihre Gänge zu geben wird vielfach empfohlen. Der Naturschutzbund rät dazu, Knoblauch, Steinklee und Kaiserkronen sowie eine ablenkende Futterpflanze (Topinambur) zu pflanzen, damit die Tiere andere Pflanzen in Ruhe lassen.

Auch die Katze hilft

Ist die Hauskatze ein guter Jäger, dezimiert und vertreibt auch sie die ungeliebten Wühler. Außerdem werden die Nager durch Lärm und Bewegung gestört – Kinder, die im Garten toben, sind also eine gute Abwehrmaßnahme. Bei einer richtigen Plage helfen nur Fallen. Doch Vorsicht: Wühlmäuse auf keinen Fall mit Maulwürfen verwechseln, die nicht getötet werden dürfen.

Wühlmaus und Maulwurf unterscheiden

Beide Säugetiere wohnen unter der Erde und sind fast nie zu sehen. Da der Maulwurf aber zu den besonders geschützten Arten gehört, ist es wichtig, die Spuren von Wühlmaus und Maulwurf sicher zu unterscheiden. Beide buddeln viele unterirdische Gänge und bringen den Aushub auf Erdhügel außerhalb ihres Baus. Wer einen solchen Erdhügel abträgt, findet beim Maulwurf das Loch genau in der Mitte unter dem Hügel, bei der Wühlmaus liegt der Eingang weiter außen. Letzte Sicherheit gibt die „Verwühlprobe". Wird ein Gang von oben ein Stück weit geöffnet, so wird die Wühlmaus ihn wenige Stunden später wieder verschlossen haben, der Maulwurf nicht.

Maulwürfe stehen unter Schutz

Ein Maulwurf ist kein Schädling. Er gehört zu den besonders geschützten Arten nach § 44 des Bundesnaturschutzgesetzes. Wer einen Maulwurf tötet, muss mit einer Strafe von bis zu 50 000 Euro rechnen. Tatsächlich vertilgt er Schnecken, Würmer, Engerlinge und auch die Würfe von Wühlmäusen und macht sich so eher nützlich. Lästig sind nur seine Bauten, die viele Gartenbesitzer stören.

Auch wenn der Maulwurf ein Nützling ist, möchten die meisten Gartenbesitzer ihn loswerden.

Was der Gängebauer nicht mag

Wer sich nicht mit dem Maulwurf anfreunden kann, sorgt am besten mit Bedacht dafür, dass er sich eine andere Bleibe sucht. Er reagiert deutlich empfindlicher als die Wühlmaus auf starke Gerüche (Alkohol, Knoblauch), Geräusche und Vibrationen. Ein in die Erde geschlagener Eisenstab mit einem Bündel Dosen, die immer wieder dagegenschlagen, ist ihm ebenso unangenehm wie häufiges Rasenmähen mit dem Benzinrasenmäher oder dem Rasenmähroboter.

SCHNECKEN UND INSEKTEN

Lästige Wespen loswerden

Wespen sind geschützt und dürfen nicht ohne hinreichenden Grund getötet werden. Wer nachweislich allergisch auf Wespengift reagiert, darf sich schützen. Alle anderen müssen es mit weniger drastischen Methoden versuchen. Tatsächlich sind Wespen sehr nützlich, beispielsweise als Bestäuber und bei der Bekämpfung von Waldschädlingen. Nur zwei der acht heimischen Wespenarten werden den Menschen zeitweilig lästig.

Aus dem Weg gehen, ablenken, vertreiben

Besonders ab Ende August stören uns die Gemeine und die Deutsche Wespe oft beim Essen im Freien. Die einfachste Methode ist, das Essen in dieser Zeit in geschlossenen Räumen einzunehmen und den Garten danach ohne Belästigung zu genießen. Oft hilft es auch, einige überreife Früchte etwas abseits vom Tisch zu platzieren, um aufdringliche Wespen dorthin abzulenken. Kaffeepulver, das man auf einem Blech anzündet und glimmen lässt, vertreibt die Tiere ganz.

Schneckenfallen selber bauen

Eine etwas freundlichere Variante der klassischen Bierfalle ist eine Kunststoffflasche, die mittig zerschnitten wird. Dann den Flaschenhals umgekehrt in das Unterteil setzen und die beiden Teile mit einem Klebeband rundum fixieren. Nur ein klein wenig Bier ins Unterteil gießen, sodass die Schnecken nicht ertrinken können, und die Falle im Beet eingraben. Die Tiere können dann lebend beispielsweise am Waldrand ausquartiert werden.

Wespen hält man sich vom Leib, wenn man ein paar Obstreste ein wenig abseits stellt.

Ein angeschlagener Apfel tut gute Dienste bei der Umsiedlung von Asseln.

Holzstücke statt Bier

Da das Bier aber auch Schnecken aus der Umgebung anlockt, lohnt sich der Versuch mit einer Alternative: Nach dem Gießen flache Holzstücke in den Beeten auf die Erde legen und etwas andrücken. Die Schnecken sammeln sich darunter und können morgens und abends abgelesen werden.

Biologische Asselfalle

Asseln sind sehr nützliche Tiere – vor allem auf dem Komposthaufen. Ist nicht genug totes, organisches Material in der Nähe, machen sie sich aber in seltenen Fällen auch an Obst oder Gemüse zu schaffen. Dann einfach eine schadhafte Apfelhälfte aushöhlen und mit der Schnittkante dort ins Beet setzen, wo die Asseln stören. Am nächsten Tag können die Asseln auf den Kompost umgesiedelt werden, wo sie wieder als Nützlinge arbeiten.

Nützlinge etablieren

Ein umsichtiger Gärtner hat viele kleine Helfer, die ihn unterstützen. Je angenehmer er ihren Lebensraum gestaltet, desto mehr entlasten sie ihn beispielsweise bei der Schädlingsbekämpfung.

Regenwürmer

Sie sind die unterirdischen Helfer, die für lockeren und fruchtbaren Boden sorgen, in den das Regenwasser besser eindringen kann. Sie lieben gemulchte Beete, die ihnen viel Nahrung und Schutz vor Trockenheit geben.

Blaumeisen

Die kleinen Insektenfresser sammeln täglich unzählige Raupen und andere Schadinsekten für ihren Nachwuchs und helfen so unermüdlich bei der Bekämpfung von Fraßfeinden. Blaumeisen schätzen einen Nistkasten, der ein Flugloch mit einem Durchmesser von etwa 26 mm hat.

Wildbienen und Hummeln

Die fleißigen Tiere sind häufig Spezialisten, die für die Bestäubung einer ganz bestimmten Pflanze oder Pflanzenart zuständig sind. Neben kleinen Insektenhotels brauchen sie vor allem eine Vielfalt ungefüllter Blüten sowie eine Wasserstelle.

Marienkäfer

Die hübschen kleinen Marienkäfer haben schon als Larven einen enormen Appetit auf Blattläuse. Manche Arten haben sich auf Spinnmilben oder Schildläuse spezialisiert. Es gibt sogar Marienkäferarten, die Mehltau fressen. Neben allerlei Läusen mögen sie z. B. einige blühende Kräuter, Cosmeen und Klatschmohn.

Igel

Die stacheligen Gefährten fressen sehr gern Schnecken und machen sich damit ausgesprochen nützlich. Sie brauchen Verstecke wie dichte Hecken, Totholz- und Laubhaufen sowie einen freien Zugang durch den Gartenzaun und etwas Wasser.

Ohrenkneifer und Florfliegen

Auch die Ohrenkneifer oder -würmer und die Larven der zarten grünen Florfliegen fressen Hunderte der ungeliebten Blattläuse. Beide mögen umgekehrt aufgehängte Tontöpfe, die mit Stroh gefüllt und mit Maschendraht verschlossen werden.

Kröten

Erdkröten fressen am liebsten Schnecken und Insekten oder wirbellose Tiere – ein Nahrungsspektrum, das sie als Nützlinge qualifiziert. Wer sie im Garten haben möchte, sollte einen naturnahen Teich anlegen und Stein- sowie Totholzstapel als Verstecke anbieten.

Alternative zu Insektiziden

Inzwischen gibt es eine ganze Reihe von Nützlingen wie besondere Nematoden und Schlupfwespen auf Bestellung. Sie können ganz gezielt eingesetzt werden und so Insektizide überflüssig machen. Einfach mal im Gartenmarkt nachfragen.

Tricks und Tipps für den Gartenalltag

Es sind gerade die kleinen Dinge, die das Leben des Gärtners deutlich erleichtern können. Die richtige Einstellung, ein paar Tricks und Tipps – schon bleiben mehr entspannte Stunden.

ZUR GRUNDEINSTELLUNG

Mehr planen – weniger pflegen

Gute Planung ist die Grundlage für einen schönen, weniger aufwendigen Garten. Wer sich umfassend informiert, die Gegebenheiten überdenkt und die einzelnen Bereiche des Gartens gut plant, muss weniger in Pflege investieren. Das gilt natürlich nur dann, wenn man keine Dinge plant, die an sich schon großen Aufwand erfordern.

Mit dem Garten und nicht dagegen

Gleichgültig, was in welchem Gartenbuch steht: Wenn eine Pflanze im eigenen Garten am angeblich besten Standort nicht gedeiht, dann ist das so. Besser ist es, sich an den Gewächsen zu orientieren, die problemlos wachsen, und davon eine weitere Variante zu pflanzen, als sich vergeblich zu mühen. Wo partout kein Rasen wachsen will, ist vielleicht der richtige Platz für einen gepflasterten Sitzplatz im Schatten oder einen schönen Bodendecker.

Gesunder Wildwuchs

Wer kennt es nicht? Die Akelei wandert selbst ausgesät durch den Garten, und das Gedenkemein breitet sich großflächig am Teichrand aus. Im Rasen wachsen immer neue Wildkräuter, und hinten am Kompost wuchern Brennnesseln. Im Sinne eines naturnahen Gartens ist das eine wünschenswerte Entwicklung. Der sich einstellende Artenreichtum in Flora und Fauna sollte mit zunehmender Gelassenheit beobachtet werden.

Wer gut plant und die Ruhe hat, kann den Garten genießen.

Immer mit der Ruhe

Viele Probleme erledigen sich auch im Garten ganz von allein. Wie beispielsweise die alljährliche Ankunft der Blattläuse. Statt hektisch dagegen vorzugehen, kann einfach auf die Ankunft der Nützlinge gewartet werden. Gerade wer für deren Wohl gesorgt hat, wird das Problem regelmäßig aussitzen und die kleinen gefräßigen Helfer bei der Arbeit beobachten.

HILFREICHE DINGE

Pappe gegen Unkraut

Rund um Baumstämme, um Sträucher und dort, wo im nächsten Frühjahr ein Beet entstehen soll: einfach Pappe auslegen und mit einer Mulchschicht bedecken. Darunter sterben alle Unkräuter ab, und die Erde wird locker. Davon profitieren der Rücken und die Pflanzen.

Mulch- oder Unkrautfolie

Über die vorbereitete Erde eines Staudenbeets, unter einem Gartenweg, einer gepflasterten Terrasse und unter den Kiesstreifen an der Hauswand: Überall kommt am besten eine qualitativ hochwertige Mulch- oder Unkrautfolie zum Einsatz. Unkrautjäten wird an diesen Stellen nicht mehr nötig.

Knick im Gartenschlauch

Ärgerlich, wenn der Gartenschlauch länger geknickt war, denn dann ist der Knick schwer wieder herauszubekommen. Mit einem längs aufgeschlitzten Stück Schlauch wird die geknickte Stelle gestützt. Diese Manschette bleibt einfach dran, bis der Schlauch sich vollständig erholt hat.

Grill leicht anzünden

Mit drei bis vier Eierkartons, die ineinandergesteckt und mit Grillkohle bedeckt werden, lässt sich ein Grill ganz leicht und umweltfreundlich anzünden. Ebenso gut geht das mit einigen Tannenzapfen, die beim Verbrennen sehr heiß werden und so die Holzkohle schnell in Brand setzen. Der Handel bietet aber auch elektrische Grillkohlenanzünder und Anzündkamine an, die ebenfalls sehr gut funktionieren.

Kniebank – einfach unentbehrlich

Früher oder später muss jede Gärtnerin und jeder Gärtner doch einmal in die Hocke oder auf die Knie. Mit den Jahren wird dabei eine Kniebank zum unentbehrlichen Helfer. So werden nicht nur die Knie geschont: Die Seitenteile bieten zudem eine verlässliche Aufstehhilfe.

Gutes Werkzeug

Mit gutem Werkzeug ist die Gartenarbeit nur halb so anstrengend. Deshalb sollte man beispielsweise lieber eine vernünftige Gartenschere kaufen als drei untaugliche Ramschprodukte, die nur Ärger verursachen. Wer sich die Zeit nimmt und im Fachhandel verschiedene Modelle ausprobiert, findet schnell heraus, was gut in der Hand liegt und leicht zu bedienen ist.

Strohhut und Gartenschere sind zwei der wichtigsten „Helfer" bei der Gartenarbeit.

Nicht ohne meinen Strohhut

Neben der Gartenschere ist ein Strohhut der wichtigste Begleiter beim Gärtnern im Sommer. Wer noch keinen hat, sollte sich umgehend einen zulegen, da jede Gartenarbeit in der Sonne mit einem kühlen Kopf um vieles leichter wird. Selbst ein Nickerchen ist mit Strohhut gleich viel besser zu genießen.

Eine Schmuddelecke

Jeder Garten sollte seine Schmuddelecke haben, in der hässliche Jauchebehälter, überzählige Pfosten und ein zerbrochenes Spalier zumindest vorübergehend untergebracht werden können. Am besten ein Bereich hinter einem Gartenschuppen oder Gebüsch, wo ruhig auch das Unkraut wuchern und ein Totholzstapel für den Igel liegen darf. Ein paar übrig gebliebene Randsteine finden dort ebenso einen Platz wie die Ersatzziegel für das Gartenhäuschen. Solche Schmuddelecken sind kleine Biotope von großem Wert.

DER RICHTIGE ZEITPUNKT

Neues Hochbeet im Herbst

Der Herbst ist der ideale Zeitpunkt, um ein Hochbeet zu bauen (s. Seite 227). Es nimmt zuerst den ganzen Baum-, Hecken- und Strauchschnitt auf, dann das Laub und den ganzen Winter über allen Kompost aus der Küche sowie im Frühjahr das Schnittgut vom Rückschnitt der Stauden. Dann Schicht für Schicht Halbverrottetes aus dem Komposter, Komposterde und ein Gemisch aus Kompost und Gartenerde darüber aufschichten – schon kann gesät und gepflanzt werden.

Herbstlaub

Wenn die Bäume beginnen ihr Laub abzuwerfen, muss nicht sofort zur Laubharke gegriffen werden. Es kann getrost abgewartet werden, bis alles abgefallen ist. An einem schönen Spätherbsttag wird dann der Rasen freigeharkt und das Laub als Winterschutz und Mulchschicht auf den Beeten verwendet. Alternativ kann trockenes Laub mit dem Rasenmäher in seinem Fangkorb aufgesammelt werden. Dabei wird es gleich gehäckselt und kann zum Mulchen unter Büschen und Bäumen verwendet oder kompostiert werden.

Gründünger über Winter

Wer im Gewächshaus, Hoch- und Gemüsebeet im Spätsommer Gründünger aussät, schlägt zwei Fliegen mit einer Klappe. Zum einen ist der Gartenboden nicht der Witterung und Erosion ausgesetzt, zum anderen verkrustet er nicht, und auch das Unkraut hat keine guten Voraussetzungen, um die Herrschaft an sich zu reißen. Zudem ist der Boden im Frühjahr bestens gedüngt und vorbereitet für eine neue, fruchtbare Saison. Lein, Buchweizen, Sommerwicken oder Rauhafer frieren von allein in Laufe des Winters ab und müssen nicht aufwendig eingearbeitet werden.

Vorteile des Sommerschnitts

Stark wachsende Obstbäume sollten nicht im Februar, sondern im Sommer geschnitten werden. Die Bäume werden durch den Sommerschnitt eher im Wachstum gebremst, während der Winterschnitt zu starkem Austrieb führt. Außerdem fördert der Sommerschnitt die Bildung neuer Fruchttriebe. Gleichzeitig können die Früchte diesen Jahres besser ausreifen, da sie durch den Schnitt reduziert wurden und den verbleibenden alle Nährstoffe des Baumes zugutekommen.

EXPERTENTIPP

» Stauden und Gräser schneiden

Die oberirdischen Pflanzenteile von Stauden und Gräsern sollten über den Winter stehen bleiben. Im Frühling ist es früh genug, um sie zurückzuschneiden. Denn in den hohlen Stängeln überwintern viele nützliche Insekten, die so bereits im Garten sind und ihn vor Schädlingen schützen, sobald sie eintreffen. Außerdem schützen die Pflanzen sich selbst damit vor hartem Frost und Nässe.

Wenn im Herbst alles Laub von den Bäumen gefallen ist, ist es früh genug, um es zusammenzurechen.

Eine Blumenwiese im Garten macht nicht nur weniger Arbeit als Rasen – auch die Insekten freuen sich.

Letzte Aussaat im Spätsommer

Im Spätsommer denken viele nicht mehr an Aussaat. Es geht dem Ende des Gartenjahrs entgegen. Doch beispielsweise Stockrosen und Hornveilchen sowie Feldsalat, Grünkohl und Spinat sowie einige andere Pflanzen können im August und September noch ausgesät werden. Während der Salat und das Gemüse noch erntereif werden, blühen die Stockrosen und Hornveilchen erst im nächsten Jahr.

WAS IST PFLEGELEICHT?

Stauden statt saisonale Bepflanzung

Wer mehrjährige, pflegeleichte Stauden wie Pfingstrosen, Taglilien, Phlox oder Geranium jahreszeitlicher Bepflanzung mit Frühblühern und Sommerblumen vorzieht, spart sich nicht nur sehr viel Arbeit, sondern auch bares Geld. Das kann im pflegeleichten Garten besser in einen Liegestuhl investiert werden, denn in einem Staudenbeet gibt es nicht viel zu tun.

Blumenwiese statt Rasen

So manche Fläche sollte – nicht nur zugunsten der Natur – besser eine Blumenwiese als ein Rasen werden. Wer im Sommer wöchentlich den Rasenmäher in den Vorgarten schleppt, kann einmal darüber nachdenken. Eine Blumenwiese soll nur ein- bis zweimal jährlich mit dem Rasentrimmer gemäht oder von Hand gesenst werden. Sie bietet vielen Insekten Nahrung und Lebensraum. Richtig angelegt, wird sie wunderschön und ist alles andere als ein verwilderter Rasen.

Pflegeleichte Pflanzen

Frauenmantel, Lavendel und Storchenschnabel sind schöne und gleichzeitig absolut pflegeleichte Pflanzen – natürlich gibt es davon noch viel mehr. Wer seinen Garten eher genießen und weniger arbeiten möchte, sollte sich dafür von exotischen, pflegeintensiven Pflanzen verabschieden und sich nach solchen attraktiven Alternativen umsehen.

Robuste Sorten wählen

Wenn Sie Rosen kaufen, achten Sie darauf, sogenannte ADR-Rosen zu nehmen. Das ist ein Gütesiegel für sehr widerstandsfähige, gesunde Rosensorten. Robuste, resistente Sorten gibt es auch bei Obst und Gemüse. Wer also wenig Ärger mit Krankheiten und Schädlingen haben möchte, sollte Sorten wählen, die als resistent gegen typische Erkrankungen oder Schädlinge gelten. Was gar nicht erst auftritt, muss in der Folge auch nicht bekämpft werden.

Schnittfreie Gehölze

Wohl dem, der sich für schnittfreie Gehölze entscheidet. Gerade der Baum-, Hecken- und Strauchschnitt kann sehr anstrengend und nicht selten sogar riskant werden. Gehölze wie etwa Fächerahorn, Magnolie oder Zaubernuss erfordern keinerlei Rückschnitt. Auch Duftschneebälle oder der Blumenhartriegel und viele andere Sorten werden nicht geschnitten, genau wie Kugelbäumchen.

Bodendecker

An trockenen und vollsonnigen Hängen, aber auch unter Bäumen, an Wegrändern oder sehr schattigen Stellen des Gartens sind schöne Bodendecker eine perfekte Lösung für einen pflegeleichten Garten. Pflanzen wie Dickmännchen, Wüstenastern, Elfenblumen oder Sedum alba sind Bodendecker, die Unkaut zuverlässig unterdrücken und selbst kaum Pflege brauchen.

Der Gehölzschnitt macht viel Arbeit im Garten. Wer die vermeiden möchte, pflanzt schnittfreie Gehölze.

ACHTUNG

Heimische Gewächse

Auf den ersten Blick sind Exoten oft sehr anziehend. Doch Vorsicht: Exoten erfordern meist viel mehr Aufwand als heimische Gewächse. Außerdem haben sie unseren Insekten und Vögeln nichts zu bieten. Auch bei Pflanzen aus unseren Breiten gibt es genug Auswahl, um außergewöhnliche Exemplare im Garten zu haben. Diese sind jedoch gut an das Klima angepasst, weniger anfällig und passen besser in unser Ökosystem.

Blühende Kräuter

Blühende Kräuter wie Thymian, Rosmarin, Salbei und Lavendel sind ein Paradies für Wildbienen und Hummeln, aber auch sehr schöne Pflanzen für trockene Standorte. Diese Pflanzen überstehen einen Urlaub ganz ohne Pflege und liefern zudem dauerhaft leckere frische Kräuter für die mediterrane Küche. Rund um eine Terrasse gepflanzt, verbreiten sie zudem einen wunderbaren Duft.

Winterharte, robuste Ziergräser

Gräser werden häufig unterschätzt. Sie können an vielen Stellen im Garten eingesetzt werden. Wichtig ist, auf Winterhärte zu achten – und darauf, dass sie horstbildend sind, damit sie nicht wuchern. Seggen oder Schneemarpeln sind solche Gräser, die beispielsweise in Staudenbeeten im Schatten und auf feuchtem Boden eine gute Figur machen. Sie geben Struktur und brauchen kaum Pflege. Bei den meisten Gräsern sollten nur die Ähren abgeschnitten und entsorgt werden, damit sie sich nicht selbstständig aussäen.

11

Werkstatt und Garage

Arbeiten mit Holz

Holz ist der meistgenutzte Werkstoff bei Heimwerkern, weil es verhältnismäßig leicht zu bearbeiten ist. Was häufig mit kleinen Reparaturen beginnt, wird nicht selten zum Hobby.

RICHTIG SÄGEN

Von Hand sägen

Für viele Holzarbeiten reicht es aus, von Hand zu sägen. Nicht zuletzt macht das auch wenig Lärm. Wer keine Übung mit dem Fuchsschwanz oder der Japansäge hat, sollte zunächst ein wenig üben und dazu Holzreste oder Brennholz verwenden. Zu Beginn wird die Schnittkerbe gesetzt. Dazu die Säge ganz leicht an der richtigen Position in einem flachen Winkel gleichmäßig hin- und zurückführen. Ist die Kerbe vorhanden, kann die Säge in einem steileren Winkel von 45–60 Grad geführt werden – ohne Druck und möglichst gleichmäßig, in langen Zügen. Gegen Ende den weitgehend abgesägten Teil festhalten, damit das Holz nicht ausreißt.

Wichtig für die Sicherheit und ein gutes Ergebnis ist der gute Halt für das Werkstück.

Griffmulden herstellen

Um eine saubere Griffmulde zu schaffen, werden die vier Eckpunkte zuerst mit einem Forstnerbohrer durchbohrt. Darin wird die Stichsäge angesetzt, um die Kanten sauber auszusägen. Zum Schluss sollte die Griffmulde mit Schleifpapier gleichmäßig abgerundet werden. Dabei mit einer groben Körnung (z. B. 80) beginnen und in zwei, drei Schritten feinere Körnungen (z. B. 150 und 220) verwenden, um ein wirklich glattes Ergebnis zu erhalten.

Griffmulden sind eine gute Alternative zu Griffen – etwa an Schiebetüren oder bei Holzkisten.

Kleine, eckige Ausschnitte mit der Stichsäge

Benötigt ein Stück Vollholz einen rechtwinkligen Ausschnitt, wird dieser seitlich eingesägt und mit einem Stechbeitel abgestochen. Bei einer MDF-

oder Pressspanplatte mit der Stichsäge ebenfalls zuerst die äußeren Kanten einsägen. Anschließend von einer der äußeren Ecken aus diagonal auf die gegenüberliegende Innenecke sägen. In dieser Ecke so viel Material mit der Stichsäge herausfräsen, bis das Sägeblatt quer angelegt werden kann, um die Innenkante zu sägen.

Mit der Stichsäge eintauchen

Eigentlich ist man es gewohnt, dass bei Ausschnitten mit der Stichsäge vorgebohrt werden muss. Doch es geht auch anders, denn es ist möglich, mit der Stichsäge in das Holz einzutauchen. Wichtig sind hierbei die Technik und das verwendete Sägeblatt.
Stichsägeblätter, die sich zum Eintauchen eignen, besitzen bereits am untersten Ende Zähne und haben mitunter sogar einen Freischliff dahinter. Ungeeignet sind Stichsägeblätter mit einer Spitze am Ende, wodurch die Zähne erst einige Millimeter nach der Spitze beginnen.

Die Säge kippen

Zum Eintauchen muss die Stichsäge so auf die Vorderseite gelegt werden, dass das Sägeblatt etwa parallel zum Holz verläuft. Nach dem Einschalten kann die Säge langsam gekippt und vorsichtig mit dem Sägeblatt eingetaucht werden.

Das Eintauchen mit der Stichsäge erfordert das richtige Sägeblatt, viel Übung und Umsicht.

Selbst MDF kann mit einer Stichsäge sauber ausgeklinkt werden, kleine Ungenauigkeiten werden abgeschliffen.

Sägen mit Führung

Wo immer mit Maschinen wie Stichsäge oder Fräse gearbeitet wird, ist eine Führung für ein präzises Ergebnis von großem Vorteil. Oft ist es ganz simpel: Eine gerade Holzleiste wird mit Schraub- oder Klemmzwingen festgesetzt und das Gerät dann an dieser Leiste entlanggeführt. Im Handel sind aber auch verschiedene Sägeführungen erhältlich, ganz einfache für eine gerade Führung oder solche für sehr spezielle Anforderungen wie beispielsweise Schwalbenschwanzzinkungen oder andere Verzahnungen.

EXPERTENTIPP

» Welches Sägeblatt für die Stichsäge?
Je breiter das Sägeblatt ist, umso besser ist es für gerade Schnitte geeignet. Wer Rundungen sägen möchte, braucht ein möglichst schmales Sägeblatt. Je feiner die Zähne, umso feiner wird der Schnitt und umso langsamer sollte gearbeitet werden. Dort, wohin die Zähne zeigen, gibt es den stärksten Ausriss, also ein entsprechendes Sägeblatt wählen oder das Holz umdrehen. Große Zähne mit großem Abstand sind für schnelles Arbeiten in weichem Holz in Richtung der Faser geeignet.

BOHREN, SCHLEIFEN, FRÄSEN

Zu kleines Loch etwas aufbohren

Wurde ein Loch in Holz ein wenig zu klein gebohrt und soll vergrößert werden, reißt der Bohrer schnell den Rand aus, da sich die Schneiden zu leicht in das Holz ziehen und der Bohrer keine gute Führung hat. Der Versuch, das Loch mit einem Forstnerbohrer zu vergrößern, wird immer scheitern, da solche Bohrer mittig eine Zentrierung benötigen. Da im Fall eines zu vergrößernden Loches es eben keine „Mitte" mehr gibt, springt der Bohrer auf der Oberfläche hin und her und ruiniert den Rand der Bohrung.

Führung durch ein Brett

Damit solche Bohrungen dennoch gelingen, benötigt man ein etwa 2 cm starkes Brett. Dieses wird mit dem neuen, größeren Bohrer vorgebohrt und anschließend mittig auf dem zu kleinen Bohrloch fixiert. Jetzt hat der Bohrer eine gute Führung und das zu kleine Bohrloch kann sauber aufgebohrt werden.

Kleine Bohrungen in Holz schmirgeln

Sollen kleine Bohrungen etwas vergrößert oder glatt geschliffen werden, wird ein sehr kleiner Fächerschleifer benötigt. Ist ein solcher nicht zur Hand oder das Bohrloch zu klein für einen Fächerschleifer, kann man sich mit einfachem Schmirgelleinen behelfen. Dieses wird sehr eng zu einem „Stab" zusammengerollt und darf dabei keinen größeren Durchmesser als das Bohrloch bekommen. Anschließend kann das aufgerollte Schmirgelleinen in den Akkuschrauber gespannt und damit das Bohrloch ausgeschmirgelt werden. Wichtig: Das funktioniert bei kleinen Durchmessern ausschließlich mit Schmirgelleinen und nicht mit Sandpapier, da dieses nicht so eng aufgerollt werden kann.

Im Holz danebengebohrt?

Ist der Bohrer etwas verrutscht und das Loch nicht exakt an der gewünschten Stelle, kann der Bohrer nur schwer daneben angesetzt werden.

Nicht alle Astlöcher in der Wohnung stören. Oft machen sie erst den Charakter eines Raumes aus.

Er würde sich immer wieder in das bereits gebohrte Loch ziehen – nicht jedoch, wenn das alte Loch vorher verschlossen wurde.
Hierfür gibt es je nach Bohrloch verschiedene Möglichkeiten.

Die passende Füllung

Bei sehr kleinen Löchern können Schleif- oder Sägespäne mit Holzleim vermengt und in das Loch gedrückt werden. Bei etwas größeren Löchern eignen sich Streichhölzer und Zahnstocher, die eingeleimt werden. Reichen Zahnstocher oder Streichhölzer nicht mehr aus, greift man zum Holzdübel, wofür das vorhandene Loch auch passend aufgebohrt werden kann. Mit der Lochsäge ausgesägte Scheiben stopfen selbst die größten Löcher, allerdings muss dann die Zentrierbohrung wieder verschlossen werden.

Astlöcher ausbessern

Um Astlöcher und ähnliche Schadstellen auszubessern, wird zunächst der Durchmesser gemessen. Einen Forstnerbohrer und einen Querholzdübel in der passenden Größe wählen und das Astloch ausbohren. Leim in die Öffnung geben und den Querholzdübel mit passend ausgerichteter Maserung einsetzen. Mit einer Schraubzwinge befestigen, bis der Leim getrocknet ist. Anschließend kann die Stelle weiterbearbeitet und geschliffen werden.

Sollen Astlöcher und andere kleine Schäden im Holz repariert werden, bohrt man sie mit dem Forstnerbohrer auf und verfüllt die Löcher wieder mit Querholzdübeln.

EXPERTENTIPP

» Anschlag der Tischbohrmaschine leichter ausrichten

Werden Holzbretter über Eck verschraubt, muss das obere Brett vorgebohrt werden. Optimalerweise beträgt der Abstand zum Rand dann die halbe Brettstärke, damit die Schraube möglichst mittig in das untere Brett geschraubt wird. Man muss dafür die Brettstärke nicht extra ausmessen, dann halbieren und den Anschlag nach Maß ausrichten. Einfacher funktioniert es, wenn man sich vom Holz ein Reststück nimmt, hochkant gegen den Anschlag stellt und diesen dann so einstellt, dass der Bohrer mittig neben dem Holzstück steht.

Kleine Werkstücke plan schleifen

Mit Sandpapier zu schleifen kann recht mühsam sein. Erst recht, wenn es sich um sehr kleine Teile handelt und die Flächen eben geschliffen werden sollen. Besser ist es, nicht mit dem Sandpapier über das Werkstück zu schleifen, sondern mit dem Werkstück über das Sandpapier. Dieses kann dazu mit Schraubzwingen oder doppelseitigem Klebeband auf der Werkbank fixiert werden. Die Methode ist auch bei größeren Werkstücken hilfreich, die sehr gerade geschliffen werden sollen.

Schleifpapier leicht reinigen

Schmutz lässt sich wegradieren. Zumindest auf Schleifpapier, wenn sich die Oberfläche mit Holzstaub zugesetzt hat. Hierzu kann ein handelsüblicher Radiergummi oder ein industrieller Schleifbandreiniger verwendet werden. Günstiger geht es mit einem selbst gemachten Radiergummi aus Silikon. Benötigt werden dazu lediglich eine günstige Kartusche Silikon aus dem Baumarkt und ein dünnes Abflussrohr mit einem Durchmesser von etwa 20 mm. Das Abflussrohr einseitig verschließen und komplett mit Silikon verfüllen. Nach einigen Tagen ist dieses durchgetrocknet und es können 2–3 cm vom Rohr abgeschnitten werden. Wichtig: Nur das Rohr etwas ablängen, nicht das gesamte Silikon.

ACHTUNG

Vorsicht an rotierenden Werkzeugen

Ob Schleifbock, Bohr- oder Fräsmaschine – an rotierenden Maschinen besteht eine erhöhte Unfallgefahr. Haare und Textilien können schnell erfasst werden. Aus diesem Grund sollten an solchen Geräten nie Arbeitshandschuhe getragen werden. Das hat schon häufig zum Verlust einzelner oder mehrerer Finger geführt. Auch offene, längere Haare können in die rotierenden Werkzeuge gelangen und zu schmerzhaften Unfällen führen. Sehr gefährlich kann auch lose Kleidung wie etwa Halstücher und Schals werden.

Im Gegenlauf fräsen für mehr Sicherheit

Im Gegenlauf zu fräsen bedeutet, dass der Fräser entgegen der Drehrichtung an der Holzkante entlanggeschoben wird. Als würde man ein Rad entgegen der Drehrichtung über eine Fläche ziehen. Es wird also eine gewisse Kraft benötigt, damit die Schneiden des Fräsers arbeiten können. Diese Variante sollte immer dann Anwendung finden, wenn größere Spantiefen genommen werden. Durch den benötigten Druck beim Fräsen kann sich der Fräser nicht in das Holz ziehen, was die Arbeitssicherheit erhöht. Dafür platzt jedoch das Holz an der Schnittkante häufig aus, da die Spantiefe beim Austreten der Schneide aus dem Holz größer als beim Anschnitt ist.

Im Gleichlauf für eine glatte Oberfläche fräsen

Beim Fräsen im Gleichlauf arbeitet der Fräser in die Richtung, in die er sich auch dreht. Daraus ergibt sich ein sehr hohes Risiko, dass er sich selbst in das Material zieht. Diese Fräsvariante sollte daher nur bei sehr geringen Spantiefen und gutem Halt von Werkstück und Werkzeug genutzt werden. Vorteilhaft ist hierbei, dass die Schneiden des Fräsers zwar scharf ansetzen, der Span dann aber sehr flach ausläuft, wodurch die bearbeitete Oberfläche sehr glatt wird.

NAGELN, DÜBELN, SCHRAUBEN

Nageln, ohne das Holz zu spalten

Beim Nageln kommt es leider häufiger vor, dass Holz reißt. Dabei dringt der spitze Nagel zwischen die Holzfasern ein und spaltet das Holz so regelrecht. Wird die Spitze dagegen mit einem Hammer leicht abgestumpft, werden die Fasern beim Einschlagen durchtrennt, und es entstehen keine Risse. Dabei ist jedoch ein wenig Fingerspitzengefühl gefragt, denn der Nagel soll dabei weder krumm noch völlig platt geschlagen werden.

Die Nagelspitze auf einer stabilen Unterlage ganz leicht senkrecht anschlagen.

Durchgeschlagene Nägel richtig versenken

Ist der eingeschlagene Nagel zu lang und schaut auf der Rückseite heraus, kann das zur Unfallquelle werden. Das herausstehende Stück kann man aber auch zur besseren Sicherung nutzen. Legt man eine Dreikantfeile oder ein ähnliches Hilfsmittel daneben, kann der Nagel zu einem Haken gebogen und anschließend versenkt werden. So bietet er keine Gefahrenquelle mehr – und sichert das Holz zusätzlich.

Tipp gegen krumme Nägel

Normalerweise ist ein Nagel sehr stabil und verbiegt sich nicht, wenn man mit dem Hammer den Nagelkopf gut trifft. Haut man dagegen schräg auf den Nagelkopf oder rutscht mit der Bahn (Schlagfläche am Hammer) über den Nagelkopf und trifft ihn dadurch nicht mehr mittig, ist der Nagel schnell krumm. Daher ist es hilfreich, die Bahn des Hammers mit grobem Sandpapier etwas anzurauen. Dadurch rutscht der Hammer nicht über den Nagelkopf und kann die Schlagenergie in gerader Richtung auf den Nagel übertragen.

Die zu verbindenden Teile werden fixiert und erst wieder auseinandergenommen, wenn der Holzdübel sitzt.

Wird der überstehende Nagel zum Haken gebogen, lässt er sich leicht im Holz versenken.

Dübeln ohne Dübelhilfe

Holzverbindungen mit Holzdübeln gelingen auch ohne Dübelhilfe, wenn die Teile zuerst mit Klemmen fixiert werden. Im nächsten Schritt durch beide Teile gleichzeitig bohren und einen längeren Holzdübel einleimen. Abschließend wird der Holzdübel beispielsweise mit einer Japansäge bündig abgesägt. Durch einen abschließenden Schliff wird die Oberfläche geglättet. Eine gute Lösung, wo noch lackiert wird oder die Sichtbarkeit des Dübels nicht stört.

Rampamuffen einsetzen

Rampamuffen (Einschraubmuttern mit metrischem Innengewinde) erlauben selbst bei Spanplatten die Basis für eine saubere und belastbare Verschraubung, beispielsweise für Scharniere. Mit ihrem großen Außendurchmesser und dem groben Außengewinde finden sie deutlich mehr Halt in der Platte als eine Holzschraube, ganz ähnlich wie ein Dübel in einer Rigipswand. Mit einem Forstnerbohrer vorbohren, dann ein passendes Stück Gewindestange in den Akkubohrer einspannen und erst eine Kontermutter, dann die Rampamuffe aufdrehen. Anschließend die Rampamuffe mit dem Akkubohrer senkrecht und sauber in die vorgebohrte Öffnung einsetzen.

Ausplatzen beim Forstnerbohrer vermeiden

Um saubere Ränder auf beiden Seiten der Bohrung zu bekommen, sollte zunächst mit einem normalen Bohrer ein kleines Loch vorgebohrt werden. Als Nächstes wird mit dem Forstnerbohrer von der einen Seite des Werkstücks bis gut zur Hälfte und dann von der anderen Seite kommend ganz durchgebohrt. Auf diese Weise reißt das Holz nicht an der Austrittsstelle des Bohrers aus.

Schubfächer ohne sichtbare Schrauben

Zunächst wird ein einfacher Holzkasten gebaut, der schlicht auf Stoß verleimt und verschraubt wird. Die passenden Blenden ebenfalls vorfertigen und den Korpus der Schublade an den Auszügen festschrauben. Die Blenden nun sauber positionieren und mit Klemmen oder Schraubzwingen fixieren. Zum Schluss von innen vorbohren und die Blende von innen mit dem Schubkasten verschrauben. Bei dieser Art der Endmontage können kleine Ungenauigkeiten mit der Blende noch etwas ausgeglichen werden.

Stabiler Rahmen für ein Tor

Für ein einfaches Tor oder eine rustikale Tür wird ein Rahmen aus Theaterlatten angefertigt, der anschließend beplankt wird. Die Latten für das Rechteck dazu einfach auf Stoß miteinander an den Stirnseiten verschrauben und auf Rechtwinkligkeit überprüfen. Den Rahmen über eine diagonal liegende weitere Theaterlatte legen und die Schnittstellen auf der Latte anzeichnen. Die Diagonallatte zusägen und ebenfalls an den Stirnseiten verschrauben. Beim Verschrauben jeweils vorbohren, damit die Latten nicht reißen.

BEIM VERSCHRAUBEN VORBOHREN, DAMIT DIE LATTEN NICHT REISSEN

Die Blende wird genau ausgerichtet und mit kleinen Holzschrauben von innen an den Schubkasten geschraubt.

Auf einen solchen stabilen Rahmen werden die Außenbretter längs oder quer von hinten angeschraubt.

Klavierbänder und Scharniere befestigen

Im ersten Schritt werden die Scharniere an das Türblatt geschraubt. Im nächsten wird die Tür mit zwei kleinen Keilen als Abstandshalter und einer Schraubzwinge am Korpus befestigt. Dabei ist ein „zweites Paar Hände" sehr hilfreich. Nun können die noch unverschraubten Seiten der Scharniere ohne weiteres Anzeichnen vorgebohrt und angeschraubt werden. Lässt sich keine Schraubzwinge setzen, dann wird die Tür mithilfe der Abstandshalter angehalten, während durch die Öffnungen im Flügel des Scharniers angezeichnet wird.

Stabile Winkelverbindung

Bei Holzkonstruktionen, Holz-Beton- oder Holz-Stahl-Verbindungen werden Winkelverbinder eingesetzt. Je nach Ausführung sorgen sie für eine ausgesprochen stabile und vor allem belastbare Verbindung. Dabei sind Winkelverbinder mit einer sogenannten Sicke für starke Lasten eher geeignet als solche ohne Sicke oder andere zusätzliche Verstärkungen.
Es gibt spezielle Winkelverbinder für sehr viele verschiedene Anwendungen im Innen- und Außenbereich. In Verbindung mit den richtigen Schrauben werden sie beispielsweise beim Bau von Carports und Terrassenüberdachungen, aber auch bei Stühlen, Bänken u. Ä. verwendet.

SAUBER VERLEIMEN

Leisten im stumpfen Winkel verleimen

Um runde oder rundliche Formen herzustellen, lassen sich Leisten an der angefasten Kante in einem stumpfen Winkel miteinander verleimen. Dafür werden die Kanten von zwei Leisten auf der Außenseite mit einem Klebeband zusammengeklebt. Nun auf der angefasten Innenseite Leim einbringen und die beiden Leisten zusammendrücken. In dieser Position mit einem Gewebeklebeband an mindestens zwei Stellen rund um beide Leisten herum fixieren. Trocknen lassen und mit jeder weiteren Leiste genauso verfahren.

Mit kleinen Keilen und einer großen Schraubzwinge wird alles in der richtigen Position fixiert.

Ist der Leim eingebracht, werden die Leisten zusammengedrückt und mit Klebeband fixiert.

Die Verzahnung für die entsprechenden Aussparungen auf dem zweiten Brett genau anzeichnen.

Holz im rechten Winkel verleimen

Wer zwei Bretter im rechten Winkel verleimen möchte, kann sie am besten miteinander verzahnen, sodass sie ineinandergreifen. Dazu werden einander ergänzende Aussparungen auf beiden Seiten ausgesägt und ausgestemmt. Dabei unbedingt sehr sauber arbeiten und für einen perfekten Sitz eventuell etwas nachschleifen. Die so vorbereiteten Teile an den Verbindungsstellen mit Leim bestreichen, zusammenfügen und austretenden Leim sofort abwischen. Mit Zwingen oder Spanngurten befestigen, bis der Leim ganz getrocknet ist.

GEWUSST WIE

Trocknungszeiten bei Leim

Holzleime haben abhängig von Umgebungstemperatur und Luftfeuchtigkeit unterschiedliche Trocknungszeiten. Als Orientierung gelten 15–20 Minuten für normale und wasserfeste Weißleime. Bei Expressleim sind es nur 8–10 Minuten.

Spanngurte als Rahmenspanner

Wenn ein Rahmen oder ein Korpus aus Holz verleimt wird, eignen sich Zwingen nicht, da es schwer ist, einen von allen Seiten gleichmäßigen Druck einzustellen. In solchen Fällen werden Spanngurte einfach als Rahmenspanner verwendet. Leim auftragen, alle Teile zusammenfügen und mit Spanngurten in der richtigen Position zusammenhalten, bis der Leim getrocknet ist. Bei empfindlichem Material die Ecken mit Pappstücken schützen.

Auf das Stichmaß achten

Um sicherzustellen, dass alles rechtwinklig wird, werden die beiden Diagonalen ausgemessen. Dieses sogenannte Stichmaß ist bei beiden Diagonalen gleich, sobald die Winkel rechtwinklig sind. Stimmen die Maße der Diagonalen nicht überein, muss korrigiert und eventuell noch von innen gestützt werden.

Für saubere rechte Winkel müssen die Diagonalen nachgemessen und eventuell ausgerichtet werden.

Holzrahmen leichter verleimen

Die einzelnen auf Gehrung geschnittenen Bretter für einen Rahmen miteinander zu verleimen gelingt leicht, wenn diese zuvor auf den Außenseiten mit einem Klebeband verbunden werden. Danach werden sie umgedreht und mit Leim versehen. Abschließend zu einem Rechteck oder Quadrat zusammenklappen und mit Gurten zum Trocknen fixieren. Austretenden Leim sofort abwischen.

Mehrere Bretter oder Leisten leimen

Wer aus mehreren Leisten ein Leimholzbrett herstellen möchte, sollte die einzelnen Leisten so anordnen, dass der Holzkern laut Maserung der Stirnseite abwechselnd nach links unten und rechts oben zeigt. Dann Leim auf die Kanten der einzelnen Leisten auftragen und sie mit Zwingen zwischen zwei Leisten auf jeder Seite flach nebeneinander einspannen. Abschließend noch zwei zusätzliche Zwingen quer setzen und den Leim trocknen lassen.

EXPERTENTIPP

» Überschüssigen Leim aus Ecken entfernen

Holzleim sollte satt aufgetragen und das Holz anschließend aufeinandergepresst werden. Dabei lässt es sich nicht vermeiden, dass der Holzleim an beiden Seiten herausquillt. Handelt es sich um eine Außenkante, kann der Leim mit Küchenrolle und einem feuchten Lappen leicht entfernt werden. Bei Innenecken sieht es schon anders aus. Schiebt man den überschüssigen Leim mit einem Lappen weg, türmt er sich auf und verteilt sich in der Breite.

Besser eignet sich ein Strohhalm, der vorher etwas zusammengedrückt wird, sodass eine Ecke entsteht. Nun kann er an der Innenecke entlanggeschoben werden, und der überschüssige Leim sammelt sich im Strohhalm.

Längs und quer eingespannt, kann das Leimholzbrett verzugsfrei trocknen.

Stuhlbeine sicher befestigen

Möbelfüße und Stuhlbeine sollen einer dauerhaften Belastung standhalten. Gut gerüstet sind sie, wenn dafür eine zusätzliche Platte unter der Sitzfläche oder der Unterseite des Möbels angeschraubt wird. Diese Verstärkung bekommt eine passende Aussparung, in die das Bein geleimt wird. Wenn die Beine einen Winkel bekommen, dann vor dem finalen Einleimen einmal einstecken und präzise ausrichten. Ein Bleistiftstrich am Bein und der Trägerplatte gewährleistet, dass sie beim Verleimen wieder korrekt zusammengefügt werden. Alternativ im Handel Montageplatten für Möbelfüße und passende Stockschrauben kaufen. Die Montageplatten auf der Unterseite der Sitzfläche anbringen und die Stockschrauben mit dem Holzgewinde im Stuhlbein. Zum Schluss das Bein in die Platte schrauben.

Selbst angewinkelte Stuhlbeine halten, wenn sie in die verstärkenden Platten geleimt werden.

Eingerissenes Furnier reparieren

Abplatzendes oder eingerissenes Furnier sollte möglichst umgehend wieder befestigt werden, um jede weitere Beschädigung zu vermeiden. Dazu mit einem Rest Furnier oder einer Injektionsnadel etwas Leim unter die abgelöste Stelle geben. Mit einem Bügeleisen die Stelle rund um die Naht von außen erhitzen und die Naht mit einem Hammer andrücken, bis der Leim erkaltet ist. Dabei überquellenden Leim umgehend abwischen.

MÖBELFÜSSE UND STUHLBEINE SOLLEN EINER DAUERHAFTEN BELASTUNG STANDHALTEN

Für Arbeiten wie die Reparatur eines Furniers lohnt es sich immer, ein altes Bügeleisen in der Werkstatt zu haben.

Exakt verleimen mit dem Nageltrick

Besonders exakt lassen sich zwei Holzstücke miteinander verleimen, wenn Drahtstifte (Nägel) auf einer Seite eingeschlagen werden. Anschließend mit einem Seitenschneider abkneifen, sodass nur noch 1–2 mm der Stifte stehen bleiben. Leim aufbringen und die beiden Holzteile so verpressen, dass die Stifte sich ins gegenüberliegende Holz bohren. Damit kann das Holz nicht mehr verrutschen, während der Leim trocknet. Das ist eine einfache Alternative, wenn die geleimte Verbindung nur gering belastet wird. Ansonsten sollte man besser Holzdübel oder eine Verzahnung (Verzinkung) der Holzteile verwenden.

Lackiertes Holz verleimen

Häufig ist es sinnvoll, einzelne Holzteile vor dem endgültigen Zusammenbau zu lackieren. Um in diesen Fällen an den Leimstellen nicht mühsam und ungenau Lack abkratzen zu müssen, werden diese Stellen vor dem Lackieren abgeklebt. Vor dem Abziehen des Klebebands den Lack rundum am besten mit einem Cutter anritzen. So nimmt der Lack keinen Schaden, und der Leim kann sich ungehindert mit dem Holz verbinden.

Der Nageltrick verhindert, dass das Holz beim Zusammenpressen auf dem Leim verrutscht.

GEWUSST WIE

Stressfrei verleimen

Um beim Verleimen nicht in Stress zu geraten, alle benötigten Teile vor Beginn bereitlegen: Schraubzwingen, Klemmen, einen Pinsel, ein Tuch, einen Becher mit Wasser usw. Besonders hilfreich ist es, alle Flächen rund um die Leimstellen abzukleben, da dort immer Leim austritt, der abgewischt wird. Bevor der Leim tatsächlich aufgetragen wird, besser einmal alle Schraubzwingen und Klemmen ausprobieren, damit sie auch die richtige Größe haben. Wenn alles in Ordnung ist, kann ohne Hektik geleimt werden.

Arbeiten mit Metall

Die Metallbearbeitung ist ein umfassendes Thema, zu dem Fachwissen und entsprechende Werkzeuge nötig sind. Aber auch in der heimischen Werkstatt kann man ein paar Dinge erledigen.

Ein Blech biegen

Wird etwas gebogen, entsteht immer ein Biegeradius. Wie groß dieser ist, entscheiden die Punkte, an denen das Material fixiert und gebogen wird. Je enger diese Punkte aneinanderliegen, desto kleiner wird der Biegeradius und exakter der Knick. Besonders deutlich wird das bei Blechen, da hier für ein exaktes Biegen die Ansetzpunkte auf der gesamten Breite identisch sein müssen.

Mit mehreren Hammerschlägen auf der gesamten Breite verteilt, wird das Blech Stück für Stück gebogen.

Im Schraubstock oder an der Werkbank fixieren

Optimal lässt sich das umsetzen, wenn das Blech zwischen zwei Holzlatten im Schraubstock oder an der Kante der Werkbank fixiert wird. Gebogen wird ebenfalls mit einer Holzlatte, die möglichst dicht an der eingespannten Fläche angesetzt wird. Mit Hammerschlägen auf der gesamten Breite der Holzlatte wird anschließend das Blech gleichmäßig gebogen.

Wie funktioniert ein Blindniet?

Blindniete heißen so, weil Bleche damit vernietet werden können, obwohl man auf der Rückseite „blind" ist und diese mit keinem Werkzeug erreicht. Doch wie kann das funktionieren? Man stelle sich einen Hohlwanddübel vor, der auf der Rückseite beim Eindrehen der Schraube gespreizt wird. So ähnlich funktioniert auch ein Blindniet. Er besteht aus einer kleinen Metallhülse, in der ein Nagel mit Kugelkopf steckt. Wird der Niet in ein passgroßes Loch gesteckt und am Stift des „Nagels" gezogen, drückt sich der Kugelkopf in die Hülse und weitet diese auf. Die entstehende Wulst ist jetzt größer als das Loch, und der Niet hält. Der Vorgang wird mit einer Blindnietzange durchgeführt, die anschließend auch den überstehenden Stift des „Nagels" abschneidet.

Leichter Anschnitt beim Sägen von Metall

Das Sägen von Metall ist zwar recht mühsam, funktioniert ansonsten aber auch mit einer Handsäge recht gut. Schwierig ist nur der Anschnitt, wenn das Sägeblatt ratternd über die

Kante hüpft. So ist es schwer, exakt am Anriss zu sägen. Dabei fehlt nur ein kleiner Anschnitt, um die Säge richtig führen zu können.

Die Dreikantfeile hilft

Falls vorhanden, kann dieser Anschnitt mit einer Dreikantfeile hergestellt werden. Dazu mit der Feile am Anriss ein paar Züge ausführen, und schon hat die Säge eine Führung. Alternativ geht das auch mit der Metallsäge, dazu muss sie über den Anschnitt nur mehrmals nach hinten gezogen werden, ohne sie nach vorn in Schnittrichtung zu schieben.

Größere Löcher in Metall bohren

Sollen größere Löcher in Metall gebohrt werden, funktioniert das selten in einem Schritt, und es empfiehlt sich, das Loch erst vorzubohren und dann auf den richtigen Bohrdurchmesser zu wechseln. Der häufig zu hörende Hinweis, man solle Stück für Stück größer bohren, weil das leichter geht, ist nicht zielführend: Ist der nächste Bohrer nur minimal größer als das Loch, fehlt dem Bohrer die Führung, und er rattert beim Bohren. Dadurch wird das Bohrloch ungenau, und die Schneiden des Bohrers werden stark beansprucht. Besser ist es, das Loch so groß vorzubohren, dass es nur minimal größer als die Querschneide des nächsten Bohrers ist. Damit wird der Querschneide die Arbeit abgenommen, und es bohrt sich schon viel leichter, der Bohrer hat aber noch immer eine gute Führung.

Den Gewindebohrer richtig einsetzen

Ein großes Problem beim Schneiden von Gewinde ist das Abführen der Späne. Je nachdem, ob es sich um ein Sack- oder Durchgangsloch handelt, werden sie nach oben oder unten geführt. Dabei ist es ein Irrtum zu glauben, man müsse beim Gewindebohren den Gewindebohrer immer wieder eine Viertelumdrehung zurückdrehen, um die Späne zu brechen. Das sollte man tunlichst vermeiden, da es dem Gewindebohrer schadet und das Bohrloch verstopft.

Langsam und gleichmäßig schneiden

Die Späne sollten möglichst lang sein, um auch wirklich aus dem Loch befördert werden zu können. Bricht man den Span, fällt er ins Gewindeloch und behindert den weiteren Spanfluss. Ebenso anstrengend wäre das ständige Anschneiden des Gewindebohrers. Mit jedem Vor- und Zurückdrehen „knallt" er wieder gegen den Anschnitt und muss sich ins Material arbeiten. Daher ist es immer besser, das Gewinde langsam, aber gleichmäßig und ohne Unterbrechung zu schneiden.

Blindniete besitzen am vorderen Ende einen Bund. Auf der Rückseite werden sie gestaucht und weiten sich dadurch aus.

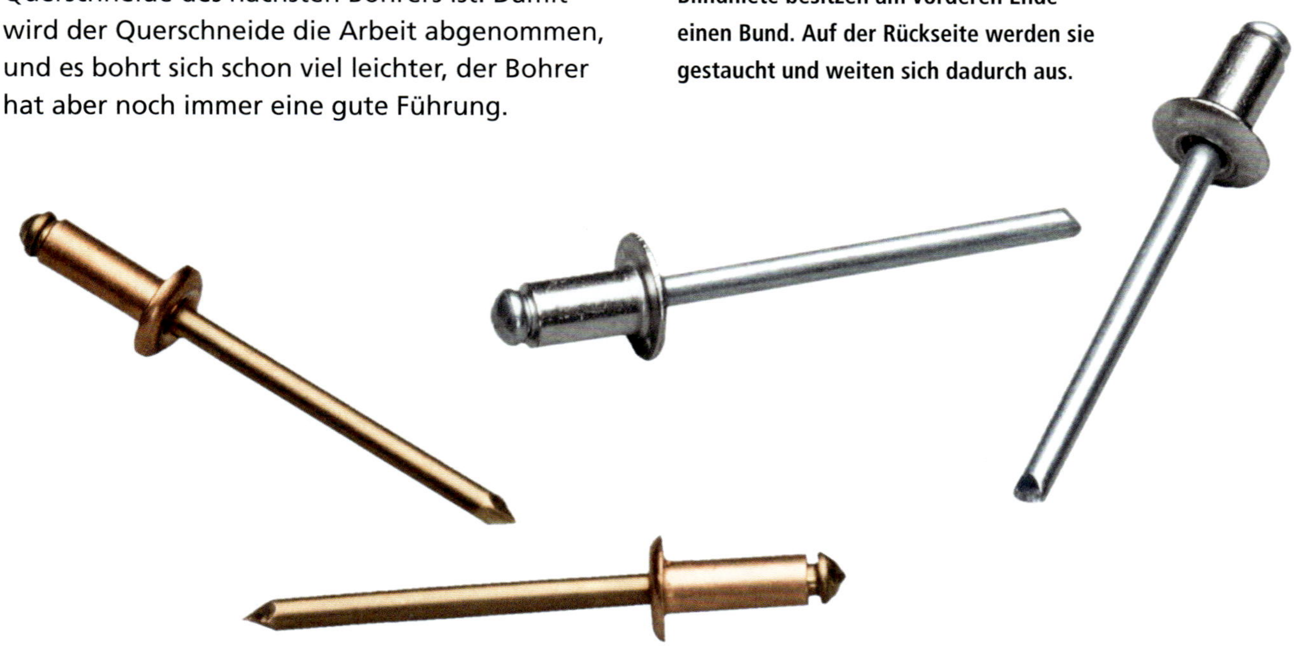

Acrylglas bearbeiten

Gerade vor Arbeiten mit Acrylglas schrecken viele Heimwerker zurück. Dabei hat dieses Material große Vorteile. Es ist lichtdurchlässig, beständig und hygienisch.

RUND UM ACRYLGLAS

Welche Art Acrylglas verarbeiten?

Es gibt gegossenes und extrudiertes Acrylglas, wobei das gegossene Material weniger zu Spannungsrissen neigt, nicht vergilbt und eine bessere Oberflächenqualität aufweist als das extrudierte. Das extrudierte Acrylglas ist günstiger, lässt sich leichter kleben und biegen, schmilzt aber auch schnell. Für Bastelarbeiten sollte besser gegossenes Acrylglas verwendet werden. „Plexiglas" ist übrigens lediglich eine Marke, unter der Acrylglas verkauft wird.

Acrylglas schneiden

Bei dünnem Acrylglas bis maximal 4 mm Stärke genügt ein Cutter, der mehrmals mit etwas Druck an einer Schiene entlang in einem Zug durchgezogen wird. Je Millimeter Materialstärke mindestens einmal. Anschließend das Glas über eine Kante brechen. Alternativ kann das Glas mit einer Hand- oder Stichsäge gesägt werden. Dazu ein feinzahniges Sägeblatt (keine verschränkten Zähne) verwenden. Das Material darf sich beim Sägen nicht stark erhitzen, deshalb mit geringer Drehzahl und wenig Druck oder von Hand sägen. Grate und Unebenheiten an den Kanten mit einer Ziehklinge entfernen.

Schnittkante schleifen und polieren

Um die Kanten glasklar zu polieren, müssen sie im Vorfeld zuerst mit Schleifpapier mit einer 300er- und dann mit einer 600er-Körnung geschliffen werden. Anschließend mit einer lösungsmittelfreien Politurpaste hochglänzend polieren. Vorsicht beim Einsatz von Polierscheiben – das Material darf sich nicht zu stark erhitzen. Am besten einmal mit Reststücken ein wenig testen, um ein Gefühl für die Reaktion des Materials zu bekommen.

Beim Schleifen darauf achten, dass keine kleinen Partikel zu Kratzern auf den Flächen führen.

Hier wurde die untere Fläche komplett abgeklebt, danach wird die Klebefläche mit einem Cutter genau freigeschnitten.

In diesem Fall wird das erhitzte Acrylglas in einer selbst gebauten Form gebogen.

Acrylglas kleben

Zu Beginn wird das Acrylglas mit Wasser und Spülmittel abgewaschen und mit einem fusselfreien Tuch oder Fensterleder getrocknet. Im nächsten Schritt die gesamte Fläche rund um die Klebestellen an beiden Teilen sauber mit Polyester-Klebeband abkleben. Andere Klebefilme werden vom Kleber angelöst. Nun die Teile gemäß Gebrauchsanweisung mit Kleber versehen und zusammendrücken. Austretenden Kleber sofort abwischen. Sobald der Klebstoff getrocknet ist, wird das Klebeband wieder abgezogen.

Acrylglas biegen

Unter richtig dosierter Hitzeeinwirkung wird Acrylglas schnell formbar. Die Faustformel ist eine Minute je Millimeter Materialstärke bei 170 °C in einem Umluftbackofen. Das Acrylglas wird auf Backpapier gelegt und anschließend mit Baumwollhandschuhen herausgenommen und verformt. Dazu können vorhandene oder selbst gebaute Formen zum Einsatz kommen. Eine Schale entsteht beispielsweise, wenn das Acryl über eine umgestürzte Porzellanschale nach unten gebogen wird, einen rechter Winkel bekommt man mithilfe einer Tischkante.

EXPERTENTIPP

» Acrylglas richtig bohren

Beim Bohren von Acrylglas sollten Holz- oder Kunststoffbohrer verwendet werden. Sie transportieren die entstehenden Späne nach oben aus der Öffnung heraus. Wie beim Sägen und Schleifen sollte auch beim Bohren darauf geachtet werden, dass sich das Material nicht stark erhitzt, was zu Verformungen führen kann. Bei großen Bohrungen empfiehlt sich ein Vorbohren mit einem kleineren Bohrer.

UNTER HITZEEINWIRKUNG WIRD ACRYLGLAS SCHNELL FORMBAR

Oberflächenbehandlung

Kleine Schäden und Macken betreffen häufig die Oberfläche. Mit der richtigen Methode beim Spachteln, Schleifen und Lackieren werden diese Spuren beseitigt.

VORBEREITUNG

Richtig spachteln

Der erste Schritt beim Spachteln ist die Vorbereitung des Untergrunds. Lose Teile, Staub, Lackreste und Fette müssen komplett entfernt werden. Die Wahl von qualitativ guter Spachtelmasse und eines ebensolchen Spachtels, die speziell zum Material passen, ist die Grundlage für ein gelungenes Ergebnis. Die Masse wird nach Angaben des Herstellers verwendet, allerdings niemals in einer einzigen dicken Schicht auftragen, sondern in mehreren dünnen. Diese müssen jeweils komplett durchtrocknen.

Die Schleifmaschine sollte mit einer niedrigen Drehzahl arbeiten, damit sie nicht zu heiß wird.

Schleifen – Schritt für Schritt

Beim Schleifen hängt das Ergebnis vor allem davon ab, wie sorgfältig und in wie vielen Schritten gearbeitet wird. Mindestens zwei bis drei verschiedene Körnungen des Schleifpapiers sollen es sein. Geschliffen wird zuerst mit grober, dann mittlerer und zum Schluss mit feiner Körnung. Das richtige Schleifpapier verwenden und beim Einsatz von Maschinen am besten mit niedriger Drehzahl arbeiten, um übermäßige Erhitzung zu vermeiden. Bei Naturholz immer mit der Maserung schleifen. Auf metallischen Oberflächen werden mit Nassschleifpapier und Wasser die besseren Ergebnisse erreicht.

Grundieren

Leider häufig unterschätzt: eine gute Grundierung, speziell für den Werkstoff und den Zweck. So sorgt beispielsweise ein Sperrgrund dafür, dass nichts aus dem Untergrund in die Farbe durchschlägt – ob an der Wand oder bei Holz. Ein Haftgrund vermittelt, wie der Name schon sagt, eine bessere Haftung zwischen Untergrund und Oberflächenschicht. Häufig entscheidet eine Grundierung über mehrere Jahre längerer Haltbarkeit. Dabei ist die Grundierung immer nur so gut wie ihre Verarbeitung, deshalb dabei unbedingt genau an die Vorgaben des Herstellers halten und Sorgfalt walten lassen.

LACK UND FINISH

MDF lackieren

Das Lackieren von MDF (mitteldichte Faserplatte) beginnt mit zwei Schichten Grundierung. Dabei zuerst die Kanten streichen und trocknen lassen. Eventuell auf die Flächen geratenen Lack abschleifen. Jede Schicht trocknen lassen und einen Zwischenschliff mit Schleifpapier mit einer 240er-Körnung vornehmen. Schleifstaub mit einem nebelfeuchten Tuch abnehmen. Bei der abschließenden Deckschicht aus Lack ebenso vorgehen. Sollte eine zweite Schicht Lack erforderlich sein, auch einmal kurz schleifen zwischen den beiden Lackschichten.

Lackieren mit der Spraydose

Mit der Spraydose wird in mehreren dünnen Nebelschichten gearbeitet. Die auf der Dose angegebenen Trocknungszeiten zwischen den einzelnen Aufträgen einhalten. Deckend wird der Farbauftrag dabei nach und nach. Wichtig ist es, den vom Hersteller angegebenen Abstand einzuhalten. Immer wenn das Sprayen für einige Zeit unterbrochen werden soll, die Sprayflasche über Kopf halten und so lange aussprühen, bis keine Farbe mehr kommt. Dadurch verklebt der Spraykopf nicht.

Kleine Lackschäden ausbessern

Bei lackiertem Metall – beispielsweise bei einem Steinschlag am Auto oder Fahrrad – am besten einen Lackstift in der passenden Farbe verwenden. Vor der Anwendung die Stelle unbedingt mit etwas Spiritus fettfrei machen. Bei Schäden auf lackiertem Holz kann entweder Holzwachs in der passenden Farbe verwendet werden oder ein spezielles Lackreparatur-Set. Auch hier gilt: Lose Teile vorher entfernen und die Stelle staub- und fettfrei machen, bevor repariert wird. Beim Ausbessern die Vorgaben des Herstellers beachten.

Holz antik rustikal bearbeiten

Um Holz eine antik rustikal anmutende Oberfläche zu geben, kann es mit einem Gasbrenner angeflämmt werden. Dabei immer eine Blumenspritze mit Wasser bereithalten, und falls es irgendwo glimmt, sofort damit löschen. Mit einer feinen Messingbürste wird das Holz nach dem Abflämmen in Richtung der Maserung abgeschrubbt. Dabei wird allzu Verkohltes entfernt, und die Maserung tritt stärker hervor, da ein Teil des weichen Holzes dazwischen abgetragen wird. Abschließend mit Antikwachs einreiben und mit einer unbenutzten, weichen Schuhbürste kräftig bürsten – fertig ist eine alt wirkende, rustikale Holzoberfläche.

EXPERTENTIPP

» Kleine Teile lackieren

Kleine Teile lassen sich oft am besten mit der Spraydose lackieren. Um den Sprühnebel aufzufangen, empfiehlt sich ein dreiseitig geschlossener Karton. In diesem steht, liegt oder hängt der kleine Gegenstand und kann so lackiert werden, ohne dass der Sprühnebel sich überall ausbreitet und niederschlägt.

Wer sogenannte Farbläufer oder -nasen vermeiden möchte, lackiert in dünnen Schichten.

Hilfsmittel bauen und verwenden

Es gibt Arbeitsschritte, die sich oft wiederholen, und jedes Mal ärgert man sich, dass es nicht einfacher geht. In vielen Fällen gibt es aber unkomplizierte Hilfsmittel.

Dübellöcher im Holz markieren

Wer verdeckt dübelt, möchte natürlich, dass die Dübel nicht zu sehen sind. Das führt dazu, dass es schwer ist, die Dübellöcher exakt anzureißen. Stimmt nur eines nicht ganz, wird das beim späteren Zusammenbau ersichtlich, und die gedübelten Bretter liegen nicht exakt übereinander. Um das zu vermeiden, werden die Dübellöcher an einem Brett angezeichnet und anschließend gebohrt. In das Bohrloch kommt nun eine Dübelhilfe, die denselben Durchmesser wie das Bohrloch hat und eine kleine Spitze besitzt. Werden die beiden Bretter in ihrer endgültigen Position aufeinandergepresst, kennzeichnen die Spitzen der Dübelhilfe die korrekte Position der weiteren Dübellöcher.

Dübelhilfen werden in ein gebohrtes Dübelloch gesteckt und kennzeichnen mit ihrer Spitze die Position des zweiten Dübellochs.

Große Radien leichter anzeichnen

Für große Radien ist in der Werkstatt selten ein passender Zirkel zu finden. Bis zu einem bestimmten Maß kann man sich jedoch mit Gläsern, Tassen, Tellern und Schüsseln behelfen. Mit einem Wäschekorb können sogar große ovale Rundungen, die an einer geraden Fläche auslaufen, angezeichnet werden. Schwerer wird es jedoch, wenn die Form exakt rund werden und eine genaue Größe haben muss.

Der Stangenzirkel wird passend zum gewünschten Radius hergestellt. Mit weiteren Bohrungen kann er aber auch mehrfach verwendet werden.

Einen Stangenzirkel bauen

Hier kann man sich mit einem Stangenzirkel behelfen. Ein solcher Zirkel ist schnell gebaut und besteht lediglich aus einer ausreichend langen Holzleiste. Diese erhält zwei Bohrungen im Abstand des gewünschten Radius. Durch ein Loch wird ein Nagel oder eine Schraube gesteckt und dient als Zentrierung des Mittelpunkts. Das zweite sollte groß genug sein, um mit einem Bleistift den Kreis anzeichnen zu können.

Halbe Brettstärke anzeichnen

Möchte man die Hälfte einer Brettstärke ermitteln, um eventuell exakt mittig zu bohren, muss erst die Brettstärke gemessen und halbiert sowie anschließend auf dem Brett angezeichnet werden. Einfacher geht das mit einem kleinen Hilfsmittel. Es besteht aus einer kurzen Holzleiste, die drei Löcher erhält. Wie weit die zwei äußeren Löcher auseinanderliegen, spielt keine große Rolle. Etwa 10 cm sind absolut ausreichend. Wichtig ist das mittlere Loch, welches exakt mittig zwischen den äußeren platziert wird.

Dübel oder Schrauben als Anschlag

Dieses Loch dient zum Anzeichnen und sollte daher groß genug für einen Bleistift sein. Die beiden äußeren Löcher erhalten jeweils einen Holzdübel oder identische Metallschrauben, die als Anschlag dienen. Nun kann die Holzleiste auf die Brettkante gelegt und gedreht werden, bis die beiden Anschläge links und rechts am Brett anliegen, dann befindet sich die mittlere Bohrung automatisch in der Mitte der Brettstärke. Wie stark das Brett ist, spielt dabei keine Rolle.

Wird ein Dichtungsgummi gebogen, können frei geformte Radien angezeichnet oder ausgeschnitten werden.

Mit einem einfachen U als Anrisshilfe (s. Expertentipp) kann die richtige Ablängung leicht angezeichnet werden.

EXPERTENTIPP

» Anrisshilfe bei Holzüberstand

Wer kennt es nicht: Da verlegt man die Terrassendielen oder Wellplatten auf dem Dach und möchte sie passend zum Balken darunter ablängen. Doch wie misst man das aus, wenn man von oben den Balken nicht sieht? Schnelle Hilfe schaffen drei Holzstücke (s. Foto oben). Die beiden gegenüberliegenden Bretter müssen exakt dieselbe Länge haben, um den Verlauf des Balkens unterhalb zu übernehmen. Wird ein kleiner Überstand gewünscht, kann das Brett zum Anzeichnen auch gleich entsprechend gekürzt werden.

Radien und ovale Formen anzeichnen

Mitunter werden keine exakten Radien, sondern Kurven oder auslaufende Radien gewünscht. Ein Zirkel ist da wenig hilfreich, und auch das Ergebnis von freihändig gezeichneten Kurven und Radien überzeugt selten. Als Hilfsmittel können stattdessen alle möglichen Dinge aus biegsamen

Materialien genutzt werden. Sei es ein Stück Dichtungsgummi, eine Rankhilfe aus Fiberglas oder auch ein Streifen einer alten Schrankrückwand. Das entsprechende Hilfsmittel braucht nur gebogen und entsprechend angelegt zu werden. Wiederholt sich der Anriss, können die Enden auch mit einem Bindfaden gespannt werden.

Winkelspanner selber bauen

Wer häufiger Bretter winklig verschraubt oder verleimt, weiß die Vorzüge eines Winkelspanners sicher zu schätzen. Leider aber sind Winkelspanner meist recht klein und nur begrenzt für dickere Brettstärken geeignet. Wer auch bei größeren Brettern auf einen winkligen Zusammenbau achten möchte, der baut sich dazu lieber selber einen Winkelspanner.

Ein rechtwinkliges Dreieck hilft

Die Grundlage bildet ein etwas größeres Brett, das bereits einen geprüften rechten Winkel besitzt. Dieses wird schräg gesägt, sodass ein rechtwinkliges Dreieck entsteht. An den Katheten (kürzere Seiten) erhält das Dreieck anschließend einige größere Bohrungen, die wenigstens 3–4 cm vom Rand entfernt sein sollten. Nun kann das Dreieck bereits als Winkelanschlag dienen, während die Bohrungen Platz zum Verspannen mit Schraubzwingen bieten.

GEWUSST WIE

Umgang mit größeren Sägeblättern

Neu gekaufte Sägeblätter besitzen meist einen Schutzüberzug aus Gummi oder Silikon, nur ist der aus Kostengründen zu klein, um ihn nach jedem Gebrauch wieder auf das Sägeblatt zu fummeln. Der Ersatzschutz muss größer und griffiger sein – wie ein Gartenschlauch beispielsweise. Der kann längs aufgeschnitten und zum Schutz auf das Sägeblatt gesteckt werden.

Ein rechtwinkliges Dreieck, ein paar Bohrungen und einige Schraubzwingen: Fertig ist der Winkelspanner.

Winkel abnehmen und übertragen

Wird Laminat verlegt, oder soll eine Holzverkleidung angepasst werden, kommt man häufig in die Verlegenheit, einen Winkel abnehmen und übertragen zu müssen. Dabei ist es nicht nötig, den Winkel zu bestimmen. Ein Winkelmesser ist daher unnötig. Einfacher und schneller funktioniert das mit einer Winkelschmiege – und die ist schnell selbst gebaut.

Die Winkelschmiege

Dazu werden (je nach Bedarf) zwei kürzere oder längere Latten genommen, übereinandergelegt und an einem Ende mit einem 8-mm-Loch versehen. Durch dieses wird anschließend eine M8-Schraube gesteckt, und die beiden Latten werden möglichst mit einer Flügelschraube verschraubt. Zum Abnehmen eines Winkels lockert man die Mutter etwas, legt die beiden Holzleisten an die Winkelfläche an und zieht die Mutter wieder fest. Nun kann der abgenommene Winkel leicht auf Laminat oder Auslegware übertragen werden.

Rahmen spannen ohne Rahmenspanner

Soll eine Schublade oder ein Stuhl verleimt werden, ist ein Rahmenspanner äußerst praktisch. Er wird um die Ecken gelegt und zieht alle Teile gleichmäßig zusammen. Steht jedoch kein Rahmenspanner zur Verfügung, kann man sich auch anderweitig behelfen.

Ein stabiler Strick oder Gurt erfüllt denselben Zweck. Dieser wird um den zu verspannenden Bereich gelegt und locker zu einem Ring verknotet. Nun steckt man einen Quirl oder ein ähnliches Hilfsmittel in die Schlaufe und verdreht sie, bis sich der Strick spannt.

Holzteile zum Schleifen auf der Werkbank fixieren

Sollen Holzteile geschliffen werden, die sich schlecht einspannen lassen, hilft eine Antirutschmatte, die es auch als Meterware für das Auto gibt. Klebt man diese auf die Werkbank, können Teile aufgelegt und geschliffen werden. Wer seine Werkbank nicht bekleben möchte, kann auch ein Brett nehmen und dieses beidseitig mit einer solchen Antirutschmatte bekleben. Nun kann es bei Bedarf auf die Werkbank gelegt und anschließend unter der Werkbank verstaut werden.

Rundstab mittig markieren

Wie findet man die Mitte von runden Teilen, wenn kein Zentrierwinkel zur Verfügung steht? Man legt eine Leiste, die etwas dünner als der Radius des Rundstabs ist, vor die Stirnfläche. Die Leiste dient nun als eine Art Lineal, mit dem man einen Markierungsstrich zieht. Danach wird der Rundstab etwas gedreht und wieder ein Strich gezogen. Dieser Vorgang wird mehrfach wiederholt. Am Ende sieht man in der Mitte der Stirnseite einen „freien" Punkt, der den Mittelpunkt der Fläche und des Stabes darstellt.

Rundstab mittig bohren

Mit einer kleinen Bohrhilfe kann man sich das mittige Anzeichnen von Rundstäben auch sparen und sie direkt bohren. Benötigt wird dafür ein kleines, aber etwas dickeres Stück hartes Holz. Dieses wird in die Tischbohrmaschine gespannt und erhält etwa mittig ein Loch in dem Durchmesser, in dem später auch der Rundstab gebohrt werden soll. Idealerweise verwendet man dafür denselben Bohrer. Ohne das Holzstück in seiner Position zu ändern, wird anschließend ein Loch im Durchmesser des Rundstabs an-, aber nicht durchgebohrt.
Nun kann das Holzstück auf den Rundstab gesetzt werden, und die kleine Bohrung dient als Führung, um den Rundstab zu bohren.

Wer seine Werkstücke auf der Werkbank fixiert, kann sicher und exakt arbeiten.

EXPERTENTIPP

» Rohre rechtwinklig anzeichnen
Abflussrohre hat fast jeder schon einmal gesägt. Meist wird es krumm und schief, weil bereits der Anriss Probleme bereitet. Als kleines Hilfsmittel dient hier eine Postkarte oder ein größeres, rechtwinkliges Blatt Papier, das möglichst etwas stabiler ist. Dieses wickelt man um das Rohr und achtet darauf, dass sich die Stöße des Blattes exakt überlagern. So kann das Blatt für einen exakt geraden Anriss genutzt werden.

Mittelpunkt einer Scheibe bestimmen

Auch für größere Scheiben gibt es einen einfachen Trick, um den Mittelpunkt zu bestimmen. Dazu nutzt man einen Winkel oder ein rechtwinkliges Brett und legt es mit der Spitze am Rand der Scheibe an. Die Punkte, an denen die Schenkel den Rand des Kreises schneiden, werden markiert und miteinander verbunden. Daraus ergibt sich bereits die Mittellinie der Scheibe. Wird der Vorgang anschließend etwas versetzt wiederholt, ergibt der Schnittpunkt beider Linien den Mittelpunkt der Scheibe.

AUF EINER TISCHBOHRMASCHINE IST ES EINFACH, EINE KUGEL ZU BOHREN

Eine Holzkugel mittig bohren

Wer bereits versucht hat, eine Kugel zu bohren, kennt die Herausforderung. Dabei ist das auf einer Tischbohrmaschine recht einfach. Dazu spannt man ein dickeres Brett auf dem Tisch der Tischbohrmaschine fest und bohrt mit einem Bohrer ein Loch hinein, das etwas kleiner als der Durchmesser der Kugel ist. Anschließend kann die Kugel in die Bohrung gelegt und mittig gebohrt werden. Wichtig ist nur, dass das gebohrte Brett exakt in seiner Position bleibt. Nur so zentriert sich die Kugel.

Winkel beim Anreißen immer prüfen

Häufig werden beim Discounter günstige Sätze mit Anschlagwinkeln in unterschiedlichen Größen angeboten. Das Vertrauen in die Qualität und den exakten rechten Winkel hält sich jedoch in Grenzen. Dennoch kann man solche Winkel gut zum Anreißen nutzen, indem man auf Umschlag arbeitet. Das heißt, der Winkel wird angelegt und der oberste und unterste Punkt auf dem Brett markiert. Anschließend klappt

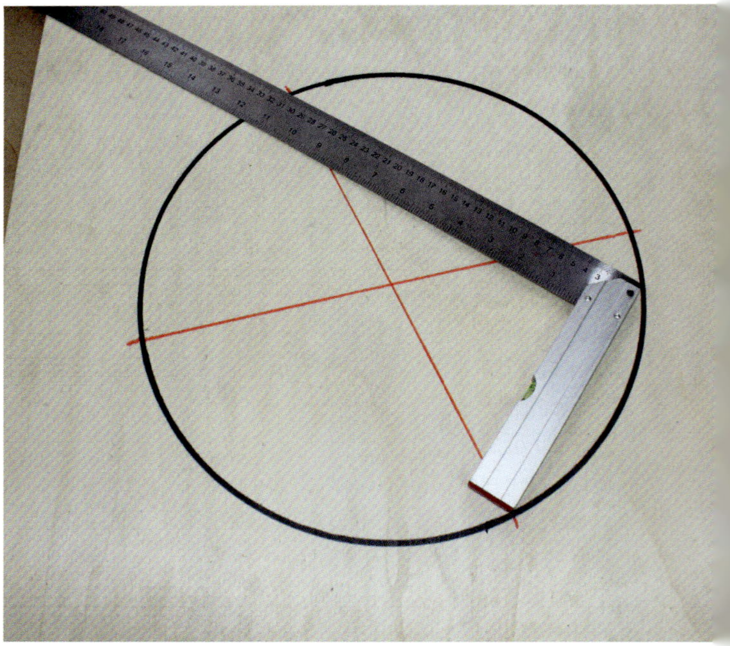

Legt man den Winkel richtig an, bildet der Schnittpunkt zweier Mittellinien den Mittelpunkt des Kreises (Satz des Thales).

man den Winkel um (den angelegten Schenkel von links nach rechts oder umgedreht) und legt ihn wieder am unteren angezeichneten Punkt an. Liegt der Winkel auch am oberen Punkt an der Markierung an, stimmt der rechte Winkel. Liegt er nicht an, markiert man diesen erneut und anschließend den Mittelpunkt beider oberer Markierungen. Wird jetzt der untere Punkt mit dem Mittelpunkt der beiden oberen Markierungen verbunden, hat man einen exakten rechten Winkel.

Brett in gleichmäßige Abschnitte aufteilen

Möchte man ein Brett in beispielsweise fünf gleiche Streifen aufteilen, kann man natürlich die Breite des Brettes messen, durch fünf teilen und anschließend das errechnete Maß auf das Brett übertragen. Es geht aber auch einfacher, insbesondere wenn der Quotient aus der Länge und der Anzahl der Teile keine ganze Zahl ergibt. Dazu legt man einen Zollstock oder ein Stahlmaß schräg über das Brett. Dabei liegt die Null auf der einen Seite an und auf der anderen ein Vielfaches von sieben – wenn man sieben Teile möchte (beispielsweise 7 × 5 cm = 35 cm). Nun wird am Zollstock alle 5 cm eine Markierung

Die lichte Weite eines Kleiderschranks misst man mit einem Zollstock und einer Markierung.

gesetzt, und das Brett ist in sieben gleiche Teile aufgeteilt. Ist das Brett breiter als 35 cm, funktioniert das auch mit einem anderen Vielfachen von sieben. Bei 42 cm wird alle 6 cm markiert usw.

Lichte Weite messen

Möchte man in einem Kleiderschrank die lichte Weite messen, um einen weiteren Boden einzuziehen, funktioniert das grundsätzlich nur mit einem Rollmaß. Aber auch der Zollstock eignet sich dazu, obwohl er sich nicht richtig aufklappen lässt.
Man klappt ihn einfach so weit auseinander, dass er noch in den Zwischenraum passt, und markiert sich ein glattes Maß, etwa 50 cm oder 1 m. Anschließend dreht man den Zollstock um und misst von der anderen Seite bis zur Markierung. Jetzt können beide Messergebnisse addiert werden, und die lichte Weite ist bestimmt.

Werkzeug und Geräte

Wie kann man den Werkstattsauger leichter ausleeren, wie Schrauben einfach ablängen? Manchmal sind es die kleinen Tricks und Kniffe, die die Arbeit erleichtern.

GERÄTE UND MASCHINEN

Wie ein Zyklonabscheider funktioniert

Zyklonabscheider sind in der Werkstatt enorm praktisch, da sie beim Saugen den groben Schmutz trennen und nur noch der feine Staub anschließend im Staubbeutel des Staubsaugers landet. Das spart einerseits teure Staubbeutel und vergrößert andererseits das Aufnahmevolumen, was sich vor allem bei der Holzbearbeitung bemerkbar macht.

Die Fliehkräfte

Die Funktionsweise des Zyklonabscheiders ist recht einfach. Ehe der eingesaugte Schmutz im Staubsauger landet, wird er durch ein weiteres rundes Gefäß geleitet, das den groben Schmutz trennt. Erreicht wird das durch einen erzeugten Luftwirbel (Zyklon) der Luft und Schmutz in einer drehenden Bewegung hält. Durch die dabei entstehenden Fliehkräfte wird der grobe Schmutz nach außen gedrückt, schleift an der Wandung, verliert an Geschwindigkeit und fällt letztendlich im Zyklonabscheider nach unten.

Zyklonabscheider selber bauen

Ein einfacher Zyklonabscheider kann mit wenigen Handgriffen selbst gebaut werden. Benötigt werden hierzu lediglich ein alter Bodenstaubsauger mit Saugschlauch, ein größerer runder Behälter mit Deckel, ein 87°-Bogen-HT-Rohr und ein weiterer passender Saugschlauch. Mittig im Deckel des Behälters wird ein Loch geschnitten, in das der Schlauch des Staubsaugers passt. Der

Nimmt man den Deckel des Zyklonabscheiders ab, sieht man, was alles nicht im Staubsaugerbeutel landet.

Behälter selbst erhält seitlich ein Loch für den HT-Bogen, an den der zweite und später genutzte Saugschlauch fixiert wird. Der HT-Bogen sorgt dafür, dass die eingesaugte Luft seitlich in den Behälter strömt und dabei einen Luftwirbel erzeugt. Damit ist der Zyklonabscheider bereits einsatzfähig.

Werkstattsauger leichter leeren

Ein Werkstattsauger mit verbautem Filtersystem hat bereits einen großen Vorteil – es werden keine Staubbeutel benötigt. Dafür ist das Entleeren mitunter etwas umständlich, da das gesamte Unterteil des Saugers umgedreht und entleert werden muss. Das funktioniert selten ohne reichlich Schmutz auf dem Boden.

Nylonstrumpf statt Staubbeutel

Einfacher wird es, wenn man einen alten, ausrangierten Nylonstrumpf im Sauger über die Ansaugöffnung stülpt und dieser wie ein Staubbeutel den groben Schmutz auffängt. Ist der Strumpf voll, wird er abgenommen, entleert und kann erneut verwendet werden. Das hat gleichfalls den Vorteil, dass sich die Filter nicht so schnell zusetzen und dennoch keine Staubbeutel benötigt werden.

Der richtige Staubsauger für die Werkstatt

Bei Staubsaugern wird häufig mit dem erreichten Unterdruck geworben. Je höher dieser ist, desto besser saugt er. In der Werkstatt sieht das ein wenig anders aus. Hier ist nicht der Unterdruck entscheidend, sondern der Luftstrom. Das verhält sich wie bei einem Kompressor, der zwar einen enorm hohen Druck erreicht, aber zum Aufblasen einer Hüpfburg völlig ungeeignet ist. Eine Hüpfburg benötigt keinen hohen Druck, dafür aber viel Luft.
Auch der Werkstattsauger, der möglichst viele Späne transportieren soll, benötigt große Luftmengen, aber keinen hohen Unterdruck. Daher wird an Fräs- und Hobelmaschinen auch mit einem großen Schlauchdurchmesser gearbeitet. So kann die große Luftmenge leicht sämtliche Späne mitnehmen. Wird der Durchmesser verkleinert, verringert sich auch die bewegte Luftmenge.

Den richtigen Entfernungsmesser kaufen

Entfernungsmesser kosten nicht die Welt und zeigen mit einem Tastendruck die richtige Entfernung an. Doch ganz so einfach und vor allem genau ist es nicht immer. Man sollte bereits beim Kauf darauf achten, für welches System man sich entscheidet. Es gibt Ultraschallentfernungsmesser und Laserentfernungsmesser. Erstere sind zwar günstiger, haben aber einen großen Streuwinkel, und bereits kleine Hindernisse können das Messergebnis negativ beeinflussen. Anders bei Laserentfernungsmessern, die den Abstand zum erzeugten Laserpunkt messen. Damit lassen sich auch Entfernungen zwischen zwei Hindernisse hindurch exakt messen.

Ein elektronischer Entfernungsmesser ist ein Werkzeug, das das Handwerkerleben leichter macht.

Akkuwerkzeuge: 18 Volt sind gleich 20 Volt

Ebenfalls genauer hinsehen sollte man bei Werkzeugen mit einem Lithium-Ionen-Akku, denn hier gibt es zwei verschiedene Angaben der Volt-Klasse, und beide sind richtig bzw. erlaubt. Eine Lithium-Ionen-Zelle besitzt kurz nach dem Laden eine maximale Spannung (Ladeschlussspannung) von rund 4,0 Volt. Diese nutzen viele Hersteller als Angabe und kommen somit bei fünf Zellen auf eine Akkuspannung von 20 Volt. Nach kurzem Gebrauch pegelt sich eine Lithium-Ionen-Zelle aber bei etwa 3,6 Volt ein, man spricht von der Nennspannung. So mancher Hersteller nutzt diese Angabe und kommt bei ebenfalls fünf Zellen auf nur 18 Volt. Beide Akkus haben demnach unterschiedliche Angaben zur Spannung, beinhalten aber beide dasselbe.

ENTFERNUNGS-
MESSER KOSTEN
NICHT DIE WELT

VERSCHIEDENE HILFREICHE KNIFFE

Schwere Eimer tragen

Farbeimer besitzen meist nur einen Drahtbügel als Griff, was in vielen Fällen auch absolut ausreichend ist. Muss man jedoch mehrere Eimer über eine weite Strecke tragen, oder nutzt man die leeren Eimer für die Gartenarbeit, kann der dünne Drahtbügel beim Tragen der Eimer sehr unangenehm werden.

Ein Stück Gartenschlauch macht's leichter

Abhilfe schafft ein alter Gartenschlauch oder auch ein Stück dünnes Abflussrohr. Längs aufgesägt, kann es einfach auf den Griffbügel gesteckt werden, und der nun größere Griff erleichtert das Tragen erheblich.

Nicht den Überblick verlieren

Wer häufig den Schraubendreher ansetzt, um Geräte und elektrische Werkzeuge zu reparieren, hat meist einen Haufen kleiner Einzelteile und Schrauben vor sich liegen. Damit man bei solchen Arbeiten nicht den Überblick verliert, heißt es gut sortieren. Hilfreich ist hierbei schon ein Stück Pappe, in das die Schrauben kurzerhand gedreht werden. So gehen sie nicht verloren und lassen sich gut beschriften. Mit etwas Klebeband funktioniert das auch mit anderen Kleinteilen.

Kartoffel als Nagelkissen

Sollen Nägel oder Schrauben nicht wegrollen, hilft auch eine Kartoffel, die wie ein Nadelkissen genutzt wird. Anschließend sollte die Kartoffel natürlich nicht mehr im Kochtopf landen.

ROLLTORE WARTEN

Werkzeug & Material

- Lösemittelspray
- Tücher
- Maschinenöl oder Grafitpulver
- Schmiermittel auf Petroleumbasis

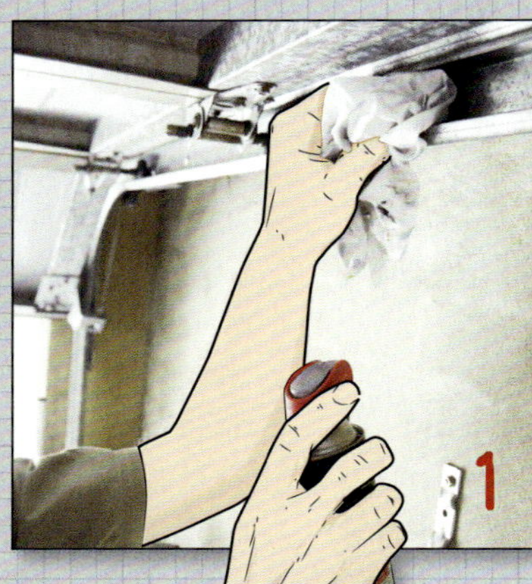

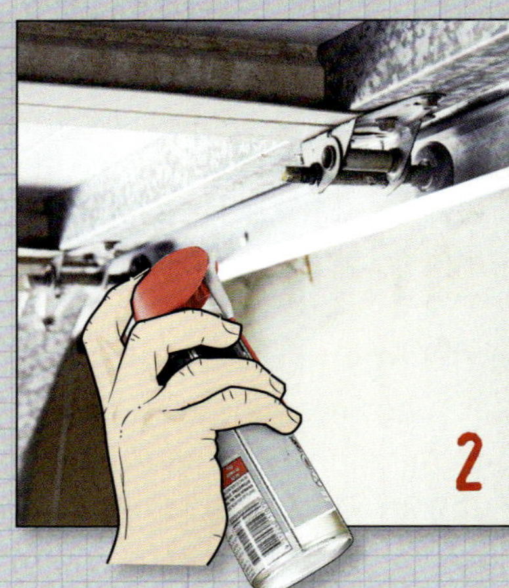

Vorbereitung

Fett und Schmutz sammeln sich gern in der Mechanik eines Garagentors an und bilden dann eine Art Schleifpaste, die langsam die Rollen zerstört. Man sollte deshalb die Tormechanik jährlich reinigen.

1. Schienen reinigen

Zunächst das Fett und die Verunreinigungen, die sich in den Führungsschienen angesammelt haben, mit Lösemittel einsprühen. Das Mittel einwirken lassen und dann den angelösten Schmutz mit einem Tuch wegwischen.

2. Schmieren

Alle beweglichen Teile mit leichtem Maschinenöl oder Grafitpulver schmieren. Das Schmiermittel auf Metallachsen, Lager von Führungsrollen sowie alle Gleitflächen von Scharnieren und Seilrollen auftragen. Teile, die dann noch quietschen oder klemmen, sollte man ersetzen.

Schrauben und Nägel einsammeln

Passiert es dennoch, dass Schrauben und Nägel durch die Gegend kullern oder aus Schmutz sortiert werden sollen, hilft ein Magnet, was sicher vielen bekannt ist. Problematisch ist es dann jedoch, die Nägel und Schrauben wieder vom Magneten zu lösen. Stehen sie mit der Spitze ab, kann das teilweise recht schmerzhaft werden. Legt man den Magneten dagegen in eine Tüte, braucht diese anschließend nur umgestülpt zu werden. Die Schrauben und Nägel lösen sich vom Magneten und liegen anschließend sogar gleich in der Tüte.

Steckt der Magnet in einer Tüte, muss man die nur umdrehen – und schon sind die Schrauben drin.

Geräte exakt an die Wand schrauben

Egal ob Router, Telefon oder Handstaubsauger – an der Wand befestigt, sieht es einfach ordentlicher aus. Werden die Geräte jedoch verdeckt an zwei Schrauben aufgehängt, reichen bereits kleinste Abweichungen aus, damit sie nicht passen oder schief hängen. Nicht immer gibt es schließlich eine Bohrschablone dazu. Diese kann man sich jedoch relativ schnell selbst herstellen. Dazu muss man das Gerät lediglich mit der Rückseite auf einen Kopierer oder Scanner legen und das Bild ausdrucken. Hält man anschließend den Ausdruck an die Wand, hat man den exakten Lochabstand.

3. Federn ölen

Um die Federn zu dehnen, schließt man das Tor. Dann werden die Federn gleichmäßig mit einem Schmierstoff auf Petroleumbasis eingesprüht. Schließlich wird das Tor einige Male geöffnet und geschlossen, damit sich das Schmiermittel gut verteilen kann.

GEWUSST WIE

Kleine Muttern festhalten

Ist die Mutter zu klein oder der Platz zu eng, um sie richtig festzuhalten? Dabei müsste man sie doch nur ein wenig auf das Gewinde der Schrauben drücken können, damit wenigstens der erste Gewindegang greift. Kein Problem, wenn man sich etwas doppelseitiges Klebeband um den Finger wickelt und die Mutter daranheftet. Nun reicht bereits ein Finger aus, um sie in Position zu bringen.

Lässt sich eine festgerostete Schraube nicht mit Kriechöl lösen, hilft unter Umständen Cola.

Kein passender Maulschlüssel?

Fehlt der passende Maulschlüssel, oder soll eine Sechskantschraube einen „Griff" bekommen, kann dazu eine weitere Schraube mit Mutter verwendet werden. Die „freie" Schraube quer über den Kopf der eigentlichen Schraube legen und die Mutter so weit zudrehen, dass sie den Schraubenkopf der eigentlichen Schraube festklemmt. Die so „aufgeschraubte" Schraube kann als Schlüssel verwendet werden oder auch als Griff auf der anderen Schraube verbleiben.

Schrauben leichter kürzen

Sollen Schrauben gekürzt werden, empfiehlt es sich grundlegend, vorher eine Mutter auf das Gewinde zu drehen. Nach dem Kürzen schiebt sie den entstandenen Grat weg und bringt das Gewinde wieder in Form. Dennoch ist das Ablängen von Schrauben nicht so einfach. Mit dem Gewinde sollte sie nicht in den Schraubstock gespannt werden, und spannt man nur den kleinen Kopf ein, dreht sie sich beim Sägen leicht weg. Schneller und einfacher lassen sich Schrauben absägen, wenn man sie in den Akkuschrauber einspannt, an der gewünschten Schnittstelle gegen das Sägeblatt einer Metallsäge drückt und den Akkuschrauber entgegen der Zähne des Sägeblatts laufen lässt. So wird die Handsäge Teil einer elektrischen Metallsäge.

Angerostete Schrauben mit Cola lösen

Lässt sich eine Metallschraube nicht lösen, ist sie in den meisten Fällen angerostet. Dabei muss der Rost nicht mal zu sehen sein. Es reicht, wenn das Gewinde etwas korrodiert ist und sich dadurch die Reibung erhöht. Der erste Schritt sollte daher immer der Griff zum Kriechöl sein. Das löst nicht nur den Rost, es schmiert auch die Gewindegänge, was die Reibung verringert. Steht kein Kriechöl zur Verfügung, tut es auch Cola. Sie enthält Phosphorsäure, welche den Rost angreift und unter Umständen anlöst. Auf den schmierenden Effekt muss man dabei allerdings verzichten und eventuell auch mehrmals etwas Cola auf die Schraube tropfen lassen.

Fest sitzende Schrauben lösen

Wurden Metallschrauben mit zu viel Gewalt angezogen, hilft mitunter auch etwas Gewalt, um sie zu lösen. Dazu mit einem Hammer einmal kurz und knackig auf den Schraubenkopf schlagen – nicht mit mehreren Schlägen den Schraubenkopf verformen. Durch den Schlag wird die Presskraft kurz erhöht und lockert sich anschließend wieder etwas. Zeitgleich wird auch eventueller Rost gelockert.

COLA ENTHÄLT PHOSPHORSÄURE, DIE DEN ROST UNTER UMSTÄNDEN ANLÖST

Ist das schöne alte Möbel vom Holzwurm befallen, stellt man es am besten in die heiße Sauna.

EXPERTENTIPP

» Holzwurm bekämpfen

Ein Holzwurmbefall zeigt sich durch 1–2 mm große Löcher im Holz und Holzmehl am oder unter dem befallenen Holz. Wenn es sich um ein bewegliches Teil handelt, kann dieses einfach für eine Stunde in eine hoch temperierte Sauna oder für einen ganzen Hochsommertag luftdicht in schwarze Folie verpackt in die Sonne gestellt werden. So werden innen 55 °C über einen ausreichenden Zeitraum erreicht, was der Holzwurm nicht überlebt. Alternativ kann ein Holzteil zusammen mit einer offenen Dose Salmiak möglichst luftdicht eingepackt werden. Die Dämpfe töten den Holzwurm ebenfalls. Bei tragenden Holzteilen sollte Sicherheit vorgehen und im Zweifel der Kammerjäger einschreiten.

Auch Wärme bringt Bewegung

Einen ähnlichen Effekt erzielt man mit Wärme. Wird möglichst nur die Schraube erhitzt, dehnt sie sich aus, und die Presskraft verringert sich. Aber auch wenn es nicht möglich ist, nur die Schraube zu erhitzen, kann Wärme gut helfen. Jedes Material dehnt sich unter Wärme unterschiedlich aus, was zu Spannungen und Entspannungen, also Bewegungen in der Schraubenverbindung führt. Diese können schon ausreichen, um die Schraube zu lösen.

Dübel entfernen

Wanddübel sind praktisch. Schraubt man eine Schraube hinein, wird der Dübel auseinandergedrückt, im Bohrloch verspannt und sicher gehalten. Nicht ganz so praktisch ist das allerdings, wenn ein Dübel wieder entfernt werden soll. Von außen lässt er sich kaum greifen und festhalten. Es bleibt nur die Möglichkeit, eine Schraube einzudrehen und an dieser zu ziehen. Das funktioniert jedoch auch selten, da sich der Dübel mit dem Eindrehen der Schraube wieder im Bohrloch verspannt.

Wie wäre es mit einem Korkenzieher? Der schraubt sich in den Dübel, ohne ihn auseinanderzudrücken, da er eine dünne Spirale hat. Nutzt man dann noch einen Korkenzieher mit Hebeln, die das Ziehen des Korkens erleichtern, wird nicht mal viel Kraft benötigt, um den Dübel aus der Wand zu ziehen.

Öl in kleine Öffnungen füllen

Muss Öl in eine kleine Öffnung gefüllt werden, wird entweder ein sehr kleiner Trichter oder einfach ein dünnes Stäbchen benötigt. Dieses steckt man in die Öffnung und legt es auch an die Öffnung der Ölflasche an. Nun langsam gießen, und das Öl läuft am Stab entlang in die Öffnung. Mit der Fließmenge sollte man es dabei natürlich nicht übertreiben. Läuft zu viel Öl auf einmal, hält die Bindung zwischen Öl und Stab nicht mehr, und das Öl tropft unkontrolliert herab.

Hilfsmittel, die gute Dienste leisten

In der Küche gibt es Gewürze, die niemals ausgehen dürfen, da sie viele Gerichte retten können. Ebenso ist es in der Werkstatt. Auch da gibt es Dinge, auf die man gerade bei Notlösungen gern zurückgreift.

Der Metallbaukasten aus Kindheitstagen

Wer kennt ihn nicht und hat nicht gern damit gespielt. Die ersten Schritte in die Kreativität, der erste Schraubendreher und das erste Mal Teile mit Schrauben und Muttern verbinden. Erinnerungen, die nie mehr verblassen. Erst recht nicht mit einem solchen Metallbaukasten, der in keiner Werkstatt fehlen sollte. Es fehlt ein kleiner Winkel? Im Metallbaukasten ist er zu finden. Ein Blechstreifen zum Verbinden gebrochener Plastikteile, möglichst gleich vorgebohrt? Der Metallbaukasten hat sie. Oder fix mal ein kleines Rad anbauen? Der Metallbaukasten hat auch das im Repertoire. Was einst ein Spielzeug war, bietet jetzt in der Werkstatt die Notlösung für viele Probleme.

Wäscheklammern aus Holz

Frisch gewaschene Wäsche hat in der Werkstatt nichts zu suchen. Ein paar Wäscheklammern aus Holz sind dagegen sehr willkommen. Holz hat den Vorteil, dass es sich verleimen lässt, was meist eine stabilere Verbindung schafft, als das Holz selbst hat. Daher eignen sich halbe Holzklammern sehr gut zum Stabilisieren filigraner Holzteile. Man muss sie nur an die Rückseite leimen. Wäscheklammern halten auch fix mal kleine verleimte Teile zusammen oder den kleinen Nagel, wenn man sich nicht auf die Finger hauen möchte. Was man den Holzklammern nicht gleich ansieht – es sind kleine Holzkeile, die flexibel zum Spannen oder Ausrichten genutzt werden können.

Rödeldraht aufbewahren

Nahezu jedes Gerät hat heute einen USB-Anschluss oder wird per USB-Kabel geladen. Klar, dass auch jedem Gerät ein Kabel beiliegt, welches meist mit einem kleinen schwarzen Rödeldraht in Form gehalten wird. Diesen muss man keinesfalls entsorgen. Vielmehr sollte man sich einen guten Platz suchen und die kleinen Drähte sammeln. Vielleicht hat man selbst ein paar kleine Kabel, die ordentlich zusammengehalten werden sollen. Super funktioniert das auch bei Sägeblättern für die Stich- oder Dekupiersäge und bei Tüten, deren Inhalt wieder luftdicht verschlossen werden sollte.

Schaumstoff aus der entsorgten Matratze

Alle paar Jahre sollte die täglich genutzte Matratze entsorgt und erneuert werden. Jedoch sollte man die alte Schaumstoffmatratze nie komplett entsorgen. Schaumstoff ist ein wichtiges Hilfsmittel und muss bei Bedarf teuer gekauft werden. Abgesehen davon, dass Schaumstoff großflächig zur Dämmung des Kompressors oder der Gartenpumpe genutzt werden kann, sind auch kleinere Stücke hilfreich. Sei es zum Auftragen von Farbe und Öl oder zum Einreiben der Kunststoffpflege am Auto. Ein Stück Schaumstoff, von dem man sich bei Bedarf einen Streifen abschneidet, sollte man immer bereitliegen haben.

Ordnung in der Werkstatt

Eine aufgeräumte Werkstatt spart bares Geld. Man muss weniger Material kaufen, weil es griffbereit zur Verfügung steht und nicht erst gesucht und vielleicht nicht mehr gefunden wird.

KLEINTEILE, STANGEN UND HOLZ

Gläser am Regalbrett

Statt teurer Sortierkästen können Schraubgläser aus dem eigenen Altglas zur übersichtlichen Lagerung aller möglicher Kleinteile genutzt werden. Wer die Deckel von Schraubgläsern unter ein Regalbrett schraubt, kann die Gläser dann dort eindrehen und behält immer den glasklaren Überblick. Noch dazu wird der oft ungenutzte Raum unter den Regalbrettern sinnvoll ausgenutzt. Beim Anschrauben am besten drei Schrauben und Unterlegscheiben verwenden, damit das Ganze stabil fixiert ist.

Schrauben und Co. an die Wand

Alles, was man für eine Wandhalterung für Schraubgläser braucht, sind ein Brett und einige Rohrschellen. In das Brett ausreichend große Löcher bohren, durch die die Rohrschellen geführt werden können. Der Abstand der Löcher sollte 1–2 cm kleiner als der Glasdurchmesser sein. Rohrschelle durchziehen und hinten mit einem Hammer flach klopfen. Dann die Rohrschelle so festschrauben, dass das Glas an der gewünschten Stelle Halt hat, aber noch leicht nach oben herausgenommen werden kann.

Fallrohrhalterungen für Stangenmaterial

Um Stangenmaterial (Metallstangen) übersichtlich und stehend lagern zu können, werden einfach Fallrohrhalterungen an die Wand geschraubt. In der Höhe am besten mehrere senkrecht übereinander, damit auch kürzere Stangen-

Die Rohrschellen so einstellen, dass die Gläser in der gewünschten Position sitzen.

EXPERTENTIPP

» Abflussrohre unter die Decke

Wer wenig Platz und eine niedrige Decke in der Werkstatt hat, kann Abflussrohre mit Rohrhalterungen unter die Decke schrauben und dort Stangen, dünne Rohre usw. zur Lagerung einschieben. Allerdings sollte die Befestigung unter der Decke für das Gewicht ausgelegt werden, denn bei Metallstangen summiert sich das schnell. Im Zweifel sind Injektionsdübel eine gute Wahl.

abschnitte noch in dem System gelagert werden können. Wer die Stangen nicht auf dem Boden haben möchte, der bringt unten ein Stück verschlossenes Fallrohr zur Aufnahme der unteren Enden an.

Dachrinnen für Holzstäbe

Holzstäbe sollten liegend gelagert werden, damit sie nicht krumm werden. Dafür können sehr gut Abschnitte von Dachrinnen an der Wand angebracht werden, in denen lagern die Stäbe gut sichtbar und zugänglich. Wer viele verschiedene Holzstäbe braucht, ordnet mehrere Dachrinnenstücke übereinander an und sortiert verschiedene Querschnitte darin.

Mobiles Holzlager bauen

Es hat viele Vorteile, wenn das Holzlager beweglich ist, deshalb sind Holzregale auf Rollen eine gute Wahl. Dazu wird ein stabiler Boden mit zwei Außenwänden, einem Deckel und mehreren Zwischenwänden versehen. Die Maße passend zum eigenen Bedarf wählen und die Verbindungsstellen am besten gut verdübeln oder verzahnen. Vier Schwerlastrollen darunterschrauben, wovon mindestens zwei rundum beweglich und mit Bremsen ausgestattet sein sollten. Das Holz kann nun zwischen den Zwischenwänden einsortiert und stehend gelagert werden.

WERKZEUGE UND GERÄTE

Werkzeuge über der Werkbank

Handwerkzeuge sind übersichtlich an der Wand am besten untergebracht. Dabei können entweder fertige Systeme, wie beispielsweise Lochwände, verwendet werden, oder selbst gebaute Halterungen, genau passend zum Werkzeugbestand. Für solche Halterungen werden in stabile, gehobelte Holzlatten passende Aussparungen für jedes einzelne Werkzeug eingearbeitet, eine neben der anderen, sodass die Werkzeuge darin eingesteckt oder eingehängt werden können. Die so angefertigten Latten anschließend von hinten im 90-Grad-Winkel an ein Brett schrauben

Hängt das Werkzeug an der Lochwand, herrscht Ordnung in der heimischen Werkstatt.

Werkzeug, wie etwa die Bohrmaschine, sollte im Koffer aufbewahrt werden.

und dieses an der Wand anbringen. So werden mehrere Bretter mit Halterungen angefertigt, übereinander angebracht und mit allen verfügbaren Werkzeugen bestückt.

Geräte im Koffer lagern

Kleine Geräte wie Bohrmaschine, Stichsäge und Winkelschleifer am besten in ihrem Koffer aufbewahren, das schützt sie vor Staub und sorgt dafür, dass wichtiges Zubehör bei der Maschine bleibt. Die Werkzeugkoffer ins Regal oder einen Schrank stellen und am besten auf der Sichtseite mit einem wasserfesten Stift deutlich beschriften.

Maschinen abdecken

Standbohrmaschine, Tischkreissäge und ähnlich große Maschinen sind meist freistehend oder auf der Werkbank untergebracht. Um sie vor Staub zu schützen, empfiehlt es sich, sie mit entsprechenden Hauben abzudecken, wenn sie nicht gebraucht werden. Sofern diese nicht mitgeliefert wurden, lohnt es sich, solche anzufertigen. Entweder aus Gewebeplane nähen oder eine einfache, dünnwandige Holzkiste zum Überstülpen bauen.

Sortierkästen für Aufsätze und Kleinteile

Zu jedem Gerät und jeder Maschine gibt es Aufsätze, Ersatzteile und dergleichen. Deshalb lohnt es sich, für jedes Gerät einen Sortierkasten oder zusätzlichen Koffer anzuschaffen, in dem diese zugehörigen Materialien möglichst direkt neben dem Gerät aufbewahrt werden. Unbedingt darauf achten, dass die Einzelteile darin nicht durcheinanderfallen und dadurch stumpf oder beschädigt werden.

Gerätekabel richtig aufwickeln

Werden kabelgebundene Werkzeuge nach dem Gebrauch weggeräumt, wird häufig auch das Gerätekabel, am Stecker beginnend, zu einem Ring aufgewickelt. Das sollte man vermeiden. Beim Aufwickeln verdreht sich das Kabel in sich und kann sich an der Geräteseite nicht wieder entdrehen. Daher sollte das Kabel immer vom Gerät zum Stecker aufgewickelt werden.

Kabel nie zu straff wickeln

Auch das zu straffe Aufwickeln des Kabels birgt ein Risiko, da ein Knick am Geräteanschluss entsteht, der zu einem Kabelbruch führen kann. Sicherer ist es, erst eine lockere Schlaufe am Anschluss zu lassen und dann das Kabel etwas straffer um das Gerät zu wickeln. Am besten jedoch immer das Kabel zu einem Ring aufwickeln und mit Klett oder einem Kabelbinder sichern.

LEIM, DICHTMASSEN, FARBEN & MEHR

Holzleim lagern

Holzleim sollte am besten über Kopf gelagert werden. Dazu ein passendes Loch für jede Leimflasche in eine Holzlatte bohren und diese entweder an der Wand anbringen oder mit zwei Seitenteilen versehen, um sie als Leimständer auf die Werkbank zu stellen.

Farben und Lacke

Ungeöffnete Gebinde werden kühl, trocken und frostfrei gelagert. Sie sind in der Regel mehrere Jahre haltbar. Bei angebrochenen Lacken und Farben verkürzt sich die Haltbarkeit. Werden Reste jedoch in kleine Gefäße (z. B. Schraubgläser) mit möglichst wenig Lufteinschluss umgefüllt und fest verschlossen, können sie durchaus noch ein Jahr halten. Auch sie sollten frostfrei, trocken und kühl in einem abgedunkelten Raum untergebracht sein.

Öle, Schmiermittel und andere Flüssigkeiten

Gerade Ölbehälter und ähnliche Gebinde neigen dazu, von außen zu verschmutzen, weil immer wieder Tropfen an ihnen herunterlaufen oder sie mit schmutzigen Händen angefasst werden. Es lohnt sich, diese Behältnisse alle auf einer saugenden Unterlage stehend zu lagern. Das kann ein Stapel Zeitungspapier sein, Küchenrollenpapier oder ein dicker Karton. Außerdem sollte man sich angewöhnen, derartige Behälter mit einem alten Lappen abzuwischen, bevor sie wieder in den Schrank oder das Regal gestellt werden. Das fällt besonders leicht, wenn ein Haken für ein solches Tuch am Regal oder von innen an der Schranktür angebracht ist.

EXPERTENTIPP

» Angebrochene Acryl- oder Silikontuben

Entweder den Anfang aushärten lassen und für den nächsten Einsatz die Düse abschrauben und den festen Teil durch die Öffnung nach hinten herausdrücken. Oder eine in der Breite passende Schraube in die Öffnung stecken, die vor dem Gebrauch einfach mit einer Zange inklusive der fest gewordenen Masse nach vorn herausgezogen wird.

KABEL UND KLEINTEILE FÜR ELEKTRIK

Dunkel und staubgeschützt

Nahezu alle Teile für Elektroinstallationen sind zumindest teilweise aus Kunststoff. Kunststoffe leiden bei UV-Einwirkung. Sie vergilben und werden spröde, was sogar ihre Tauglichkeit beeinträchtigen kann. Außerdem sollten sie nicht verstauben, da auch Staub die Funktionsfähigkeit oder Sicherheit beeinträchtigen kann. Deshalb gehören Kabel, Schalter, Abdeckungen und ähnliche Teile in einen Schrank und werden dort am besten in beschrifteten Kartons aufbewahrt.

Koffer für Elektrowerkzeug

Spannungsprüfgerät, VDE-Schraubendreherset, Abisolierzange und andere Werkzeuge für Elektromaterial sollten in einem Koffer aufbewahrt werden. Zum einen sind sie dann immer vollständig zur Hand, wenn es nötig ist, zum anderen sind sie darin zumindest etwas vor Feuchtigkeit und Staub geschützt. Im Koffer sollten immer einige Klemmen und Kabelschuhe sein, um nicht lange danach suchen zu müssen, wenn etwas schnell repariert werden muss.

Elektroteile trocken halten

Besonders bei allen Elektroteilen und -werkzeugen sollte Feuchtigkeit dringend vermieden werden, da korrodierte Oberflächen ihre Leitfähigkeit einbüßen, was zur Gefahr werden kann. Deshalb lohnt es sich, in feuchter Umgebung wie etwa im Keller oder der Garage diese Dinge luftdicht in Beutel umzupacken und mit Klemmen zu verschließen. In diesen Umverpackungen kleine Silikatbeutel verwenden, die vielen Produkten beigelegt sind, oder eine billige Packung Speisesalz dazu einpacken, das hat einen ähnlichen Effekt.

Erste-Hilfe-Kasten für Kleinteile

Ausgediente Erste-Hilfe-Kästen bieten eine gute Möglichkeit, Kleinteile griffbereit aufzubewahren. Viele besitzen eine Wandhalterung und können durch Einleger aufgeteilt und entsprechend dem Inhalt angepasst werden.

Bei allem, was man in der Garage aufhängt, muss man auf Gewicht und Traglast achten.

NÜTZLICHES BEI DER AUFBEWAHRUNG

Fahrradlift nicht nur für Fahrräder

Mit einem Fahrradlift können Fahrräder an der Decke aufbewahrt werden. Doch nicht nur Räder lassen sich mit dem praktischen Aufzug in dem ungenutzten Raum unter der Decke verstauen. Werden zwei Fahrradlifter parallel angebracht, können auch Bettgestelle für Gästebetten, Gartenmöbel und ähnlich sperrige Gegenstände einfach unter der Decke lagern. Wichtig ist, auf die maximale Traglast zu achten.

Felgenbaum oder Felgenhaken

Wer mehr Platz an der Wand hat, ist mit Felgenhaken gut beraten, an denen die jeweils nicht gebrauchten Felgen und Reifen aufgehängt werden. Steht eher eine ungenutzte Ecke zur Verfügung, ist ein Felgenbaum die geeignetere Variante, die jahreszeitlich nicht genutzten Räder gut unterzubringen.

GEWUSST WIE

Immer alles griffbereit

Oft empfiehlt es sich, Werkzeuge nicht nach ihrer Form, sondern nach ihrem Anwendungsgebiet zu sortieren. Also nicht alle Bohrer in eine Kiste und die Dübel in eine andere. Anders macht es mehr Sinn: ein Werkzeugkoffer für Bohrer und Dübel, ein Koffer für Elektrikerarbeiten und ein weiterer für Arbeiten im Sanitärbereich. Hier können auch Werkzeuge und Kleinteile kombiniert werden. Ein Griff genügt dann, und man hat die wichtigsten Werkzeuge für den gerade anstehenden Arbeitseinsatz dabei.

Multitalent Klemm-Gerätehalter

Für eine übersichtliche Ordnung bei den Gartengeräten genauso wie für Putzgeräte und allerlei Werkzeuge sind Klemm-Gerätehalter in unterschiedlichen Größen unschlagbar. Statt jeden einzelnen Halter an der Wand anzubringen, kann ein stabiles Brett an die Wand geschraubt werden und daran viele dieser praktischen Helfer, wenn es um Ordnung in Werkstatt, Keller oder Garage geht.

Mit dem an einem Holzstab befestigten Magneten kann man z. B. Schrauben auch aus der kleinsten Ecke aufsammeln.

GEWUSST WIE

Haken und Aufhänger

Viele Dinge lassen sich an einer einfachen Hakenleiste aufhängen, wenn an ihnen Aufhänger angebracht werden. Oft genügt es, dafür ein Loch in den Griff zu bohren und ein stabiles Band oder einen Kabelbinder durchziehen. Eine solche Hakenleiste für diverse Utensilien passt häufig an eine Tür, eine Schrank- oder Regalseite oder an die Innenseite einer Schranktür.

Werkzeugplätze anzeichnen

Werden Schraubendreher, Zangen, Hammer oder Gabelschlüssel an der Wand untergebracht, können die Werkzeuge mit einem Marker an der Wand nachgezeichnet werden. Das erleichtert beim Aufräumen das Sortieren, und fehlende Werkzeuge werden sofort erkannt. Auch eine Beschriftung zur Größe von Schlüsseln ist hilfreich, da die Maße so leichter lesbar sind.

Kleinteile anhängen

Viele kleine Dinge lassen sich nur schwer griffbereit an einer Werkzeugwand aufhängen. Mitunter fehlt ein entsprechendes Loch, sie sind nicht magnetisch oder haben einfach keine passende Form dafür. Papierklammern – auch Foldbackklammern genannt – können einige Kleinteile festhalten und leicht daran aufgehängt werden.

Stangen an der Wand

Mit oder ohne S-Haken bieten Stangen an der Wand Platz für vielerlei Dinge, die einfach aufgehängt werden und so jederzeit griffbereit sind: Sprühflaschen beispielsweise, Pinsel und Rollen, kleine Eimer oder Lappen. Über der Werkbank können an einer Stange alle Zangen und Schraubzwingen hängen. Zur Anbringung gibt es einfache Stangenhalter in verschiedenen Größen in jedem Baumarkt.

Magnetleisten

Magnetleisten sind absolut vielseitig und in einer Werkstatt an zahlreichen Stellen nützlich. Auf jeden Fall sollte in Griffweite der Standbohrmaschine so eine Leiste angebracht sein, um vorübergehend Schrauben, Unterlegscheiben und wechselnde Bohraufsätze bereitzuhalten. Auch über der freien Fläche der Werkbank oder an der Stirnseite ist ein Stück Magnetleiste immer wieder ausgesprochen praktisch, und ein Magnet an einem Holzstab erleichtert das Aufheben von kleinen Metallteilen an unzugänglichen Stellen.

MAGNETLEISTEN SIND AN VIELEN STELLEN NÜTZLICH

Sauberkeit in der Werkstatt

Eine saubere Werkstatt ist auf jeden Fall wichtig, um saubere Ergebnisse zu erzielen, nicht nur bei der Oberflächenbehandlung von Werkstücken. Staub und schmierende Ablagerungen können Ursache für Gesundheits- und Unfallgefahren sein.

Schmutz vermeiden

Wo immer möglich, sollte Schmutz vermieden werden. Das bedeutet, etwa beim Schleifen und Sägen die Absaugung am Gerät zu nutzen oder beim Arbeiten mit Schmiermitteln u.Ä. ein Stück alten Karton oder einen Lappen unterzulegen. Wer viel an Motoren schraubt, sollte am besten ein Ölbindergranulat für unerwartete Fälle bereithalten. Bei Metallarbeiten können Späne auch sehr gut mit einem Magneten in einer Plastiktüte direkt abgefangen werden. Anschließend einfach die Tüte umgestülpt abziehen, sodass die Späne im Inneren bleiben.

Werkstattsauger

Nichts gegen einen Besen, aber zu einer guten Werkstatt gehört ein Werkstattsauger. Zum direkten Absaugen an Geräten ebenso wie zum schnellen Durchsaugen, ohne viel Staub aufzuwirbeln. Ideal ist ein Nass-Trockensauger, der Flüssigkeiten oder feuchten Schmutz aufsaugen kann und so auch im Keller oder rund um das Haus eingesetzt werden kann. Sogar bei einem verdreckten Gully kommt ein solches Gerät zum Einsatz.

Luftdruck zum Säubern

In einer Werkstatt kommt weder ein Staubwedel noch ein Staubtuch infrage. Die Staubschicht auf Werkzeugen und Werkstücken kann jedoch leicht mit Druckluft abgeblasen werden, wenn ein Kompressor zur Verfügung steht. Mit dem richtigen Abstand bleiben die Handwerkzeuge über der Werkbank an Ort und Stelle beim Abblasen. Auch verstopfte Düsen, Ventile und dergleichen werden mit Druckluft wieder freigeblasen.

Werkzeug säubern und wegräumen

Wer es sich zur Gewohnheit macht, Werkzeug generell immer zu säubern und wegzuräumen, bevor er die Werkstatt wieder verlässt, ist deutlich im Vorteil. Ölige oder klebrige Hände hinterlassen Spuren auf den Griffen, was beim nächsten Einsatz wenig erfreulich ist. Späne und Staub setzen Geräten langfristig zu und saugen zudem Schmiermittel auf, was ebenfalls nicht zur Haltbarkeit der Maschinen beiträgt. Es ist übrigens gar nicht so schwer, solche Gewohnheiten zu etablieren.

Putztag in der Werkstatt

Ab und zu braucht auch eine Werkstatt eine Grundreinigung. Bei dieser Gelegenheit sollte auch gleich alles entsorgt werden, was verdorben, eingetrocknet oder einfach nicht mehr reparierbar ist. Also erst aussortieren, dann aufräumen und zum Schluss mal so richtig sauber machen, wie im Haus auch. Fenster und Lampen nicht vergessen. In einer so gründlich aufgeräumten und gereinigten Werkstatt macht Arbeiten gleich doppelt so viel Spaß.

Register

Seitenzahlen, die **fett gedruckt** sind, geben die Stellen mit der Hauptinformation zu einem Thema an.

T

U

V

W

Bildnachweis

Alle Fotos **iStock**
außer:
Baldwin, Christiane 47, 134, 178, 227 u.
Düring, Riccardo 18, 29, 49, 98, 99 u., 163, 280, 282, 284, 287, 293
Flora Press 96 o., 102 u. (beide: flora production)
Getty Images Einbandvorderseite: Brigitte Sporrer
mauritius images 244 (Pitopia/STphotography), 251 u. (Hans Verburg/Alamy)
Reader's Digest 184
selbst ist der mann 12 o., 12 u., 13, 15, 16, 27, 31, 32, 40, 41 o., 41 u., 57 o., 59 o. (Living Art), 59 u., 60 o., 60 u. (Lars Dalsgaard), 62 (Lars Dalsgaard), 73, 79, 82, 84, 89, 90 o. (DIY Akademie), 90 m., 90 u., 93 u. (Schöner wohnen Farbe), 96 u., 97 (DIY Akademie), 99 o., 100 o., 100 u., 101 o., 101 u., 102 o., 103 o., 103 u., 105, 115, 116, 117, 119, 120, 128, 130, 139, 140 o., 140 u., 151, 160, 161 o., 161 u., 167, 168, 172, 173, 179, 183, 185, 186, 200, 201, 203, 214, 215, 220, 221 o., 221 u., 222 o., 222 u., 223 u., 224, 225, 226, 227 o., 228, 229, 230, 231, 232 o., 232 u., 233, 237, 239, 241, 242, 243 o., 243 u., 246 o., 246 u., 247, 248, 251 o., 260 o., 260 u., 261 o., 261 u., 263, 264, 265 o., 265 u., 266 o., 266 u., 267 o., 267 u., 268 o., 268 u., 269, 270 o., 270 u., 271, 272, 273, 274, 275 l., 275 r., 278 o., 278 u., 279 o., 279 u., 291
Shutterstock.com 108 (Veja), 110 (Danilova Janna), 182 (Zecchi), 195 (New Africa), 205 (Mehaniq), 223 o. (Piotr Wawrzyniuk), 236 (Tanja Esser), 245 (Budimir Jevtic), 258/259 (Ida Wastensson), 283 (All About Space), 285 (RossHelen), 293 (Dizzy_Studio)
123RF 169 (Andriy Popov), 199 (Ludmila Yagovitina)
Illustrationen **Angelika Kramer**

Impressum

Autorin und Autor: Christiane Baldwin (S. 86–155, 218–297), Riccardo Düring (S. 6–85, 156–217, 258–297)

Producing: bookwise GmbH, München

Reader's Digest
Redaktion: Joachim Zeller
Grafik: Klaus Eitel
Bildredaktion: Sabine Schlumberger

Redaktionsdirektor: Michael Kallinger
Redaktionsleiterin Buch: Almuth Stiefvater
Art Director: Susanne Hauser

Produktion
arvato distribution: Thomas Kurz

Druckvorstufe
bookwise GmbH, München

Druck und Binden
Neografia, Martin

Printed in Slovakia
ISBN 978-3-95619-421-4

Besuchen Sie uns im Internet
www.readersdigest-verlag.de
www.readersdigest-verlag.ch
www.readersdigest-verlag.at